錯綜複雜的教學世界 下

The Complex World of Teaching

糾纏不清的內外世界

陳佩正　審訂暨翻譯

李婉慈、林珊吟、林玲鳳、黃秀玉　翻譯

The Complex World of Teaching

Perspectives from Theory

and Practice

ETHAN MINTZ & JOHN T. YUN
Editors

目　錄

關於編者

　　Ethan Mintz 是哈佛大學教育學院行政、規劃與社會政策的一位博士班候選人。同時在一九七七到一九八八年期間，他也擔任《哈佛教育評論》（*Harvard Educational Review*）的編輯委員共同主席。在進入哈佛大學之前，他是紐約市的一位演員，經常運用戲劇當作他在紐約市一所公立學校的教學工作。他目前的研究興趣集中在師生如何共同創造知識，特別是透過戲劇的方式了解師生共同創造知識的過程，他也探討戲劇對於學生的學習，老師的教學，以及教室裡的文化有哪樣的影響。

　　John T.Yun 是哈佛大學教育學院行政、規劃與社會政策的一位博士班候選人。他的研究興趣包含教育機會均等的議題，從廢除種族隔離到選擇學校的權力，到學校經費補助，到經濟回歸到學校教育之類的主題。他以前是一位高中的自然科老師。

關於作者群

Adrienne Alton-Lee 是位於紐西蘭威靈頓地區的「理解學習與教學研究中心」（Understanding Learning and Teaching Institute）的主任。她目前的工作主要集中在師資培育發展支撐架構的教育研究計畫（Educational Research Underpinning Development in Teacher Education, ERUDITE）發展協同式的研究，探討教學的個案。她同時也是〈邁向一個性別融合的學校課程：改變教育實踐〉（"Toward a Gender Inclusive School Curriculum: Changing Educational Practice"）的共同作者。這篇文章發表於 *Women and Education in Aotearoa*（Vol. 2, edited by S. Middleton and A. Jones, with P. A. Densem, 1992）。同時，她與 G. A. Nuthall 一起發表的 "Research on Teaching and Learning: Thirty Years of Change"，也刊登在 *Elementary School Journal*（1990）。

Lilia I. Bartolome 是麻州大學波士頓分校的教育學院副教授。她的興趣在探討處於語文少數的教育情況下的社會文化和意識型態的向度。她最近的作品包含了 *The Misteaching of Academic Discourse: The Politics of Language in the Classroom*（1998），以及 "Dancing with Bigotry: The Poisoning of Racial and Ethnic Identities"，這一篇文章也是她與 D. Macedo 共同發表在 *Harvard Educational Review* 的文章。

Deborah R. Britzman 是一位副教授，目前服務於紐約大學多倫多分校的教育學院。她的研究興趣在於心理分析學與教育，以及研究學習與教學時的艱辛知識的探究。她的出版品包含：*Lost Subjects, Contested Objects: Toward a*

Psychoanalytic Inquiry of Learning (1998)，以及 *Practice Makes Practice: A Critical Study of Learning to Teach*（1991）。

Joy MarieLouise Caires 目前正同步完成雙學位當中，分別是英文與宗教兩個學位，特別著重於聖經研究。她攻讀學位的學校是位在麻州地區，北翰普敦地區的史密斯學院（譯者註：這所學校和麻州大學安城分校同屬大學城，是一所非常優美的文理學院，在全美的文理學院排行非常前面）。

Joseph Cambone 目前在位於波士頓地區的「學校教育機會均等研究中心」（Walker-Wheelock Institute for Equity in Schools）擔任主任的工作。他的興趣在探討學校轉型的歷程，特別是學校轉型對於老師認知與實踐方面改變的影響層面的探究。他的出版品包含了 "Time for Teachers in School Restructuring"，這篇文章發表於 *Teachers College Record*（1995），與 "Braided Curriculum in the Inclusive Classroom"，這篇文章則發表在 *Journal of Emotional and Behavior Problems*（1994）。

Liveda C. Clements 目前在麻州的娼德佛地區的 Mellon Trust 擔任現金控管專家。她在一九九八年畢業於波士頓大學，獲得政治學的學位，以及副修經濟學的專業。她感到興趣的就是創意寫作的領域了。

R. W. Connell 為澳洲雪梨大學的教育學教授，他的關懷重點在於社會正義和教育改革。他的研究包含性別、學習機會不均等、全球化以及智慧理論等方面。他也是 *Masculinities*（1995）與 *Schools and Social Justice*（1993）的作者。

Brent Davis 是位於安大略省北約克地區的約克大學教育學院助理教授。他的主要研究領域包含了數學教育、認知研究、師資培育及課程理論等方面。他最近的出版品包含了 "Basic Irony: Troubling Foundations of School Mathematics"，這篇文章發表在 *Journal of Mathematics Teacher Education*（付印中），以及 *Teaching Mathematics: Toward a Sound Alternative*（1996）。

Lisa D. Delpit 目前是位於亞特蘭大的喬治亞州立大學的都會教育領導的資深教授。她的研究領域主要著重在都會型學校的教育。她最近與 T. Perry 共

同編審 *The Real Ebonics Debate*（1998），與 *Other People's Children: Cultural Conflict in the Classroom*（1995）。她在一九九○年獲頒麥克阿瑟獎項。

Melinda Fine 是一位獨立的顧問，也是紐約大學，教育與社會政策的訪問學者。她的研究興趣著重在創造學習環境來培養學生的社會責任和道德發展，以及針對女生提供教育均等的機會，和公民的道德良心等議題。她也是 *Habits of Minds: Struggling Over Values in America's Classrooms*（1995）的作者，並在 *Educational Leadership*（1992）上發表 "Facing History and Ourselves: Portraits of a Classroom" 等的文章。

Karen Gallas 是位於加州的一位校長（詳細校名為 Bellevue Santa Fe Charter School in San Luis Obispq, California）。她也是這所學校的幼稚園老師。她的專業興趣集中在語言和文學素養、小學課程當中的多元藝術統整課程，以及演說能力的學習等方面。她也是 *Sometimes I can be Anything: Power, Gender, and Identity in a Primary Classroom*（1998），與 *Talking Their Way into Science: Hearing Children's Questions and Theories, Responding with Curricula*（1995）等書的作者。

Karen Hale Hankins 是一位一年級的老師，她在喬治亞的 Whit Davis Elementary School 服務。她在專業領域方面的興趣集中在敘述性的理論、資料和研究方法，以及教室裡的社會正義議題。她所寫的 "Silencing the Lambs" 發表於 *Class Action: Teaching Social Justice in Elementary and Middle Schools*（J. Allen 編審，付印中），以及 "One Moment in Two Times" 這篇文章則發表於 *Teacher Research*（1996）。

Simon Hole 是一位四年級的老師，在美國羅德島的一所小學服務。他目前的興趣包含運用敘述性的探究當作一種研究法與一種教學時的策略。他的出版品包含了發表於 *Teaching and Change*（1997）的 "Working Together, Learning Together: Collegiality in the Classroom"，以及 "Room for All"，這篇文章則發表在 *Writing Within School Reform*（G. McEntee 編審，1996）。

Jeff Howard 是位於麻州地區 Lexington 的效率研究中心的總裁。他的研究

興趣主要是在推動「動員各種努力來提升學生的學習成就」。他寫有 "You Can't Get There from Here: The Need for a New Logic in Education Reform"，這篇文章發表於 *Daedalus*（1995），與 "The Third Movement: Developing Black Children for the 21st Century"，這篇文章則發表在 *The State of Black America*（1993）。

Kathe Jervis 是一位資深研究員，目前在紐約市的哥倫比亞大學教育學院的國家教育、學校和教學研究中心服務。她的專長興趣圍繞在教室裡的日常生活、老師的反思與研究與學童的思考等方面。她是 *Conducting a School Quality Review in a Crosscultural Setting*（1998），與 *Eyes on the Child: Three Portfolio Stories*（1996）的作者。

J. Alleyne Johnson（Jennifer E. Obidah）是一位助理教授，目前在亞特蘭大的 Emory Univerity 教育研究學院擔任教職。她的專業領域興趣圍繞在都會型學校的社會和文化的情境探究，包含暴力和多元文化的議題。她也是 "Listen to the Children" 這篇文章，發表於 *School, Violence and Society*（S. Spiner 編審，付印中）、與 "Born to Roll: Graduate School from the Margins" 這篇文章發表在 *Multicultural Research: A Reflective Engagement*（C. Grant 編審，付印中）等文章的作者。

Mieko Kamii 是位於波士頓地區惠拉克學院的心理與教育學副教授。她同時兼任學院、學校與社區夥伴關係的中心（College, School, and Community Partnerships）主任。她的研究興趣包含學童的認知發展和學習，以及老師的教師專業成長和學習。她也寫了一篇 "Standards and Assessment: what we've Learned Thus Far"，這篇文章發表於 *The Web*（1996），另有一篇 "Cultural Divide"，這篇文章則發表在 *Fieldwork: An Expeditionary Learning Outward Bound Reader*（A. Mednick 與 E. Cousins 編審，1996）。

Magdalene Lampert 是密西根大學（Ann Arbor 分校）的教育學院教授，她擔任透過媒體計畫發展教師專業的計畫（Teacher Development through Video Project）。她的興趣在研究情境下實踐教學的研究。她最新的出版品包含

了 *Teaching, Multimedia and Mathematics: Investigation of Real Practice*（1998），與 *Talking Mathematics: Studies of Teaching and Learning in School*（1998）。

Kari Larsen 就讀於麻州劍橋市的實驗高中，是一所專為拉丁美洲後裔學生開設的學校，目前她是高二學生，不過出生在越南。她屬於一個精力充沛的家庭，包含了收養她的父母親和五位兄弟姊妹，他們都來自不同的國家和文化。（原文編者註：這個資訊是一九九八年的訊息，也就是我們發表她的原創文章時的資料，從此以後就沒有任何更新的資料了。）

Robert Parris Moses 是代數計畫（Algebra Project）的總裁，這是他創立的一個計畫。他是一位數學教育家、課程發展的學者和師資培育者的多重身份，他創立這個計畫的目標是要建立一個數學的教學法，鼓勵和期望每一位學生在國中階段都可以在代數領域上獲得成功的經驗，也透過這個計畫支持他們在代數領域的努力。目前他已經改到密西西比州的傑克生市擔任高中老師的教職。

Christian Neira 目前服務於紐約市的一所法律顧問公司（詳細名稱為Corporate and Litigation Associate at the law firm of Paul, Weiss, Rifkind, Wharton & Garrison）。在這裡他是一位拉丁美洲後裔美國人的實踐小組的成員之一。他在 Prep for Prep 的計畫裡相當的活躍，這是一個招募和培訓少數民族學生，並且支持他們在高中和大專院校獲得成功經驗的組織。

Sonia Nieto 是麻州大學安城分校教育學院的語言、文學素養和文化的教授（譯者註：二〇〇五年退休）。她的研究興趣包含多元文化教育、波多黎各的兒童文學、以及在美國境內的波多黎各人的教育。她是 *The Light in Their Eyes: Creating Multicultural Learning Communities*（付印中，譯者註：這一本是 Nieto 早期的代表作，二〇〇三年又出版了 *What keeps Teachers Going?*）的作者。另一本作品為 *Affirming Diversity: The Sociopolitical Context of Multicultural Education*（1992）。

Graham Nuthall 是位於紐西蘭基督城的康特貝瑞大學的教育學教授。他

最新的研究興趣主要強調從認知和一個社會文化的觀點來探討教室裡的教學與學習。他發表的文章有 "Learning How to Learn: The Evolution of Students', Minds through the Social Processes and Culture of the Classroom" ，這篇文章發表於 *International Journal of Educational Research*（付印中），以及 "The Way Students Learn: Acquiring Knowledge from an Integrated Science and Social Studies Unit" ，這一篇則發表於 *Elementary School Journal*（付印中）。

John Patrick，在退休之前，他是位於紐西蘭基督城的基督城教育學院的資深講師（譯者註：紐西蘭和澳洲採用類似的大學教師的頭銜，通常要先獲得資深講師的資格，才得以獲得副教授的資格）。他的研究重點主要在於教學技巧，以及自我概念對於學生的影響研究。他也與 A. Alton-Lee 和 G. Nuthall 共同發表了 "Take your Brown Hand off My Book: Racism in the Classroom" 這一篇，發表於 *SET: Research Information for Teachers*（1987）。

Nan Stein 是衛斯理學院婦女研究中心的資深研究員，這是一所位於麻州衛斯理地區的研究中心。她的研究興趣著重在學校裡的性別暴力行為，包含了鴨霸行為、性騷擾事件、約會強暴行為和欺負菜鳥的行為等等。她最近在這個主題上的出版品包含了 *Between the Lines: Sexual Harassment in K-12 Schools*（1998），與 "Slippery Justice"，這是一篇發表於 *Educational Leadership*（1996）的文章。

Carol Stumbo 服務於肯德基州的教育廳。她是第八行政區的主任。她主要的研究興趣是在教師的專業發展。她的作品包含有 "Changing a State" ，這篇發表於 *The Nearness of you*（C. Edgar 與 S. N. Wood 編審，1996）的文章，以及 "Giving Their words Back to Them" ，這篇發表於 *Students Teaching, Teachers Learning*（A. Branscome, D. Goswami 與 J. Schwartz 編審，1992）。

Dennis J. Sumara 服務於安大略省的北約克市，約克大學的教育學院教授。他的專業領域強調師資培育、課程研究和英語教學等方面。他和 T. Carson 共同發表 *Action Research as a Living Practice*（1997），另有一本名為 *Private Reading in Public: Schooling the Literary Imagination*（1996）的著作。

　　Susan McAllister Swap（往生）曾經擔任波士頓地區華拉克學院專業研究系的系主任，也擔任過教育與心理學的教授。她的著作有 *Enhancing Parent Involvement in Schools*（1987），*Managing an Effective Staff Development Program*（1987），與 *Building Home-School Partnership with America's Changing Families*（最後這本書的共同作者是 L. Braun，1987）。

　　Robert Tremmel 擔任愛荷華州立大學助理教授，也擔任英語教育的主任。他的專業研究領域在於英語教學的範疇。他最新的出版品是 *Zen and the Practice of Teaching English*（付印）與 *Crossing Crocker Township*（付印）。也可以在 *Journal of Teaching Writing*、*Freshman English News*、*English Education* 與 *Journal of Aesthetic Education* 看到他所發表的相關論文。

　　Kathryn Zamora-Benson 是波士頓大學的一位學生。

主譯者兼審訂者簡介

　　陳佩正，目前服務於國立台北教育大學自然科學教育學系。希望透過翻譯不同類型書籍，提供自己一個自我成長、進修的管道。近年來除了投入各類型書籍的翻譯之外，也策劃遠流的魔數小子童書繪本系列，期望透過活潑有趣的數學繪本，引導更多學生喜愛冷冰冰的數學。對於科學發展史也在最近幾年發展出濃厚的興趣，想要把這門冷門的學科，轉變為可愛的學科。另外，主譯者也走入國中小校園，想要積極主動建立教育大學與國中小之間的合作伙伴關係，除了強化國中小教育以外，也可以提升國中小準老師的培訓模式，更提升自己在國中小教育現場的應變能力。

譯者簡介

李婉慈

國立中正大學財務金融研究所

國立台北教育大學英語師資班

台中市東光國小老師

林珊吟

國立台北教育大學生命教育與健康促進研究所肄業

國立台北教育大學英語師資班

現從事翻譯、英語教學相關工作

林玲鳳

紐約州立大學英語教學碩士

國立台北教育大學英語師資班

現從事翻譯、英語教學相關工作

黃秀玉

國立清華大學計量財務金融學系

國立台北教育大學英語師資班

國小英語老師

序

　　地質學者研究火山已經有好多年的時間了，不過他們還是無法預測下一次火山爆發的精確時間，以及火山岩漿流動的正確方向。氣象學者研究天候的型態，其中有一個目的就是要告訴一般大眾五天的天氣預報，不過我們也知道這樣的努力經常不夠準確。另一方面，經濟學者研究全球市場經濟，當然也是要預測世界各國的財經狀況，並且提供適當的建議，偏偏我們也經常意外的在華爾街的經濟命脈發現經濟方面的突發狀況、乃至於某些公司的財政突然間垮台。物理學家如果想要嘗試著去預測一個漏水的水龍頭往下滴的水滴到底將在哪一瞬間掉下來，也通常是不智之舉，不過在日常生活上到底還有哪樣比漏水的水龍頭還要可以預測結果的呢？同樣的，相信許多老師都有這樣的經驗，當他們在兩個班級教導一模一樣的課程之後，發現其中一個班級的學生對於那樣的課堂活動參與度很高，而另一個班級的學生表現則讓他們開始懷疑他們是否還可以勝任教職。或許我們可以這麼說，老師的教學工作和突然爆發的火山、變幻莫測的天候、市場經濟或是一個漏水的水龍頭相比之下，都是一些讓人無法預測結果的工作。在上面這些例子當中為何有那麼多的變因和不確定性呢？因為這些例子都包含著許多錯綜複雜的系統，在這些系統當中有許多因素參與其中，因而產生了許多無法預測的結果。

　　錯綜複雜的系統美妙的地方在於它們所能夠呈現的遠比它們各個組合成分加總起來的效果還要龐大許多。你可以把它們拆解開來，仔細的檢查每一個部分的結構，並且分析同樣的情境發生時到底會發生一些什麼狀況，然後再把每個成分重新組裝在一起，結果你所得到的結果可能是一個全新的組

合，是一個截然不同的東西。為什麼會這麼美妙呢？因為就誠如 Brent Davis 與 Dennis Sumara 在撰寫〈認知、錯綜複雜與師資培育〉當中所描述的一樣，錯綜複雜的系統確實「比較動態、比較無法預測、也比較鮮活」，就是這一點讓錯綜複雜的系統和其他系統區隔。在這裡有一個稱之為「魔術」的要素，一個讓人無法解釋、也無法預測的要素在錯綜複雜的系統當中運作著。

這樣的情況也發生在教學這個包容萬象、錯綜複雜的世界，在此，老師面對許多無法預測的挑戰，他們都會發現有些單元棒得不得了，但另外一些單元簡直就像洪水猛獸一般的大災難撲面而來。到底是哪些項目造成這樣錯綜複雜的世界呢？在任何一間教室裡面，會有一位老師和一些學生，這些人當中的每個人都有自己親身體驗過的個人歷史、不同的個性、學習風格、意識型態、文化、種族淵源、膚色、性別與社會階層，以及他們在學當下所體驗的親身經驗，還有他們在走進教室之前幾個小時所體驗的形形色色。另一方面，社會方面的影響層面——經濟、社會、歷史與文化等方面的影響——也都會對教學的實務與本質有所影響。這些個別的力量都會在一間教室的教學與學習當中整合在一起，所以才會造成一個錯綜複雜的教室經營。

Sara Lawrence-Lightfoot 在《針對教室裡各種觀點，超越偏見與其歧視》（*Part One of Beyond Bias: Perspectives on Classrooms*）（1979）寫著：

> 教學是一個需索無度的工作，能夠勝任教學工作的人需要具備一種錯綜複雜的功夫，包含充滿智慧的能力、各種教學法的變化、個人特質的特色，以及整理組織的天賦等等在一身。師生之間的互動鮮少具備一套清晰明確、單獨的目的；這樣的互動經常涵蓋廣泛的意涵和訊息。老師很少單獨行動。他們必須在學校的情境底下進行各式各樣的教學工作。偏偏學校的情境是一個高度尊重傳統儀式，也是非常官僚的社會環境，所以在這樣的工作環境就會約束他們的行為舉止，限制他們的選擇，當然學校也會提供各項支援的來源、輔導諮詢以及強制要求等項目。當然這些學校也不是獨立存在，它們存在於社區當中，所以社區的文化、歷

史、物理環境、以及政治條件對於教室裡面所發生的許多事情都會有所影響。[1]

了解這些真相對於老師有什麼好處呢？教學是一門錯綜複雜、動態、也是持續演化的專業，在這專業裡，老師必須不斷的學習，適應、並且專注於影響他們在教室進行各項教學任務的多重關係和互動。我們甚至可以說教學根本就是一門關於無法確知的任務。就像其他錯綜複雜的系統一樣，這種不確定性其實應該是一項令人興奮的主要來源，也具備一個潛能讓每一間教室裡的老師在形塑他們的專業，以及深遠影響他們自己的生活、學生的學習方面有十足的潛力。

在這本書當中，我們把一些發表在《哈佛教育評論》（*Harvard Educational Review*）最積極倡導的理論學觀點、分析以及實務工作者的反思整理成一本書。我們相信這本書所蒐集的文章掌握了教學與學習發生的場合，並且探究那些存在於師生之間的一些錯綜複雜的關係和互動。了解這個系統的錯綜複雜對於老師在他們的教學工作是非常關鍵、重要的。

因此，我們把這本稱之為錯綜複雜的教學世界這本書區分為三個主要的區塊。第一部曲是「內在世界」，還進一步區分為兩節：「學生的內在世界」和「老師的內在世界」。透過學生、老師與研究者的原音重現，我們探索老師與學生的各種觀點；我們認為這些觀點說明了他們在學校求學階段的生活，雖然這些觀點通常隱藏在其他觀點之下，不過他們對於教室裡面進行的各項活動卻有深遠的影響力。第二個部曲則是「外在世界：教室以外的世界」；這一部分我們把探討的焦點從個人的階層轉移到社會的階層，深入探討教室以外的地方可能存在的深遠影響力——包含了經濟的、社會的、政治的以及文化等方面的變因——我們想要了解這些變因對於教室裡的師生有哪樣的影響。第三部分則稱之為「錯綜複雜的教學世界」，在這一部分我們探討的焦點轉移到內在世界與外在世界之間的交錯點，他們闡述了真實的教學工作所需面臨的多重挑戰。

　　在閱讀這本書的時候，你或許會在某一區塊的章節裡面找到一些可以連結、甚至於深入探索其他章節所報導的主題。這是正常的現象，也因為老師的工作是那麼的錯綜複雜所造成的，所以如果想要把這些文章很精確的、乾淨俐落的區分為幾個已知的區塊是不可能的任務。所以可以這麼說，我們在這本書把每一篇文章區分為三個主要的區塊當作特定的主題來討論，是希望讀者能夠在章節當中找尋到相關的連結，並且能夠進一步鑑賞老師工作所牽涉到的錯綜複雜程度。

　　這種錯綜複雜的部分原因來自於學生帶進教室的個人歷史、以及他們在教室所曾經體驗過的經驗——這兩項對於他們到底是如何學習有很大的影響力，也會影響他們和其他同儕、甚至與老師在某個特定時空背景之下的互動關係。本書的第一部分是以「學生的內在世界」開始進行討論分析的，呈現了三篇文章探究這一項重要——卻經常受到忽略——的各種觀點，很慶幸我們從許多不同的觀點來呈現這些文章的內涵。第一個文章的主題叫做〈年輕人的心聲〉，以一篇由凱莉・拉森所寫的簡短詩詞開啟這本書的所有內涵，這是一位年輕的女人，在一九七三年越南所爆發的戰爭摧毀了她的整個村落，當然也讓她失去家人的依靠。她的聲音逐漸從陰影當中浮現出來，已經不打算再躲藏在選擇或漠不關心的情懷裡，這篇短詩讓我們這些為人師表的人看到了她通常隱藏不現的另一面，給我們有機會進一步認識她，不過在關心的同時，還必須相當敏銳地觀察。如果我們在不知道或了解她所經歷的歷史的情況下，介紹一堂關於越南難民的窘境時，將會對凱莉有哪樣的影響呢？如果我們在上這樣一堂課的時候，沒有充分利用她個人經歷的經驗所累積的知識和智慧，那麼很可能因為我們的疏忽而損失了多麼重要的洞見呢？就像其他所有學生一樣，凱莉應該獲得更多的學習。學生讓我們了解到他們的生活和經驗其實和課程目標一樣重要，而且他們的經驗可能在一些意外的情況下和我們的經驗產生交互作用，這是我們必須隨時準備好要去處理的事項。

　　學生的歷史並不是教師在課堂教學經常遺漏的唯一項目。第二和第三個

文章檢視其他兩類型的教室經驗，對於教學與學習有很大的影響——同儕的性騷擾與被忽略的學生互動。Nan Stein 在〈校園裡的性騷擾：公眾場合下的性別暴力行為〉中，透過一些親身經歷過性騷擾事件的學生觀點、法庭對於這類議題的個案審理以及學校行政單位的回應，探討同儕的性騷擾行為。她的結論認為老師和其他學校雇員經常疏忽了性騷擾的蛛絲馬跡——像是鴨霸的行為和戲弄同學——有時候甚至會疏忽這些騷擾的行為，以至於讓學生的學校生活更加痛苦，當然就深遠的影響許多學生學習的機會。在〈重新架構教室內的教育研究：從孩童的內心世界所獲得的一堂課〉中，Adrienne Alton-Lee、Graham Nuthall 與 John Patrick 共同探索一些存在於老師與學生之間認同上的差異，主要是要探討老師認為他們可以從課堂上完成的教學目標，以及學生從教學真實受到的影響進行深入的探究。存在於老師自己認為發生的教學行為，與真實發生的事件之間的切割說明了這一小節各章所想傳遞的訊息——也就是說我們這些當老師的人必須對於我們所教導的課程、我們所教導的學生，以及發生在我們學生身上的事情要具備敏銳的察覺能力。我們同時需要知道即使是最具有覺醒能力的老師，使用最佳的教學法，也可能錯失教學的機會，當然學生就會因此而遭受學習的痛苦；如果這樣的觀點是真實的，讓我們來想像一個景象，在這景象裡老師對於學生生活的世界只肯付出口水的責任，那麼教室裡到底會發生哪樣的事件呢？對於這些關聯與關係想盡辦法要避開深層理解的老師，那麼即使是最簡單的教室事件看起來就會是不相干的，也都是隨意發生的事件。

在第一部曲的第二節「老師的內在世界」，兩位老師和一位師資培育者點出老師需要把他們自己全身投入他們工作的重要性。老師的工作並不是在走進教室的那一刻開始的，或者是所謂正式的「師資培育」的第一天才開始的。相對的，他們個人的生活和經驗，以及他們對於自己工作的反思，都影響他們成為怎樣的老師，以及他們將會怎麼教導學生。

Simon Hole 在〈如同祈雨舞者般的老師〉中，反思他自己的教學，並且質疑確實存在一個教學法——就像是祈雨舞的舞步一樣——持續存在於每一

間教室。每當他想要同時滿足他自己在教室裡的需求，以及學生的學習需求時，就會感受到一個緊張的壓力。所以他因此好奇的想要了解他到底是否有可能可以把這種因為相互衝突的需求所帶來的緊張壓力轉換為學習的機會呢？老師面對這些私底下的兩難困境時，很少與他們的學生分享，雖然他們將會深遠的影響老師的工作。在第二節〈師資培育中反省實踐的藝術與禪宗〉裡，Robert Tremmel 做了一個理論個案的分析來支持 Hole 的方式，確認老師在改善他們的教學時要透過一個自我覺醒和批判性的自我反思的過程，就必須在教學時，「專注」於他們的內在世界，而且也提議師資培育單位必須更強調教學上的這項觀點。在〈從不協調的噪音到交響樂：教師研究中的回憶自傳〉當中，Karen Hale Hankins 為這一小節做一個結尾，她針對她自己的生活透過傳記的書寫來進行反思的工作，並且從她家庭生活的經驗找尋方式引導她改善她與學生互動的關係。

　　雖然許多老師希望他們可以完全掌控那些會影響我們教學的所有因素，不過絕對沒有任何人有這樣的能力。在第二部曲「外在世界：教室以外的世界」中，我們試著把理論和實務並列在一起呈現，理論是關於存在於教室以外世界的某些特定觀點可以怎麼巧妙（或不怎麼巧妙）地影響教室裡的教學，實務方面則說明了老師在處理這項實務工作的真實現場到底具備多少敏銳的觀察和洞見。與理論相關的 R.W.Connell、Deborah Britzman 與 Lilia Bartolomé 檢視了貧窮、社會再製、與種族誤解等社會問題，以及這些問題對於教育的可能影響。另外，在〈貧窮與教育〉中，Connell 說明了補救計畫很可能會強化了它原先想要抗衡的社會不均等的問題，主要是因為它很可能會強迫學生在一個基本上就不公平的結構上彼此競爭。他進一步認為在這個衝突的核心存在著一個具有社會偏見與歧視的課程，這樣的課程主宰著老師的教學工作需要偏向一個合乎現況的傾向。在〈成為一個老師的文化神話：師資培育的傳記和社會結構〉中，Britzman 跟進 Connell 的觀點，指出師資培育的結構實際上繼續強化這種教育現場的現況。另外，Bartolomé 在〈超越教學法的迷戀：邁向一個人性化的教學〉當中，把她對於這個議題的觀點帶進來，

另外增添了種族與權力關係的向度。她提到當前許多教育界的夥伴對於「正確的教學法」的陶醉,特別是針對少數民族學生的教學,遮蔽了 Connell 與 Britzman 所提到的深層權力結構的問題。

這三位作者都提供一些希望讓我們可以克服這些障礙。這些希望則在接下來的幾個章節看得到具體可行的策略。這些章節分別由 J. Alleyne Johnson、Carol Stumbo 與 Robert Moses、Mieko kamii、Susan McAllister Swap 與 Jetf Howard 等人所撰寫,他們都把文章的重點集中在這些構想可以如何生動活潑,運用在真實的教室裡。這些文章關注到三項不同的策略。在〈死後的生命:都會區學校的批判式教學〉當中,Johnson 把她的學生所體驗的世界帶進她的課堂學習,她試著把學生的世界融入她的教學法,以便讓師生可以處理學生在學校以外的世界所遭遇到的各種經歷,並且探討這樣的經歷對於教室裡的學習將會有哪樣的影響。Stumbo 在〈學校外面的教室〉當中,使用一個不同的結構把學校以外的世界帶給她的學生體驗,實際上她把學生帶到真實的外面世界。由於他們真的邁向學校範疇以外的地方學習,所以他們挑戰校園以外的世界對於她的學生可能添加的結構和外力。也因為如此,所以她重新了解到學校運作的方式,以及師生對於外在世界的理解將會對學生的學習有哪樣的轉型功能。最後,在〈代數的專題計畫:以民權鬥士 Ella 的精神來運作〉當中,Moses、Kamii、Swap 與 Howard 呈現了第三種方法來協助學生面對外在世界對他們的限制。這個模式是依據人權運動的理念,組織社區民眾,動員家長、老師,以及社區成員來支持和鼓勵學生學習數學所需具備的知識和技能,否則這些學生原先是根本和大學無緣的一群,不過,因為這樣的理念支持讓這些原先上不了大學的學生有可能可以在未來圓夢。這三種教學法都同時挑戰,也更具體說明了前面由 Connell、Britzman 與 Bartolomé 等人所提出來的理論架構,把這些理論架構整併在一起,來強化處在一個錯綜複雜的教室裡所可能遭遇的各種事項。

第三部曲稱之為「錯綜複雜的教學世界」,探討著外在世界與內在世界在教室裡面交織在一起的現場。教學的工作發生在一個聚合著歷史的、社會

的、個人的與教學法的影響之下；這一部分緊緊掌握著這些影響在教室動態所扮演的各種不同的方式。在〈認知、錯綜複雜與師資培育〉當中，Brent Davis 和 Dennis Sumara 為這一章的文章提出了一個理論的基礎，他們聲言教學必須以一種錯綜複雜、整體系統的方式來探索，而不能夠把個別元素整合起來的方式進行探討就認為足夠了。他們聲明師資培訓與實踐不應該用一種「如果妳在教室裡做了 X 的事情，就可以期望 Y 一定會發生」的方式來設計。相對的，老師和師資培育者應該考慮教學環境所包含的那種錯綜複雜與不可預期的連結與關係，才有機會持續改善教學實務的現場。

在〈老師如何經營他們的教學？教學實務問題的各種觀點〉中，Magdalene Lampert 運用了 Davis 和 Sumara 的哲學基礎，來探究當她面對教室裡的兩難困境時到底發生了怎樣的事情。

與其單純的從兩難困境所呈現的任何一項抉擇，偏偏這兩項抉擇都不能夠完整的幫她解決真實的問題，Lampert 選擇以同時面對相互衝突的方式來「管理」這樣的情境。她認為如果老師願意使用教室裡的衝突，而不是嘗試要解決這些衝突來當作教學專業成長的策略，那麼我們就有很多可以向這些老師學習的地方了。Melinda Fine 在〈你就是不能說只有那些同意你的觀點的學生才可以發表意見：教室裡面的政治對話〉、以及 Kathe Jervis 所發表的〈為何在名單上面沒有我們兄弟的姓名呢？聆聽所有學童會質疑的挑戰問題〉也都支持老師應該以一種開放的心胸、建構的態度、處理錯綜複雜議題的觀點來參與教室所產生的困難議題，辨識出嚴肅的教育陷阱，才得以避免或者錯失從這些議題獲得學習的機會。

第三部曲生動活潑的說明了內在世界與外在世界是如何整合在一起地圍繞著教師工作的三個重要領域：權力、教學方法，與特殊教育。雖然這三章分別探討這三領域當中的一項，不過他們讓我們以更多樣化的方式來理解錯綜複雜的教學現場。權力的議題滲透到 Lisa Delpit 的〈寂靜的對話：教導別人孩子時的相對權力與教學法〉，她認為存在於學校和社會的「權力文化」可以用來維護教室裡的權力對等關係，或者是創造一個改變現況的契機。根

據 Delpit 的觀點，在教導別人的孩子——特別是那些來自於貧窮家庭、或是有色人種的學生、或是那些沒有管道可以體認主流文化的學生時——非常重要的就是要教導他們了解「權力的文化」所涵蓋的遊戲規則，我們才有可能開始開創一個均等的教育機會給所有的學生。Karen Gallas 在〈以藝術當作學習基礎的教學探索：如何讓孩童了解到他們學習的內容〉中，透過她的教學方法探索教室裡的錯綜複雜現象。Gallas 使用她所教導的藝術課程來連結她和學生之間的學習，並且試著把她的課程和學生的學習風格做一些特殊的接合；她發現因為使用了創意的教學法，所以帶領學生了解課程當中所涵蓋的更深層內涵。另外在〈顛覆原有的平衡〉中，Joseph Cambone 則呈現了一位特殊教育老師在教學上所需要面對的多層次的錯綜複雜層面——這些層面包含了學校的情境、她的學生所需面對的挑戰、社會的期望以及她極端想要為她自己和學生找尋成功機會的渴望。Combone 對於這樣一位老師和她班級的描繪，以一種深遠的和具有洞見的方式說明，闡釋了老師工作上的錯綜複雜層面。

最後，Sonia Nieto 在下冊的最後一章，讓我們體會到這樣的一個完整的循環。她和許多來自於不同種族、血統淵源、文化及宗教背景的學生進行訪問之後得到這篇文章，〈從學生身上學到可以創造夢想成真的課題〉，提到學生確實有許多事情是值得我們向他們學習的。Nieto 的這篇文章以一種回應這本書開啟時的方式來做一個結束，把關心的焦點回歸到學生的聲音上。

最後，這本書並沒有提供一套解決問題的方案；實際上，每一章節都很清晰的指出，想要在老師每天教學工作所面臨的挑戰找尋一個單獨的解決方案是毫無益處。教學根本就不可能是一件簡單的事業，當然我們也就不能夠期望可以找到一個標準模式來協助每一位老師在每一間教室裡面找到一個成功保證書，以確保他們獲得成功的教學經驗。教學是極端錯綜複雜的，就誠如所有的老師都可以為這樣的觀點做證一般。教學令人振奮的地方就在於它那種令人無法捉摸，也就是當教室裡面的錯綜複雜的所有向度都整合在一起時，讓師生共同體驗的「神奇魔術」吧！

　　「教學的錯綜複雜」，與其附和一般認為教育研究應該擁有「神奇子彈」（譯者註：相當於國內所說的萬靈丹）似的研究方式，強調的是在無法預期的情況下存在著無限的潛能，也提供了一個思考教師工作的另類方式，讓我們可以使用多樣化的方式來理解老師這樣的一個人。透過探索師生所體驗的內在世界，以及影響教學的這些社會力量，教室裡面教學所包含的這些觀點都逐漸聚合在一起，我們深切的期望老師和師資培育者在他們自己錯綜複雜的教學中，發現這樣的構想和策略也可以妥當的發揮功能。

Ethan Mintz

John T. Yun

原編者的話

　　我們非常感謝 Karen Maloney、Dody Riggs、Joan Gorman、Kelly Graves-Desai、Claire Scott、Kathy Gallagher 以及《哈佛教育評論》的編輯委員，沒有他們的支持與幫忙，就不會有這本書的問世了。我們同時也要感謝 Nikki A. Merchant，她在這本書的編輯過程當中協助我們把書籍的內容和概念整理得更有形。

註解

1. Jean V. Carew and Sara Lawrence Lightfoot, *Beyond Bias: Perspectives on Classrooms* (Cambridge, MA: Harvard University Press, 1979), pp.1-2.

中文版序

　　打從《錯綜複雜的教學世界》問世之後的六年，在美國境內的教育版圖有了重大的改變。全國的教育政策以更強硬的姿態要求各州針對師生進行大規模的標準化測驗和評量，這些教育政策結合起來控管教育的歷程。結果呢？老師在決定教室裡面該如何教導哪些課程內容的自由程度降低了許多，而且我們所看到的現象也說明了學生花在考試的時間幾乎和他們學習的時間佔了相同的比例。因此，美國境內的教學專業團隊在滿足學生學習需求方面的能力，顯然無法和他們想要滿足各州對於學校辦學績效的要求了。

　　政府期望透過標準化課程的制訂與師資培訓來達成這樣的訴求，不過推動的成效是否真的能夠為所有的學生帶來可以預期的學習成果呢？瞭解到每一間教室裡學生的多樣化程度，以及師生之間那種越來越錯綜複雜的互動關係，我們明白這樣的期望是不可能的任務。另外，我們相信忽略這些變因的任何嘗試，將會導致某些學生在學習成就上的落後；這很可能並不是因為他們沒有能力達成那項目標所造成的，而是因為他們在校園遭遇到的各種力量可能讓他們在學習的互動上有所不同，而讓學習對他們而言就變成越來越艱難的挑戰。

　　Simon Hole 在他所寫的〈如同祈雨舞者般的老師〉中寫著，「當作一位老師就是要在一個充滿矛盾的環境當中找尋一個生活的方式。」這些矛盾──以及老師選擇如何解決這些兩難困境──根本就無法透過政策或某些制訂的步驟來管理。雖然政策制訂者想盡辦法，為老師的工作帶來秩序、控制、和可預測性等優勢條件，不過教室裡的教學仍然和這本書在一九九九年剛出版時那樣的錯綜複雜和不可預期。

　　我們相信學習情境的重要，以及教學互動的錯綜複雜程度超越國家、意

識型態、或者文化的邊界。一些和我們距離非常遙遠的地方，有些老師相信老師和學生會把一些重要、而且令人振奮的因素帶進他們的教室，形成教學相長的局面，這一點讓我們感到相當振奮。如果學校教育有神奇的地方，那就不是在找尋一個「萬靈丹（magic bullet）」來解決政治或社會的問題，而是進一步探索和理解為何在兩間教室裡——使用一模一樣的課程、相同的結構、和同一個模子培訓出來的老師——卻可以在同一天的教學，產生截然不同的學習成效，這樣的事情相當神秘，也應該是我們應該主動探索的主題。

我們能夠為《錯綜複雜的教學世界》中文版寫編輯序感到相當榮譽，當我們瞭解到在地球的另一端也有人想要針對學生、老師、及教室互動那種錯綜複雜的關係，進一步探索的構想而感到振奮。我們非常感謝陳佩正博士辛勤的翻譯，以及心理出版社願意出版這本書的中文版，他們花了許多時間、精力和心思，確保這本書所呈現的文字和構想可以得體的穿越文化、地理和語文方面的障礙，讓這本書以中文的方式和廣大的中文讀者見面。我們期望可以從這樣的工作產生更多嶄新的構想，而且我們也盼望能夠和您一起探索教學裡那種錯綜複雜的世界。

Ethan Mintz 與 John T. Yun, 原編者

2005 年 11 月

In the six years since *The Complex World of Teaching* was first published, a great deal has changed on the educational landscape in the United States. National educational policy has consolidated control of the educational process by forcing states to move toward large-scale statewide standards and testing policies for both students and teachers. As a result, teachers have less freedom in determining what and how they teach in their classrooms, and it seems that students spend as much time taking tests as they do actually being taught. The teaching profession in the U.S. has become less about meeting students' learning needs than about meeting the state's needs for accountability.

Can the government's desired standardization of curriculum and teacher training bring about predictable outcomes for all students? Given the variety of students present in any classroom and the persistent complexity in the interactions between teachers and students, we know that this is simply not possible. Further, we believe that any attempt to ignore these variations will result in some students falling behind, not necessarily because they lack the ability to achieve but simply because the myriad forces they encounter in their schools may interact differentially with them, creating greater challenges for them.

Simon Hole, in his chapter titled, "Teacher as Rain Dancer," writes that "to be a teacher is to find a way to live within an environment filled with dilemmas." These dilemmas — and how teachers choose to address them — cannot be regulated by policy or procedure. Despite policymakers' best efforts to bring order, control, and predictability to the work of teachers, teaching in classrooms remains as complex and unpredictable as it was in 1999.

We believe that the primacy of context and the complexity of these interactions transcend national, ideological, or cultural boundaries. And we are heartened that in a part of the world far away from where we are right now educators believe there is something important and exciting in what teachers and students bring to their classroom interactions. If there is magic in schooling, it is not in finding a "magic bullet" to solve political or social problems, but rather in exploring and understanding the mysteries of why two classrooms — using the same curriculum, same structure, and identically-trained teachers — can be so incredibly different on any given day.

We are honored to be writing an editors' note to this Chinese language version of *The Complex World of Teaching*, and we are excited that there is interest in the idea of exploring the complexity of students, teachers, and classrooms. We are apprecia-

tive of the efforts of Dr. Pei-Jen Chen and Psychological Publishing Company, who have invested a great deal of time, effort, and care to make sure that these words and ideas travel in tact across barriers of culture, geography, and language. We hope that many new ideas are generated from this undertaking, and we look forward to continuing our exploration of the complex world of teaching with you.

Ethan Mintz & John T. Yun, Editors

November 2005

在翻譯與審訂這本書之前

感謝

　　首先，我必須要先感謝幫我掃瞄這一整本書的好人，那就是台北縣瑞柑國小的張文斌主任，沒有張主任的幫忙，我想這本書應該還要等個十年才得以問世。在這裡，感謝您，文斌主任！其次，我要感謝心理出版社的同仁，特別是前後兩任總編輯，還有前任總經理，體諒我能力不足，所以從三年多前購買版權，居然一拖就是三年。真的感謝你們的體諒和支持，讓我有機會可以翻譯這本書。當然，在翻譯的過程當中，我的家人看我瘋瘋癲癲的，居然不去理會升等的重大議題，卻花了三年時間，仔細的閱讀和推敲一本我原先不熟悉的書籍，你們的體諒讓我可以為所欲為的完成這本書的翻譯。我也要感謝我教導過的一群英語師資班學生（請參見表一），雖然有一群人曾經答應我要協助我翻譯這本書當中的幾篇文章，卻因為畢業之後的忙碌實習，讓你們分身乏術，最後還是我負責了絕大部分的翻譯和審訂幾篇你們翻譯的稿件。在這裡謝謝你們曾經提供的口頭承諾，讓我無後顧之憂的前仆後繼，往自己的理想繼續邁進。

前言

　　在翻譯與審訂這本書之前，我的腦海裡雖然薄弱的了解到教育現場的諸

表一：部分章節翻譯者姓名

負責章節		負責人
Part one	校園裡的性騷擾：公眾場合下的性別暴力行為	林珊吟
	如同祈雨舞者般的老師	林玲鳳
Part two	死後的生命：都會區學校的批判式教學	李婉慈
	代數的專題計畫：以民權鬥士 Ella 的精神來運作	黃秀玉

多殘酷、冷酷現象，但是無法以專業的方式和學生分享。還記得早年不斷提醒學生，在一個班級當中，有很聰明、不必上課就可以自己從書本當中學習的學生；當然也有那種怎麼教導都還是無法吸收的學生。不過人數最多的，應該是教科書設計發展的對象，也就是資質平庸的學生，可是畢業多年之後，老師根本就遺忘了這群人數最多的學生。在求學的過程當中，我國中階段的英文屬於那種怎麼學習都無法了解英文的學生，經常被老師 K 得很慘。到了高中以後，我認真閱讀英文教科書，所以到了高三階段，我的英文已經屬於自主學習的類型，不必依靠老師，甚至會挑戰老師的教學能力。我的數學和其他領域的成績就是屬於那種「平庸」的學生，雖然偶而會有傑出表現，但是通常會像股市的股價一樣的漂浮不定。

另一方面，我也曾經提醒學生，請他們回想求學時期是否有暴力行為傾向的學生會威脅校園裡面的師生。還依稀記得有位在台北縣某國小服務的女老師在教學一段時間之後，惶恐的回來問我說：

「老師，如果班上有位女同學這麼警告我，我該如何處理呢？那位女生警告我：『如果想要在結婚之前讓妳的先生不會後悔，就不要讓我的成績太難看。要不然，我們走著瞧！』」

我以為校園裡的威脅恐嚇只發生在學生與學生之間，卻從來沒有考慮過居然有學生膽敢威脅老師的。不過在早年任教的時候，每當我把個頭比我高出兩個頭的學生當掉時，我最擔心的是，他們是否會對我的家人動粗。當然這樣的現象在最近幾年應該只有變本加厲的變化，「太多學生在校園裡找不到成就感，就加入幫派組織，尋求個人的成就舞台」。還記得二〇〇五年有

位黑道大哥的喪禮現場，有成千上萬的國中中輟學生參與喪禮。所以，如果我們推論學生可能會拿著武器威脅老師或其他校園裡弱小的同學，應該就不是會吸引民眾的新聞了。而這樣的現象已經發生在美國這樣開放的國家，更可怕的是，這些威脅他人的學生居然不是我們一般所公認的「有暴力傾向的學生」，而是一般所稱的「卒仔」（英文稱為 nerd）。他們會這麼做，主要是由於長期受到其他同學的壓迫，學校師長卻視為理所當然，造成他們強烈的報復心理。

在翻譯的初期，坦白說，我相當的傲慢，自認為翻譯書籍就是那一回事，簡單的把英文翻成中文。特別是針對教育現場的原文書，翻譯更是手到擒來。可是這本書的翻譯，卻讓我差點把我原先的英文自信心給毀了。一來這本書的各個章節都是美國境內的博士論文集結成冊，博士論文在文字的使用上，就已經超越許多人的閱讀範圍。所以這本書的翻譯，要把一堆博士論文翻譯成大眾所熟悉的文字，還真考驗我的能力。經常一段文字也只是一個句子而已。要如何找尋出一長條文字的主詞、動詞和其他重要關鍵字，就常考驗我的能力。現在我必須承認，教育現場的許多問題絕對不是身處於教育現場的每個人都可以輕鬆理解的現象。這就像是「家家有本難念的經」一樣；要把每個家庭難念的經整理成冊，唉！當初傲慢的心態讓我嚐遍了苦頭。

另一方面，這本書標榜「錯綜複雜的教學世界」，而錯綜複雜並不是一種可以把元素結合在一起就成為一個大團體的現象，它不是單純的 $1 + 1 = 2$ 的現象，而是 $1 + 1$ 遠大於 10 的結果。既然教學現場這麼錯綜複雜，那麼在師資培育就應該讓準老師了解這種錯綜複雜的互動關係。這種錯綜複雜的關係實際上要每一位老師窮其一生的時間來學習教學的藝術與科學，而不是讓準老師誤以為從師資培育單位畢業就是要去解救學生的時刻。由於國內的師資培育從早期的師範，轉型為師專，再轉型為師院，後來更開放給任何一所大專院校開設教育學程，所以我們也必須承認，國內的師資培育也犯了這本書所呈現的許多問題。而這也是國內的教育現場經常冒出一堆似是而非的教

育問題的主要原因。例如，當教育主管單位公開宣稱體罰將受到必要的處罰時，許多家長和老師公開反對這項「錯誤的教育政策」。讓我們這麼來比喻吧！如果今天我們到電影院去欣賞電影，但是由於電影拍攝得不怎麼叫座，所以觀眾紛紛鼓譟起來。這時候，應該是要怪罪觀眾沒有水準，或者是要求製片和導演拍出一齣好片呢？同樣的，當一群觀眾去欣賞歌手的現場演唱會，卻因為歌手唱得不怎麼好，現場音響也不好，外加一些干擾現場演唱的因素而鼓譟起來時，到底該把現場群眾的鼓譟怪罪到誰的身上呢？

　　國內這種科舉制度從幾千年前，延續到今日，早就應該認真檢討科舉制度舉才的各種弊病，並且認真創造一些嶄新的取才方式，才是社會大眾的福利。相信也唯有當教育主管單位肯下定決心，把科舉舉才制度轉型為另一類型的舉才方式時，我們國內各級學校的教學才比較有可能回歸正常，而不至於把「考試領導教學」視為正常現象。

　　二〇〇五年，由於612大遊行是由一群「流浪教師」上街頭抗爭示威，所以也反應在師資培育的學生身上。學生上課時有一種嚴重的無力感：進入專業的師資培育機構，就等同於四年之後要失業。許多學生準備去當化妝品的直銷業者，有些學生準備去賣香雞排，更多的學生已經投入研究所的補習班。在這樣的情況下，要培訓師資，真的相當艱苦。一般大學的教育學程也受到某種程度的衝擊。不過，受到最大衝擊的應該就是各師範學院（現在都已經改制為教育大學）了。我們先看看教育部針對各師資培育機構所提出來的訴求來分析看看。目前一百多所大學當中幾乎有一半學校設立了國中、小師資培育的教育學程，大約有六十多所教育學程。如果外加目前各師範學院所開設的學士後國小師資班人數，一年下來，從這些師資培育機構畢業的準老師就超過三千人，這還不包含各師範學院畢業生。在這樣的情況下，當然就會看到流浪教師滿街跑的現象。要怪這樣的現象，主要應該是教育最高主管單位的責任，現在卻將所有的責任都推到各師資培育單位，這是不合理的現象。

　　另外，教育部主管師資培育的單位還是「中等教育司」。這樣的歸屬是

有它的歷史由來的，不過早就已經過時了；教育部卻還沒有搞清楚這樣的混亂現象，主要來自於權責不分。早期的師範學校（相當於高中三年修業期限），在體制上歸屬於中等教育司或許還可以講得過去。但是到了師範專科學校，應該已經脫離「中等教育」的範疇，教育部卻還因循傳統，讓師範專科學校隸屬於中等教育司。更離譜的是，轉型到師範學院，都已經明確的應該隸屬於高等教育司，不過所有的權責仍歸屬於中等教育司的管轄（即使已經改制為教育大學，仍歸屬中等教育司管轄）。其實不管隸屬於哪一個單位管轄，只要師資培育機構有自主權力，就不會有任何問題。不過教育部中等教育司管轄國中和高中的部門，所以對於許多課程的要求，必須符合學生進入該教育階段時所頒佈的課程內容，才得以批准，否則責任歸屬於想要改變的學校。這樣的變革或許在過去沒有多少影響力，不過在過去十多年，就遭遇到許多困擾。在這十年當中，世界上唯一不變的現象，就是「整個世界天天都在變化，而且整個社會愈變愈快速」。所以如果無法隨時應變，就會出現脫節的現象。舉例來說，當九年一貫課程剛開始推動時，幾乎沒有任何一所國小全面推動九年一貫課程，所以那幾屆師院學生在畢業之前，也無法全面認識九年一貫的課程。不過我們卻很清楚的了解到，畢業之後他們一定會遭遇到九年一貫課程的實施與評量。在師資培育機構無法學習他們即將面對的新課程，當然會讓他們的競爭力降低許多。在這瞬息萬變的時代，唯有隨時跟上時代的腳步，甚至超越時代的腳步，才能夠讓我們產出的學生在面對激烈競爭的社會，具備足夠的競爭力。可是師資培育機構卻不得不對現實低頭。我們也可以想想看，一些大專院校的一般系所隸屬於高等教育司，而他們所設置的教育學程，卻歸屬於中等教育司，這不是一校兩制嗎？怎麼沒有任何一個教育學程會認真挑戰這種奇怪的體制呢？

我們再看看教育部的一些建議事項。針對各大學的教育學程，教育部已經規劃要好好的評鑑這些教育學程。評鑑教育學程，就像評鑑大學一樣，是一種講究績效的政府一定會執行的任務。不過，評鑑的方式如何確認，由誰來評鑑？哪樣的人具備評鑑的資格呢？這些都還沒有一套嚴謹的研究，就已

經籌組了許多評鑑團體（多數是退休，或者資深的教育界夥伴）。我們知道職業運動的比賽需要有裁判來執法，當作比賽的仲裁者。他們需要有某些資格，不過目前卻鮮少有文獻研究評鑑者的資格。好像只要是擔任過校長或類似職務工作者，就具備評鑑者的資格了。這種假設太虛假了，所以經常看到的評鑑也快變成應酬式的接待和寒暄了。

　　好！即使我們承認這些人具備了足夠的資格，我們要看教育部的下一個步驟：評鑑大專院校的教育學程將逐年評鑑，評鑑結果將區分為三個等級。最高等級的教育學程得繼續辦理，次一等級的教育學程得減少20％的學生人數，最差的等級就停止辦理。相對於一般的教育學程，教育部在同意各師院轉型為教育大學時有一個但書，那就是在三到五年內，得把師資培育的學生人數降到50％。這應該是一種體貼的政策，不過我們先依據簡單的邏輯推理來看看教育部的這項政策，基本上，已經宣判各師範院校在教育學程的辦學績效是在次等級到最爛的等級之間。可怕的是，各師範學院都自願降格以求升格為教育大學，不過卻要把師資培育人數降低一半，這應該是一種錯誤政策，正確執行的偏差概念所帶來的災難吧！同樣的現象在師專轉型為師院時，早已經發生過一次，卻沒有從錯誤的歷史找尋教訓，真的無可奈何嗎？

　　讓我回到這本書的翻譯和審訂過程吧！在這段時間我也同時教導了一些教材教法的班級。我試著把這本書的內容在課堂上和選課同學分享。可惜的是，多數學生認為我擔任的課程名稱是「自然科教材教法（或自然與生活科技教材教法）」，所以不該去討論教育社會學那些枯燥無聊的知識。這讓我真的覺醒到，教材教法應該是師資培育單位當中，可以把準老師從傳統教育體制下，脫胎換骨，成為新時代老師的最關鍵項目。可是由於我們把科學教育歸屬於理學院，而不是教育學院，所以選課學生不認為上課應該討論自然科學以外的知識和技能。或許這也是教學上值得檢討的一部分吧！我甚至認為，不管選修任何一門教材教法，如果對於教學現場可能發生的各式問題沒有基本的認識，那該如何進行個別化教學呢？許多學生的認知是他們早就在外頭擔任家教了，甚至是高中生的家教，畢業後是「降格」去教導國小學

童，哪會有教學的問題呢？殊不知，家教通常是一對一的溝通，真實的國中、小教學現場卻是一個班級二十多人，這就是一個小型的社會，不了解班級裡小型社會的動態，就無法提供均等的教育機會給每一位學生獲得紮實的學習機會，頂多在班級裡找尋到和老師學習風格相同的學生，讓他們成為優秀的學生，這樣就失去了教育最基本的目的：提供均等的教育機會給每一個孩子。

由於這本書很厚，經過我和出版社溝通，把原文書拆解成兩本，比較適合一般人閱讀的習慣（至少我的閱讀習慣）。上冊基本上在討論內在世界與外在世界；內在世界包含了學生的內在世界與老師的內在世界，討論現在年輕學子的聲音和性騷擾事件，提供教育夥伴另一面鏡子認識學生關懷的重點。如果我們不了解現在年輕學子的內在世界，我們怎能夠把他們吸引到各領域的學習呢？當學生遭受性騷擾，而且是在老師見證下受到同儕、乃至於其他老師的性騷擾，我們又如何要求學生以心平氣和的方式來學習各領域的知識與技能呢？第一節的第三部分就是重新架構教室的研究方法，這是我相當欣賞的一個教育研究。居然有研究人員想要了解學生上課「離題」的喃喃自語。不過透過這種研究方法，讓研究者了解到，原來學生上課時交頭接耳討論的是老師上課趕進度，無法照顧到每一位學生時，不得不採取的措施，這樣學生才能夠跟得上老師上課的內容。原來我當學生時，喜歡趴著聽講，並不代表說我上課不認真，所以很高興有研究者能夠採用這樣的研究法，幫我解困。

上冊的第二節，就進入老師的內在世界了。老師在面對一個班級時，到底是在內心吶喊著要別人來協助，或者是乾脆放棄整班學生，亦或是把班上的好學生帶上來，其他的學生就放牛吃草呢？老師像祈雨者一樣地跳著祈雨的舞蹈時，內心真的是五味雜陳。一邊希望開始下雨，但是又不能夠保證天上降下來的雨是否恰到好處，搞不好結果是淹大水呢？有誰可以保證這樣的祈求呢？或者老師乾脆期望永遠都不要下雨呢？（不是很多老師乾脆採用三板主義來進行教學嗎！）到底老師採取哪些「舞蹈」的基本步伐，才能夠讓

上天降下來的雨量恰到好處呢？這些基本的舞步是否和準老師在師資培育機構所選修的教育相關課程有某種程度的相關呢？或者說，師資培育單位根本就不需要教導準老師如何教學呢？我也依稀記得一些朋友告訴我，師院對於學生的成績等第評量，和學生畢業之後的成就毫無關聯。我真的希望醫學院的教授也可以這麼大方的告訴我：「醫學院對於學生學習成績等第的評量，和學生畢業之後擔任醫生的能力沒有任何關聯性」。任何系所應該都不敢說出這樣的觀念，或許我們只能夠說，到目前為止，師資培育單位還沒有掌握到「教導學生變為老師的真實歷程」（這將在下冊探討、分析），才會有這樣的誤解吧！

在〈師資培育中反省實踐的藝術與禪宗〉中，作者把亞洲的禪宗概念，和師資培育結合在一起。換句話說，禪宗在追求一種內在的自省，要求的是自我心境的提升，才能夠協助他人成長。在這樣的心境下，我們在師資培育機構可以採用哪些概念來強化我們所培訓出來的準老師呢？

接下來，我們閱讀的章節幾乎是每一位初任教師都會抗議的現象：整個班級亂七八糟，簡直就像是菜市場一樣的亂。如果我這位當老師的人，沒有把學生的亂象整理好，怎麼有資格站在講台上課呢？其實，這就像是一個學武的人在內力上突然間增加許多內功。如果沒有好好的、妥當的把這些內功調節好，就會變為群魔亂舞的走火入魔。有些老師可能認為，只要有他們在場，學生就不敢亂來。不過他們通常沒有見識到，當學生離開他們管轄的範疇時，那種囂張的態度，完全反映出老師高壓手段下的殘毒（彈簧被壓迫之後的反彈現象）。稍後的章節也提到，如果學生遭遇過高壓手段的老師之後，只有採用更高壓手段的老師才有辦法讓學生就範。這和教育的原始目的幾乎背道而馳，卻廣受老師好評，主要原因在於老師沒有受到足夠嚴謹的培訓過程吧！如何讓吵雜的菜市場轉變為樂團賞心悅目的音樂節目的表演，相信是許多老師共同的心願，也在這章提出來討論。

接下來是這一冊的第二部分，探究外在世界對於教室裡的學習有哪些影響力。首先進入眼眶的是死亡之後的教育，探索在美國都會區學校的學生天

天面臨那種槍林彈雨的校外生活，同儕可能隨時就在一顆子彈貫穿下，進入另外一個世界，我們該如何在這種生命威脅的情況下，妥當地引導他們的學習呢？相信國內許多學校因為幫派進入校園，也需要謹慎的考量這些嚴謹的問題。然後是貧窮和教育，討論的是社會正義，也在討論教育不就是希望讓貧窮的學童也有翻身的希望嗎？如果貧窮是出生就註定的，我們在教育領域只在複製社會原先的階層概念吧！二○○五年，一位國中學生遲交註冊費，鬧得喧騰一時；另一位南部國中女生被老師罰跑操場，心有不甘，叫男友找人到校園用機車大鎖攻擊老師，都是這個議題相關的探索題目。

接下來，我們看到一位老師把教學往外延伸到好遠的地方，讓學生展現他們學習的成就，讓更多人可以欣賞學生的學習表現。最近看到遠流出版社，也發行了一本《愛因斯坦的孩子》（齊若蘭二○○五年翻譯），探討的就是兩位特殊教育的老師對於他們資源班的學生充滿希望，帶領他們去參加太空營隊的學習，創造了奇蹟般的學習成效，也有類似的效果。

接下來看到的就是〈師資培育的文化神話〉這一篇，探究以往的師資培育，不管是國內或國外，都有一種無力感。作者對於這一項做了深入的探究，指出在師資培育的過程，要求學生撰寫自傳是一種可以循序漸進，鼓勵老師邁向專業的策略。這似乎也呼應了國內外近年來強調的「教師即是研究者的行動研究」概念的落實。

當然，接下來的文章也相當犀利，指出我們通常希望有一套可以放諸四海皆準的教學法。不過作者提到「人性化的教學法」對於某些文化不利，或者少數民族的學生（偏偏現在這些少數民族的學生在許多地方已經演變為多數族群的學生）會有負面的影響。這也是國內在推動建構主義教學策略時，所需要重新考量的重點之一。

這一冊的最後一篇文章，報導了代數的專題計畫。這一章說明了當老師承認能力不足，找來專業的學生家長，為學生的有效學習共同付出，並且在上課時，帶頭提問問題，所可能產生的漣漪效應有多高。這似乎也呼應我過去幾年所提議的「各領域課程發展委員會需要找一位對該領域不熟悉，乃至

於痛恨該領域的專家，擔任『白癡顧問』」的策略。唯有老師不斷對課程提出 "why" 的問題，才有可能提升教學時的效率。

接下來是下冊的內容，主要是探究內在世界與外在世界糾纏不清的教育現場。當我們考慮這兩種世界包含了老師的世界和學生的世界，我們至少就需要考量四個向度；萬一我們再進一步考慮學生並不是單獨一個人，而是一群學生時，那種糾纏不清的現象真的就是錯綜複雜的教學世界了。

這一冊的第一篇文章，討論師資培育的概念，分析複雜與錯綜複雜的基本概念，也間接指出以往師資培育的最大問題，在於我們試著把教學現場的問題切割開來，然後一個一個零件傳送給準老師學習。可是教學現場是一個錯綜複雜的世界，是一個無法把零件拆解下來，然後組裝回去的世界。

接下來討論「老師如何經營他們的教學」。多數老師採用所謂的「教室經營策略」，指的是口訣和威脅利誘的策略。不過當我們從接受完高等教育的民眾來分析他們過往的學習時，就會發現這種策略實際上延續了「君權神授」的概念，把老師視為班級的君王，學生只能夠企圖對老師進行各種阿諛諂媚的行為來獲得老師的讚賞。這和民主社會講究的公平幾乎是公然對立的概念。對於教室裡的權力對等關係有興趣的讀者多了解這一章的概念，將會有嶄新的啟發。

接下來的〈你就是不能說只有那些同意你的觀點的學生才可以發表意見：教室裡面的政治對話〉呼應了之前的概念，也就是老師在上課時，通常只讓那些和他們持有相同理解，或者相同意識型態的學生發表意見，也間接詆毀了民主社會的訴求。

然後我們看到一位老師把「藝術與自然科學結合」在一起，讓學生的學習更加有效果。其實藝術和自然科學共享的一個概念，就是要仔細的觀察和推敲，不是把課本的內容「影印」到學生的腦海裡。想要嘗試著把自然科學和其他領域進行真實統整的讀者或許可以從這裡學到統整的真實概念和策略。

接下來是〈巔覆原有的平衡〉，探討的是一位老師和她的資源班學生之

間微妙的平衡關係。一旦平衡關係偏向一邊，老師內心產生的衝突就會顯現在她的教學工作裡。老師該如何在引導學生的興趣與學生家長對於她的期望之間找尋到一個新的平衡點，相信是許多資源班老師共同的吶喊，也可以在這一章找到一些理解和策略。

Lisa 接著探討「寂靜的對話」，真的把現場的教育問題清晰的表達在文章的標題了。既然是對話，怎麼可能是寂靜的呢？原來當我們在教育別人的孩子時，因為我們的主觀，讓一些和我們擁有不同文化背景、種族淵源、社經地位……的學生在課堂上，即使發言，也會被我們在教室裡的君主地位所壓抑。所以這一章也延續了教室裡的權力對等關係的探索。

然後由 Jervis 探討弱勢族群的學生，面對優勢族群的老師所可能遭遇的困惑，以及老師可以如何協助學生克服這樣的困惑。我們先看到的文章探討在提名優秀學生作品時，老師到底該考量學生真實作品的水準，亦或是「公平的讓每一個族群的學生」都有機會代表他們的族群發表作品呢？如果某個弱勢族群的學生因為老師無法欣賞他們傑出的作品，那麼我們有什麼管道可以協助這樣的班級找到宣洩的管道呢？

下冊的最後一章是由長期從事多元文化教育的 Nieto 所寫，又呼應了上冊第一節的作法，回歸到學生的聲音。作者訪談了許多學生，深入理解學生對於學習的認識和理解。這也呼應了國內近年來推動的臨床視導的另一面：臨床視導是否可以從顧客群這邊來分析專業的能力呢？我們是否可以假設教師們公認的好老師就一定是學生心目中的好老師呢？老師又沒有走進其他老師的教學現場，我們如何判斷某位老師的教學品質呢？我們是否該回歸到學生的立場來仔細分析老師的教學效能呢？

2005 年 10 月 24 日

第三部曲

錯綜複雜
的教學世界

認知、錯綜複雜與師資培育

BRENT DAVIS

DENNIS J. SUMARA

　　Brent Davis 與 Dennis Sumara 在這一章當中建立了一個理論的範例，為他們的教學信念，也就是認為教學是一個「錯綜複雜」（complex），而不是「複雜」（complicated）的工作進行說明。複雜的體制可以將它們切割開來，分析它們個別的成分；相對於此，錯綜複雜的體制無法將它們解構開來，分辨個別的部分。這是因為這些體制通常遠比它們所包含的個別部分加總起來的總和還要大所造成的──它們「通常比較具有動態表現、比較無法預測、也比較鮮活」。因此，教學無法以零散的方式來看待；更重要的可能是在人際關係、經驗、外在的影響力，以及一些在教學情境中扮演重要角色的未知因素，交織而成的網絡，需要以錯綜複雜的方式來探索，也就是說我們需要以一個完整的體制來看待教學的任務。就像兩位作者所宣稱的：在教育的「任何一個實務社群所涵蓋的各個成分之間，並不存在著一套直接的因果關係，讓我們可以修復某些錯綜複雜的關係」。相對的，創造出教學與學習環境的每個人，以及所有的要素都是以錯綜複雜、多元性及不可預知的方式相互連結著。因此，老師與師資培育者必須重新構思教學的實務工作；當中有一個策略就是將已知者與學習者、老師與學生、學校與社區之間的界線模糊掉。

　　「一個人到底是如何學習當作老師」的這個問題仍然持續發燒當中。雖然我們對於這樣的議題已經有非常廣泛的爭議，不過主宰教學

Harvard Educational Review Vol. 67 No. 1 Spring 1997, 105-125.

觀的心態仍然採用管理和機械的方式來處理。運用企業和電腦的類比方式，說明準老師在教學上的學習，已經是大家所熟悉的觀念。所以教學被大眾所接受的觀念就成了分類、組織、歸類、監督和控管等簡單的技巧。反應這個趨勢的觀點，就會將「學習當個老師的歷程」切割為精熟一套狹隘的能力：例如單元的規劃、提問的方法、測驗的方式，以及評量的策略等等。

如果一個人完全依賴一些專門為師資培育計畫所推出的通俗「指引」手冊的引導文字，那麼他或她就很可能會得到一個錯誤的結論，認為教學的工作以及學習如何教學，大部分都是一些早就底定的事情。企業般的標語口號、詳細規劃與銜接的分類法，以及近乎完全切割的結構，呈現出一個完整、清晰的知識架構印象。然而，當一個人走進師資培育計畫的班級課堂時，所面對的是一個不確定的氛圍，考慮到一些和實習經驗有關聯的焦慮，或是檢視那些最有經驗的老師告誡他們的話語，很明顯的，就是我們對於一個人到底是如何學習當作一位老師的理解，真的還相當不甚滿意。

這篇文章的目的就是要開始認真的面對這個問題。為了達到這樣的目的，我們先將討論的重點集中在這個問題的第一個部分：一個人到底是如何學習的。我們的討論是從探索一個對於認知的流行、新興的概念所發展出來的，並且針對我們自己在教學、學習與研究等方面所經歷的經驗，提出一個持續進行的質疑，進一步說明我們的觀點。

我們對於學習的關注正好與 Britzman（1991）在她所寫的專書《練習只會造就更多的練習》（*Practice Makes Practice*），所提出的理論架構有一致的看法。她認為在學習當作一位教師的歷程當中，反覆練習不會讓教學變得完美無缺。相對的，某些特定的練習反而會讓一些錯誤的教學實務工作永遠存在。因此，目前有許多師資培訓的工作——特別是那些「將實習視為學習怎樣當作一位老師的主要發生場地的活動安排」——通常只會複製一套教學的實務作為，偏偏那些教學實務是根基於早期人們對於學習與認知還沒有足夠的了解所發展出來的體制作為。[1]因此，雖然大家都已經有共識，要對學校教育做一趟重新概念化的浩大工程，我們卻眼睜睜的看著師資培育計畫強調

的重點，認為實習就是讓學生參與一項複製的工程，也就是那種全校師生都發現他們以往、當下與未來的經驗都與學習脫節的那種學校情境，而不是一個轉型的工程。所以我們認為在「學習如何當作一位老師」裡的「學習」早就已經被師資培育機構，要求準老師必須要能夠融入、處理與拷貝現有的教學實務工作的考量所遮掩了（譯者註：目前由於大量的「流浪教師」，讓每一所教育大學必須轉型。不過作者這裡提出來的觀點，或許會讓我們發現，原來過去的師資培育體制上根本就走錯方向。在還沒有找到正確的師資培育方向之前，整體的師資培育卻不得不面臨轉型，真是時代的悲哀）。

在這篇文章裡，我們發展出一套「制訂規則」（enactivism）的理論，這個主要是由 Bateson（1979, 1987）根據生態學、生物學與人類學的作品，以及 Varela、Thompson 與 Rosch（1991）等人對於現象學、神經科學與演化理論等方面的作品，進行詮釋之後，所得到的一個理論架構。[2]這套架構提到師資培育所面臨的一些急切議題，也討論我們兩人最近重新學習怎麼擔任老師的一些經驗。我們針對認知的某些流行詮釋強烈的質問，然後根據科學家最近在生物學、生態學以及複雜理論的發現進行深度討論，希望能夠協助大家重新架構目前的教育實務。我們深信在這些領域的最近發展，對於那些從事師資培育的夥伴有深遠的意涵。

對於認知與學習的一些流行詮釋

當我們考慮到教育界的夥伴正面臨一個存在於行為主義與激進的建構主義之間的理論衝突時，或許就不難了解雙方的支持者當然就無法靜下心來選定課程與教學的模式，所以不管哪一種教育理論都只能夠獲得少數教師的認同與支持。到目前為止，我們對於認知的許多認識可能潛藏的意涵與重點真的是花樣百出。我們經常發現自己深藏在學習與教學策略的活動計畫裡，想要將最多的教育理論涵蓋在我們的教學裡面，到頭來卻發現根本就無法搭配任何一個理念的實踐。因此我們會發現自己處於一種尷尬的情境，處於一個

幾乎每一個演講或文件都可以引導我們的教學實務改善，我們期望聽到一種再度被提出來的「回覆到基本要求」，以及「學生中心導向的教學」之類的需求，以及正規、標準化評量個人學習，與合作學習活動等等的觀點，卻沒有注意到這些想法很可能在本質上是相互衝突的理論。例如，在我們兩人的家鄉，也就是英屬哥倫比亞省，最近有一項創新的課程政策，由教育部所推動的教育改革，明確的要求老師的教學方式應該允許學生的小組學習過程、彈性的課程活動，以及各式各樣的評量策略；不過學生在完成學校教育之後，還是必須要接受一連串的標準化測驗，以及由外界施測的各種評量（審訂者註：這種矛盾現象簡直就是國內九年一貫課程與類似的教育改革的翻版，當初想要翻譯、審定這本書，也是因為看到國內正在犯同樣的錯誤，不去檢討體制上的錯誤，只針對小項目來改革，根本毫無用處）。

因此，也難怪一些新的研究計畫，或研究方面的「革命」結果，對於教室的實務工作幾乎毫無影響的可能性。當老師面對許多零散的、互不相容的實務方面的建議時，就有一些老師會根據一般人對於認知與學習的了解，持續他們原先的教學模式。我們想要知道的就是這些理解到底包含哪些理解？我們也想要了解在整個教育的討論與實踐中，到底有哪些情境支持這些理解與相關的教學活動呢？

在我們習慣的學校教育文化裡，一般人認為學習是將一個外在的知識，在人們的內心發展一種內在的表徵來呈現那種外在的實體，所以學習和發生認知的那個人是毫無關聯的。由認知理論專家（例如：Varela et al., 1991; von Glasersfeld, 1990）等人所提倡的「表徵主義」，認為一般人對於認知的這種了解，將理解定義為一個存在於主觀（內在）的表述，與一個客觀的（外在）世界之間的聯繫（審訂者註：我通常在教導師院學生時，與他們分享學習時最關鍵的項目，就是要把學生的「收音機」頻道，調到和老師的頻道一樣，才有可能接受老師的訊息，或許就和這一論點相互呼應）。

傳統上，對於認知的表徵主義模型傾向於針對他們所定義的圖像，運用優勢的技術來說明，例如，使用水力學、電報與電話配電盤等概念，都是近

年來對於認知模型的重要圖像。當我們有更流行的電子技術在手邊，一個「腦袋像是電腦」一樣的譬喻也就開始流行了——它是那麼的普遍流行，已經成了社會大眾的普通常識。所以我們會說「（資料）輸入」，與「儲存」資料，我們也會說「處理」與「取得」數據資料，我們也會說「編輯」與「組織」知識等等的專業術語。此外，我們也經常聽到教育界的夥伴（與一般常人）提到大腦時，就像是提到電腦一樣——雖然是一部高度精密的電腦。就像是 Lakoff 與 Johnson（1980），以及 Rorty（1989）所辯稱的，我們使用的譬喻最終會被人們照字面加以詮釋，然後就會在無形中塑造我們每日的信念與實務工作——而且是那麼的徹底，以致於它們原先象徵的觀點已經完全消失無影無蹤。也就是這個變成隱形的過程，或稱為「照字面加以詮釋」的過程，讓原本是譬喻的圖像，演變為日常的例行性實務工作了。

唯有當我們的經驗與原先的預期脫軌時，我們那種按照字面加以詮釋的譬喻才會再度被質疑。例如，如果我們以「腦袋像是電腦」的觀點來分析，這種譬喻的作法，目前正從許多觀點發展出來。例如，在心理學（Bruner, 1990; Merleau-Ponty, 1962），與神經科學方面（Damasio, 1994; Sacks, 1995）的研究，都針對人們目前把人類錯綜複雜的腦袋用一個機械式的模式來說明的作法，提出嚴重警告的訊息。

對於知識與真相採取這樣的定位，原則上就是我們在學校裡許多行動的背後支持信念。無數的課程文件周詳的描述哪些是學生該內化的知識與技能。而整個櫃子的教科書帶領學生經歷過一個清晰的旅程，以便建立恰當的主觀圖像。然後教育主管單位再透過一連串的診斷與成就測驗，來確保我們可以提供一套客觀的評量，以便能夠精確的保證學生將那些課程概念加以內化。對於師資培育機構而言，強調這樣的概念，將導致我們企圖引介準老師去認識老師多面向的每一個面向——偏偏這樣的善意，卻經常因為我們沒有深度的理解這群學生一邊要被我們教導，一邊要學習怎樣當個老師，以及那些學生在真實教室能夠施展、卻還沒有被察覺的世界。在每一個個案當中，「真實」世界（數學的、文法的、教學的等等）的定義和學生所了解的世界

（不可避免的一件事情，就是我們總是將學生視為不夠完整，以及仍有缺陷的個體）正好相反，而且這樣的觀點認為老師要教導的課程遠比學生想要學習的內容更加重要（審訂者註：原則上，多數老師都了解教學必須先從學生舊經驗出發，但是在教學現場，這樣的信念通常被恥笑，認為那是一種無知與天真的理念，只有菜鳥老師才會那麼「無知」。所以即使老師都知道學生舊經驗的重要，卻受到課程進度的逼迫而屈就於不斷趕課的尷尬場合）。

我們一般熟悉的觀點，認為知識是由兩個同步建構的項目建立起來的，像是「知識的仲介者相對於已知的知識世界」。這樣的觀點認為個人和其他人是有區別的，事實也需要和想像世界區隔開來，正確當然也要和錯誤明顯區隔，重要的是老師也要和學生壁壘分明的區隔開來——這些觀點其實就是我們熟悉的電腦程式語言所使用的1與0二元邏輯理論。此外，為了做出這樣壁壘分明的區隔，也就是把人類的大腦等同於電腦，知識不僅就簡化為獨立存在於知識仲介者需要處理的資料或訊息以外，而且非常明顯的，也會被視為和學習者之間的個人特色與社會交往毫無關聯性。因此，即使有非常多元類型的研究者，像是Bakhtin（1981）、Heidegger（1966）、Merleau-Ponty（1962）、Trinh（1992）與Vygotsky（1962, 1978）等人都強調文化與個性、已知與學習者，以及「經驗式」與「敘述式」之間那種無法逃脫的關係，不過一般社會大眾對於認知與學習的詮釋仍然持續忽略這類型的關係。

然而，在許多學科領域方面，一股抗拒的力量，反對把學習以這種呆板的詞彙來說明學習的現象，正在逐漸浮現當中。這股抗拒的力量結合一個成長中的覺醒，也就是我們很單純的，並不會聚集到某個一致、普世存在的理論，讓許多教育與文化方面的理論學者，包含Grumet（1988）、Kincheloe與Steinberg（1993）和Pinar（1994）等人，都在嚴肅的抗拒這樣的觀點。

在面對這樣的批評時，對於認知的一些替代模式在過去幾十年當中就凸顯它們的重要性。特別的是，建構主義已經變成諸多討論的焦點。雖然人們對於建構主義的架構的詮釋會有不同的見解，不過建構主義的觀點傾向於讓人們了解到它是以一種非線性、動態的進化歷程為主要的架構。所以在這樣

的情況下，功能性是否恰當，已經取代最理想的代表模式，變成人們決定是
否應該學習的標準尺度了。所以可以這麼說吧！建構模式因此排斥我們將學
習的描繪以機械式的隱喻方式呈現，而是採用比較接近有機模式的闡釋。這
種在語文的使用上，從比較貼近物理的語文，轉移到貼近生物的語文譬喻是
一個相當重要的轉變。由於這樣的轉變，所以我們原先採用力學、軌跡與直
接起因的印象，就逐漸被另外一種思考模式所取代；在這個新的模式當中，
我們的思考就會認為不斷的改變，以及錯綜複雜的相互依賴關係，已經變為
我們思考時的常態了。這種對於學習模式的概念轉變，也讓我們開始把認知
視為一種組織，與重新組織我們自己主觀經驗世界的歷程，牽涉到的是同步
發生的修正、重新組織與重新檢試過去、現在與可預期的未來我們所將採取
的行動和概念。

　　然而，儘管建構主義的觀點已經成為我們打斷社會大眾對於認知與現代
主義者的心態上的一個關鍵角色，不過它的說詞和表徵主義分享一個相同的
宗旨。在這兩個確定的方針當中，都假設認知的仲介者是完全自主學習的。
也因此，就像是表徵主義的訴求一樣，建構主義是一個想要在學習者與世
界，與學習者之間所存在的隔閡找尋出一個合適的橋樑，讓彼此可以溝通的
一種對於知識與經驗的理論。而且當我們抱持的信念是採用分科的學科進行
教學時，更進一步支持一個信念，那就是「個體」在學習的情況下是包含在
一個情境之下，而不是把個體視為一個關係結構裡的一個完整部分。我們認
為這樣的信念是一種獨白式的信念；也就是說，分科教學的觀點是先假設我
們在哪些學科方面有一個唯一決定學科內容的權威專家。不過存在於學習者
與老師之間的關係在發展一個認知理論的過程當中，並沒有被視為最重要的
特色。

　　獨白式的思考屬於分裂式的思考，是圍繞在清晰界定與固定分界線的概
念下發展出來的思考。因此，認知仲介者就被視為獨立分開的——不僅與周
遭的世界區隔開來，也和其他認知仲介者區分開來。雖然認知仲介者之間的
互動也被視為可能發生的，不過也已經把這種互動關係簡化為經過調節過的

機械行動，讓學科領域的内容無法穿越他們課程内容的主觀性質。當然，這也成了那些對於西方社會的特質與「現代化」哲學觀點抱持批判觀點的核心攻擊目標（例如：Borgmann, 1992; Lyotard, 1984; Taylor, 1991）。

我們在這裡遭遇到的困難總結起來，應該可以歸罪到一個根深蒂固的文化弱勢，讓我們可以免除自己對於知識的觀點，那就是知識本身可能有某種形式、有形的存在。我們一般對於知識的討論就好像將它看成一個物體——某種第三類的物質——是我們要去緊緊抓牢、持續抓住，然後儲存下來，緊接著再加以操作和運用，而不是將它聯想為我們在一個生物的／現象構成的世界所需要作的行為。所以依賴不同的理論立場，這類型的客觀知識就被指派到一個特定的場所（等待學習者去抓牢）。

我們很好奇的想要了解的，就是如果我們拒絕接受這種普世的觀點，將知識視為物體（就像是「第三種東西似的」）的譬喻，而開始把知識視為一種行動過程中所獲得的理解——或且更好的，把知識當作一種經過互動之後所獲得的項目呢？或者，讓我們以不同的方式來組織剛剛提出的觀點，如果我們拒絕接受這種「不言自明」的證據，也就是那種把認知視為發生在認知仲介者體内，而所有的認知仲介者彼此孤立，也和他們所處的世界有所區隔的原理原則；相對的，我們如果堅持要修正自己對於認知和學習的觀點，並且把認知當作所有的認知都存在一個由有機體彼此關係所構成的錯綜複雜的生態體系呢？

對於認知的一個制訂規則理論

我們可能可以比較獨白式的思考，以及它的配套措施，也就是談話，來回答這些問題了。在探索溝通的本質歷程當中，Gadamer（1990）建議我們，談話和其他模式的互動關係（例如，辯論、訪談與討論等互動關係）在本質上是有所區隔的，這是因為談話的主題是無法預先決定的。相對的，談話的主題通常是在聊天的過程當中一一浮現的。

我們的建議也非常相似，我們認為理解也是逐漸在人們當中浮現出來的。談話的內容迂迴婉轉，總是會走到一些我們從來都沒有預期過的地方停頓下來，就是那麼簡單。由於聊天或談話會遵循一個不特定的路徑，所以Gadamer的觀點認為參與聊天的人其實是被聊天所帶領，而不該說是他們主動帶領著聊天或談話的方向。聊天是超越自主仲介者經過調節後的行動所呈現出來的某樣東西——就某種意義來說，其實它擁有我們；而不是我們擁有它。換句話說，聊天不會受到預先決定的目標的限制，不過在整個聊天的過程當中，會因為參與的人們所做的共同決定而交互展開。所以聊天是一個集體的活動，不管是透過人們之間的關係，或是認知的主觀價值，都無法用來解釋聊天的過程。我們可以把聊天想成是一種對別人「打開」我們自己的一種過程，同時也打開影響我們對於周遭世界理解的可能機緣——因此，也可以說是我們對於自我身分的認同其實是針對周遭環境的背景所衍生出來的。

Merleau-Ponty（1962）也針對這種互動的模式加以研究，他把人們彼此談話之間的關係描述成 "action-à-deux"，或稱為「連結」（coupling）。「連結」的觀點，和人們目前比較偏好的西方主流觀點正好相反，在西方主流觀點當中，我們把自我視為個體的，也是自主的。不過連結的觀點建議一種新的觀點，認為是當兩人以上在一起聊天或其他任何一種結合的行動所衍生出來的超經驗連結體。在這個過程當中，就會打開一個被Gadamer稱為「熔化的地平線」的可能性，這是在一群人當中邁向共識的活動過程，所以他們這些人的思考／行動就再也無法以完全主觀的方式來考慮了。這個概念最近也被生物學家Maturana與Varela（1987）以「結構式的連結」（structural coupling）來說明，或是由Varela、Thompson與Rosch（1991）等人描繪成「共同浮現」（co-emergence），或是「各自闡釋」（mutual specification）加以說明聊天的過程。雖然上面這些詞彙都建議一個混合著意識、認知能力與生活習性的結合，不過它們當中沒有任何一項建議完整的個體或主觀應該被拋棄。雖然在分享行為的當中，會經驗一種「自我忘記」的體驗，不過卻是在「意識的熔化」，在身分的「連結」，在「各自闡釋」的過程中的形式

和行為，讓我們看到一種行動／理解的可能性逐漸浮現，這是參與者各自獨立時所無法達成的任務。

這些想法並不是全新的觀點。稍早之前，生態理論學者提出這些概念，並且把這樣的概念延伸到他們解釋行星動力學方面的研究（例如：Bateson, 1979; Berry, 1977; Lovelock, 1979）。他們的主張，認為存在於有機體彼此間的關係，以及有機體與他們的環境之間的關係，對於教育領域的研究有非常重要的意涵，因為它們讓我們了解到學習者原來是座落於某些特定的情境才會出現學習的問題。相對的，他們也說明了認知的仲介者被重新賦予一種新的身分，他們把認知的仲介者視為情境當中的一部分。所以當學習者學習的時候，情境也跟隨著改變，只因為情境當中的一個成分改變了，所以整體的情境也跟著改變了。反過來說，當學習的情境改變了，那麼學習者的身分也跟著改變。當情境改變以後，我們就會處於一個不同的情況，也會跟隨著不同的彼此關係，所以我們如何界定自己，以及我們如何做事當然就無可避免的會受到影響了。所以，我們認為學習（當然教學也有同樣的情況）無法以獨白式的詞彙來考量：在任何一種實務工作的社群，我們是無法找到線性的直接因果關係，可以讓我們來修補這個社群當中的某些成分。相對於此，在任何一種教學／學習的情況下，所有相關的因素都是很雜亂的、生態的、複雜相關的。我們了解到認知的仲介者與它所關聯到的每一件事情就是以一種動態流動的方式接觸著，所以如果以生態的譬喻來說明，居住在這個環境下的每一個物種都需要適應周遭其他的物種，最後的結果就是生態體系裡的每一個物種都會和環境當中所棲息的物種同時演化。讓我們以最簡單的方式來說明，如果我們以生態的譬喻方式來思考教學的面向，那麼生態思考所了解的就認為我們所察覺存在於不同物體和不同事件之間的邊界其實只是**探索**[a]過程當中方便運用而已。每一件事情都和其他任何一件事情以錯綜複雜的方式糾纏著。這可並不是西方社會很容易接受的理解方式，主要是我們在西方

---

a：探索（heuristic）提到的是在學習時有所助益的一些經驗、方法，或物體的呈現。

的文化強調的是個人的自由與個體的自主性。

　　Sumara（1996）曾經以「吾類／非吾類」（us/not us）的單一方式來描繪這些生態理論，目的是想要嘗試向社會大眾宣稱我們習慣稱為「學科」，與習慣稱呼的「情境」之間交互糾纏的雜亂關係。這個「吾類／非吾類」的訊息所傳達出來的概念，承認我們可以辨識個別的認知仲介者，也同時宣布我們只能夠在關心他們所存在的情況下去察覺與詮釋他們的行動。所以人物和背景——也就是吾類／非吾類——就需要同時定義才有真實的意義。這種「吾類／非吾類」的譬喻就其本身而言，指出當代在**解釋學**[b]研究計畫，想要探究日常生活經驗的理解探究的重要性，就誠如 Gadamer（1990）所建議的，重要的並不是我們了解到自己到底是誰，以及自己做了哪些事情——真正事關緊要的是我們可以詮釋一些情況來描繪情境中的個體身分與他們所採取的行動和行為。這一點意味著，如果我們採取解釋學的方式來說明，那麼探究的焦點可能就不再集中在經驗的構成要素（人物、物體和地點）；相對的，應該是連結這些元素，結合成行動的那些關係的探究。所以解釋學所提出來的「吾類／非吾類」的譬喻和生態思考是前後呼應的，它們都要求我們在詮釋的時候，重點應該放在事情或事件彼此間雜亂糾纏的探討，而不是探討事情本身內部的情形。

　　在跟隨著 Bateson（1987）和 Varela、Thompson 與 Rosch（1991）等人所提倡的觀點之後，我們試著蒐集這些想法的某些部分，彙整為我們稱為認知的「制訂規則」理論（Davis, 1996; Davis, Sumara, & Kieren, 1996; Sumara, 1996）。這個理論的起始點就是先確認我們每一個人，以 Merleau-Ponty（1962）的觀點，都存在於一個「錯綜複雜的關係結構」當中，基本上我們在這個關係網絡當中，都和其他人相互糾纏在一起，也無法逃避——不管在物理方面／生物需求方面，或是體驗／現象學方面來說，這樣的關係網絡都一直存在著。這樣的見解就可以協助我們重新思考教育的意涵——並且為我

---

b：解釋學（hermeneutic）提到的是為了闡釋的目的而研究一段文本，或某個現象。

們解釋當我們執行替代的教學概念時可能遭遇的困難。有一個相當著名的教育問題，就是採用一個不恰當的教學行為，並且在緘默的社會輿論壓力下，埋頭苦幹的行為；對我們來說，就是一個可以透過生態學理，而不是行動者的獨白，可以理解的現象了。

推動執行不同的教學實務工作

近年來我們執行了一項為期一年的研究，想要探索制訂規則可能遭遇到的各種雜亂的分歧情況。我們先以一個協同的專題研究，探究學習本質開啟這個研究的航行，這個專題研究涵蓋了一個小型都會區國小的多數教職員。我們和這些老師每半個月召開一次會議，在會議進行當中，我們探究自己的學習歷程。這些「學習的專題研討」（learning seminars）是依據一系列的閱讀、寫作與數學任務所發展出來的結果，目的是要協助我們發掘隱藏在教室學習的某些假設。

透過一系列意外的事件——對於這個專題計畫來說就像是生態敏感度一樣的真實，我們這個研究小組很快的就擴充參與夥伴，讓社區的家長也共同參與這個研究專題。在他們的堅持下，這個研究也進一步擴展，包含一些在幾間教室進行的教學實驗。Davis與班級課堂老師協同教導一個三／四年級混齡的分數入門課程。而Sumara則在一個五／六年級混齡的班級協同教導一門語文課程，主要內容圍繞著一本流行小說的閱讀與欣賞。在這一小節，我們描述自己重新體會學習與教學的細節。在這歷程當中，我們對於一些流行的認知與學習方面的基本假設進行了挑戰的工作。

很特別的是，透過這些教學的例子，我們想要針對一個教學信念提出一個替代的方案，那就是認為學習是一件可以預先決定的行為，而且也受到教學的引導而產生（而且是透過直接、線性的方式達到學習）。此外，我們希望放棄一個有問題的信念，那就是群體經過協調後的活動，應該是一件自動自發的行動與行為；相對於此，我們想要提出的觀點認為人類的活動是有關

聯性的，是共同決定的，也存在於一個錯綜複雜的事件網絡。透過這些範例，我們也提到一些困擾是人們長久以來堅信不疑的教學實務。克服一些長久以來被人們視為理所當然的信念，而且那樣的信念已經融入廣大社會群眾所接受的文化，是制訂新的教學實務，它同時也關注到個體的活動和群體動態，可以協助我們進一步認識教學現場的主要功能。

這個議題在我們最近所推動的教學實驗顯得特別的重要。這些經驗當中最令人感到嚴重挫折的，就是我們每一個人都傾向於退回到一些教學行為，是和我們想要制訂的新的教學實務理論不相容（乃至於相互衝突）的行為，而偏偏我們想要制訂新的教學實務理論是當初我們想要深入了解學習與理解的原動力。舉例來說，在每一個單元當中，我們無可避免的針對學生提出許多我們在腦海當中早就有答案的問題。Gadamer（1990）就是極端反對把這類型問題視為「教學法」的關鍵之一，他強調這樣的問題很少在現代的教室以外的地方被人們指認出來（譯者註：一般而言，許多教室早就充斥許多「低層次的問題」，學生幾乎不用思考，只要把課本的答案記下來，就可以回答老師的提問。不過那種低層次的問題在社會上，不管是哪一個行業都幾乎不存在）。

或許這個研究計畫當中，最有趣的（不過對我們來說，則是最令人心煩的）現象就是我們通常完全沒有發現我們居然會提出這類型不恰當的問題吧。雖然我們已經盡可能注意每一位研究人員，以及和我們合作的老師所產生的這類型行為，不過我們很少「在發生行為的當下抓到錯誤的行為」。不過也發現問題好像不只侷限在我們提問問題的方式。在反思的時候，也有人提出單元的結構、家庭作業的指派、解釋某些問題，以及評量的方式也常常和我們信奉的信念與宣示要達成的企圖前後矛盾。簡單的說，我們不僅很容易退回到傳統的教學行為模式，我們也幾乎無法辨識出自己在課堂上也會有這類型的教學行為，更不用提到要盡量避免它們的重複發生了。另外，即使當我們有能力抓到自己教學時所犯的錯誤，也證明了一件事情，那就是要配置與擔綱這類型的替代教學模式，是相當具有挑戰性的任務。

　　教學，就像是其他任何一種集體性的經驗一般，是發生在一個必須全然體現的情境，而且在某些方面必須要前後一致才有效果。我們開始注意到和我們合作的老師在教學時，「已經學會」一小部分我們的教學模式所具有的特質，而我們也會做一些和他們教學實務相類似的作為。我們更發現我們會彼此模仿對方某些特定的站立方式，或在教室行間巡走的方式，乃至於閱讀、稱呼學生和調整音量等等。MacKinnon（1996）曾經建議這種「在手邊教學」（teaching at the elbows），採用這類型的編舞模式來學習舞蹈。當我們發現自己居然會說出根本不是問題的問題時，就不會讓人驚訝了。就像在大多數學校一般，這類型的實務工作在我們任教的班級裡是很常見的；所以我們也就被現有的教學脈動所緊緊抓住。

　　以常識般的回應這類型的關注，建議我們一個認知，那就是這類型的行為只是無意識行動的一部分，是由日常習慣動作所支持著。雖然我們並沒有反對這樣的解釋，我們幾乎沒有辦法把它當作我們無法找到足夠的理由來解釋那些尚未成形的行為——更不用說要主動且持續的質詢我們自己潛藏在行動下的心態、偏見與默認的假設。當我們在回顧錄影帶與這些單元課程的轉譯稿時，就很明白的發現我們的教學行為並非全然自主制訂的。相對的，我們是在一個更大的體制內扮演自己應該扮演的部分，在許多方面，我們其實只是在擔任被期望的角色所該具備的行為，也以我們被期望的行為進行教學的活動。我們其實是被某種力量帶領著，而不是真實的帶領某種潮流。因此，當我們正努力想要重新定義合宜的教學行動時（對我們當成老師的角色，以及和我們一起合作的老師，以及所教導的學生族群），我們卻被社會大眾對於老師應該具備的期望和行為所牽制著。換句話說，與普世所接受的神話相反，也就是老師理所當然應該要能夠掌握教室裡所發生的每一件事情（Britzman, 1991），不過從我們研究的紀錄發現，我們自己的教學被教學的情境所塑造和控制的程度和原先的企圖一樣多。所以，根本上，設定優質教學的標準並不是個別老師所能完成的任務，而是在那樣的情境下整體老師的群策群力才能夠完成的任務。

　　值得注意的一點就是，我們不僅包含和我們一起合作的老師在這個所謂的「整體的老師群體」，也包含了這所學校的其他老師和所教導的學生。在這個「實踐的社群」（community of practice）（Lave & Wenger, 1991）存在著一個普世接受的「理解」來引導學校裡每一件事情的走向和作為——甚至是一種絕對優勢的默認行為。就像在許多傳統的學校背景，我們可以從他們一般所關注的項目，例如，有效的使用時間、清晰說明教學目標、學習成果的品質、還有包羅萬象的績效責任等等，都說明我們已經接受一種生產式的語文來描繪學校的實務工作。由於在我們開始教導這些單元之前，已經花費相當多的時間在這個實踐的社群（也在其他一些非常類似的社群上花費類似的時間），所以我們早已經「趕上」教學與學習的普世概念——即使我們所表達的目的是想要中斷這些早就已經被視為理所當然的教學實踐。在同一時間，我們對於這個社群也有一些引導性的影響，我們和老師們共同參與一些活動，就誠如稍後會說明的，我們的研究開始引發（occasion）[3]老師們在這個共同的結構下產生一些轉移。因此，雖然我們相當關心我們在這整個研究計畫過程當中，居然模仿一些我們想要反對的教學實踐工作，還讓那些教學實踐工作在研究計畫當中復甦；不過我們也注意到老師在他們的教學實踐上也開始做了一些變革。我們認為，在這個實踐的社群所分享的工作，在某種程度上促成了這些變革。

　　在這個集體進行決策採取適當行動的歷程當中還有另一個向度，和正在教導的特定主題有關，也和這項決定所產生的師生理解的本質有關。在每個個案當中，我們的行動有一部分是受到自己的信念所塑造的，我們的信念認為「學習」是無法預先猜測的，或是可以透過任何形式來控制的。因此我們完成教學的假設是認為我們雖然可以呈現各種學習的機會，讓學習充滿各式各樣的學習機會，我們甚至也可以和學生共同參與這些學習的活動，讓學習的內涵逐漸顯露出來，不過我們還是無法預期學生到底學到哪些知識和技能。對我們而言，學習是透過老師的「引導」而引起的，而不是因為老師的教導而「造成」的——也就是說我們認為學生的學習依賴老師的教導，而不

是透過老師的教導而決定的（讀者如果要有更完整的解釋，請參見 Davis et al., 1996）。就誠如其他研究者指出（例如，Lave & Wenger, 1991; Vygotsky, 1962, 1978），我們所有的「理解」都座落於錯綜複雜的經驗網絡裡，也會在這樣的情況下共同浮現我們的「理解」。就其本身而論，我們永遠都沒有辦法清楚找出任何一個特定行動的直接「導因」。不過這可並不是說我們對於教學的深思熟慮都是枉然的。相對的，老師帶領的活動還是相當關鍵的，就誠如「引起」這個概念所特別強調的一樣。透過引起行動，老師參與，但不是要去決定學生的學習。

在提供這類型的引發過程當中，常見的現象就是在教室裡正在進行的活動，完全出乎意料之外的移轉到非常合宜的主題（就學科內涵而言）。洞見就會在整間教室裡「散播開來」。剛開始的對話只有少數人參與，然後人數逐漸成長到包含大多數人，乃至於全班。這時候，對於課程的理解就會浮現出來，那是一種由許多人分享、建構而成的理解。在數學課裡，例如在回應老師的提問：「有多少方式可以形成四分之三呢？」──這是擔任老師的 Davis 提出來的問題，期望學生至少能夠提出幾項可能的組成，這是由教材當中的「分數套裝工具」所提供的可能──不過很快的，學生開始創造一系列幾乎無止境的組合來回應老師這樣的問題。例如學生會提出「一又二分之一的一半」，或是「十六分之十一和四分之一的四分之一」等等。在語文課的課堂上，當 Sumara 老師提醒學生重新回到他們針對一本小說的閱讀心得再做一點修正時，學生建議在故事裡被處以安樂死的小嬰兒，實際上是被打了麻醉藥之後，送到另外一個社區被撫養長大成人。這樣的回想是透過這種引發的作用，帶領師生進行前所未見的大規模持續討論，討論許多他們從來都沒有想像過的可能性。所以即使那些推論都無法透過小說所提到的任何情節來支持他們的推論，不過很快的，這樣的推理就變成了全班同學的常識。所以我們認為知識並不是我們在互動過程當中所創造出來的某種物體；相對的，那種持續進行，不斷演變的互動本身就是集體知識的形式和本質了。

而且，就誠如個人的認知也已經無法以存在於自主的主體內的方式來理

436

解，集體的知識——或者就像是 Rorty（1989）所說的，「行動的模式」（patterns of acting）也早就無法被教室的四面牆壁所圍繞出的邊界來限制它們的可能發展。很快的，我們就會了解到在教室所進行的活動所交織成的錯綜複雜迴路已經透過一些混雜的方式散播到其他的社群裡；這些混雜的方式有些看起來是經過深思熟慮的溝通，有些是非正式的聊天，以及無意識的模仿。例如，其他老師也開始發展類似的單元活動讓他們的學生可以在自己的教室進行類似的學習活動；學生回到家裡享用晚餐的時候，也會在晚餐時刻和家長或兄弟姊妹討論小說故事的情節和分數的學習；這樣的親子互動關係讓家長也去購買學校使用的小說，並且在一些社區集合地點討論他們對於小說故事情節的詮釋。就這樣，閱讀小組和數學俱樂部，和我們在這所學校協助建立的小組和俱樂部不相上下，就開始在附近的學校和社區蔓延開來。

對於分數的知識，以及對於文學作品與其他人的生活經驗交織而成的知識，在這些學習的事件當中逐漸浮現出來，那是絕對無法在「個體」當中找尋得到的知識。嘗試著想要這麼做是無謂的爭執，主要是因為不是個人行動有多少機會可以發動探究與理解的獨特路徑；相對的，持續交互作用的機會讓這樣的構想逐漸浮現，如果持續實踐還會繼續在這些社群逐漸發展出更高層次的理解和探究。相反的，想要在「真實世界」（也就是通常認為學校教室以外的任何地方）的這些學校情境嘗試找尋這樣的知識，或者想要描繪學生的行動逐漸整合為某些客觀的理解，而且是我們預先規劃要學生熟練的知識和技能就顯得困窘與不足。因為在這兩個情況下，學生都不會逐漸把他們的學習整合到某些預先決定、預先建立好的「真相」（譯者註：也就是我們希望他們學習的知識與技能）。與其嘗試想要在個體之內或個體之外找尋知識，我們認為在我們所做的研究當中，那些數學與文學的理解如果以群眾聯合的行動所得到的產物來解釋會比較恰當。分數的知識，以及虛構文學的功能其實並不存在於個別認知的代理者身上，或者自外於個別認知的代理者（例如：學生或老師），而是透過他們持續的交互作用逐漸浮現出來，然後就變為他們的一部分了。

　　這樣的觀點提醒我們，為了要更加理解認知的過程，那麼社會大眾以常識的方式在個體之間劃分聰明才智，以及在「人」與「情境」之間的二分法必須被唾棄。就好像是數學家拒絕接受平行線的假說，才得以引起更強而有力的嶄新幾何學（請參見 Boyer & Merzbach, 1991）；也很像是後結構（post-structural）理論學家對於讀者的回應已經拋棄了原先存在於讀者、書籍內容與情境之間的邊界（Barthes, 1974; Derrida, 1992; Sumara, 1996）；或者就像是文化評論家也已經說明存在於種族、階層、性別、血緣與性慾之間有重疊而且無法跳脫的錯綜複雜關係（Butler 1993; Haraway, 1991; Sedgwick, 1990）；也很像是最近多產的模糊邏輯（fuzzy logic）（McNeill & Freiberger, 1994）與錯綜複雜理論（complexity theories）（Casti, 1994; Waldrop, 1992），主要是因為專家拒絕接受存在於事情之間那種「脆弱」分野才得以完成的；或許也像是稀奇古怪理論（queer theory）就是進一步質疑社會大眾平常不會質疑的文化類別而產生的（Britzman, 1995; de Lauretis, 1991）——我們建議，重新造訪認知理論的這些公理讓我們可以打開進入思考與學習的洞見之門。

　　制訂規則也讓我們把關注的焦點集中到那些還沒有公式化的知識——當我們在這個世界遊走的時候不斷推陳出新的那些知識，不過它們通常被貶低為花邊新聞而已，認為那些只是我們潛意識的經驗，而不該構成主要的知識形體（Grumet, 1991）。 在大多數情況下，我們並沒有察覺到這類型還未成形的理解到底有多重要。埋頭致力於一個「思考的實驗」，例如，讓我們考慮當我們要設計程式讓一個機器人「很自然而然」的起居作息到底有多困難，就可以讓我們了解截至目前為止，社會大眾仍然不怎麼了解的認知領域實際上正在擴展當中。這樣的知識相當具體話——換句話說，它是從一個事實真相衍生出來的，那就是我們所擁有的身體是一個有機團體的一部分，而這個有機團體更是一個持續向前邁進的世界當中的一部分。雖然我們不斷推陳出新或已經擁有的知識可以透過有意識的公式化加以處理就可以獲得，不過除非有某些事情發生來吸引我們的關注，否則就會被我們所忽略。因此，根據制訂規則理論，人們的行為舉止不僅只是（內在）理解的顯現而已，它

們本身就是理解的代表了。

制訂規則的理論學者宣稱認知不會單純發生在人們的心智或腦海裡，而是透過分享的行為舉止才有可能獲得這些認知。制訂規則的理論學者拒絕接受有些人享有特權可以決定哪些知識和技能是社會大眾所必須學習的，他們不認為社會上有誰可以當作這樣的權威。對於制訂規則的理論學者而言，知識與技能還有集體的知識只有在連結的行動當中才會存在，也是構成知識與技能的場合。這種連結的行為舉止必須遠遠大於單獨被孤立的認知仲介者的重要性。那就是說，在制訂規則的理論學者方面，他們所持的論點和西方世界對於知覺意識的傳統認識相反；在傳統西方社會裡，主體通常被視為是這個世界的一部分，不過也和這個世界有所區隔（Smith, 1991）。相對於此，制訂規則的理論學者認為我們應該把個體當作一個系統的一部分——一個次要系統——一個不斷提升錯綜複雜程度的系統當中的一部分（像是一間教室、一所學校、一個鄰居社群、一種文化、人文，以及生物圈的往外擴大）。我們或許可以這麼說，所謂「具體化的知識」往外擴充到一些遠遠超越我們自己個體的形體上。

教學與學習：從「複雜」到「錯綜複雜」的程度

「複雜」（complicated）這兩個字通常被用來描述老師的角色。有許多回應個別學生或整體學生需求的重疊任務，或是「管理」教材和人際關係的任務，組織整理教學內容，和評量學生是否完整的達成任務，這些活動都可以說成是非常「複雜」的任務。然而，從「（錯綜）複雜理論」這個領域所帶給我們的啟示（Casti, 1994; Waldrop, 1992），我們逐漸了解到「複雜」並沒有辦法提供我們足夠的描述來了解教學與學習活動的現場。相對的，這些都是「錯綜複雜」（complex）的現象。

錯綜複雜的理論學者在複雜與錯綜複雜這兩個描述文字之間做了一些區隔。這一個跨學科的嶄新領域，先是拒絕接受現代主義學者傾向於使用機械

式的隱喻方式來描繪和分析多數的現象。不管如何複雜的機械，總是可以被拆解開來，分解成組成這個機械的各個成分，不過錯綜複雜的系統——像是人們或人們所組成的社區——相對的，幾乎都是比較動態的情況，是比較無法預測，也比較活生生的現象。跨越一些探究式的領域，像是物理、生物、神經病學、經濟學、氣象學與心理學等領域，錯綜複雜的理論學者已經開始發展一套嚴謹的替代方案，想要取代原先支配學術領域進行探究研究的那種分裂的、簡化的和線性式思考。就像是生態學者一樣，這些「錯綜複雜的理論學者」（Casti, 1994）把探究的焦點集中在事情之間的相互關聯性。更具體的說，他們是在研究次系統到底是如何連結在一起，形成一個更大、更複雜的系統。他們爭論著指出，我們通常認為是獨立系統的現象（例如：我們「自己本身」）實際上是同時由許多次系統所組合而成的，而且這些次系統彼此之間糾纏不清，不過也有它們自己本身的完整性（例如：器官和細胞），即使它們自己本身仍舊屬於一個比較大的系統當中的次系統，它們還是有它們自己獨特的完整性（例如：一個家庭、一個社區、一個社會）。所以我們每一個人突然間同時是一個完整個體所聚集而成的系統，本身也是一個完整的系統，更是一個完整系統當中的一個部分。

就誠如 Waldrop（1992）所指出的，錯綜複雜的系統有三項不同的特質。首先，它們具備能力可以經歷自發性的自我重組，而且會在這樣的歷程當中還會試著超越它們自己。像是想法與目的這類型的集體性質都是逐漸浮現的，而且這類型的性質很可能永遠都不會被當中的任何次系統所顯露它們的性質。簡單的說，集體的性質遠超過它所有部分的總和，也遠比它任何的成分要來得「錯綜複雜」多了。第二點，認為錯綜複雜的系統本身是會適應環境的。物種、市場，以及個別的有機體在不斷改變的環境當中逐漸演化。實際上，這樣的實體和它們的環境也可以被視為一個涵蓋範圍更大的錯綜複雜的系統當中的次系統。所以我們並不認為個別的有機體會塑造它們所處的環境，環境也不見得可以決定有機體的條件；相對的這兩者之間是以辯證的方式交互影響著，而且是在彼此共同交織的情況下，彼此明確的確認其他的個

體。第三點，錯綜複雜的系統，在本質上和類似時鐘與電腦的系統有所差別，後兩者只能夠稱得上是複雜的系統。複雜的系統可以透過分析它們的元件，以及它們組裝的方式來加以了解。所以只要對它們的構成要素有足夠的認識，就可以相當有信心的預測那個比較大的系統將如何表現。所以我們說複雜的系統，整體其實是所有構成要素的總和。

　　然而，在錯綜複雜的系統方面，即使我們對於組成一個錯綜複雜的每一個次系統都擁有最淵博的知識，也沒有辦法協助我們用來預測，或用來控制那種系統的行為。舉例來說，即使我們對於心臟、肝臟、腦神經，以及皮膚有透徹的理解，當我們想要說明意識知覺和身體的本體這類型錯綜複雜的現象時，也是無用武之地。所以雖然這些構成的要素對於這樣的現象都有它們個別的貢獻之處，不過它們彼此間的相互關係是那麼的錯綜複雜，以致於我們根本就無法透過個別零碎的研究過程來理解整個錯綜複雜系統的運作模式。我們認為就是存在於它們之間的關係，而不是事情本身，是有生產力的，當然這也就是我們感到興趣的地方。

　　近年來還有一個可以為錯綜複雜的過程做最佳代言人的，那就是人體的免疫系統的運作。主要是因為連結到 HIV（人體免疫缺損病毒）的感染方面的研究，這樣的調查研究指出，就像是任何一個錯綜複雜的系統一樣，免疫系統也持續在進行「學習」——也就是說免疫系統在回應任何一種「干擾」，或它所處環境的改變時，就會產生演化的作用（Varela & Coutinho, 1991）。因此，任何嘗試想要「確認」一個和人體免疫缺損病毒的運作功能有關聯的理解就會徒勞無功；就像所有現象一樣，它總是處在一種流動、變遷的狀態，所以總會改變本身所處的邊界情形。針對人體免疫系統和人體免疫缺損病毒之間的研究，以及其他對於錯綜複雜系統的研究調查，都告訴我們後現代的比喻（模糊不清的邊緣、彼此交織而糾纏不清、無法固定確認的性質）絕對不是單純的隱喻而已。如果沒有考量愛滋病和人體免疫缺損病毒與一個特定的免疫系統之間錯綜複雜的關係，就無法真實理解愛滋病和人體免疫缺損病毒的特性：也就是說一個免疫系統如果沒有同時考量它在人體的

生理系統當中那種錯綜複雜與永遠轉移的參與特質，就無法真實理解那個免疫系統。依據這個推論，要理解一個整體與部分就必須考量兩者之間的關係。這個想法讓我們想起生態和解釋學的原則：一個整體是從所有的部分展開來的，也包含在每一個部分裡面。

　　同樣的，對於人類心理學最廣泛的知識對我們在預期這個社會上奇怪的念頭與各式各樣的運動並沒有任何實質上的協助。雖然對於一個錯綜複雜系統的本質有所了解，也了解這樣的系統裡的成分之間的關聯性有所幫助，不過還是不足。相反的，對於一個集體的現象有廣泛完整的知識，對於我們想要更明確的了解個體的心理也是不夠的。這種重要的現象必須要從它們錯綜複雜的各個層面進行研究才得以獲得真實的理解，這也意味著我們不僅要關注到它們的次系統，也不僅是了解系統本身就夠了，而是說要在一個涵蓋研究主題更廣泛的系統有所了解才得以獲得真實的理解。一些例子，就像是我們指出三、四年級的學生意想不到的產出許多四分之三的各種組合方式，以及五、六年級學生分享他們「改寫」一本小說的歷程。這些行動／理解不僅是個體知識架構的成分而已。相對的，每一位學生的概念與其他學生的概念知識糾纏在一起。在這樣的框架底下所了解的知識和理解也就因此無法以嚴格的主觀說法來思考，集體的知識和個別的理解應該是不斷改變的一種共同浮現的現象。

　　制訂規則的理論把這些想法更往前推一步，同時關注一個系統裡錯綜複雜行為的浮現（例如：一個學生或一位老師），以及這些系統所共同浮現的現象——也就是比較大的系統逐漸浮現出來（例如：教室、社區、社會）。當我們把制訂規則的理論當作詮釋和分析的架構時，就有可能注意到人們是如何學習的，而個體和集體的身分認同又是如何產生的，參與一個分享的行為舉止又如何對於那種身分認同的塑造有哪些貢獻。例如，考慮到教室的範例，與其嘗試在個別的認知仲介者身上找尋理解和身分認同，我們或許可以說知識在這樣的學習活動當中是怠惰而含蓄的——或者說，也許更直接的說法，就是學習者交互作用時也不見得會產生知識（譯者註：作者認為在學生

交互作用之下，知識還是閒置在那邊的一些含蓄項目）。當我們回到課堂單元的事發當下，就很明白的了解到個別學生的行為舉止對於情境特色的貢獻，遠遠比不上師生或生生交互作用對於情境特色的貢獻（而這樣的情境也因為情境中包含許多人的成分而顯得特別）。教學與學習也因此是在個體與集體之間產生關係時，在一般人接受的知識與技能和逐漸產生的感覺有所關聯時，在現實與可能性之間有所關聯時，才得以產生的。因此，對於制訂規則的理論學者而言，想像的空間、幻想的可能、猜想的內容、直覺的感受，絕對不是重要思想與伴隨的行為舉止的花瓶角色，而是對於日常生活或者有意識的經驗都有重大貢獻的實質內涵。此外，制訂規則理論學者的思考模式在許多方面和精神分析理論是彼此相容的，這一點建議一個平常我們沒有覺察到，無意識地參與我們日常的社會心理身分。[4]在這種情況下，制訂規則理論與激進的解釋學（radical hermeneutic）（Capuco, 1987; Silverman, 1994），以及東方的哲學（Longxi, 1992; Suzuki, 1950; Trungpa, 1991; Varela et al., 1991）對於「一個空虛的存在」的註解，是前後一致的；這樣的信念認為那些看不到或者是擱置的項目和那些不存在的項目都具有同等的影響力。

那些在教育理論上採用批判姿態的人都傾向於強調集體的運動，以及個人在主流文化的情況下是如何被塑造出來的（Apple, 1993; Giroux, 1988; hooks, 1994）。不幸的是，這樣的對話雖然很重要，也很強勢，不過它們通常是在針對個別學習者的教育觀點提出反對的立場而提出來的觀點。因此，在認知的研究與文化的評論之間存在著一個彼此批判的關係——所以與其說它們是一種對話，倒不如說它們是在辯論。我們的主張則認為，制訂規則理論所擁抱的觀點認為在個體的認知過程與集體的進展動態之間存在著一個特定的相似處（跟著連續的共同影響），這個相似處幫助我們把一些分散的討論帶進對話裡。

「教育」的文化實踐在一個橫跨許多現象階層的錯綜複雜體系之內發生著：這些現象階層包含了個體，也有個體所集結起來的集體（包含教室、學校等等），也有學校所在地的社區，還有更廣泛的文化情境脈絡。這些只是

諸多錯綜複雜系統當中幾個可以辨認出來的階層；這樣的名單可以輕鬆繼續往外再進行類推。對於這些階層具有一種錯綜複雜的覺醒，也就是說了解到每個個體存在於這些階層當中的某一個，也橫跨許多階層同時存在，更要了解到部分與整體是共同浮現，也共同具體說明彼此的重要和特性，這樣的覺醒對於那些聲稱他們在正規教育體制當中參與集體與個別複製與轉型歷程的人就顯得非常重要。教育理論和實踐如果沒有關注到情境的特質，或者更具體的說，如果沒有關注到存在於這些特質之間那種演化的關係，就已經不再足夠構成教育理論和實踐了。在以往的某一個時間點上面，可能因為社會比較均質化，或者並不像今日世界一樣的快速轉型，所以它們在那些時間點上面或許還可以解釋得通。然而，線性模式的描述與因果關係的觀點在我們想要詮釋自己所面對的錯綜複雜情境已經沒有任何實質的意義和價值了。考慮國家人口密度的增加，以及更複雜的社會文化多樣性，以及加快腳步的變革與運動，還有我們也可以透過正在浮現出來的科技更有效的獲得資訊，也可以影響這些資訊的存取，那麼對於我們稱之為「社區」和「文化」的系統也就變得愈來愈錯綜複雜了。它們在進行自身的轉型方面也比以往的任何時代更快速的變形當中。相對應的，「知識」與「教學」，是一種牽涉到公眾權益的現象，本身也愈來愈錯綜複雜了。

換句話說，就像是認知一樣，教學長久以來被視為是一個複雜，而不是錯綜複雜的現象——也就是一個可以透過分析它的成分就可以獲得理解，而且不管在意圖或目標方面，都不會隨著時間、情境與人物而改變的現象。一般而言，社會大眾無法看到教學原始與不可縮減的錯綜複雜本質。我們的主張認為直到我們了解到這種錯綜複雜的本質之前，我們仍將持續那種無效，也具有傷害潛能的教學實踐，也就是把學習者視為孤立的、去世俗化的、去脈絡化c的主體。知識仍將繼續被視為與學習者分開來的項目，教育夥伴也

---

c：「去脈絡化」（decontextualized）是一種將事件、陳述或行動抽離它們發生的情境的作為，所以這樣做的結果就會改變了事件、陳述與行動的原先目的。

將持續忘卻他們對於我們這個文化的形成與轉型所能夠付出的貢獻。一言以蔽之，學校仍將持續當作一個充滿著行屍走肉的行為舉止的地方，也是一個試著想要把無可避免的錯綜複雜的存在觀點置入一個邏輯順序的架構當中的地方。

這並不是說所有的師資培育都朝錯誤的方向邁進。那當然不是我們的論點。相對的，我們的論點認為教育夥伴的關注焦點傾向於一個完整圖像的一小部分而已——通常關注的焦點集中在教室事務的處理——因此，才會出現以控制觀點為主的師資培育機構，並且進一步依照這樣的理念規劃教學活動和管理學生的學習情形。因此即使只採用這樣一個狹隘的觀點，這些議題也都傾向於被切割與去脈絡化。一些項目，像是我們對於知識的地位，以及教育的文化情境——兩個不斷變化也無法區隔開來的現象（我們再一次強調他們對於學習都相當重要），都被我們的學校教育體制在毫無懷疑的情況下完全接收。這些重要的項目到我們面前，修完課，就在教師的書桌上以課程手冊與標準教科書的形式存在，而且社會大眾對於課程信以為真的靜態本質也會持續受到一種不斷批評的浪潮檢視著，不過最後的結果就是「趕課程進度」變成了最關鍵的影響力。其他事情都會在趕進度的理念下犧牲了，這是因為學校的教學鮮少有機會可以超越教學手冊、各種突發情況，以及這個社會對於公立學校所必須執行的工具性功能方面所提到的注意事項。

一項對於教學成分的關鍵關注，不管我們採用的是複雜的理念，或是錯綜複雜的理念，就是（未來也一樣）我們所培訓出來的準老師在面對他們即將面對的錯綜複雜的情境方面嚴重不足的現象。我們相信我們必須奮力一搏來擴展我們的觀點來包含一個錯綜複雜組織的其他階層：在一個真實的情境裡研究這個情境裡屬於教學與學習的部分。如果我們要認真的採取生態情境、共同浮現，以及錯綜複雜的各種程度來看待制訂規則的觀點，那麼我們就需要關注到教學與學習到底是如何交織在一起的，它們是如何被塑造出來的，它們又是對於那種「吾類／非吾類」的關係有怎樣的貢獻呢？因此我們建議指出，與嘗試著想要改變我們教學法的實務有一致的觀點的，就是認為

教學與學習必須被視為是一種在真實教學情境底下同時塑造彼此，也被另一邊所塑造出來的。教學既不是一個簡單的制訂文化標準的歷程，也不是一種主觀的活動，教學應該是一種互相影響的舞蹈。教學是一種主動參與在一個文化形式的演化過程，也是一種集體的知識，就像是它也是一種動態的產物和產出這種產物的歷程。教學是在一個錯綜複雜的關係網絡下獲得形體的，這也是希望可以影響在那樣的社群裡個別成員的理解和能力的一種現象。在這麼多的面向上，我們通常傾向於把關懷的重點集中在最後一項，因此經常無法了解到就誠如認知的仲介者是無法被我們以孤立的成分來理解的（不過必須被視為一個比較大的系統底下的一個次系統），所以如果把教學與學習當成在孤立的封閉系統裡研究，就無法對它們有真實的理解了。

剛開始閱讀這段文章時，這樣的文字說明或許會讓我們以為師資培育是一種無法管理的任務，就某種程度而言，這是真實的。就像是 Freud（1930/1961）早年所明確指出的，教學根本就是一項「不可能的」（impossible profession）行業。我們就是無法教導學生需要學習的每一件事情，因為學生已經知道的知識和技能，以及這些知識與技能所圍繞的環境總是在改變、演化和展開的過程當中。教學絕對不是一件可以管理的事情——特別是當我們考慮到在開始教學以後，教學的本質就會改變了。因此我們主張如果想要採取控制學習者的學習，並且達到預期的學習成果的觀點必須先擺到一邊去，才能夠容許更完整、逐漸浮現的課程，這樣的課程觀受到環境、意外發現，與突發狀況重新賦予意義，就像早期那種預先決定好的學習目標一樣的重要。

關於我們這個專題計畫想要教導老師怎樣才算是教學，對於認真採用一種制訂規則理論的觀點讓我們假設一種解釋學的態度，將機械式的、商業性的隱喻模式以一種詮釋學的心智來取代。某些方面而言，我們支持認知理論學者與文化評論者所提出來的共同關懷，認為老師對於經營學校的環境需要有更多的認識。不過我們要加以說明的是，這些評論不應該被我們以分割開來的討論來對待它們——也就是說教育心理學的專家與教育理論基礎專家個

別關心的項目。這樣的區隔會讓養成教育中的準老師處於麻煩的情境，因為我們在那樣的情況下，會期望他們在一個和他們在傳統的高中教室相差無幾的情境中，學習各式各樣的討論。處於相同種類的結構與實踐情境，準老師就很少有機會質疑一般社會大眾對於學習的普世概念，當然他們對於學習的了解也頂多侷限於所謂的修辭學的範圍罷了。

與其把「學習如何教學」的活動放到一個大學的演講廳，或在一個公立學校的教室裡，制訂規則的理論所提出來的建議倡導著這樣的學習必須發生在存在於這兩點之間的某些點上面——在包含大學和學校的各階層社群當中才得以獲得真實學習如何教學的能力。我們拒絕承認這個文化傳統上那種傲慢自大的觀點，把正規教育的情境視為是學生學習這個文化所珍惜的知識的主要場合；相對於那種傳統傲慢的觀點，我們建議社區裡其他的地點也可以視為教學與學習的絕佳場合：購物中心、餐廳、食品行、老人之家、教堂、喜慶節日、曲棍球比賽等等都應該是學習與學習如何教學的絕佳場合。在以往想要把學校的經驗和教室以外的經驗區隔開來時，這些場合從來都不被我們視為教室一部分。相對的，在教室裡面，我們稱它們為「真實的世界」，所以在那種傳統的教室裡面充滿昏昏欲睡的學生，他們要學習那些和他們非常遙遠的王國的語詞所呈現出來的問題，以及針對社會議題所呈現出來的不完整的討論。因此，在同一時間，我們知道傳統教育底下，我們把學校與非學校以二分法完全區分開來，教育夥伴也通常指稱他們的研究不屬於「真實世界」來否認自己的專題研究計畫是有學理依據的。

簡短的說，我們建議將目前定義學校與大學之間的界線給模糊掉，以便讓我們所指稱的「教學」與「學習」可以透過一種彼此互惠，具體明確的共同產生，普及化的，以及演化的實踐方式來理解；而這種理解其實早就存在於我們文化想要進行自我組織與自我更新的核心位階。所以學校的任務並不是要把「真實世界」（real world）當作一種可以和學校區分開來討論的某些實體來說明——因此師資培育需要從傳統的模式邁向另外一個新的模式。在傳統的模式下，師資培育的主要任務是集中在精熟一些教室的常規與管理；

而新的模式是經過深思熟慮的研究，了解所謂的「文化再造」（culture making）的過程（Bruner, 1986）。我們相信這樣的信念是可行的，只要把師資培育的重點集中在一個人到底是如何學習的這個問題上，因為這樣的一種強調無可避免的會把我們從教室的書桌，獨立的個別活動，以及學校的四面牆壁轉移到另一種可能性。這些與其他類別都將在積極且包容的學習空間裡面溶解開來。

註解

1. 「認知」與「學習」在這篇文章當中以同義字的方式處理——這是一種語言學方面的動作，要讓一般人誤以為個人的知識是一種靜態的行為。不過我們認為思想是一個動態的行為，總是處於一種動態平衡——也就是說當有任何新的學習產生時，就會更改原先的思想模式（實際上，「認知」這個字是從拉丁字根「想要學習」所衍生過來的）。

2. 讀者如果想要對制訂規則相關的語係有更完整的了解，包含它和許多學科領域的相關性（例如：物理、數學、人工頭腦與哲學），請參見Capra（1996）。

3. 根據牛津英文字典，引發（occasion）的原始拉丁字（occasionem）的意義意指從一個「掉落的物體朝向彼此的方向進行」的一個機會。所以引發的意義可以說是敞開自己的心胸來面對不可預期的可能性，鋪陳一條理解的旅途。簡單的說，就是要放棄預先決定教導的行為與學習的結果。以動詞的方式來使用引發的概念是由數學教育學者Thomas E. Kieren的引導才讓我們了解到這樣的可能性。

4. 值得注意的事項是，為了要與我們對於精神分析思緒的觀點一致，「無意識」在這裡並不是要提供一種客觀的立場。我們在這裡把它歸類為交互作用當中經常被我們所忽略的類別：具體化的、正在進行的，以及未成形的。

參考文獻

Apple, M. (1993). *Official knowledge: Democratic education in a conservative age*. New York: Routledge.

Bakhtin, M. M. (1981). *The dialogic imagination*. Austin: University of Texas Press.

Barthes, R. (1974). *S/Z*. New York: Hill and Wang.

Bateson, G. (1979). *Mind and nature: A necessary unity*. New York: E. P. Dutton.

Bateson, G. (1987). Men are grass. In W. I. Thompson (Ed.), *Gaia, a way of knowing* (pp. 37–47). Hudson, NY: Lindisfarne.

Berry, W. (1977). *The unsettling of America: Culture and agriculture*. San Francisco: Sierra Club Books.

Borgmann, A. (1992). *Crossing the postmodern divide*. Chicago: University of Chicago Press.

Boyer, C. B., & Merzbach, U. C. (1991). *A history of mathematics* (2nd ed.). New York: John Wiley.

Britzman, D. (1991). *Practice makes practice: A critical study of learning to teach*. Albany: State University of New York Press.

Britzman, D. (1995). "The question of belief": Writing poststructural ethnography. *Qualitative Studies in Education, 8*, 229–238.

Bruner, J. (1986). *Actual minds, possible worlds*. Cambridge, MA: Harvard University Press.

Bruner, J. (1990). *Acts of meaning*. Cambridge, MA: Harvard University Press.

Butler, J. (1993). *Bodies that matter: On the discursive limits of "sex."* New York: Routledge.

Capra, F. (1996). *The web of life: A new scientific understanding of living systems*. New York: Doubleday.

Caputo, J. (1987). *Radical hermeneutics*. Bloomington: Indiana University Press.

Casti, J. L. (1994). *Complexification: Explaining a paradoxical world through the science of surprise*. New York: HarperCollins.

Damasio, A. R. (1994). *Descartes' error: Emotion, reason, and the human brain*. New York: G. P. Putnam's Sons.

Davis, B. (1996). *Teaching mathematics: Toward a sound alternative*. New York: Garland.

Davis, B., Sumara, D. J., & Kieren, T. E. (1996). Cognition, co-emergence, curriculum. *Journal of Curriculum Studies, 28*, 151–169.

Derrida, J. (1992). *Acts of literature*. New York: Routledge.

de Lauretis, T. (1991). Queer theory: Lesbian and gay sexualities. *Differences: A Journal of Feminist Cultural Studies, 3*, iii–xviii.

Freud, S. (1961). *Civilization and its discontents*. New York: W. W. Norton. (Original work published 1930)

Gadamer, H.-G. (1990). *Truth and method*. New York: Continuum.

Giroux, H. (1988). *Schooling and the struggle for public life*. Minneapolis: University of Minnesota Press.

Grumet, M. (1988). *Bitter milk: Women and teaching.* Amherst: University of Massachusetts Press.

Grumet, M. (1991). Curriculum and the art of everyday life. In G. Willis & W. Schubert (Eds.), *Reflections from the heart of educational inquiry: Understanding curriculum and teaching through the arts* (pp. 74–89). Albany: State University of New York Press.

Haraway, D. J. (1991). *Simians, cyborgs, and women: The reinvention of nature.* New York: Routledge.

Heidegger, M. (1966). *Being and time.* New York: Harper & Row.

hooks, b. (1994). *Teaching to transgress.* New York: Routledge.

Kincheloe, J., & Steinberg, S. (1993). A tentative description of post-formal thinking: The critical confrontation with cognitive theory. *Harvard Educational Review, 63,* 296–320.

Lakoff, G., & Johnson, M. (1980). *Metaphors we live by.* Chicago: University of Chicago Press.

Lave, J., & Wenger, E. (1991). *Situated learning: Legitimate peripheral participation.* New York: Cambridge University Press.

Longxi, Z. (1992). *The Tao and the logos: Literary hermeneutics, East and West.* Durham, NC: Duke University Press.

Lovelock, J. (1979). *Gaia, a new look at life on earth.* New York: Oxford University Press.

Lyotard, J.-F. (1984). *The postmodern condition: A report on knowledge.* Minneapolis: University of Minnesota Press.

MacKinnon, A. (1996). Learning to teach at the elbows: The Tao of teaching. *Teaching and Teacher Education, 12,* 653–664.

Maturana, H., & Varela, F. (1987). *The tree of knowledge: The biological roots of human understanding.* Boston: Shambhala.

McNeill, D., & Freiberger, P. (1994). *Fuzzy logic: The revolutionary computer technology that is changing our world.* New York: Simon & Schuster.

Merleau-Ponty, M. (1962). *Phenomenology of perception.* London: Routledge.

Pinar, W. F. (1994). *Autobiography, politics, and sexuality: Essays in curriculum theory, 1972–1992.* New York: Peter Lang.

Rorty, R. (1989). *Contingency, irony, and solidarity.* New York: Cambridge University Press.

Sacks, O. (1995). *An anthropologist from Mars.* New York: Alfred A. Knopf.

Sedgwick, E. K. (1990). *Epistemology of the closet.* Berkeley: University of California Press.

Silverman, H. (1994). *Textualities: Between hermeneutics and deconstruction.* New York: Routledge.

Smith, D. (1991). Hermeneutic inquiry: The hermeneutic imagination and the pedagogic text. In E. Short (Ed.), *Forms of curriculum inquiry* (pp. 187–209). Albany: State University of New York Press.

Sumara, D. J. (1996). *Private readings in public: Schooling the literary imagination.* New York: Peter Lang.

Suzuki, D. (1950). *Living by Zen.* London: Rider Books.

Taylor, C. (1991). *The malaise of modernity.* Concord, ON: Anansi.

Trinh, T. M. (1992). *Framer framed.* New York: Routledge.

Trungpa, C. (1991). *Crazy wisdom*. Boston: Shambhala.

Varela, F., & Coutinho, A. (1991). Second generation immune networks. *Immunology Today, 12,* 159–166.

Varela, F., Thompson, E., & Rosch, E. (1991). *The embodied mind: Cognitive science and human experience*. Cambridge, MA: MIT Press.

von Glasersfeld, E. (1990). An exposition of constructivism: Why some like it radical. In R. B. Davis, C. A. Maher, & N. Noddings (Eds.), *Constructivist views on the teaching and learning of mathematics* (pp. 19–30). Reston, VA: National Council of Teachers of Mathematics.

Vygotsky, L. S. (1962). *Thought and language*. Cambridge, MA: MIT Press.

Vygotsky, L. S. (1978). *Mind in society: The development of higher psychological processes*. Cambridge, MA: Harvard University Press.

Waldrop, M. M. (1992). *Complexity: The emerging science at the edge of order and chaos*. New York: Simon & Schuster.

老師如何經營他們的教學？
教學實務問題的各種觀點

MAGDALENE LAMPERT

　　教室的衝突經常為老師帶來複雜的情境。在這種情境之下，依據 Magdalene Lampert 的說法，老師就必須從一些看起來相互矛盾的替代方案當中挑選一個處理方式，偏偏在這些替代方案中沒有任何一個是讓老師完全滿意的策略。然而，每當她面對那些和教室的社會組織運作有關的兩難困境時，她就會想要避開我們比較熟悉的傳統老師角色，嘗試去解決問題的根源，然後以比較複雜的方式來處理這樣的兩難困境。在她內心渴望避免採取一種只能夠部分對付手邊的問題，卻同時創造其他問題的選項時，Lampert 的內心進行糾纏不清的內部對話，想要找尋一些方式讓她可以「做得正確，也同時兼顧彼此矛盾的事項」。在觀察了她自己教室內的兩難困境，以及一位同事教學時牽涉到知識本質的兩難困境，Lampert 針對底下的信念提出反駁的意見，那就是傳統上認為教室裡的所有問題都是可以解決的，而且解決問題的方式應該是由教室以外的地方產生的。Lampert 宣稱當老師在擔任兩難困境的管理者時，是處於一個可以處理教室裡衝突事件的最關鍵地位，而且她也認為我們可以從一些老師身上學習到許多關於教學的概念與技能，這些老師在面對衝突的時候，會善加利用並且全力投入彼此矛盾的衝突事件，而不是想要去解決這些矛盾的衝突。

　　我所任教的班級是一個混齡的班級，班上有四、五、六年級的學生一起上數學課程，而且這間教室有兩個黑板遙遙相對。學生可以坐在兩個

Harvard Educational Review Vol. 55 No. 2 May 1985, 178-194.

書桌和一些板凳上，他們的臉朝著四面八方坐下來。上課的時候，我鮮少有機會坐下來，除了我臨時的個別指導以外。也因為如此的安排，所以這間教室也沒有固定的「前面」，可以讓每個學生確實的調整他們的座位，或者聆聽老師的指導。然而，最近在五年級的這一班學生產生了一個特殊的現象，那就是他們都朝向教室的某一邊坐下來，也就因為他們這些行為舉止，讓我在教學時產生了一些問題。

班上的學童似乎對於異性夥伴有些排斥的現象。女孩鮮少選擇靠近任何一位男孩的地方坐下來，男孩在可能的狀況下也盡可能的排斥女孩在他們身邊。這當然就告訴我，男孩們會盡可能坐在靠近一面黑板的那張桌子邊，而女孩就選擇了另外一張桌子邊坐下來。

五年級的男孩特別的熱情，也特別喜愛喧鬧。他們參與數學問題討論時，簡直就像是他們在足球場上的喧鬧程度。如果我靠近他們進行教學，他們就能夠（非常具有）才華洋溢的解決數學問題；不過如果放任他們使用自己想出來的法子去解決問題，那麼他們的行為就非常囂張，還會相互欺負彼此，彼此叫囂，也說些愚蠢的笑話，還會拿著數學的教材到處玩弄著。為了不要針對他們這種不良的行為做出明顯的回應，我慢慢的發展出一種例行性的教學模式，來降低學生上課分心的行為，那就是我會故意站在靠近男生的這一面黑板講解課程。這樣的教學行為因為我經常出現在這些男學童的身邊，而讓他們知道我已經注意到他們的偏差行為；我甚至只需要用眼睛盯著學生，或者是輕輕的觸碰他們的肩膀，就可以讓他們再度集中注意力了，這樣的作法都不需要中斷我的教學進度。

不過也因為我站在男生的附近，而讓女生必須坐在教室的「後面」。女孩當中一個比較坦率的學生就很不耐煩的指出，她一直嘗試想要贏得我的注意力，卻受到我長期的忽略。她的這個舉動讓我了解到自己這種解決問題的策略，當初是想要讓男生上課時乖一點，卻製造了另一個全然不同的問題了。顯然，男生可以比女生容易聽到我上課的講解，我也可以更容易聽到他們所提出來的問題。不過我接下來應該怎麼處理才不會兩面不討好呢？

　　突然間我發現自己需要面對兩個同樣不討好的選項。如果我持續靠近男生的那一面黑板，我很可能就會對於那些行為舉止比較好的女學生有所虧欠。不過，如果我轉移我上課時所站立的位置，站到靠近女生那一邊，我就比較無法協助男生專注於他們的學習項目了。不管我的選擇是要獲得比較好的教室經營管理，或是均等的學習機會，我發現都必須犧牲男生或女生當中的一方，他們就無法獲得我想要他們學習的項目了。

　　這種以第一人稱方式述說教學問題，其實是啟動我們分析教學工作的奇特方式之一。通常是先經過多次的教學實務觀察，獲得一些普遍現象的考量，或者確定我們的教學還可以達到怎樣的一個境界。然而我採用一種不同的方向，並不是因為我相信這樣的方式沒有辦法提供我對於老師這個工作有用的觀點，而是因為我認為這樣的方式無法提供完整的答案。雖然依據詳細的實證研究結果，去試著建構教學、課程或教室管理的一般原理原則，對於改善教學的現場有不少貢獻，不過它們仍然無法充分的說明教學工作的現象。[1]這樣的理論和研究在協助老師面對我剛剛所描述的某些特定問題時卻沒有實質上的功能。然而我在這裡的企圖，並不是要建立另一個可以更充分引導教學實務的理論，而是想要說明教學時和理論基礎不相協調的那些實務工作。為了要做到這一點，我將會運用我過去擔任老師教職工作所獲得的經驗，以及使用學術探究的工具。

　　運用實務教學者的觀點來說明教學現場的方式，有特別突出的價值，已經受到學術界的肯定，也受到許多研究者的支持。[2]在教學實務工作和學術探究的工作之間來回推論，以獲得深入探究教學實務的本質，可以在研究者身上培養一種深思熟慮的類別。它不僅增進和修訂了我們探究教學工作這個問題的深度和廣度，也讓我們在回答這些問題時，可以有更多面性的發展。[3]在這篇文章中，我將呈現兩個個案。在這兩個個案當中，我都會先從一個老師的角度說明教學所遇到的問題，然後從一個學術專業的角度來檢視面對這些問題時所牽涉到的各個面向。

　　這裡所提到的老師觀點，指的是在一間教室裡的問題所引發的具體項

目,這個措施是要從一個教學實踐的觀點出發,以區隔它和學理創見之間的差別。這樣的區隔在教學方面的文獻已經獲得相當的重視。[4]另一個本質上的差別,雖然沒有那麼受到研究人員和實務工作者的重視,牽涉到個人的品質,或稱為透過一位實務工作者的眼睛所定位出來的教學問題。[5]老師在教室裡到底扮演哪種角色的信念與她在定義問題,以及她將如何處理那些問題的方式有很大的關聯性。[6]學院派的學者所解決的問題,就某種程度而言,是被社會大眾普遍認為重要的問題,不過一位老師的問題會浮現出來是因為在她的教室裡有些事態與她原先預期的有所差別而產生的。因此,實務性的問題和理論性的問題相比之下,牽涉到的是某個人想要做些改變,以及想要改變的意願所產生的。[7]即使老師可能會受到許多她本身無法使得上力的一些強而有力的資源所影響,不過教學的責任則必須來自於教師的內心。就像是研究者與理論學者一樣,她需要找出問題,並且想像解決問題的方式,不過她的工作除了做到這些以外,還有個人額外的負擔,就是要針對這些問題在教室裡做一些作為,還要為她所採取的行動可能造成的後果擔負起全責來,即使是在事情發生過了一段時間以後,也還需要為她的決策所帶來的後果擔起責任。因此,一旦承認在教學實踐上所牽扯到的這種深層個人向度,我刻意挑選的呈現模式,不僅呈現兩位老師教學問題上的細節以外,也透過我個人的教學經驗來說明這些問題的緣由。

除了了解老師們在工作崗位上對於各式各樣的問題認識之外,我還想要考慮另外一個在教育方面的實務與理論建立之間的區隔。有些我們要求實務工作者去解決的問題,本質上根本就是一些無解的題目。解決這些問題的工作將成為我深度探究的一個焦點。一個廣為人知的真相,就是構成教師工作的兩項責任通常會導致概念方面的彼此矛盾。[8]我將進一步從老師的角度,分析並且討論當一位老師嘗試解決許多教室常見的教學問題時,將會帶來一些實務上的兩難困境。[9]當老師對任何一個特定的問題思考替代的解決方案時,她並無法期望達到從一個理論基礎所帶來的感覺上的「正確」替代方案,讓她在可靠的經驗資料與證據確鑿的情況下,可以大聲的說她已經得到正確的

答案了。[10]這是因為在教學現場的每一瞬間，她經常同時具備相互矛盾的目標來處理她的每一項工作，所以這些不一致的目標如果有解決的方案，也不會是乾淨俐落的解決方案了。即使她無法找到這些不一致的目標的正確解決方案，不幸的是，當老師的那個人還是要做一些事情來處理她正面對的問題。

在這當下回到我自己的教室將可以更清晰的闡釋一位老師的工作當中這些特質的本質。有些人可能認為我應該有能力可以一邊監控男生在五年級數學教室的行為舉止，而不會降低我對於班上女生的關注，或者倒過來說，我可以讓班上的女生在數學課堂上更積極的參與學習活動，而不減損我在監控男孩上課偏差行為的可能性。不過我要說明的一點，是類似這樣的教學兩難困境，在實務方面不太有可能輕鬆解決。例如，如果我試著讓班上的學生採用梅花座的方式，讓每一位男生旁邊都是女生，或者每一位女生旁邊都是男生的方式安排座位，那麼不管我使用哪一面黑板當作講解的地點，我就可以提供均等的注意力在男生和女生身上，不過因為五年級學生不喜歡坐在異性同學隔壁，會把課堂上進行的能量消耗許多，讓我沒有多餘的能量可以在教室的行間巡視學生的學習情況。另一方面，如果我任由學生挑選他們喜歡的座位，然後在教室的行間巡視來分散我對於學生的關注，那麼那樣的遊走行為將會導致更大的動亂，因為那樣的結果將把我應該對男孩的關注拿掉一大半，而無法專注於他們的學習偏差行為。我在他們座位附近通常有鎮壓的效果。當然還有一種可能，就是使用課桌椅，而不是書桌的模式（譯者註：課桌椅就是國內熟悉的方式，一位學生一張桌子和椅子，而書桌的方式，比較類似有些教師研習的場合，一張書桌讓五、六位學生共同使用。美國通常使用書桌的模式，比較少用到課桌椅的方式），讓每一位學生都朝同一個方向，這樣我就容易監控學生上課的行為舉止。不過那樣的課桌椅安排就會讓學生在解決問題的討論時，可以面對面討論的可能性消失無蹤，而失去了討論的意義和價值。這裡所提到的所有可能「解決方案」都導致其他問題的衍生。我感覺到我無法挑選一個解決方案而不需要犧牲原先想要達到的其他目

標。然而，我也清楚了解到，不執行任何一項解決方案也將會導致負面的後果，所以我深信必須採取某些行動來進行我的教學任務。

當我以自己的觀點，以一位老師的方式來考慮教室裡衍生出來的衝突時，我無法從一些抽象的社會目標，例如，卓越相對於均等，或是自由相對於標準之類的抽象教育目標，挑選出我的處理方式。我所看到的是存在於個別學生之間的緊繃張力，或是存在於某個特定學生族群與我自己之間的個人抗衡。當我想要獎賞丹尼斯傑出卻相當喧鬧的解決問題，也同時希望沈默的姍達拉同樣活躍表現時，我看到自己無法把我的教學目標以二分法的方式切割開來，我也看到自己無法清楚的採取某項選擇。我對於任何一位特定學生的教學目標經常和我對於班上其他學生的教學目標糾纏不清，更重要的是，我需要負起責任挑選出一項教學的行動或方向，卻也經常因為這類型的選項而讓我朝向進一步的衝突前進。所以我的教學目標之間的相互衝突與矛盾就演變為我對於自己這項教學任務的內在掙扎的源頭。

一項教學上的兩難困境當作我自己內心掙扎的爭議事項

在我的腦海裡可以想像得到的策略當中，有一些是可以抑制男生喧鬧的行為舉止，並且可以鼓勵女孩參與教室活動的構想，不過在實施上它們卻彼此相互矛盾。不管我採取哪一項教學策略都無可避免的導致一些我不想要的後果，不過這兩項策略對我而言都非常重要。在我面對兩難困境時的一種思考方式，就是把它視為一個在兩個我都不想要的替代方案當中強迫挑選一項出來。如果我採用這樣的觀點來處理，我的任務就是咬緊牙關，從中挑選一項出來，我必須了解的是，即使如此，我所挑選的那個替代方案仍將帶來更多不確定的後果。[11]不過另一種思考這樣一個兩難困境的方式，是把它當作內心交戰的對話，偏偏內心對話的雙方當中的任何一方獲勝都無法真實解決問題。從這樣的觀點來分析，我的教學工作就是要在我的內心維繫一種微妙的緊繃張力，讓同等重要、不過彼此相互衝突的目標在內心交戰，還不可以

從當中挑選出合宜的方案來解決教室裡的疑難雜症。有些老師或許真的可以在兩難困境當中挑選一些方案來解決他們的困難——例如，在卓越與教育機會均等之間選靠一邊，或是督促學生達到我們的教學目標，還提供一個舒適的學習環境，或者在趕課程進度與關注到個別學生的理解；不過我想要爭論的是，在面對自我相衝突的替代方案時，選擇不見得是唯一的方法。面對一個兩難時不見得一定會導致一個強迫選項。一個兩難困境有一個比較技術性的定義，那就是「呈現兩個（或多個）替代方案給一個對手的一項爭執，而且不論他（或她）選擇哪一個替代方案都對他產生不利的結果」。[12] 這樣的定義聚焦到關於一項替代方案的謹慎思考上，而不是在兩難困境之間挑選一個選項的歷程。遭遇衝突的老師本身就是自己的對手；她絕對無法因為選對某一邊而獲勝。

　　當我想要遠離教室裡男孩的區域，而比較靠近女孩的座位時，我個人了解到這樣的行為舉止終將對我產生不利的後果，因為學生和我都將因為我需要不斷控制男孩上課的偏差行為而讓我們的課堂顯得支離破碎。另一方面，如果我的策略是要在教室裡頭靠近男孩的區域進行教學，也將因為我和女生的距離相當遙遠而無法提供她們起碼的關注，所以我在這樣的內心交戰過程當中也將會是失敗的一方。與其參與在一個決策的歷程，想要刪除相互衝突的替代方案當中的一項，讓我保有一項選項可以試著解決問題，我在自己的內心進行一系列的爭執，讓我在腦海裡思考各種選項的後果。老師的工作當中有一個成分就是要和自己進行爭執——一項思緒上的爭執，卻永遠都沒有機會獲勝。這樣的思考歷程和另一種思考歷程差異頗大，那種思考歷程著重在某種思考讓一個人可以在二分法的替代方案當中挑選正確的選項。我和自己的爭執清楚有力的表達了我可能面對的替代方案當中任何一項的悲慘後果，為了要抓住我工作當中相互衝突的部分，以及把自己牢牢的緊握著，我需要找到一個方式來管理我所面對的兩難困境，而不至於把原先的衝突更加惡化。

教學工作的兩難困境與個人應對的策略

我與自己的爭執起因於我想要在教室裡面執行相互矛盾的事件引起的。我內在的矛盾心理不只是意願上的衝突而已，同時它也是身分認同的一項衝突。我不想要因為教室裡的男孩比較具有侵犯性的想要引起我的注意力，就忽略了班上的女孩也有她們的受教權。我把自己看成是一個積極鼓勵班上女孩在數學的課堂上能夠更加積極的參與數學的思考歷程，並且從當中找尋出學習的興趣的一個人。同時，我也不想要因為班上男孩的行為舉止讓我感到厭煩而讓這個教室變成一個混亂的教室。不過我也不想要讓別人誤以為我是一個以教室秩序安然無聲的方式，讓學童原先的熱情感到氣餒的一個老師。所以我通常站在靠近男孩的區域，這樣可以不必直接關注到他們偏差行為的同時，還可以讓他們集中精神的聽課。成功的為這樣的情境下找尋一個合適的身分認同遠遠超越個人的關懷範圍——說的更具體一點，它是達成我的工作要求當中一件關鍵的工具。當我和學生相處時，我到底扮演哪樣的角色，將會深遠的影響我想要和他們一起完成的工作任務。了解我在教室裡到底要扮演哪樣的角色其實就是我工作上的一部分；當我把自己內心相互衝突的部分凝結在一起，我就找到一個可以管理我工作上相互衝突的方式了。

那個我帶進教室想要管理教室兩難困境的自我是一個複雜的自我。我個人的歷史和關懷讓我在進行判斷的時候，認為在這樣的個案下挑選一項選項並不是一個明智的選擇。因為我在高中學習三角函數時班上同學以男生占優勢（譯者註：一般人認為男生在數學方面比較有天分，所以在男女同班的班級，數學老師通常偏好男生回答，讓許多數學有天分，或者想要認真學習數學的女生受到歧視）；所以當我在教學時，我必須站在男生這個區塊，反而讓女生變成坐在教室後端，獨立形成一個封閉區域。因此我也經常在不經意的情況下，指責坐在教室後面的女生的上課行為。不過對於那樣的經驗，我的意見可不是從頭到尾都一致的。與那些在教室裡面比較喜歡和老師挑戰的

男生相比之下，還是有些女生想要獲得我在上課時的關注，而且那樣的關注不見得都是負面的關懷項目而已。我從數學科教學獲得滿足感的一大半是因為少數幾位女生在數學領域方面獲得亮麗的成就表現。雖然我相信女生在學習數學方面有必要透過老師特別鼓勵的方式獲得學習的機會，不過當我回想起自己求學過程當中並沒有受到老師特別的鼓勵，還可以發展出對於數學的興趣，那幾乎是一種受到激將的方式所獲得的成就感時，這樣的信念就和個人求學時的特殊情感糾纏不清。現在，我工作當中的一部分，我必須在這些相互衝突的影響下找到一個平衡點，讓我可以在這間教室面對兩難困境時可以選擇一些事項來進行。同樣的，我對於班上男生聽課時必須採取的行動，也讓我充滿了分歧的個人關懷。在我與他們的師生互動關係當中，我必須在自由與秩序這兩項相互衝突的渴望當中找尋出一個平衡點。

我把不一樣的觀點結合在教室裡的那個我身上，是我建立一個管理兩難困境的工具。因為一位老師在學生面前基本上是一個完整的個人，所以內心相互衝突的她自己本身，也無法區分開來加以辨識。我們無法把他們想像成不同個體或是教養典範的類別，就像是我們可以把他們區分為孩子為中心的教師，或是學科領域為主的教師；或者稱他們為民主化的老師，或是極權專制的老師。[13] 一位老師通常具有潛能可以在保有矛盾的關懷下，以完整的面貌呈現在學生面前。我可不想要成為一個對女生不公平的老師，那簡直就是我高中三角函數老師的翻版。不過我也不想特別關注女生，就因為她們是女生的這道關係而獲得特別的關懷。另一方面，我也不想要因為我想要保有教室規矩的秩序而讓學生的熱情消逝。當然也沒有道理要我在一個混亂的教室裡面進行教學工作。我想要成為的那個人——那個印象模糊的自我定位——也就變成了讓我們可以達成我教學目標的一項工具。

在面對無法解決的問題時建立解決方案

當我了解到個人的兩難困境的第二天早上，遇到我的那個班級學生，我

還沒有為自己找到解決困境的任何說詞，不過我對於自己想要成為怎樣的一個人有了一些基本的認識。那樣的認識確實改變了許多教室的狀況。

　　兩位比較會惹是生非的男孩那天正好缺席，所以我能夠讓教室裡的每一位學生都在他們應有的位置上學習，我自己則走到教室的另一頭，這樣我在教學時，可以在靠近女生那邊的黑板上課，而不會有任何重大的突發狀況發生在我的班級裡。我使用這個教室裡的空檔機會來建立一個管理教室衝突的策略，而不會出現太明顯或僵硬的選擇。

　　當我在教導這個班級時，我對於班上男孩與女孩的思緒與當下在教室裡事關緊要的其他事項的思緒逐漸合併在一起。我即將展開一個嶄新的單元，是要學生使用操作的物體學習數學的概念，我也正好奇想要了解我到底該如何安排學生與那些學習素材之間的關係。我同時也正好和實習老師珊蒂討論她在教室裡可以分擔哪些工作。我們一起規劃隨後的那個單元活動，她也準備好擔任那個單元活動的某些教學活動的部分。所以我就這樣把這個班級區分為四個小組（兩組女生，兩組男生），然後讓珊蒂負責一組男孩和一組女孩的教學任務，而我則負責另外兩組學生的教學任務。這個策略非常依賴我這間教室教學當下的情境所呈現的特定元素。它讓我可以處理教學上所遭遇的表面問題，同時讓比較具有衝突的項目隱藏起來。它不是一個一般解決問題的方式，也不是一個一勞永逸的策略；它是一個即興創作的行為，一個調整我那矛盾情結的產物，讓我可以處理那時候特殊的教學情況。

　　我把一組男孩移到靠近女生黑板的那一個區塊，並且把一組女生移到教室的另一端。這個措施在我把學生依性別分組的時候，可以協助我避免學生在課堂上分心，而且也不必依據學生所在的區塊來強制分組。此外，因為這時候班上有兩組男孩和兩組女孩的小組，所以班上同學和我都可以找出性別以外的分組條件。以小組的方式進行教學同時也意味著（以往也有相同的意義）不管是老師或是學生，都不用同時在男孩與女孩的面前進行教學的任務，所以我對於學生的關注就比較不會被學生視為我到底比較偏心於男生或女生的那一邊。反常的現象是，因為只有在其他男孩的伴隨之下，我才可能

面對一些男孩；同樣的，我也只有在其他女孩的陪伴之下，才有可能面對一些女孩；所以在這種情況下，我比較有可能以學生個體的方式指導學生，而不是因為他們屬於某一個性別才獲得我的指導。在全班大組教學的情況下，由於學生是依據性別的方式分成兩大組，面對面坐下來，所以在那種情況下，通常會被學生誤解，以為我比較偏心某一個性別的學生。

那麼我們從這個個案當中一位老師如何進行教學，可以學到哪些教訓呢？並不是因為這樣的策略可以解決問題，所以才讓我選擇了它。在這樣的情況下，我處理兩難困境的方式是把問題往幕後背景的方向移動，而把我教學工作其他部分往幕前的舞台移動。雖然這樣的措施意味著問題仍存在著，我的策略讓我可以暫時喘一口氣，一個短暫的暫時措施，讓我可以防止潛在的衝突突然間爆發成為更嚴重的爭吵。

第二個個案：針對知識本質的衝突所引發的教室兩難困境

我在教學上的窘境是因為我自己教學時具有相互矛盾的社會目標彼此對立，讓我陷入兩難困境。有人或許可以假想，如果我把社會組織的問題往旁邊放，然後認真的定義我的工作就是我的學生在學科領域上到底學到哪一種程度，那麼我在前面所描述的兩難困境就會自然而然的消失。實際上，確實有些學者認為我們可以使用一種客觀的「教學技術」（technology of instruction）（我們比較常稱它為一套課程），老師就可以在學生身上創造學科知識，而不必在意教室裡外所牽涉到的社會問題。[14]另外一些學者，他們對於知識的認知，認為知識是個別學習者所建構起來的，所以把社會問題往兩邊擺，而把研究的焦點集中在教學是如何培養個別孩子的理解過程。[15]如果教學與學習是發生在教室以外的地點，並且以一對一的方式進行，那麼我稍早所描述的那種兩難困境或許就不會成形，不過在學校裡我們是不可能把社會問題和學科知識一刀兩斷的方式區隔開來的。在一位老師的工作當中，至少這是目前所了解的狀況，要把存在於那些和社會組織有關聯的任務，以及那

些和教學有關聯的任務清晰的區分開來是無法達成的任務。底下的個案就是要為這樣的觀點做一些詮釋。不過不管是底下的個案，或是前面所描述的個案，都不是要說明教學的優劣、熟練或青澀。不管我們如何評量，或是它最後會造成哪些影響力，這兩個個案在研究一般人熟悉的教學實務方面有一個共同的價值。

麗塔·瑟龍尼是一位四年級的老師，在一所都會型的小型學校服務。[16] 在我即將描述的情況當中，她所面臨的一套問題，是因為她在自然科的課堂上使用練習簿教導學生認識科學。她想要解決這些問題帶領她邁向一個教學上的兩難困境；而她嘗試對付兩難困境所遭遇，都和前面所描述的相類似。

麗塔的自然科課堂通常是學生在教室裡閱讀他們的練習簿，然後在練習簿裡面找尋一些插畫和圖表，最後就是回答這些問題，並且和老師檢驗那些答案是否正確。這些練習當中的一個主題是「水的循環」。練習簿所呈現的插圖裡有一堆雲，然後在雲層的旁邊有一個問題：「請問水從哪裡來的呢？」麗塔說對她來說，從這樣的插圖來看，很明顯的答案應該是「水從雲端來」，所以當學生寫這樣的答案，她就在學生的練習簿上打個勾勾（她也檢視一些看起來不是那麼明顯的送分題，所以她需要判斷那些題目的正確性）。因此當班上的女生琳達走到她前面訂正這樣的答案，並且非常有信心的指出答案應該是「水是從海洋來的」時，讓她感到稍許的困惑。麗塔在這位女生的練習簿上糾正這項錯誤，不過琳達對於老師這樣的判斷感到很訝異，並且堅持她的答案才是正確的。

麗塔想要反駁琳達的時候有些猶豫，因為這個女孩對於她自己的答案深具信心。雖然麗塔並不同意她的答案，她感受到一個衝突正在發酵當中，也想要避開這樣的衝突。所以她試著多了解一些琳達對於這個問題的思考模式。「我告訴她說：『這麼說吧，我不懂。試著告訴我你是怎麼想的！』可以這麼說，我是在黑暗中摸索，我試著理解她的觀點。結果呢？原來她知道正確的答案，不過有一會兒的時間她無法用語文表達出她的想法。在我問她一些問題，並且要她檢查練習簿上面的插圖之後，（琳達）說：『雲層把水

氣給抓住了。我真的搞不懂了。不過我知道雲層是從大海裡抓取水的，然後再把水放回到雲層裡。」麗塔從這段師生交換意見當中了解到琳達「知道」她應該從課程單元學會的知識，即使她在練習簿上面所寫的答案和教師手冊的解答並不相符。

對於到底怎樣才可以定義為「知道」某件事情的不同觀點帶來潛在的衝突，而這樣的衝突在麗塔同意琳達的答案是正確的答案時，確實有非常短暫的時間獲得解決了。不過，琳達的理解與教科書標準答案之間的平衡只維持了短暫的時間，當班上其他學生對於麗塔這樣的判斷開始議論紛紛時，這個短暫的平衡就要垮了。就像麗塔回憶著說著：「琳達衝回到班上其他學生的族群並且告訴他們其實她那一題並沒有錯。其他學生就開始和琳達爭論答案的正確性，那是因為他們對於正確答案的認知和我的認知，以及練習簿解答上面所寫的是相同的。不過琳達還是可以證明她的答案是正確的。」麗塔這時候才發現當她告訴琳達她的答案是正確的那一瞬間，她已經把教室裡一個潛伏的矛盾情結給惡化了。這個衝突會浮上表面成為正式的衝突主要是因為琳達和其他學生一樣正在閱讀這段課文內容，所以也是學生族群當中的一個成員。此外，他們長久以來也都是採用教師手冊當作答案卷上面的答案是否正確的唯一判準。他們抱怨的是麗塔使用一個熟悉的標準來判斷他們的答案，卻使用另外一個標準來評量琳達的答案。除非麗塔想些辦法來處理這個衝突的事件，否則這個衝突很可能會對麗塔的教學產生威脅，並且演變為更加複雜的班級問題。

有位叫做凱文的學生，對於他的答案相當有信心，因為他的答案和教師手冊的答案一模一樣，而且麗塔也明確的告訴他那就是正確的答案，所以凱文就帶領班上其他同學開始和琳達展開爭辯；當然這也意味著他們是要向老師討回公道。讓我們以麗塔的話來說明教室所發生的事件吧：「當中有位叫做凱文的學生說琳達真的很蠢，因為大家都知道海洋是水的發源地，而且在下雨之前回歸到雲層當中。這並不是說他聽不懂她的解釋，不過他硬是要反駁她的觀點，就因為我在課堂上提到他的答案是正確的，而且他也清楚的了

解到這樣的答案就是教學手冊和練習簿解答所提供的正確答案。那是為何她會來到我身旁的原因：雖然凱文說她的答案是錯誤的，不過她想要獲得我對於她的肯定。」就像麗塔一樣，凱文也「了解」琳達的解釋。不過她對於課文內容的理解並不是他關心的焦點。他就是想要「反駁」琳達的解釋（就像是麗塔一開始認為琳達的答案不正確一樣），簡單的說，就是琳達的答案與老師所說的，以及習作解答上所提供的標準答案不一樣，也因為這個原因啟動一項爭執來解決這個事件。他認為，如果老師所說的話，與教科書內容的標準答案是我們需要嚴肅面對的議題，那麼琳達就不可能答對那一題。

就像我前面所描述個人所經歷的個案一樣，麗塔在這裡所面對的困境，可以看成她需要在二分法劃分之後的兩種選擇當中挑選一個替代方案。如果她真的想要落實「孩童為中心」的教學模式，那麼她就很可能試著為琳達的思考方式進行辯護的工作，並且讓全班學生了解教科書不見得一定正確。如果她想要落實「課程為中心」的教學模式，那麼她就必須使用教師手冊上面所提供的標準答案當作評量琳達是否學到課程內容的唯一標準。那些和教科書答案一模一樣的學生讓她不得不選擇後者，不過琳達的渴望則讓她朝向前面的觀點來進行。

麗塔自身的內心交戰

麗塔並沒有把她的教學情況視為一種選擇題的命題方式來處理。相對的，她仔細的審視著針對這個議題所產生的內心交戰所得到的各種複雜的論點。她一邊主張練習簿所呈現的問題並不是那麼清楚的命題；題目模稜兩可讓她不太願意信任教師手冊所提供的標準答案。此外，透過她與琳達對話的反思之後，她確認琳達確實理解所謂的「水的循環」，而那些在練習簿上面寫著「雲層」的學生很可能只是從教科書上面的插畫看到雲層而已。這種以客觀方式測量學生知識對麗塔而言，讓她產生一些懷疑，所以她就和其他老師討論這個事件可能的處理方式：「我想很可能學生在答案卷上面的錯誤答案不見得是錯誤的答案。我的意思是說，如果是你在改琳達的考卷，而她又不在現場解釋她的答案，很可能她根本就沒有機會可以為自己的答案進行辯

護，或者說明她的想法。我的意思是，在史丹佛成就測驗（Stanford Achievement Tests。譯者註：史丹佛成就測驗是美國境內廣為使用的一種測驗，通常用來評量各州學生在高中畢業所需通過的學科領域是否精熟）中，他們沒有提供任何彈性讓學生可以表達思考的個別性。」麗塔接受琳達的答案，也就表示她承認琳達對於水循環的概念已經精熟了。不過她也在思考一件事情，那就是她和琳達都應該和書本裡所提供的標準答案相互呼應。麗塔把關於這件事件的思考與她第一年擔任教師時的一些想法相連結；在那一年，她很仔細的閱讀教師手冊，也「試著超越學生進度一點點」，會採取這樣的措施主要是因為她所任教的科目是她以前沒有學過的課程。即使到後來，她還是非常依賴教師手冊的資料；通常她會要求學生直接去找尋「解答本」核對他們的答案是否正確，這樣她就可以給那些學習緩慢的學生多一點時間指導他們的作業。麗塔也了解到如果她讓琳達以她那個不是標準答案的詮釋來回答自然科課本上的問題而僥倖成功的話，那麼她的學生就不會再繼續信任教科書的內容，當然順帶的也不會相信她這位老師的教學能力可以帶領他們進行學習了。對於這位老師和她的學生而言，教科書包含了學生必須學習的知識與技能的整個寶庫。所以啦！麗塔在這樣的情況下覺得精疲力盡：她可以接受琳達的答案是正確的，也可以提出足夠的理由來支持這樣的決定；相對的，她也可以提出足夠的理由來駁倒琳達的答案。

在評量琳達的答案方面，麗塔陷入一個窘境，她在這場內心交戰的歷程當中永遠是輸家。就像我一樣，她的對手就是自己。不管她選擇向全班學生宣布說琳達的答案是正確的，這也意味著教科書的內容不見得是正確的；或者她也可以選擇另一邊，告知班上同學琳達的答案是錯誤的，因為她居然以自己的方式詮釋「水的循環」的科學概念；兩種選擇都讓她陷入一個更深的泥沼，讓她不管選擇哪一邊都會製造更明顯的衝突。雖然有些人可能把這樣的衝突視為有教育意義的機會，處於那種窘境的麗塔很清楚的了解到那根本就不是一個教育的機會。

麗塔內心緊繃的張力當作她交換條件的工具

　　麗塔利用這次衝突事件達成在這種情況下該如何做最後的決定。她的信念認為她不該在琳達和教科書之間做一個選擇，這是根據她個人尊重個別差異及具有潛在矛盾性質知識方面的認識所衍生出來的。這是「她想要成為的那種人」的一部分。她很早以前就在教書這個行業，也在沒有多少科學理解的情況下成功的教學。在她的成長過程當中，她也認為寫教科書的人比她還聰明，甚至比她的老師還要聰明。至少她就是透過這樣的系統，在各級學校求學過程當中獲得這些必要的知識，才讓她有機會擔任教師這個工作。所以她有足夠的理由相信在標準課程當中所呈現的知識都是正確無誤的。不過在同一時間，她也相信許多她所擁有的知識和技能並沒有包含在教科書裡面，也無法使用測驗來評量那些知識和技能。她知道有些知識和技能是她自己搞很久才理解的，而且有時，那些想法遠比教科書裡面所呈現的知識還要清晰的存放在她的腦海裡。因此，麗塔開始懷疑以標準答案的方式來評量學生學習成就的侷限，不過她的懷疑還真的因此帶來了更多的衝突。

　　幾個月之後，麗塔再一次表達對於知識的矛盾觀點；這一次她透過對話表達這樣的矛盾觀點。不過這一次她接受一個標準化評量，主要是要評估她自己的知識是否足夠擔任教職。在這樣的情況下，她認為這樣的測驗並沒有辦法有效的評量她是否是一個成功的學習者，不過她也了解到這樣的測驗結果對於那些不認識她的人或許還有一些意義存在。即使她不認為這樣的測驗可以評量一個人對於課程的理解有多深刻，不過她也認為如果我們剝奪學生在這些測驗方面可以表現亮麗的一些教學活動，那麼對於學生將會是一件「不公平」的事情。「如果他們對於測驗沒有抱持一種嚴肅的態度，」她說：「那麼他們就沒有機會進入大專院校就讀。他們對於這樣的訊息必須抱持一些基本的尊重，至少這樣的測驗決定他們未來人生的後續發展。我了解到一件事情，那就是在這些學生畢業之前，這個社會有些事情是不會改變的。不過我也不想要欺騙這些學生。就像我一樣，你就是要尊重這些測驗，簡單的說，連我也要接受這些測驗才可以獲得工作機會。那是你到人生下一

站所需要的車票。」由於麗塔對於她在標準化測驗所獲得的成績到底是否能夠代表她對於某些事情的了解還有一些糾纏不清的感覺，所以她可以在凱文與琳達所代表的傳統知識觀與個別理解間的衝突。她個人對於標準化知識的衝突也是她利用來處理教室各項突發狀況的一項資源。

　　當她的學生在教室裡產生衝突時，她有責任要在衝突事件兩端之間進行協調的任務，麗塔有機會把這個具有矛盾的知識觀點在全班學生面前進行公開的討論。與其偏向凱文或琳達，她告訴學生兩種答案都是正確的。她就這麼執行這項任務了。「最後我告訴凱文和琳達他們的答案都是正確的。然後我就不再說明我的觀點，我讓他們處理接下來可能產生的所有可能性（不過我還是繼續聆聽他們所發表的觀點和其他反應）。琳達精確的了解到她想要讓老師知道她真的了解水循環的概念，凱文也知道琳達的目的就是如此。不過他們是在兩個不同的面向了解的。我卻在第三個面向了解他們所了解的事情。我不認為有需要做進一步的澄清，不過倒是要他們知道他們兩人的理解都是正確無誤的」。

　　麗塔並沒有做任何突兀的選擇。她並沒有扔掉教科書，然後告訴凱文和琳達教科書沒什麼用處，她也不會因為琳達沒有遵照教科書的期望來填寫答案，就指正琳達的錯誤。她在「兩個不同的面向」接受他們兩人的答案，更在「第三個面向」呈現她對於理解的認知；在這第三個面向她可以同時接受凱文對於標準答案的認知，以及琳達對於理解的呈現模式。

對付問題，而非解決問題

　　麗塔在個別理解與公眾承認的知識之間所存在的張力，建構了一個管理的方式，卻還是讓這樣的張力懸而未決。在這種情況下，因為她擔任老師，所以帶有某種程度的權威性，凱文和琳達認真的對待她所提出來的判斷，即使這樣的判斷還是讓班上學生相當迷糊。他們兩人都說出不同的、更加複雜的知識觀點。凱文被告知的是教師手冊的答案在教室公開討論的情境下不見得是唯一的正確解答，而琳達則被告知教科書的解答還是有它的正確性，所以即使她以不同的觀點來分析課本的內容，她還是要某種程度的遵守一般的

規矩。麗塔處理這兩位學生之間所存在的激烈競爭的方式是把他們兩人之間的爭執以四兩撥千金的方式，提出一個更加錯綜複雜的規則讓他們自己來判斷彼此的答案的正確性。

在我的數學課堂上，我做了一個更困難的劃分線，也就是我需要在偏心於女生，與偏心於男生之間的教學之間做一個劃分線。當我透過小組教學的方式，把這個複雜的問題簡化之後，我把這種二分法所帶來的社會衝突推向幕後的背景。當麗塔指出凱文和琳達的答案都是正確的答案時，她也做了一個教學上類似的措施。她讓他們判斷對方知識的能力稍稍混淆之後，才有能力來調解他們之間的衝突。就像我的情況一樣，她也沒有消除原先的衝突；相對的，她想辦法避開這樣的衝突來避免額外的衝突再度浮現。這種把衝突壓抑到一個讓人看不到的地方的方式，雖然我們承認那是一種即興的反應，也相當膚淺，不過卻是一般老師常用的策略，這和許多認知心理學家或者課程專家所倡導的方式可說是天南地北的差異吧。

老師工作的印象與他們在改善工作上的意涵

這兩個故事把老師描繪成一個積極的磋商者的身分，也勉強稱得上是仲介者，他們需要在滿足教室裡面所產生的許多不同興趣之間找到一個平衡點。每一個故事裡的老師主動採取某些行動，當作某些特定問題的解決方案，並且把他們自己定位成那些衝突的焦點。這些觀點之間的衝突是因為老師而產生的，兩個衝突顯然都在教室的情境下產生的，也因為她個人在詮釋她過往的經驗時所產生的。為了要繼續執行她的工作，這種兩難困境處理角色的老師把這樣的衝突事件的主角稱為衝突的「自我」，也是她進行交易的一項工具，這是在一個模稜兩可的情況下，建立一個實踐自我的身分。就在她嘗試著解決教室裡的社會問題和學者的問題的同時，她同時也在處理自己內在的衝突。她和自己辯論到底該怎麼做才好，與其遮掩自己在面對這個兩難困境時所需擔負起的責任，她承擔了這樣的重責大任，擁抱這樣的衝突，

並且找出處理衝突的方法。

　　老師擔任這種兩難困境的管理者的這種印象到底對於老師的工作本質，以及如何改善老師的工作有哪樣的建議呢？對於教學的印象塑造了我們對於老師應該執行的任務的觀點；而我們對於老師應該如何做才能夠成功的完成這些任務的感覺當然也就形成了我們設計改善策略的基礎。我在這裡所描述的兩位老師所採取的行動是否應該被視為典型的策略，或者晉身為權宜措施仍是一件值得討論和質疑的項目。我寫這些故事的目的只是要說明一位老師工作的印象，希望能夠協助我們進一步考量教室裡的實務工作的本質。為了要學習我們到底該如何從這樣的印象來協助老師改善教學實踐，我們就有必要從文獻對於老師的印象作一些對照，然後檢視這些印象在老師面對教室的問題層出不窮時，我們所提供的協助是否具有任何影響力。

　　最常見的作法就是，我們認為老師需要在二分法的選項當中挑選出一個替代方案來執行；例如，他們到底該倡導教育機會均等，或是著重菁英教育就足夠了？他們應該針對學生的興趣建立課程，或是圍繞著學科領域來設計課程呢？他們到底該培養學生獨力學習的態度與創意，或是維護課程標準的尊嚴，並且期望每位學生都能夠符合課程標準的期望呢？[17]我們一般認為這些選擇讓老師在每天的日常教學活動當中可以避免兩難困境。我們可以在Mary Haywood Metz分析一群老師在面對學校廢除種族隔離政策時所帶來的張力，找到這種觀點的一個範例。[18] Metz指出對於老師而言，維持教室秩序與促進學生學習是「兩個矛盾的必要措施」，她並且指出在她所觀察的老師群體當中，沒有老師可以同時保有教室行為舉止的標準，還可以培養學生對於學習的承諾。相對的，這些老師就區分為兩個主要的陣營。在這樣的觀點下，這群老師的部分工作就是要確認在他們的教學工作當中，到底是教室常規比較重要，還是學生對於學習的承諾比較重要？他們想要確認的是一位成功的老師到底需要關懷的到底是這兩者當中的哪一項，然後從中挑選一項來執行。所以外來者所提供的協助是否恰當，其實就要看老師到底認為他們應該比較專注學生上課的秩序，或者是學生上課時對於學習的承諾比較重要

了。今天有許多養成教育和在職教育的機構也都採取這樣的觀點來處理。教授和教職員專業成長的發展者使用研究所指出的證據，以及來自於教育哲學的原理闡述，或是個人非凡的領導能力來說服老師他們應該偏向哪一邊。

　　另一個和教學工作有關聯的觀點可以從 Gertrude McPherson 所描繪的「小鎮」裡的老師[19]來說明。她指出老師所面對的衝突完全來自於相互矛盾的外在壓力。在這樣的印象當中是一個飽受其他人期望轟炸的一個人。因為學生、行政人員、同仁、家長與公職人員對於她的期望都截然不相同，所以她需要為自己進行辯護的任務，當然就無法專心教書了。管理衝突是這種觀點底下非常重要的教書工作，不過管理衝突主要被視為「不愉快與挫折感」的來源，而不是老師定位自己的一個方式。McPherson 的觀點傳遞一種感覺，那就是要改善教學實踐必須要做的項目：「只要我們這個教育體制的目標還沒有清晰的定義之前，……內部的不一致，以及和優勢族群的不協調，還與我們這個社會所重視的價值前後相互矛盾的情況下，老師所能夠完成的任務當中沒有多少是值得我們投入心力去做的」。[20]更晚近的文獻探討教師焦慮的研究也採用類似的觀點：除非老師工作的目標重新賦予意義，否則一位實務工作者可以用來減少工作上的張力所產生的傷害的正向方式大約就是參與一項定期的休閒運動，並且保持健康的飲食習慣吧！[21]這些針對教學的態度把教學上所面對的矛盾情結視為一個等候我們去解決的問題，而且要把教育體制的組織運作與社會對於教育的概念作一個大幅度的改變才得以完成這項艱鉅的任務。在這種觀點下，社會大眾對於教育的目標，以及他們對於老師的期望要盡可能獲得一致的共識，這樣就可以消除教學上的衝突。

　　不過還有另外一個方式來描繪教學，一個被認為是針對統一的目標論點而採取的回應，這樣的方式是透過社會研究者與政府政策制訂者的工作所衍生出來的。這些問題解決者以團隊合作的模式找尋一些方式來協助老師提升學生的學習成就。他們早就厭煩了教室內的衝突現象觀點，所以他們把老師設想為一個技術——生產的管理者的角色，他們認為老師需要監控學生的學習到底是如何達成的，所以老師就需要負起責任監控學生學習的效能。在這

樣的觀點下，如果教學實踐者使用研究者的知識來解決教室裡的問題，就可以改善他們的教學工作。[22]老師的主要任務就是要確認研究者和政策制訂者認為那樣的做法是老師應該執行的工作，那些是老師和學生應該一起合作完成的工作，並且根據這些結果來認真的執行就可以完成教學的任務了。在直接講述的課程與習作之間應該如何調配教學時間呢？學生所需閱讀的故事當中應該包含多少單字呢？如果老師規矩的依據他被告知的方式去執行，學生就會學到該學的知識與技能。採取這種觀點的人認為，只要老師正確的執行研究者所提供的建議，那麼教學時的衝突就可以避開了。

有些教育方面的學者拒絕把老師視為一種「黑盒子」的印象。他們不認為老師就是把研究者知識傳入教室的那個人。[23]在他們的想法裡，老師有一個積極主動的角色可以決定該如何教導學生；他把一些研究結果集中在一起，然後與教室的環境裡所提供的資訊相互搭配，以決定那樣的教學歷程可以產生他所想要獲得的教學目標。不過因為認知科學所採用的資訊處理觀點就是這些研究老師決策過程的模式，所以一個「決定」只被看成是一個數學排序方式，把老師對於教學工作所牽扯到的各個項目依據比重來排序，就可以完成教學決策的任務了。[24]在思考的歷程當中的每一個點，我們假設決策者可以清晰的分析兩個替代路徑的優劣，然後就可以決定邁向一個教學目標所該採取的那個替代路徑了（譯者註：這和電腦語言非常類似，特別是執行一些「假設」……「執行」的迴路判斷）。[25]因此，改善教學工作的任務所牽扯到的就是要遮飾一些相互矛盾的關懷項目，簡化可能的替代方案，在這樣的理念下，任何一位合乎情理的人在使用相同的資訊下，都可以選擇相同的替代方案來處理教室的問題。這樣的歷程是一種機械式的歷程，不是一種人性化的歷程；這樣的思考模式如果是由一些沒有偏見與歧視的機械來處理，應該會比人們來處理來得恰當多了。[26]因此，這樣的理論對於我前面所描述的教室兩難困境是沒有實質上的貢獻的。[27]

這裡所提到的一些老師的印象——把老師視為認知科學的資訊處理者，把老師視為落實研究者所建議的知識就可以產生有效的學習，把老師視為受

到壓迫的一方，所以基本上是神經過敏的人，或者把老師看成是兩個相對陣營的成員——都把教學上的衝突描繪成可以透過某種方式來解決的那個人。相對的，把老師看成是兩難困境的管理者的角色，接受衝突根本就是教室裡持續發生的事件，也是人們可以學著去處置的項目。後面這樣的觀點並沒有想要取代老師在社會所扮演的衝突角色的想法；或者認為老師可以觀察教學模式，在明白某些教學行為舉止與他們所產生的學習成果之間的關聯性之後，就可以做一些明智的教學決策了；它提議老師所面對的解決問題角色和她的工作當中所產生的社會衝突與行為模式之間的關係是截然不同的。它指出在面對衝突的期望時，老師除了為自己進行辯護和選邊靠以外，她或許還可以敞開心胸歡迎那些權威走入她的教室，甚至影響她的身分認同。所以，存在於我稍早所描述的那些老師印象，以及把老師視為兩難困境的管理者之間的主要差別，在於兩難困境的管理者接受衝突的原始狀態，甚至把兩難困境當作有用的教學內涵，而不是把它看成老師需要消滅的一個負擔。

當然，對於老師和學者而言，還有好多誘因想要消滅教室裡的衝突事件，並且認為教學上的問題都是可以解決的。如果教學上的問題可以彼此區分開來，而不是許多矛盾的教學目標所形成的一團糾纏不清的網絡，那麼我們或許就有可能以某種線性回歸的方式來解決這些問題——就像是在遊樂場玩一個射擊鴨子的遊戲一般的把鴨子一隻一隻打倒就好了。把自己的工作看成是要在一團糾纏不清，彼此連結的問題網絡之間找尋求生的管道，自己只能夠在這樣的惡劣環境下勉強求生存，似乎就是承認自己的軟弱。挑出問題，並且找尋可以解決問題的方式，讓這些問題一勞永逸的消失，確實是我們這個社會認為高貴的能力。只讓我們勉強可以「對付」或「管理」的策略和我們根深蒂固的期望相衝突，因為我們總是認為在自己和別人的互動關係當中要能夠掌握全場的那種氣勢。許多人——包含老師在內——認為如果只有心理學和社會科學的學者可以達到自然科學所能夠達成的水準，或者說如果只有在科技的協助下，個人才能夠達到代表這些學術成就的理想境界來控制環境，這樣每個人都可以從此以後快樂的生活下去。相對於此，管理兩難

困境的工作要求的是自我要求必須承認我們在掌握與控制人們相關的問題時，我們確實有些能力不足的地方。它指出某些衝突是無法解決的，而我們當作老師的挑戰就是要找尋一些方法讓它們不會演變成更具有爆發性的嚴重對抗。

存在於個人能力有限與兩難困境的管理之間的連結需要進一步釐清，這是因為我們通常把教室經營與老師控制學生行為的能力做了連結，並且認為控制學習的行為和學習的成效有直接的連結。這項常用的觀點和一般人對於那些與學習無關的管理定義幾乎完全平行，那種定義下的經理人需要控制或指導其他人的相關事情。這樣的控制確定是老師工作當中相當重要的一部分。不過，我在這裡以一種不同的觀點來說明「管理」。管理某些事情是說要規劃該如何做那件事情，意味著創造或即興創作的能力是一位管理者個人技能當中一項必須的能力。這項用途指出一個管理者是一個能夠找到一個方法來做某些事情，而且他們的行動與概念發明已經融入管理程序的一部分。當某些人能夠持續採取行動或者甚至在某些逆向環境下還可以發憤圖強的找到成就時，我們就可以把那些人看成管理者的身分。老師的工作就牽扯到這類型的發明；以及在逆境的情況下採取某些行動，讓解決某種類型的問題變成了不當的行為舉止。

為了要執行教學的工作，就像我在前面所描繪的一樣，一個人就需要具備一些資源讓他或她可以在面對同等重要的替代方案，又不方便表達他或她應該偏向哪一個替代方案時，有能力可以執行那些替代方案。一位老師需要有能力從研究人員的研究成果獲得建議，並且能夠知道當那樣的建議彼此矛盾，或者當它與我們所了解到唯有在某種特定情境下才可以獲得的知識相衝突時，也知道該採取哪樣的措施。一位老師需要與彼此相衝突的期望保持距離，或者和那些擁有權力可以決定我們是否可以勝任教職的人保持距離，同時還可以使用那些期望當作個人自我定位的參考座標。一位老師可以對某一個特定的思想體系或相對應的思想體系作些承諾，不過還是需要了解採取任何一個單一思考模式，在面對學校裡所進行的教學與學習的複雜歷程可能遭

遇到的侷限。一位老師在面對一個複雜而且有時候前後不一致的自我必須有自在的感受。

或許我們整個社會都認為任何一個問題都應該相對應的存在著一個解決的方案，這樣的信念經常讓我們在討論老師面對無解的問題時，都被學術界和專業的對話所排擠。不過也有可能有其他的解釋可以說明這種現象。有可能有許多老師可以繼續他們的教學工作，就好像他們根本沒有期望任何衝突事件會發生在他們的教室裡面，或者更具體的說，就是他們根本不認為在他們的日常教學活動當中居然有衝突事件的存在。當然還有一種可能，那就是會成為老師，而且持續在教育界工作的人並沒有足夠的智慧可以確認在我前面所描述的複雜工作當中所產生的衝突現象。[28] 這些可能性當然值得我們的關注。

不過如果兩難困境的管理真的是教學工作當中一項非常重要的項目，那麼就有許多問題值得我們進一步檢視。首先，第一個問題就是頻率的問題。在所提出的建議當中，有些老師可能認為某些教室的問題如果做一些管理經營的手段，可能比解決那樣的問題來得有效率。在這類型的工作當中，老師到底扮演一個多重要的角色呢？而且像我所描述的兩難困境在教室裡到底出現的頻率有多高呢？通常它們是被「管理」的方式處理，或者是採用「解決」的方式處理呢？那些比較常採用兩難困境管理模式的老師到底具有哪些特質呢？而經常出現兩難困境的班級到底有哪樣的特質呢？

第二種類型的問題可以歸類理解和評量老師在處理兩難困境時到底真實的做了哪些事情。我在這篇文章所強調的，不在老師所使用的某些特定的策略，而是教學工作所牽涉到更普遍的元素。我們有哪些不同的策略可以讓老師用來處理教室裡面那些無法解決的問題呢？我們又可以用哪些方法把它們分門別類呢？把教室裡的衝突壓抑下來是否有更好的方法和更爛的方法呢？老師所使用的策略與其他專業人員在面對兩難困境時相比之下，到底誰的策略比較好呢？

我們也需要進一步了解當老師面對矛盾情結的教學現場時，他們有多少

資源可以提供他們來處理這樣的矛盾情結呢？他們又是如何學習去對付這樣的矛盾情結，或者說他們學會處理矛盾情結是一個妥當的措施呢？他們的工作環境當中有哪些特質讓兩難困境的經營管理變得更加困難或更加容易呢？那些在處理衝突事件時會感到憂慮的老師，要如何做才能夠更加勝任衝突事件的處理呢？上司、正規課程、其他的生命經驗，以及同仁到底在老師專業發展上扮演哪些角色，才可以讓老師更能夠容忍模稜兩可的現象呢？在管理教學上的兩難困境，特別是研究人員與政策制訂者所建議的技能有關聯的項目，到底有哪些個人資源可供運作呢？還有學者專家用來分析教學工作上的緊繃壓力所得到的研究成果有哪些具體的建議事項可供老師參考呢？還有哪些知識與技能以外的資源是老師在他們的教學工作方面可供參考的呢？

我們對於教學工作的理解可以進一步強化，只要我們探索老師在面對衝突時到底是不是選擇盡量忍耐，或者再加以利用這些衝突。如果我們以這種方式處理教學時所產生的所有問題，就像是他們都是可以迎刃而解的，或如果我們假設解決問題的重點來自於教室以外的地點所產生的知識，那麼這樣的理解將會是難以學會的。為了要探索在這裡所列舉的問題，我們需要對教學採取一個印象，把老師本身視為管理教育實踐的一項資源。

註解

1. 我在這裡區分理論與實踐的方式是依循 Joseph Schwab 在研究課程發展時所提出的觀點。Schwab 觀察到特定的時間、空間、人物與環境圍繞著一位老師到底該如何教、教導哪些內容的問題，都和建立一個優質的理論所需要的秩序、體制、經濟和普遍性不一致。請參見 Schwab, "The Practical: Arts of Eclectic," *in Science, Curriculum, and Liberal Education: Selected Essays*, ed. Ian Westbury and Neil J. Wilkof (Chicago: University of Chicago Press, 1978), p. 322.

2. 相關文獻請參見 Susan Florio and Martha Walsh, "The Teacher as a Colleague

in Classroom Research," in *Culture and the Bilingual Classroom*, ed. Henry T. Trueba, Grace P. Guthrie, and Kathryn H. Au (Rowley, MA: Newbury House, 1981), 87-101; Eliot Eisner, "Can Educational Research Inform Educational Practice?" *Phi Delta Kappan*, 65 (March 1984), 447-452，與 Leslie L. Huling, Myron Trang, and Linda Cornell, "Interactive Research and Development: A Promising Strategy for Teacher Educators." *Journal of Teacher Education*, 32 (1981), 13-14.

Christopher Clark 和 Penelope L. Peterson 近年來強調描述性的研究，來探索老師在他們的教室裡是如何進行互動式的決策，他們認為唯有採用這樣的模式才有可能建立進一步的模式來說明老師的思考歷程，請參見他們的文獻"Teacher's Thought Processes." Occasional Paper No. 73, Institute for Research on Teaching (East Lansing, Ml: Michigan State University, 1984), p, 76。

3. Schwab 把這類型「深思熟慮後的研究」描繪成研究教學過程的重要性，可參見 "The Practical 4: Something for Curriculum Professors to Do," *Curriculum Inquiry*, *13* (1983), 239-265. 他的相關觀點後來被其他人加以擴充，特別是針對一個人內在不同觀點之間的意見交換時的情況，可參見 Lee Shulman 所寫的"The Practical and the Eclectic: A Deliberation on Teaching and Educational Research," *Curriculum Inquiry*, *14* (1984), 183-200.

4. 老師觀點的「排他性本質」（particularistic nature）可以從 Arthur S. Bolster 底下這篇文章獲得一些參考"Toward a More Effective Model of Research on Teaching," *Harvard Educational Review,* *53* (1983), 294-308. 從一位實務工作者的角度所了解的特殊教室情境的特質責備 Walter Doyle 在另一篇文章探討過"Learning the Classroom Environment: An Ecological Analysis," *Journal of Teacher Education,* *28* (1977), 51-55，與 "Paradigms for Research on Teacher Effectiveness," *Review of Research in Education* vol. 5, ed. Lee Shulman (Itasca, IL: Peacock, 1977), pp. 163-198。Philip Jackson 比較老師對於教室裡的「蛛絲馬跡」（anecdotal）的習慣性動作也呈現在一個與教學有關的學術性文

章裡。請參見 Jackson, "The Way Teachers Think," in *Psychology and Educational Practice*, ed. Gerald S. Lesser (Glenview, IL: Scott, Foresman (1971), pp. 10-34.

5. 對於教師知識的個人品質的深入探討，請參見 Sharon Feiman and Robert Floden 的 "Cultures of Teaching" in *Handbook of Research on Teaching*, 3rd ed., ed. Merlin C. Wittrock, 1986. Gary Fenstermacher 則認為考量老師自我關懷與個人歷史對於她在教室理所做的決定有影響力。"A Philosophical Consideration of Recent Research on Teacher Effectiveness," in *Review of Research in Education*, vol. 6, ed. Lee Shulman (Itasca, IL: Peacock, 1979), pp. 186-215.

6. 因為大多數擔任國中、小教師的人口是女性，所以我選擇使用女性當作老師的代名詞。

7. 請參見 Schwab, "The Practical: A Language for Curriculum," in *Westbury and Wilkof*, p. 289.

8. 請參見 Bryan Wilson, "The Teacher's Role: A Sociological Analysis," *British journal of Sociology*, *13* (1962), 15-32; Charles Bidwell, "The School as a Formal Organization," in *Handbook of Organizations*, ed. James G. March (Chicago: Rand McNally, 1965), pp. 972-1022; 與 Ann Lieberman and Lynn Miller, "The Social Realities of Teaching," *Teachers College Record, 80* (1978), 54-68.

9. 使用「兩難困境」來描述教室裡的問題也可以在 Ann Berlak 與 Harold Berlak 的 *The Dilemmas of Schooling: Teaching and Social Change* (London: Methuen, 1981)。不過他們分析的焦點是在文化的矛盾，以及社會變革的機會。這是因為他們清楚表示教師的兩難困境，所以就比較少提到老師在教室裡可能面對的兩難困境，以及兩難困境的處理方式。

10. 想要了解由社會科學研究所產生的知識，以及實務工作者所使用的知識之間的比對，請參見 Schwab, "The Practical: Arcs of Eclectic," p. 318; Charles E. Lindholm and David K. Cohen, *Usable Knowledge: Social Science and Social. Problem Solving* (New Haven, CT: Yale University Press, 1979); 以及 David K.

Cohen, "Commitment and Uncertainty," Harvard University, unpublished manuscript, 1981.

11. 老師思考方面的描繪，通常強調老師在許多替代選擇方案之間的選擇，並且在經過一段時間的思考之後，做出最後的決策，這是根據認知科學資訊處理的歷程模式所模擬出來的模式。相關範例請參見 Richard J. Shavelson, "Teachers' Decision Making," in *The Psychology of Teaching Methods: The 75th Yearbook of the National Society for the Study of Education*, Part I, ed. Nathaniel L. Gage (Chicago: University of Chicago Press, 1976), p.p. 143-165, John Eggleston, ed., *Teacher Decision Making in the Classroom* (London: Routledge & Kegan Paul, 1979)；與 Christopher Clark and Robert Yinger, "Research on Teacher Thinking," *Curriculum Inquiry* (1977), 279-304.

12. *Funk and Wagnalls' Standard College Dictionary* (New York: Harcourt Brace and World, 1963), p. 372. 想要了解老師以一般人的身分在內心所產生的矛盾對立觀點的心理學描繪，請參見 Angelika C. Wagner, "Conflicts in Consciousness: Imperative Cognitions Can Lead to Knots in Thinking," Paper presented at the First Symposium of the International Study Association on Teacher Thinking, Tilburg University, The Netherlands, October 1983.

13. 對於這種二分法的類別方式來檢視老師的工作，請參見 Harry L. Gracey, *Curriculum or Craftsmanship: Elementary School Teachers in a Bureaucratic Setting* (Chicago: University of Chicago Press, 1972); George Spindler, "Education in a Transforming American Culture," *Harvard Educational Review, 25* (1955), 145-156；與 Mary Haywood Metz, *Classrooms and Corridors: The Crisis of Authority in Desegregated Secondary Schools* (Berkeley: University of California Press, 1978)。相對於此，從社會心理學的角度來了解教師的觀點，則請參見 George Herbert Mead 等人在"the Chicago School" 那本書提供一個更加錯綜複雜的教師圖像：例如 Willard Waller in *The Sociology of Teaching* (New York: Wiley, 1932)；與 Philip Jackson in *Life in Classrooms* (New

York: Holt, Rinehart and Winston, 1968)。以及 *The Berlaks in The Dilemmas of Schooling*, p. 133。說明老師在面對衝突矛盾對立的時候可能產生的「轉型」，他們的意思是說發明一個教學的歷程來結合我們這個文化所呈現的矛盾對立衝突兩極而產生的新的教學法。就他們的觀點來分析，老師至少具備擔任傳媒的能力，至少可以把「文化所包含的相互競爭的壓力做些統合，並且克服那些矛盾對立的衝突現象」。

14. 請參見 Carl Bereiter, "Schools Without Education," *Harvard Educational Review, 42* (1972), 390-414；讀者也可以參見 John D. McNeil, "A Scientific Approach to Supervision," in *Supervision of Teaching*, ed. Thomas J. Sergiovanni (Alexandria, VA: Association for Supervision and Curriculum Development, 1982), pp. 18-34.

15. 這樣的觀點是那些教育改革派支持者的特色，他們認為學習是在個人認知發展的理論建立起來的。

16. 我有機會和麗塔一起合作，並且觀察她的教學，我們是在一個為期三年的專案計畫，稱作教師專業發展計畫的專案下合作，這個專案是在麻省理工學院（Massachusetts Institute of Technology）的教育研究與學習部門（Division for Study and Research in Education）所支持的一項專題計畫。這個專案計畫在我另一篇文章"Teaching about Thinking and Thinking about Teaching," *Journal of Curriculum Studies, 16*, (1984), 1-18. 有更詳盡的說明。麗塔註解的引述是從那項專題計畫的教師參與者在會議當中所提出來的觀點，以及我私底下與麗塔所進行的個別訪問所獲得的資訊，那些引述也都是那三年之間逐漸累積起來的資料。我在這裡使用麗塔來稱呼這位老師，其實是採用匿名的方式，來保護這位老師；這篇文章所提到的其他學生的姓名也採用匿名的方式一併處理。

17. 相關例子請參見 Gracey, *Curriculum or Craftsmanship*; Jackson, "The Way Teachers Think"; Bidwell, "The School as a Formal Organization"；與 Spindler, "Education in a Transforming American Culture."

18. 請參見 Metz, *Classrooms and Corridors*.

19. 請參見 McPherson, *Small Town Teacher* (Cambridge, MA: Harvard University Press, 1972).

20. 請參見 McPherson, *Small Town Teacher*, p. 215.

21. 請參見 Kathleen V. Hoover-Dempsey and Earline D. Kendell. "Stress and Coping in Teaching: An Integrative Review of the Literature," Paper presented at the annual meeting of the American Educational Research Association, New Orleans, April 1984.

22. 請參見 Nathaniel L. Gage, "An Analytic Approach to Research on Instructional Methods," in *The Social Psychology of Teaching*, ed. Arnold Morrison and Donald McIntyre (Harmondsworth, Eng.: Penguin Books, 1972); Robert E. Slavin, "Component Building: A Strategy for Research-Based Instructional Improvement," *Elementary School Journal, 84* (1984), 255-269; John D. McNeil, "A Scientific Approach to Supervision"；與 Jere Brophy 和 Thomas Good, *Teacher-Student Relationships: Causes and Consequences* (New York: Holt, Rinehart, and Winston, 1974).

23. 請參見 Hilda Borko, Richard Cone, Nancy Russo, and Richard J. Shavelson. "Teachers' Decision Making," in *Research on Teaching: Concepts, Findings and Implications*, ed. Penelope L. Peterson and Herbert T. Walberg (Berkeley, CA: McCutcheon, 1979).

24. 請參見 Shavelson, "Teachers' Decision Making" in Gage, *Psychology of Teaching Methods*; Eggleston, *Teacher Decision Making in the Classroom*; 與 Clark and Yinger, "Research on Teaching Thinking."

25. 這個模式是由 Clark 與 Peterson 所提供的輪廓"Teacher's Thought Processes," pp. 63-69.

26. 把機械式的資訊處裡當作描繪人類決策的過程可能伴隨而來的一些衝突，可以參見 David Braybrooke and Charles Lindlom, *A Strategy of Decision: Pol-*

icy Evaluation as a Social Process (New York: Free Press, 1963). pp. 246-247. More recently, Joseph Weizenbaum has argued against assuming that human judgment is comparable to even the most sophisticated computers, in *Computer Power and Human Reason: From Judgment to Calculation* (San Francisco: Freeman, 1976)。

27. 請參見 Richard Shavelson 與 Paula Stern, "Research on Teachers' Pedagogical Thoughts, Judgments, Decisions, and Behavior," *Review of Educational Research, 51*, (1981), 471.

28. Jackson 在《教室裡的生活》（*Life in Classrooms*），pp. 144-148.提出這樣的可能性。

原編者的話

我想要感謝一些朋友在這篇文章的草稿階段所提供的建議，他們分別是 Gemmette Reid、Marvin Lazerson 與 David K. Cohen。

你就是不能說只有那些同意你的觀點的學生才可以發表意見：教室裡面的政治對話

MELINDA FINE

　　這裡有一個有趣且值得探討的議題。這個問題是當老師他們本身針對當下社會非常有意義的議題進行討論的時候，而且老師本身對於那樣的議題也有強烈的主觀時，我們想要了解老師在那樣的教室氛圍之下如何創造一個開放的討論空間，讓學童可充分表達和討論許多不同的意識型態。當學生表達的信念和老師本身的信念相互衝突的時候，老師應如何進行呢？若老師想要創造一個學習的氛圍讓學生可以充分表達他們對於某些社會、政治或道德議題的觀點，而且還可以和他們的同儕以批判的方式彼此討論這些議題，更能夠從這樣的學習歷程獲得更加真實的學習時，我們很想了解的是，老師應該扮演哪一種角色才能夠完成這樣的教學使命呢？在本章中，Melinda Fine 在一間國中的教室裡面探索這樣的問題，她深入的檢視那樣一個班級在討論大屠殺（譯者註：二次世界大戰的時候，納粹對猶太人進行的大屠殺，以集中營的方式進行屠殺的計畫）這樣一個爭議性的議題時，教室裡面所產生的動態。Fine 聲稱她非常確定學生必定能夠拿捏這類型學習歷程所帶來的不愉快氛圍、意見的衝突，以及熱烈的討論，而且她認為學生在處理這些事情的態度上遠比多數成年人所認為的還要具有彈性！她的結論是認為如果我們真的想要推動民主制度的養成，那麼就需要讓老師和學生共同參與廣大社會群眾仍未解決的高度緊繃、衝突性極高的議題。她認為學校裡面的老師和學生在面對重要的政治和社會的意識型態時，必須要能夠以開放的心胸，共同處理這些爭議性的議題。

Harvard Educational Review Vol. 63 No. 4 Winter 1993, 412-433.

麻州的劍橋,是一個隔著查理斯河,和波士頓緊鄰的一個城市。這個城市最著稱的應該就是它保留了許多殖民時代所興建的房舍,以及哈佛大學那些充滿著長春藤的磚瓦式建築物。這個具有三百五十年歷史的古老城市,一般而言都讓人以為是一個以白人、中產階級知識份子所聚集的活動範圍。雖然這樣的觀點就某種程度而言是真實的,不過我們發現這個人口密集的都會區,雖然擁有將近十萬人口的高密度,卻和一般人所了解的印象擁有更多種族的人口。劍橋的居民當中有五分之一的人口其實是在國外出生的,而且這些人口當中有一半(譯者註:也就是說劍橋人口群當中的十分之一,或者是將近一萬人左右)是在過去的十年當中湧進劍橋的。這個城市裡面大多數的非裔美國人,以及來自維德角(譯者註:這是非洲大陸最西邊的一個地方,是一個半島型的國家)、巴西、東南亞、中美洲,以及海地等地方和國家的外來移民,居住的地區就和哈佛大學附近那種白色鑲邊,以及充滿綠色植物在道路兩邊的豪宅,有天壤之別。

梅德佳・埃佛小學所處的地區就在劍橋一個比較貧窮的社區。[1]在這裡,我們看到的民眾大多數是黑人、拉丁美洲裔的人、海地人,以及亞洲人,他們通常居住在非常緊密相依的公寓式房子,這些公寓早就需要重新粉刷,或者需要新的牆壁,才可以讓人安心住下來。這個學校的學生當中有許多人來自於學校對面的大型國民住宅區;44%的學生族群享有免費或減價的午餐權力(譯者註:美國政府為了協助貧窮人家的子弟也可以享有上學的權利,所以提供免費或減價的午餐給家庭收入低於某個標準的學生,而且為了避免這些貧困子弟在享用午餐時的尷尬,所以在吃午餐的時候,學生沒有辦法看到其他學生是否享有這樣的權力)。不過,因為這個城市想要廢除種族隔離的政策,所以這所學校目前所收的學生總計有將近六百個學生,他們就學的年級分別由幼稚園到國中二年級的階段。這些學生族群的分布比他們學校所處的學區更加具有種族的均衡性。在一九九二至一九九三學年度當中,學校裡面有43%的白人學生,34%的非洲裔美國人,16%的亞裔學生,以及7%的拉丁裔學生。

　　梅德佳‧埃佛小學的建築是那種長條型、三層樓的灰棕色水泥建築物，外型具有相當不規則的幾何形狀。學校附近鮮少有行道樹或社區的樹木，如果民眾從學校外面的街道觀看這所學校，就會覺得學校有點冰冷而嚴酷。然而，訪客一旦進入學校的建築物裡面，就會立刻完全改觀。學校裡面的教室安排、辦公室和學校的圖書館，以及學校的禮堂，好像是從一個三樓開始散發開來的輻射狀空間一樣，一直到學校的地下室設計為止，整體講來相當的流暢。陽光則是透過學校天花板上面的天窗一路照射下來，讓整棟建築物的每一樓層都好像充滿了陽光一樣的燦爛。陶土製的磁磚地板，整潔的走廊，烘烤麵包託售（譯者註：美國境內的學校通常透過學生烘烤餅乾和麵包來當作募款的策略），和其他學校重大事件的通知，以及許多學生藝術作品的展示，都讓人們感受到學校的活潑和歡迎民眾參觀的強烈感受。一張巨幅的世界地圖從學校中央辦公室（譯者註：就是我們國內通常指稱的校長室和教務處等處室）橫跨整面牆壁。這張地圖插滿了圖釘，每一根圖釘都往外連結著一條線，連結到那個國家的國旗。「我們學校的學生和家長至少是從全世界的六十四個國家而來的」，這張大型地圖旁邊的一張卡片這樣說明。「我們想要鼓勵學生能夠熟悉這張世界地圖，也希望他們能夠辨認每一個學生是來自於哪一個國家的，透過這樣的方式，我們就可以慶祝我們學校所擁有的文化多元性了！」我在過去這四個月當中，幾乎每一天都會拜訪這所學校的某間教室，以一個參與／觀察者（participant/observer。譯者註：也就是以主動參與的方式，加入教室真實學習情境，來觀察教室所發生的事情的一種研究方法）的身分，一邊參與他們的真實學習情境，一邊進行我的教育博士論文的研究。我也透過這樣的實地觀察體會，逐漸學習到在一間教室裡面的師生是如何掌握一個稱為「面對歷史和我們自己」的統整社會科單元活動。[2]

　　這個教學活動嘗試以一種嶄新的方式提供教導歷史的模式，主要的目的是要協助學生針對當下的各種社會、道德和政治議題進行批判的反省工作。它將焦點集中在一個特定的歷史階段——他們正好想要探討納粹主義的興起，以及二次世界大戰的大屠殺——老師也藉著這個機會，反覆引導學童在

這些深度的歷史個案研究，以及今日許多偏見、不夠寬容、暴力，以及種族歧視等議題之間的因果關係之間進行反思和檢討。[3]

決定使用二次世界大戰的大屠殺當作「面對歷史」的個案研究主題，也希望運用它當作探索當代議題的跳板，確實是一個複雜的過程，值得我們花點時間討論這個單元的教學目的。當麻州布魯克林區的國中老師在一九七六年創造出「面對歷史和我們自己」這個單元時，幾乎沒有大屠殺相關的課程存在。當這群老師感受到二次世界大戰的大屠殺其實可以算是二十世紀當中的重大事件，這些老師覺得他們的學生應該學習這個關鍵性的歷史片段。不過，在這同時，老師也深刻的了解到大屠殺對於學生的「意義」，必須超越學生對於這個事件獨特的歷史向度，更要讓學生能夠掌握這個歷史事件所牽連到的人類行為的通則課程。透過歷史的檢視來了解在納粹主義下生活的人們，到底是如何一步步的提升他們想要跟隨希特勒的腳步——從大量宣傳的運作來影響每一個人的思考，到威脅個人的生命／財產的安全，到運用恐怖威脅的方式去強迫民眾的順從——課程設計者嘗試協助學生去辨識德國的民主制度是如何終止的，反抗民主制度又是如何受到極權主義的蠶食鯨吞的。所以這群老師想要運用歷史的理解當作學生具備個人化批判反省能力的一個催化劑，培養學生理解哪樣的社會情況可能侵蝕我們的民主制度，並且為這群學生未來擔任公民時，加強他們的道德和政治責任感。

毫無疑問的，當然會有人質疑這樣的教學目標難道不能夠使用不同的或許更貼切的個案來達成嗎——例如，中世紀的奴隸運輸（跨越大西洋將非州的黑奴運送到北美洲的過程），或是美國立國初年對於美洲原住民的集體屠殺行為等等，也都應該可以達成這樣的教學目標。我們也從來沒有質疑這樣的觀點。實際上，課程設計者、老師，以及推廣這套教材的夥伴都不認為二次世界大戰的大屠殺是歷史上唯一的集體屠殺事件——他們甚至不認為教導學生認識屠殺行為方面，這個事件會是最重要的一件屠殺行為。事實上，「面對歷史」的教學活動設計者已經發展了其他的課程教學材料，希望能夠引導學生認識這些更貼近學生日常生活或住家的歷史事件，所以「面對歷

史」的資源小組也包含了一章亞美尼亞的大屠殺事件當作真實的教材。[4]

　　不過，這些教案的倡導者也同意一點，就是當我們引導孩童討論當下的種族和暴力事件的議題時，可以因為我們將焦點集中在一段歷史片段的討論而增強學生的學習效果。所以這樣的議題必須和我們那樣多元文化學生的背景相互呼應，才可以獲得更好的效果。誠如 Larry Myatt，一位長期支持這套課程的高中老師所說的（他在波士頓市區的高中擔任主任一職），面對歷史提供師生「一個方式來討論這些議題，讓這些議題看起來和當下的社會議題有些距離，讓我們可以不必去使用二乘四的木棒去敲擊他人的腦袋，並且對著他們怒吼著叫著：『種族歧視者！代罪羔羊！』」等的名稱。」[5]

　　為了搭配這個教學計畫的教育優先順序，這套整個學期進行的課程讓學生的學習迴盪在「歷史的焦點」，以及「我們本身」之間，並且以此為整個課程的核心架構。這套教學計畫的資源手冊（譯者註：資源手冊就相當於國內老師熟悉的教學指引），最前面的幾個章節鼓勵學生去思考個人身分的認同，以及社會行為這類型的一般問題。從這裡，課程單元邁向它那種比較獨特的個案研究，深入探討偏見和歧視的社會問題：深入檢視反猶太主義的歷史背景，幾乎是回溯到古代羅馬的時代。例如，學生可以著手研究一份嚴謹、多面向的德國歷史研究（從一九一四至一九四五年的階段），以便了解納粹主義所倡導的種族政策在教育和工作職場的影響，宣導的本質，以及在德意志第三帝國時代（Third Reich）的犧牲者、欺壓者，以及旁觀者所扮演的各式各樣的角色等等。這樣的課程單元提供批判性的歷史課程，也當作結構式的練習過程，訓練學生思考個人、群體和國家所面臨需要採取行動和抗拒的各種可能選擇。接著，這樣的練習也讓我們的學生在未來需要為公民的自由權利肩負起責任，並且成為主動參與的公民作了良善的準備工作。[6]

　　「面對歷史」這種複雜的教學內容有一套教學上急切需要完成的任務，而且要從下而上的來支撐這樣的教學活動：培養學生具備個人的觀點、批判思考能力和道德方面的決策等等。這個教案其實是特別針對青少年學生所設計研發的，因為這些青少年學子在發展階段方面，正好處於一種凶猛好鬥

（有時候甚至相互對立）的掙扎，他們都想要變為與眾不同的個體，也同時想要在同儕之間找尋他們的地位。如果我們依據這套課程發展人員的觀點來分析，這些學生可以從這樣的一套課程學到最多的內涵，這樣的課程需要「提出不同觀點的問題，相互競爭的事實，也需要了解學習的動機，和考慮他們自己本身和其他人的意圖和能力之間的異同」。[7] 與其在教導一群多元族群的青少年學生時，尷尬的避開這種無法避免的衝突，倒不如協助他們釐清他們本身的信念和價值觀，老師甚至還可以鼓勵學生將複雜的觀點與衝突當作激發他們個人成長與經歷社會變遷時的一種潛在機會。

我刻意挑選在梅德佳‧埃佛這所小學觀察「面對歷史與我們自己」這個統整的教學，確實是有特殊的原因的——這些原因在我個人詮釋這套課程時毫無疑問的在我的腦海當中不斷的盤旋著，所以值得我在這裡稍微討論這些原因。首先，或許也是最重要的原因，就是我個人就是一個支持這個教學計畫目標的人。在教學的歷程當中，想要嘗試培養學生在道德與社會兩方面的責任感是相當艱難的任務，不僅是因為這個教學素材本身無可避免的會討論到學生會面臨到的衝突本質，也因為許多類似的教學計畫，都已經準備要面對學生學習這些教學計畫在正式推動時可能會發生的各種突發狀況——當然包含了「面對歷史與我們自己」。不過我仍然認為這樣的教學計畫是目前這個社會急切需要的教案吧！

同時我也發現「面對歷史與我們自己」這個教學計畫有一項令人注目的訴求，希望使用歷史的題材來引導多元族群的學生，將他們所經歷的生活與學習的內涵作某種程度的近距離接觸，看看是否能夠有效的促動都會型學校的學生在學習動機上有更強烈的學習企圖。為了這樣的原因，我在過去幾年的時光當中，早就已經在許多都會型的學校觀察過這個教學計畫，同時一邊完成我的博士論文，也同時擔任「面對歷史與我們自己」這個教案研發團隊的研究顧問。[8] 我個人與「面對歷史與我們自己」這個教學計畫的專業合作夥伴關係，強化了我對這個計畫的深度理解，這樣的密切關係，當然也警惕我必須真實的走入教室，以一種批判的眼光來觀察在教室真實推動這個教學計

畫時的狀況。

因此，在梅德佳・埃佛小學進行觀察的時候，我每一天都在教室進行長時間的觀察，整整經歷了十一個星期的時間才完成整體的觀察。我希望自己能夠了解學生和老師到底是如何詮釋這套課程所提出來的各項議題，並且也了解到他們對於這套課程的詮釋將會在整個學期當中有何種轉變，更需要隨時準備在學習這些素材的時候，可能在教室參與學習的師生本身就產生一些衝突。我打算仔細的說明這些衝突在真實的教室裡面到底是如何化解的。

為了要完成上面所提到的這些目的，我認為自己有必要盡可能的了解參與這項教學計畫的學生、他們的老師，以及圍繞著教室氛圍的學校文化。我需要讓教室裡面的每一個人都可以自由的和我交談，所以我必須要讓他們都認識我，更需要讓他們可以信賴我存在於教室裡面不會傷害到他們的學習。這樣的訴求就需要使用一種質性的研究，以描述的文字，解說教室裡的現象學，以及我個人靠近研究對象時，也要了解因為我的參與可能影響他們的表達。在這些研究的對象當中，包含了參與／觀察的紀錄，在教室裡的參與觀察與下課後的紀錄整理，以及我和學生或他們的老師進行冗長的訪談，也要針對學生的書寫報告進行持續的檢視和審查的工作等等。

我和我所觀察的老師，以及他的學生之間的關係是開放的，也有一些亦師亦友的關係。在整個學期的觀察歷程當中，我受邀參與這間教室的師生所舉辦的（猶太教）成年儀式（bar mitzvah）、襪子舞表演、中提琴的獨奏會、足球比賽等等活動，並且在學年度結束的時候，我從一位學生那裡收到一封邀請我一起到外面餐廳享用午餐的邀約。由於我的目的是要認識教室裡的每一個參與者，也要讓他們有機會認識我這個出現在他們教室裡的外人，所以我從來都不曾嘗試以冷漠的態度對待他們，或者和他們保持一個距離的方式來研究他們，或者讓他們覺得我只是一個「客觀」的觀察者的身分而已。在大多數的情況下，雖然我盡可能不要太主動的參與教室裡的討論，我仍然以一種搭配學校「開放」式的氛圍的方式和教室裡的師生互動。至於我在教室裡面持續的紀錄對於每一個教室裡的參與者也都是顯而易見的，絕對

不會躲躲藏藏的進行教室觀察的紀錄（實際上，有些學生經常取笑我快手快腳記錄教室發生的事件的這個事實），如果當他們的老師或學生走過來問我任何問題時，我也會盡可能給他們滿意的答案。我也經常詢問學生籃球比賽的結果，當然更常聽到他們告訴我籃球比賽的趣聞；除了籃球以外，還有舞蹈、照顧嬰兒的趣聞、約會的糗事等等也都包含在我與學生之間的雙向互動裡。當然，學生也會問我關於我的職業和性向等問題：包含了我是一位老師的身分；也是一位行動主義者；而且在觀察他們教室的時刻，我也是一位研究生的身分；而且更重要的是我正在寫一本關於他們上課的書籍。

我識別出我在教室裡的行為舉止，以及我在「面對歷史與我們自己」的教學計畫所處的關係，並不是說我這個研究者帶入研究場域的「偏見」可以讓我的觀察獲得任何正當的合理性——就像是有一種完全中立的位置可以和研究對象脫離關係，或者是說我可以達到某個特定的身分地位。我認為每一位研究者在他們的研究歷程當中，和他們的研究對象都有某種程度的關聯性；所以我強調讀者應該有權利了解我在這整個研究過程中所扮演的角色，這樣等到他們開始閱讀這篇文章的時候，才更能夠了解教室裡面的真相，也才能夠一邊閱讀這篇文章，一邊和我產生共鳴。

＊＊＊

這是一個五月的日子，天氣相當悶熱。瑪利沙那一班七／八年級混在一起的二十三位學生，坐在教室裡面，用筆記本當作扇子一般的想要在這個悶熱的天氣獲得一點點涼快的機會。火燙的陽光在接近中午時分，穿過教室另一邊的窗戶，幾乎要將整間教室當作蒸籠一樣的悶煮一番。在這二十三位學生當中，有十二位女同學，十一位男生。不過如果就學生的種族來分析，那麼我們看到六位非洲裔的美國學生，四位來自亞洲的學生，十三位白人學生；在白人學生當中有一位拉丁美洲來的後裔。為了要照顧她最近因為運動所引起的傷害，傑斯一拐一跛的走到她的座位，她身上穿著海軍藍的短褲，以及一件有密西根大學字樣的T恤。阿比則穿著一件讓人感受夏天來到的亮

眼藍綠色襯衫，還有配套的襪子，以及一件白色鬆緊褲。她肩膀上散披著她那金黃色的頭髮，只用了一個簡單的髮夾輕鬆的夾著滿頭的長髮，而她身上的衣服仍然是那麼的寬鬆，就像是只將衣服披掛在脖子上而已。而姍卓拉所穿的衣服和她的髮型則幾乎是一模一樣的。亞倫和喬史則在誇耀他們兩人頭頂上接近龐克的髮型。亞倫在他的左耳戴了一副耳環。奇厚這位來自亞洲的男孩還是相當拘謹的穿著棉質的衣服，整齊的整燙過，而且從領口到袖口的扣子都緊緊的扣住，而且他還會時常將厚重的黑框眼鏡拿下來，偶爾擦拭一下額頭上不斷冒出來的汗水。最後就是佳磨和阿密力了，他們兩人都穿著超大尺寸的 T 恤，以及寬鬆而下垂的棉質褲子。

當然介紹了學生的多元化之後，也要介紹一下老師。他們的老師——瑪利沙在她堆滿東西的桌上企圖找尋一些東西。我可以這麼形容這位老師，她是一位帥氣的拉丁美洲後裔，將近五十歲的年齡，她的風格是比較不拘謹、也不會想要做些不必要的矯飾：她穿著一件寬鬆的淺色卡其褲，以及一件紅色棉質的襯衫，鬆鬆垮垮的，臉上也沒有化妝過的樣子。她那頭長髮，以悠閒的方式綁成長條的辮子，間雜著一些白頭髮隱約看得出來。

這個「面對歷史與我們自己」的教學計畫已經進行了十一個星期，也是倒數第二個星期。目前課堂上正在運用學生對於大屠殺的理解，當作一面鏡子，讓他們可以更貼近的來分析他們生活周遭所關心的議題，瑪利沙將學習的焦點集中在最近這些年來的政治問題上的討論，以便能夠有機會凸顯學生的社會和政治上的責任。以這種方式來結束這個學習的單元，是和「面對歷史與我們自己」的教師手冊最後一章所提出來的概念是相互呼應的：

這個課程必須提供機會讓可以探索在他們生活上實際運用自由的可能性，而這樣的運用是他們從這個教學計畫曾經學習到的內涵，讓他們經常必須和一些具有爭議性的，複雜的議題進行困難的掙扎……這個歷史的教學計畫教導學生認識一件血淋淋的真相，那就是除了我們自己以外，沒有任何人可以幫忙我們去面對恐怖行動，或是幫我們化解種族主

義所帶來的枷鎖和痛苦，也不會有人願意幫我們對抗冷漠無情，或是幫我們創造公正的法律並且強化法律的訴求，最終獲得和平的結果……我們只有依賴自己的奮鬥和努力才能夠爭取這樣的待遇。我們認為參與一項困難、爭議性的議題的決策，將可以協助我們去傾聽不同的意見，從報導上將事實與觀點作釐清的工作，真實的面對情緒和推理、協商，以及解決問題等等事項的學習。9

瑪利沙在這間令人不舒服的悶熱教室裡遊走著，並且一邊發放這一周的教學大綱給學生。在這一章教學大綱上面清晰的條列了接下來五天當中的指定閱讀與回家作業的項目，不過這張大綱最令人注目的，就是它採用一位激進派社區組織領導者，Saul Alinsky 的名言，這也是這一周討論主題非常有關聯的引導語：「改變意味著變遷，變遷意味著摩擦，摩擦意味著激動，激動意味著爭議（Change means movement, movement means friction, friction means heat, and heat means controversy。譯者註：這段話相當重要，所以將原文也呈現出來，以免因為譯者的能力不足而耽誤讀者的權益）。唯一沒有任何摩擦的地方就是外太空，或是一場針對政治活動的研討會。」

雖然這段話原先是針對整個世界的政治衝突所提出來的評論，不過 Alinsky 的評論也同樣可以用來說明教室所發生的各種動態。在未來的幾天當中，學生將觀賞一些挑撥性的紀錄影片，是關於那些持有相同政治信念的個人和組織所持有的爭議性話題和觀點。這些影片（以及配套的指定閱讀）主要的目的是要讓學生有深刻的印象，明瞭釐清自己的政治信念是非常重要的舉動，也要協助學生明瞭一些複雜的問題，就是在一個民主與多元的社會裡，我們到底應該要如何操作各個不同政治團體所引發的衝突事件才是最佳的策略等等。在討論這些影片的片段時，教室裡面不同的政治觀點將會被提出來討論，而且這個課程裡所提到的兩難困境，也將從教室裡面的動態獲得應有的反應。

從我的觀點來看，這些教室裡的群體動態揭露出緊繃的壓力，那是存在

於老師、學生與教材（面對歷史與我們自己）本身之間相互衝突的價值觀和
意識型態所造成的，同時這也說明了這些衝突所涵蓋的複雜程度，足以催化
這群青少年學子進行批判思考與道德上的多重考量。從某一個觀點來分析，
「面對歷史與我們自己」這樣的教學計畫倡導我們當老師的人應該讓學生發
表他們原先就擁有的多元化觀點，也同時發展學生對於多元觀點的理解，進
一步促進學生因為不同的背景來源而能夠容忍不同群體所帶來的各種多元文
化。在我所觀察的教室裡面，老師在教學實踐上，相當程度的和這套課程的
價值觀維持一定的表現水準，換句話說，老師經常相當主動的邀請不同政治
觀點的學生發表他們的觀點，並且鼓勵他們在聆聽各種不同觀點的時候至少
保持公正、公開的心胸，而不要立即全面否認不同觀點支持者所提出來的觀
點（譯者註：這一點真的相當困難，國內諸多現場 call in 節目，邀請不同黨
派色彩的人，甚至只邀請某一個政黨色彩的來賓，幾乎已經將國內的民眾撕
裂為「非藍即綠」的觀點，或稱為「非友即敵」的衝突立場）。另一方面，
這個教學計畫明確的拒絕道德方面的相對比較，相當程度的譴責那些壓抑或
歧視個人或社會族群的態度與信念。當老師和學生對於他們的感受有不同的
觀點時，緊繃的壓力無可避免的會浮現出來，他們會不知道哪一種信念真的
可以強化或阻礙這套課程所倡導的教學目標。換句話說，這套課程有一個特
殊的地方，就是要挑戰在教室裡面的學習，到底誰才有權利可以決定道德上
「正確」或「錯誤」的標準呢？這樣的決定和一個人本身所擁有的政治信念
是否前後一致呢？而我們該如何處理那些在教室裡面被認為是「錯誤」的信
念呢？如果我們壓抑這些不同的觀點，將會有什麼樣的反彈會冒出來呢？或
者我們可以採用另一個替代方案，讓他們可以自由的發表他們的觀點呢？就
像是最近針對紐約市的「彩虹上的孩子」（Children of the Rainbow）那套課
程的爭議所得到的詮釋，讓我們了解到這樣的問題愈來愈有機會成為國內教
育爭論的主要題目了。

　　毫無疑問的，瑪利沙和她的學生也正在為這類型的問題掙扎當中。如果
我們能夠進一步仔細的檢視他們在這間小小的教室裡面是如何處理這類型問

題——在一個具有彼此信賴的學校社群裡所進行的——那麼或許就可以協助我們的學生了解在這個社會當中，人們是如何協商這類型的問題吧。所以接下來所呈現的是我在這間教室所觀察的一些寫照。這樣的寫照並不是要來評估這位老師在教導「面對歷史與我們自己」的教學計畫是否成功的滿足原先所設定的教學目標，而是希望能夠提供一個分析性的探索來說明當老師企圖教導這樣的教學計畫可能遭遇到的教室動態變化。我這一篇文章一方面當作研究探究的主題，一方面還要符合研究的書寫格式，我了解到社會科學的特性就是要描繪探究的過程，仔細的說明和分析研究情境當中參與的特性、情境與事件，也要分析這些項目彼此間的關係，最後還要了解研究者自己和他或她的研究對象到底保持哪一種的關係。[10]同樣重要的，這樣的描述還要提供一種書寫的方式，讓讀者能夠對於研究現場有一種獨特的體驗，透過這樣的描述可以讓讀者對於整個社會科學的研究場域有一個更大的圖像可以理解。底下的文章就是我依據作家Eudora Welty在另一個情境下所寫的觀點：「如果我們能夠對於一個場景有深入的理解，那我這樣的訓練就會讓我們對於其他場域所發生的情景有更深入的理解」（One place comprehended can make us understand other places better）。[11]

＊＊＊

五月十一日，星期五

「還記得昨天的活動嗎？我們看到什麼呢？」瑪利沙這樣提問問題，主要是針對前一天她的班級觀賞過一部不同政治立場為主題的影片。珊卓拉這樣回答：「那是一個關於一位老師教學的過程，他告訴他的學生大屠殺根本就是子虛烏有的事情，而猶太人就是想要統治這個世界的相關影片。」阿比接著說：「他也告訴他的學生全世界的銀行和財物都受到猶太人所掌握。」「對啊！」亞倫這樣呼應著：「他還認為有一個全球的猶太陰謀組織在那裡規劃所有的陰謀呢。」[12]

學生熱烈的輪流說明他們對於「仇恨裡的課堂」（Lessons in Hate）的觀

點，這是一部一九八〇年代早期的紀錄影片，描述一位受歡迎、具有相當魅力的市長在加拿大的阿爾伯達省的一個小鎮兼任教師的 Jim Keegstra 的紀錄影片；在那裡，Jim 教導學生反猶太的信念已經超過十年的時間。在影片當中，Keegstra 爭辯著說大屠殺根本就是一場愚人節的惡作劇，絕對不能夠將猶太人單獨挑出來討論而已。他同樣認為法國大革命也一樣是一個「全世界猶太陰謀組織」（international Jewish conspiracy）所創造的一項產物；而且他也認為那位射殺林肯總統的殺手，John Wilkes Booth 也是一位猶太人，所以根據這樣的論點，美國的內戰也是由猶太人所引發的。由於 Keegstra 的學生都還相當年輕不懂事，也常因為受到老師的責難而放棄自己原先的觀點，更沒有多少機會可以獲得其他替代的信念或觀點，所以他的學生在毫無批判的條件下，完全吸收他的信念。在偶爾少數幾個個案下，可能在矛盾的情緒下，為了獲得 Keegstra 的分數而不得不採用這些信念當作他們的主要信念。更離譜的應該是 Keegstra 的觀點也被學校的校長和其他教職員默默的承認，甚至是那個小鎮上多數的委員和公民所接受。只有當一位學生的媽媽最後受不了這樣的學習模式而挑戰 Keegstra 的教學時，才顯現出這個教學的問題。當這位媽媽提出挑戰的問題時，她受到整個社區成員的激烈抗議和反對的聲浪。雖然學校教育委員會最後確實解聘了 Keegstra 的教學工作，不過那也是在那個小鎮的成員已經撕裂之後進行相當冗長而且艱辛的奮戰之後才得到的結果。[13]

有關於 Keegstra 的這部紀錄影片提出來的問題值得我們深入探究。那就是一個社區可以容忍它的成員之間相互衝突的信念，卻仍然還可以保有表面上和睦相處的團結力量到哪種程度呢？這部紀錄片展示的是 Keegstra 和反對他的那些人所經歷過的掙扎，它說明了不管我們的信念內涵為何，當我們想要站起來為自己的信念進行辯護是多麼的困難。在瑪利沙的班級整個閱讀過、觀賞，甚至體驗過這個「面對歷史與我們自己」的教學計畫之後，這些學生相當憤怒的表示怎麼會有人想要將大屠殺所帶來的恐怖降低到最小的程度，甚至還想要否認它的存在。由於他們和他們在加拿大的同儕有相當遙遠

的距離，所以這個班級的某些學生輕蔑的毀謗 Keegstra 那些容易馴服和容易受騙的學生：

> 阿比：看起來這些人只是人吃人的一種現象。他們只會將別人生吞活剝的吃下去，故意找一些藉口來仇恨那些他們仇恨的人罷了！他們或許想要找尋一種方式，要將責怪的箭頭轉移到其他人身上，來解釋他們的處境而已。
>
> 瑪利沙：完全正確！哪個生字新詞可以描述那樣的人呢？（許多學生直接大聲喊出「代罪羔羊！」）很好，當你看到一些人在那樣的情境下時，你要如何協助他們呢？你可以怎麼做才能夠轉變他們的信念呢？
>
> 喬許：把他們給殺了不就結了嗎！
>
> 瑪利沙：什麼？把他們給做掉嗎？！
>
> 喬許：是啊！如果他們膽敢這麼說那些事情，而且還膽敢想要發動戰爭或一些什麼事情的，那麼你當然就要想辦法打回去。
>
> 亞倫：不過如果你真的和這些人打了起來，你很可能就會殺掉六百，或甚至七百多人；這樣根本就沒有辦法停止什麼仇恨的。這樣一來只會有愈來愈多的打架！
>
> 瑪利沙：我在這裡真正想要讓你們了解的，就是這樣的問題不單純只發生在過往的歷史上，例如很久很久以前——像是黑暗時期，或是我剛出生的時候。這些議題就在這裡，這個時候也會發生的。而你們就是這些問題的一個部分。你們必須相當熟悉這樣的概念，以免你們在以後被其他人洗腦，或灌輸一些奇怪的事情仍然不知。

在接下來的幾分鐘當中，學生針對他們自己這個多元文化的社區與 Keegstra 所處的學校和城鎮之間的差異做了一些討論。瑪利沙也要求學生去辨認納粹教義與 Keegstra 所教導的課程之間的相似處，就在這個當下，阿比提到「全球猶太陰謀組織」的這個主題。為了要將這個爭論的主題盡可能和學生生活周遭連結起來，瑪利沙建議學生嘗試在底下兩件事情之間做比較：

歷史告訴學生猶太人掌管全球的金融業，另一邊則是目前許多美國人擔心日本人對於美國的經濟有愈來愈大的影響力。奇厚舉起手來發表意見，然後丟出一個燙手的話題：「我個人認為這個世界確實存在一個全球猶太陰謀組織，不過不像他們在這裡所說的那樣子。由於有太多人提到這件事情，所以我認為某種程度而言，它應該是一個存在的實體。」「什麼？你說什麼？」許多學生幾乎同時叫了出來。喬許以一種不敢置信的眼光盯著這位坐在他隔壁的男孩，突然間這位男孩就像是一個陌生人一般。蘇西和傑斯也不可置信的叫了出來。瑪利沙以一種緊張，不過仍然相當沈著穩重的語調回應這樣的情景：「奇厚，你為何這麼認為呢？」奇厚則以一種幾乎讓人聽不清楚的語調這麼回答瑪利沙的問題：「我自己也不太清楚，不過我確實這麼認為。」瑪利沙繼續問：「你不認為說如果真的有一個全球性的猶太陰謀組織，那麼它就應該會想辦法終止大屠殺的行為嗎？」「是的，我這麼認為。」奇厚這樣回覆著：「由於這個組織是近年來才發展出來的。我認為這個組織其實是在一九五〇年代之後才逐漸發展出來的，所以對於大屠殺根本就無能為力。」瑪利沙相當果斷的回答奇厚的觀點：「奇厚，我想我們需要好好坐下來談談！」

接下來這整間教室的每一個角落都有學生彼此間進行一對一的討論，大多數是坐在隔壁的學生之間的討論，讓整間教室像極了菜市場一樣的熱鬧。阿比高舉著她的手（慎重的，或不想要太慎重的），讓原先討論的熱度再提升好幾度。她說：「我反對有些人對於以色列的作為，例如，以色列的建國，我也反對殺害巴勒斯坦的民眾和每一件相關的事情。不過那和全球猶太陰謀組織是截然不同的事情。」「嘿！你到底在說些什麼呢？」喬許憤怒的呼喊著。「我們根本就沒有討論到那件事情啊！」珊卓拉批判式的接著說道：「阿比，你現在到底在反對什麼呢？」阿比回答道：「我個人反對這個國家的建立。」瑪利沙以一種懷疑而且有點挖苦的方式問著：「聯合國都已經投票表決了呢？」阿比繼續說著：「我不是說那件事啦，我是說因為那件事情而讓巴勒斯坦的民眾所受的苦難。Elie Wiesel 和許多相關的人都牽涉在

裡面，成千上萬的巴勒斯坦民眾都被殘殺了，至少也被迫離開他們長久以來所居住的家園。這不就像極了大屠殺本身的荒謬嗎？」

突然間，指責的箭頭都從四面齊發，看起來每一個人都在對著阿比叫囂著，而奇厚稍早所提到的觀點則被拋到一旁去了。阿比還是相當自信滿滿的對自己的觀點有十足的把握。雖然她所使用的文字還是相當強烈，而且她所提出來的訴求也沒有依據，不過她沈重的坐回到位置上，愈來愈沈重的心情受到她的同學不斷的攻擊。她敲打我一下，那種感覺就知道她一方面相當害怕，也想要挑戰其他同學的觀點。這時候，喬許在不熟悉歷史典故的情況下，為以色列這個國家作了一些辯護。

喬許：在八日戰爭的時候，他們受到攻擊！

阿比：我知道啊！不過我認為殺害其他國家的人民來建立一個新的國家還是錯誤的策略！

喬許：那不正是我們這個國家建國的方式嗎？！

阿比：所以呢？我還是強烈反對這樣的方式建國！我不認為這是正確的方式！

珊卓拉（從她臉上的表情知道她愈來愈憤怒了）：好吧，那麼你倒是說說看，你認為正確的應該要怎麼做呢？你相信的到底是哪些事情呢？
（阿里森和蘇西兩個人都相當明顯的點頭贊成珊卓拉的觀點）

阿比（感覺到事態嚴重了）：我相信應該由人民來決定一切，應該由人民來掌控這些事情。

瑪利沙：不過你到底該如何決定哪些人民才可以有掌握權利決定的主控權呢，阿比？在我們所觀賞的影片當中，那位加拿大的老師認為他應該掌握這樣的決定，就因為他覺得他的想法和觀點是正確的。所以老師真的很想了解你到底該如何決定誰才有權利決定哪些人可以發言，哪些人沒有權利發言呢？

　　這班學生在接下來的幾分鐘都在討論言論自由的難題。雖然瑪利沙已經（或許相當不自然的轉折吧）將討論的主題移轉開來，從一個愛爭論、個人化的爭論轉移開來，不過這間教室裡面的討論氛圍仍然相當緊張激烈。

　　那一天我就想辦法和阿比約好，要在稍後的時間進行我和她之間的個別訪談。當學生準備好要去餐廳吃午餐的時候，我看到阿比相當難為情的收拾她的書本，看起來還相當有信心，不過卻因為被班上同學孤立而覺得相當不舒服的樣子。我叫喊她的名字，建議我可以和她在我們訪談的時間討論她所提出來的觀點，當然這要看她是否認為這樣的主題是令她感到有興趣的主題。她欣然的笑了起來，愉悅的接受我的邀約。

　　珊卓拉、阿里森與安傑拉都注意到我的提議，所以也都在他們要離開教室的時候走過來和我談話。「你看看，我不太清楚猶太教的宗教信仰，或是任何宗教信仰，真的，我對於宗教都相當不了解。」珊卓拉這麼說：「不過我記得很清楚，在聖經上面清楚的提到這塊土地原先是猶太人的土地，所以或許那就是為何他們想要擁有那塊土地的原因吧？或者說，為何猶太人不乾脆一點想辦法到其他國家去呢？」

　　我嘗試以我所了解的來回答他們的問題，解釋讓他們知道其實猶太人、基督教徒與回教徒都生活在這塊土地上面，而且在歷史上不同的時代都宣稱他們對於這塊土地的擁有權。「不過聖經上不是說猶太人是第一個來到這塊土地的人們嗎？」安傑拉這麼頂回我的回覆：「而且是當猶太人遷往埃及的時候，回教徒才來到這塊土地的，不是嗎？」當我嘗試讓這些學生了解到每一個不同的族群對於這塊土地都曾經擁有合法的地位時，我提到他們也可以透過目前這個世界是如何透過政治的解決方案來回答這類型的問題的。我將我自己本身視為一個比較貼近參與者／觀察者的身分，而不是學童多元觀點的仲裁者，我拒絕選邊站，即使這群女孩想盡辦法希望我能夠幫助他們仲裁這樣的問題。這三位女孩接著就朝午餐的方向前進，已經沒有原先那麼氣憤了，不過我仍然看得出來他們還是相當疑惑著剛發生的事件。

　　喬許在離開教室之前，因為阿比和奇厚所提出來的觀點而感到心煩意

燥。在下課之後,他幾乎和瑪利沙老師談了將近一個小時的時間,悍然的拒絕再繼續坐在奇厚的隔壁,所以要求瑪利沙老師更換他的座位。為了要搭配課程原先設計的目的,也就是要培養學生能夠傾聽不同觀點的能力,瑪利沙老師稍後這麼告訴我:

> 我嘗試向喬許解釋奇厚其實還是他原來認識的那個人,即使他做了那個特殊的觀點說明,他還是原來的他。我告訴喬許當我們遇到一個困難的問題,最好的方式並不是悍然的拒絕和某些人講話,而是反過來,盡量和對方聊天,看看能不能夠找出一些方式,協助別人改變他們的信念。

不過,「在一起聊天」似乎並不是想像中的容易,也不見得每一次都能夠達成目的。就像是 Alinsky 的評論一樣,由阿比和奇厚所製造出來的「摩擦」似乎在這一整間教室裡面產生了一種回流(許多學生憤怒的對著阿比和奇厚叫囂著);也存在於學生和他們的老師之間(瑪利沙老師相當明確的表達了她對於那兩位學生觀點的反對意見);以及或許是最令人心酸的,就是在學生個人的人際關係的困境(在喬許和奇厚,以及阿比和珊卓拉之間的朋友關係似乎降到了冰點以下)。

　　瑪利沙老師離開教室的時候,就像是她的學生一樣的感到苦惱,而且她似乎也不太清楚接下來該怎麼接下去。實際上,她的困惑可以從她在教室裡面處理這件事情時的態度和方式看得出一些徵兆。不過,幸好在遭遇到她感到厭惡,甚至危險的觀點時,她仍然鼓勵學生繼續保持開放的心胸,獨立的思考,並且要能夠尊重不同的意見等等。她甚至讓阿比和奇厚參與一項批判的爭辯,要求他們釐清自己的思考,並為他們爭議性的觀點進行辯護的工作。然而,就在同一時間,瑪利沙老師在潛意識的驅動下,也損傷了這兩位學生的觀點。當她公開的在全班面前表達她對於阿比和奇厚的觀點也持反對的意見時,她同時也運用了她當作「老師」與生俱來的權威(也就是那位具有權力可以指定學生座位順序,指定回家作業,以及成績等第等等事項的人)來決定,而不是以老師的身分進一步探詢學生的觀點。當我們了解到老

師和學生在教室裡面所具有的權力對等關係時，那麼我們就應該了解到存在於它們之間的關鍵性爭辯其實扮演不均等重量的重要性。

例如，瑪利沙老師在全班同學面前，挑戰奇厚的論點，然後嘗試想要將他們兩人從教室裡面的公開範疇轉移開來。「奇厚，我想我們需要多聊聊。」當她僅僅在聽到一小段師生對話之後，就說出這樣的觀點，顯然是想要將她與奇厚之間不一樣的觀點從一個不同觀點的同等地位，轉移到私人的範疇，似乎也向全班學生建議著她將會將班上討論的氛圍調回到原先的一致性。幾分鐘之後，當許多學生對著阿比叫囂的時候，瑪利沙選擇了不要去介入學生之間不同觀點的對立，而她自己對於阿比的問題看起來也顯得相當滑稽。最後，她終究還是將班級的討論從中東地區的對立轉移開來，轉到一個攸關言論自由，卻還沒有完全解決的爭辯當中。

顯然，瑪利沙老師對於教室裡面所產生的爭辯以及連帶的感受有一種無力勝任的感覺，所以她充分利用她的學校就在「面對歷史與我們自己」的教學計畫辦公室鄰近的這項優勢，打電話給辦公室，尋求專業的夥伴，史帝夫·寇亨的協助，並且提到在教室裡面由阿比與奇厚所形成的對立情形。雖然我相信瑪利沙的這項作為是充分利用她手邊所擁有的社會資源，不過我也懷疑她是否想要讓史帝夫到她的班級去鎮壓反對的意見，當然最終的目的就是要將教室裡面的討論回復到原先那種全班一致的觀點。史帝夫在幾天之後來到瑪利沙的班級，他是一位頭髮微禿，穿著斜紋褲與網球鞋的男人，屬於那種瘦乾巴卻還相當結實的男人。

五月十四日，星期一

「為何希特勒會特別想要針對猶太人來開刀呢？」史帝夫在這一天早上遭遇到這個複雜議程時，提出這樣的問題來當作他今天的開場白。亞倫回答著說：「他說因為猶太人掌管了和金錢有關聯的每一件事情。」傑斯在亞倫之後繼續說著：「他說猶太人就是那些將德國的經濟搞得一塌糊塗的那群人。」「所以呢？為何德國的民眾要相信希特勒的觀點呢？」史帝夫繼續問。阿比說：「就像是那句相當著名的引述一樣，『如果你講一個很大的謊

話，講久了，人們就會開始相信你的謊言。』」史帝夫再繼續追問：「從你們自己的生活經驗來看，那是不是真實的呢？」「嗯，我倒是一個從來不想要跟從別人意見的人，」阿比這樣回覆著：「不過呢，如果你聽到一件事情聽久了，它就會影響你的生活……然後你就會某種程度的遺忘了你原先所堅持的生活原則吧！」

史帝夫在教室裡面活躍的走來走去，他在學生的課桌椅之間遊走著，並且以一種充滿活力的方式很快的提出問題和回覆學生的觀點，甚至會讓人感受到他充滿興奮的語調讓整間教室的師生互動充滿了活力。他將焦點集中在每一位正在和他互動的學生身上，並且能夠直接叫出學生的姓名，他讓這個班級的學生參與一項討論的氛圍，讓學生了解到當你「遺忘了你自己的原則」，以及「無法再思考」的時候，就非常有可能讓情緒和刻板印象占領你的思考，帶領你走到你原先沒有要去經歷的方向。「現在我要你們好好的想一想，刻板印象和宣傳活動到底是如何運作的，」史帝夫解釋著說：「就像你們所知道的，希特勒並沒有發明任何新的東西。在希特勒之前，那個國家裡面早就已經有許多對猶太人的敵意。」他接著舉出底下的例子說明希特勒策動納粹主義的策略：

在一八九〇年代，有一本書問世了，它的書名叫做……《資深猶太人的協議書》（*Protocols of the Elders of Zion*）（史帝夫一邊將這本書的書名寫在黑板上面，學生也將這本書的書名抄在他們的日誌上）。這本書是在一八九〇年出現在俄羅斯的。這本書上寫著，有一個全球性的猶太組織，組織的人們會在布拉格的一個猶太公墓聚集，而且是在夜晚的時間，他們通常會規劃這個世界上即將發生的每一件事情（喬許輕輕的戳了奇厚一下，似乎暗示著要他仔細的聆聽史帝夫接下來要講的話）。這本書在一九一九年又在英國重新再版一次。接著在一九二〇年代在美國境內也再版問世——而且是在 Henry Ford 所擁有的一家報社出版的，那時候 Henry Ford 是這個國家最有權勢的少數幾個人當中的一位。在英

國，這本書也是在最重要的報紙問世的——倫敦的泰晤士報。在這本書裡面最有趣的事情就是——那根本就是一場騙局！書上寫的東西根本就是一堆胡說八道！那是杜撰出來的一本書（喬許再一次戳了一下奇厚，並且和奇厚講一些悄悄話，奇厚有點難為情的笑了一下）！那麼我們到底怎麼知道這是一本杜撰出來的書本呢？其實在一八九○年代的時候，這本書是由蘇聯的警察單位成員所寫出來的。（史帝夫匆忙的在黑板上寫著一八九○年——蘇聯警察局）。那麼你是怎麼知道的呢？嗯，真的不賴，因為這本書根本就是從一本在一八六四年在法國出版的書拷貝出來的（史帝夫的聲音因為興奮而有點破掉的感覺），那本書原來並沒有要責怪猶太人，不過書上寫著在當時的法國統治者，拿破崙三世，嘗試著要統治全世界（他在黑板上寫了拿破崙，一八六四年）。在這本書每一次出現拿破崙的地方（史帝夫指著他所提到的那本原著），就會出現猶太這樣的字眼（他指著書上寫著「資深猶太人」的那幾個字眼）。好好針對這樣的文章想一想！一本一八六四年在法國出版的書籍其實是另外一本一八九○年在蘇聯問世的書籍的原著。英國人拷貝蘇聯的那一本。而美國的那一本則是從英國那一本來的。偏偏整本書都是杜撰出來的！那完全就是一場騙局！裡面報導的都不是真實的事情！那根本就是一堆謊言堆砌在一起！偏偏我們看到成千上萬的人相信這本書（中斷一下子）。為什麼會這樣呢？

蘇西：因為沒有任何人告訴他們不同的觀點。

亞倫：因為他們認為那是由一個對這件事情有深度了解的人所寫出來的書籍！

喬許：有許多人在遇到不順遂的事情的時候，就會將指責的箭頭指向別人，為自己的無能找藉口。

奇厚：這樣一來，你就不必為別人所遭受到的苦難擔負起任何責任。

「賓果！完全正確！」史帝夫大聲喊了出來。「有許多事情真的是我們

無法掌控的。這樣的一個想法告訴我們——即使是一個令你痛恨的人，一定有人可以掌控正在進行的事情的。總會有人對於正在進行、發生的事情有權力可以掌握。所以即使事情發生的過程讓你覺得很爛，或許你可以這麼說，如果不是這些誣賴，那麼事情就不會這麼糟糕了。讓我秀給你們看在真實生活裡，這樣的事情可以怎樣的發展下去好了！這應該需要五個小時的時間才得以完成，不過我會在三分鐘裡面做完這件事情的。你們準備好了嗎？」學生點頭表示他們已經準備好了。

在接下來的幾分鐘當中，史帝夫清晰明確的告訴學生在二十世紀初期發生的一件聲名狼籍的事件，這是關於一位在法國陸軍擔任軍職的猶太裔軍官，Alfred Dreyfus的事件。他被人控告洩漏軍事機密給德國人，所以被判處了兩項罪名，最後被關禁在著名的惡魔島（Devil's Island）上面度過餘生。「許多人會說，『Dreyfus怎麼可能一個人單獨做這些事情呢？』所以別人就會接著說到：『啊哈！當然他不會單獨一個人執行這些事情！他只是許多共犯當中的一個而已！』」（史帝夫再一次在黑板上面指著「資深猶太人」那幾個字）。

阿比問著：「這件事情是不是就是所謂的全球猶太陰謀組織呢？」史帝夫解釋著說：「在法國，他們稱他為『辛德凱』（Syndicat）。而且他們通常就將它稱為『全球猶太陰謀組織』在這一類型的構想當中，有一個相當具有影響力的背後力量在運作著。為何人們總是非常樂意相信猶太人會做這樣的事情呢？如果被指責的人是一群天主教的教徒……那麼人們還是會那麼輕易的相信這樣的想法嗎？這樣的想法在歐洲會很盛行嗎？」「不會的！」珊卓拉這樣回覆著：「在歐洲有許多天主教的教徒，所以與其要指責天主教的教徒，困難度當然就沒有像從一堆人當中挑出猶太人那麼容易了。」阿比打斷珊卓拉的話，插嘴說到：「你所相信的事情也會因為你是在哪一種家庭成長而有不同的想法，不是嗎？」史帝夫同意她的觀點，並且將這個全球猶太陰謀組織的諷刺性議題帶到一個結尾的地方，主要是透過這套課程特別強調學生和老師需要具備批判思考能力的課程觀點。「有一件事情是你必須自己去

決定的，那就是你要去相信別人所講的話，或者是你想要嘗試透過自己的批判思考能力，對於別人所講的話整理出一些頭緒來。」

奇厚在這整個討論的過程當中保持非常安靜的態度。不過一般而言，在教室裡面，他就是一個安靜的學生，所以今天的行為並不會顯得特殊。然而，今天的演講，其實是要回應他前幾天所提出來的言論，所以今天的討論應該會看到他參與當中才比較貼切。不過在今天的課程當中，除了喬許輕輕的戳了一下奇厚的短袖襯衫，並且小聲的和他交談，讓我們了解到他明白今天的課程與前幾天的課程之間的連結以外，其他的學生只會鬼鬼祟祟的看著奇厚的位置。奇厚看起來好像是故意要忽略同學對他特殊的眼光似的。雖然他看起來有在專心聽課，而且整堂課都認真的將史帝夫抄寫在黑板上面的資料都抄寫在自己的學習日誌上面，不過他好像相當微妙的將今天的討論主題的焦點從自己的身上轉移開來了（譯者註：這似乎是亞洲裔學生在學校的一種潛在學習。當大家的眼光都集中在某位學生的時候，亞洲裔的學生就是會假裝認真的抄寫筆記，盡可能讓他人誤以為他們專心在抄寫筆記，而忘了某個當下大家的焦點其實就在那位學生的身上）。

不過當教室裡的討論轉移到第二個焦點的時候，也就是針對阿比前幾天所提出來的議題進行討論時，阿比的反應就和奇厚有十萬八千里的不同了。史帝夫在班上展示第一次世界大戰前後的地圖版圖變化，特別是在奧圖曼帝國（Ottoman Empire）瓦解之後的世界地圖的變化。他指著地圖上中東地區的位置，然後說：「在這個地區住著白種人、黑種人，以及黃種人。這裡幾乎就是一個完整的彩虹聯盟！充滿了各形各色的人種！在第一次世界大戰之後，逐漸浮現出一個重要的問題——這些地區的民眾是否有能力可以統治他們自己呢？而大戰的獲勝一方，也就是法國、英國及美國就這麼說著：『不可能！』這群第一次世界大戰的獲勝國家為這個地區的人民提供獨立自主的訓練，而戰勝國就是這些獨立自主訓練的訓練員！這些人就逐漸成為這些在第一次世界大戰之後才獨立的國家的主人。所以我們可以說，這都是政治運作下的產物！好啦，我要問你們，在訓練其他國家民眾獨立自主時可能遭遇

到哪一些類型的問題呢？」

「他們必須確認新的版圖疆域不會讓民眾抓狂，簡單的說就是他們不想要啟動另外一場戰爭。」亞倫經過思考以後這樣回答這個問題。諾拉點頭並且跟在亞倫之後補充說：「他們需要讓民眾和一些具有相同血緣的人聚在一起，這樣他們才會心滿意足，」這時候史帝夫將他的手指頭在地圖上繞了幾乎一整張地圖的大小，說明約旦河沿岸到一九四八年之前都是由獲勝的英國所統治著。「不過誰住在這裡呢？」他簡單的提問，手指頭指出巴勒斯坦地區。「巴勒斯坦人。」阿比這樣回答著。史帝夫繼續提問著：「他們是誰呢？他們的宗教信仰又是什麼呢？」「他們是阿拉伯人。」阿比就這樣回答史帝夫的這個問題。「他們有回教徒、猶太教徒、基督教徒等等。」史帝夫更正阿比的回答。「其實當我們說某人是『巴勒斯坦人』，只是說他們居住在巴勒斯坦這個地區而已。而且他們都生活在英國的統治殖民之下。」

在接下來的幾分鐘當中，史帝夫協助這個班級回顧一些在第二次世界大戰前後兩三年發生在猶太人的事件。喬許還記得猶太人當時想要從歐洲離開，不過卻沒有可以定居的地區。安傑拉則認為猶太人和巴勒斯坦地區有某種「宗教信仰的牽線」，所以會轉往巴勒斯坦地區移民。諾拉則提出，當猶太人想要回到他們原先居住的地區時，由於當地早就被鄰近的其他民族所占領而幾乎無法回到原先居住的地方。瑞克補充說到猶太人原先占有的領土和財產也都被別人占有了。

「許多猶太人在大戰之後的兩年到三年之間都居住在拘留營裡面，」史帝夫解釋著說：「在巴勒斯坦地區的猶太人希望歐洲的猶太人搬遷到那裡，不過阿拉伯人和基督教徒並不想要讓他們進行這樣的搬遷工作。英國對於巴勒斯坦有主控權，它們也不想要讓猶太人做這樣的決定。因為英國沒有辦法解決這樣的問題，它就將這個問題拋給聯合國去處理，而聯合國的功能就是一個國際政府，有來自於世界各國的代表參與這個國際組織。對於聯合國這個組織而言這是一個重要的關鍵時刻！所以在一九四七年，聯合國投票表決要將巴勒斯坦進行切割手術，一邊是猶太人的國家，一邊是非猶太人的國

家。」

「這是不是就是那個八日戰爭發生的時間點呢？」喬許這時候插嘴問著，似乎對於他前幾天所提出來的評論有所覺醒。「不是的！」史帝夫這樣回答：「那場戰役發生的時間還要往後一點。」諾拉說：「聯合國是不是就是由全世界每一個國家派代表參加的一個組織呢，是嗎？」果真如此，那麼巴勒斯坦的代表在那一場表決會場上做了哪些事情呢？」史帝夫也感受到學生熱誠的學習態度，有著一股支持學生繼續學習的熱誠和感動，他接著說：「那真是一個太好的問題了！不過那時候沒有巴勒斯坦的代表，由於巴勒斯坦還在英國統治之下，還記得剛剛講過的這項事實嗎？」「好啦，」諾拉繼續問：「那麼大多數的非猶太裔的巴勒斯坦居民是否同意這樣的表決呢？」史帝夫回應他的問題：「當然不可能同意啦！大多數的民眾非常的不高興。所以在一九四八年發生了那一場戰役——如果和第一次世界大戰與第二次世界大戰相比，這一次戰爭的規模小多了。在那一場戰役當中，居住在巴勒斯坦的猶太人想盡辦法要獲得生存下去的幾會，不過非猶太裔的這一區卻受到控制——不是被以色列所控制，而是被「約旦河」沿岸的人所制約……猶太人的這一區塊就變成了以色列，而非猶太人的那一區就變成了約旦和埃及。」

阿比對於史帝夫所提出來的歷史觀點感到相當挫折。她打斷史帝夫的話，並且以一種非常大聲，且激怒的語調說著：「不過在猶太人與非猶太人之間有許多的暴力事件發生！有許多人被殘殺了！許多人被迫遷離他們的家園。那種景象簡直就是大屠殺的翻版而已！」史帝夫對於阿比所提出來的觀點所涵蓋的複雜程度做了相當程度的認同，不過在舉例反駁上還是以相當堅定的信念進行接下來的活動。他以一種冷靜，不過還是相當具有權威的語調這麼說著：「這可不盡然完全真實；你提出來的某一部分是真實的，不過它非常的複雜。確實在廣播裡面告訴民眾要離開他們的家園，不過許多人想要離開家園的主要原因是因為他們想要遠離戰爭的威脅和陰影。當以色列政府搬進來時，它們根本就不知道該如何處理阿拉伯人所屬的那一區塊。遠離家

園的那些人也確實搬進了許多營區長久居住下來，不過那是約旦人的選擇，不是以色列人強迫他們這樣選擇的。」

阿比反對這樣的觀點，提出反駁的論點：「不過他們根本就不應該離開他們的家園的！」「他們選擇離開家園的，」史帝夫還是這樣回答著：「對於這些遠離家園的民眾，以及失去他們家園的民眾而言，目前確實還有許多爭議的問題存在。不過我們比較確定的一件事情，就是斬草除根的滅族政策絕對不是真實推動過的政策……還有一件事情，那就是許多居住在阿拉伯國家的猶太人也喪失了他們的家園。有一件經常發生在戰爭時期的現象，就是在戰爭時期，國際人權根本就完全被忽略了。這樣的現象應該讓我們仔細的考慮國際政府的政策——它們不是斬草除根的滅族政策，不過那些政策也不是讓人民可以快樂的以他們喜歡的方式居住下來的一種政策就是了。阿比還不怎麼感到滿意的說：「不過如果巴勒斯坦人沒有被迫遷離他們的家園……」她這麼開始問。史帝夫插嘴問她：「你是說居住在巴勒斯坦的非猶太人嗎？」順著史帝夫所使用的語言，阿比接著說：「好啦，如果居住在巴勒斯坦的非猶太人沒有被迫遷離他們的家園，為何他們對於沒有自己的土地而感到那麼憤怒呢？」「喔！好的，我了解你的意思了！他們在過去這四十年之間居住在一些營區帳棚裡，當然他們想要回到他們祖先居住的土地！」史帝夫這麼回答著。

多數的學生在這段師生對話時，保持安靜的態度，不過卻非常專注的在聆聽這段對話。珊卓拉坐在阿比附近，不過卻沒有想要給阿比什麼幫助，即使阿比在這段時間頻繁的朝著她的方向，以一種懇求的表情想要向她求助。喬許倒是收斂起一些嘻皮笑臉的情況，看起來好像對於史帝夫能夠掌握阿比而感到高興。在這個當下，他決定參與這項正在進行的熱烈討論：「不過還有另外一場戰爭啊！」史帝夫回答著說：「應該說還有許許多多的戰役發生。阿比所提到的緊繃情況在一九六七年這塊土地被以色列占領之後，更加蓬勃發展。許多人相信人們應該使用土地來交換和平的幾會。當今有許多以色列人所推動的『讓我們和平共處的運動』，就是希望將那些原先屬於巴勒

斯坦的阿拉伯人的領土歸還給居住在巴勒斯坦的阿拉伯人。」

「不過他們還是獲得這些戰爭的勝利！」喬許相當強調的反覆說著。「我在聖殿學到那些知識的！」史帝夫簡短的凸顯目前以色列（猶太人）社會所提出來的許多不同觀點。在區分目前的政策與建立以色列這個國家時的政策時做了相當詳盡的說明。雖然他承認在目前以色列的這個國家裡面也存在著許多相互衝突的觀點，不過在提到建立這個國家時所發生的事件卻沒有讓學生有太多自由遐想的空間（例如，「阿比所提到的緊繃關係在一九六七年這個國家建立之後就更加蓬勃發展了。」他這麼說著，而且他也建議巴勒斯坦人不是被迫「遷離他們的家園」，而是選擇遠離戰爭的威脅和陰影）。雖然史帝夫在說明這個觀點的時候絕不是孤立獨行的（同時也出現在他區分以色列建國時的政策與目前以色列政府的政策），不過他所呈現的觀點也只是一個複雜問題當中所代表的某一種特殊觀點，也只是具有爭議性的歷史爭論當中的一種觀點吧。[14]

史帝夫介入學生的一些觀點也同樣立基於某一個特殊的政治立場。雖然他承認在建立以色列這個國家時，確實有些違背人權的作為，不過他否認那些暴力行為是系統化的規劃策略所得到的結果，或是相關政治人物所提出來的政策。幾分鐘之後，他「修正」了阿比所使用的語文，特別是當他建議阿比在提到阿拉伯人的時候，以「巴勒斯坦非猶太人」來取代——這樣的歸類其實並不是一種保持政治中立的作為，就像是當人們在提到黑人的時候，以「非白人」的方式稱呼，或是稱呼女人為「非男人」之類的有點政治偏見的文字用法。就像是瑪利沙在這間教室稍早所發生的事件一樣，史帝夫在某種程度上也以矛盾的方式來處理這些爭議性的議題，換句話說，一方面他們都想要盡可能引導學生將多元化的觀點拋出來討論，不過另一方面，在面對那些和他們觀點有所不同的學生的觀點時，卻又想要讓學生了解到他們並沒有足夠合法的理論依據進行更進一步的辯駁。

這一堂課就快要結束了，學生也將他們的筆記本合起來，準備將筆記本放進他們的書桌抽屜裡。瑪利沙和史帝夫走向彼此，並且開始在班上同學前

面進行私底下的悄悄話交談；他們在經歷過這個相當艱辛的課程之後，因為沒有爆發太多的爭議話題而感到高興，並且有一點點解除緊張氛圍的感覺。

我們發現瑪利沙和史帝夫都沒有完全超越他們自己本身的政治信念，特別是在詮譯和回應教室課堂內的政治差異，是一件讓我不感到驚奇的事情；我幾乎可以這樣爭辯著，應該沒有人具有這樣的能力可以在課堂短暫時間內超越自己原先的政治立場和信念。這些信念是我們每個人的內在結構的一部分，它們在這些老師內心的運作情況，就像是它們在我觀察到它們實務工作時所做的詮釋一樣，我也會依據我的信念來詮釋他們的作為。可以這麼說吧，我也不可能在走進這間教室的門口時，將我個人的政治信念留在門口那裡；當我在觀察每一堂課的時刻，它們都如影隨形的跟著我，它們根本就是我自己本身的內在嘛！這些政治觀點毫無疑問的也會影響我詮釋教室課堂上的緊繃關係，甚至也會影響我到底是想要如何誘導出學生的觀點，或是想要壓抑學生的觀點的內在運作。身為一位猶太裔的女人，我強烈的想要在以色列與巴勒斯坦人之間的衝突獲得一種和平的解決方案，不過我強烈的反對奇厚的評論，以及阿比那種比較極端的論點，雖然整體而言我也不同意老師在課堂上回應這些學生的方式。

在下課之後，我個別約談奇厚、阿比、喬許和珊卓拉等人，我真的想要了解這些學生參與這項討論時的感受。這些訪談的內容也支持我將這些教室裡面發生的事件以「具有政治的本質」來詮釋的觀點。[15]我在這裡提到「政治」的時候，我的意思是說除了教室裡面辯論的內容主題以外（在這個個案當中，就是多元化的政治觀點在教室裡面表達出來），我也同時指著討論過程師生是如何協商討論的內容的（通常具有爭議的觀點會被那些具有比較大的權威和權力的人所壓抑著）。在這些範例當中，權力在老師和學生之間遊走著，在瑪利沙與史帝夫之間遊走著，當然也在學生群體本身內部遊走著。所以呢，在這些參與人員之間的關係是有階級制度區隔的：他們當中有些人被賦予比較多的權威，可以透過他們的語文來壓抑其他不同的觀點。而且，依據每個人不同的觀點，反對的意見可能被封殺，或是獲得合法的發言權。

在這個討論的過程當中，有些學生覺得他們想要發表意見的意念被權威人士所壓抑著，不過還是有些學生感受到賦權增能的感覺，也能夠感受到老師對他們的特權。

在我們進行訪談的歷程當中，奇厚和阿比表達了不舒服的感受，他們覺得在這個班級裡面，他們的聲音根本就沒有受到應該享有的尊重，甚至覺得他們被同學和老師誤解了。不過珊卓拉和喬許對於前面兩位同學的聲音被壓抑下來的感受則是覺得相當欣喜。奇厚在表達他因為在表達意見的時候被誤解而感到挫折時說到：「（喬許）根本就不願意聽我說下去！……這樣的表現真讓人覺得可怕……我相當失望他會這樣對待我。我真的認為瑪利沙老師根本沒有仔細的聆聽我的意見，而且如果她真的有仔細的聆聽我的意見，她應該就會了解我到底再說些什麼了。」

阿比對於這個課堂的反應則是多面向的，許多不同的感受同時交雜著。剛開始的時候，她承認對於史帝夫所提出來的替代歷史事件的閱讀有一種搞糊塗了的感覺，所以她對於他不舒服（這是她對於他的印象）相當的關心。當我提到在教室裡的討論後半段她的聲音被壓抑（而不是史帝夫的聲音被壓抑）時，阿比這麼說：

「我真的對於他所提到的歷史事件感到相當混淆，由於我以前所閱讀的資料（因為我的父母親有許多這類型的書籍放在家裡），書上所寫的和他所說的真的是天南地北的相差不只千萬里。我的意思是說我不想要在他所提到的事件與我以前所閱讀的事件整理出一些頭緒來，所以我真的就不想要再多發表太多意見了！我不想要和他所提出來的觀點完全相衝突，或許這是因為我不想要讓他感受到不舒服的感覺吧！所以我就盡可能不再發言，讓他一個人唱獨腳戲了。

然而，幾分鐘之後，阿比建議著說到這樣的一種自我檢視的過程其實也不盡然是完全的自願性的。雖然她有點猶豫的採用了史帝夫所提供的專業術語，不過她仍然為自己的觀點進行辯護的工作，並且提到史帝夫可能沒有真

的聽到她的觀點：

> 在整個討論的前後和討論的過程當中，我仔細的思考了幾次，我真的認
> 為他所提出來的觀點才是真正的封閉式的思考模式。我的意思是說，他
> 對我所發表的觀點做了一番思考，不過基本上他認為我所提出來的觀點
> 完全錯誤！……我想要嘗試告訴他的事情都是我從書上看到的資料，是
> 關於（稍微停頓了一下）巴勒斯坦的非猶太人如果與猶太人的處境相比
> 較，是相當受到壓抑的一群，也是一邊倒的政治迫害，那真的是一種非
> 常糟糕的情境呢！不過我發現在某種程度上，他還在讚美這樣的情境，
> 而且想盡辦法想要讓這種一邊受到迫害的情境當作根本就沒有暴力情況
> 發生過似的，不過我知道那種不人道的暴力事件確實發生過！

雖然阿比最後也承認在課堂稍後，她也因應史帝夫所提出來的一些事實
而稍微修正了她原先的思考，不過看起來就可以發現她對於史帝夫沒有相對
應的做到一些修正而感到挫折：

> 我並不是真的認為有百萬人被殺害了，因為我相當清楚的了解到在那個
> 國家裡面根本就沒有那麼多巴勒斯坦的非猶太人存在……他在某一方面
> 是對的，我後來認真的想了一下，那確實不是一件斬草除根的滅族計
> 畫。不過他們真的想要讓那些人遷離那塊土地！不過說真的，原本那是
> 他們自己的家園！而且我真的認為一旦強迫他們遠離自己的家園，就像
> 是納粹對猶太人的作法一樣，他們也被迫居住在一種類似帳棚的地方，
> 在那裡他們就沒有多少人權可言了，偏偏那樣的人權對於大多數人而
> 言，是一種理所當然的人權呢！我同意他的觀點的是認為那不是一種斬
> 草除根的滅族計畫，不過當他稍後提到這樣的作為並沒有和大屠殺一樣
> 的後果時，我就不同意他的觀點了。

相對於此，喬許和珊卓拉對於教室的師生動態都沒有表達一絲絲的不舒
服感，不過當史帝夫讓那些和他們擁有不同觀點的同學消音的時候，他們表

達了相當程度的興奮。珊卓拉相當滿意的說著：「當史帝夫走進教室來，並且告訴阿比『你錯了！』的時候，你知道嗎，那真是一種滑稽的場面。阿比幾乎當場發飆。」喬許也做了類似的註解：「史帝夫，他真是太帥了！他走進教室裡來，並且說阿比所提出來的觀點根本就是胡說八道而已，真是大快人心。」他小聲的告訴我：「不要告訴她喔！不過阿比倒是真會說呢！」喬許在敘述一個愛爭論的班級時覺得相當高興，在這個愛爭論的班級裡面，他自己的信念反應了班上絕大多數同學的意見，而阿比的觀點則被他們同學歸類為邊緣的意見。「每當班上同學都知道我們要幹什麼的時候我就會比較喜歡。」他接著說到史帝夫在稍後的時間也將奇厚帶到那樣的一個情況。

這些片段的摘錄彙集了我對於這個班級教室剛進行的師生動態所做的詮釋，以及學生經歷這個課程所得到的感受。雖然學生在他們個人對於這個教室動態都會有不一樣的感受，不過他們和我共同都有一種信念，認為瑪利沙老師和史帝夫都嘗試將他們認為「正確」與「錯誤」的觀點傳達給班上的每一個同學，也就像是喬許所說的，他們要讓「班上同學知道怎樣的學習才是正確的。」

五月十五日，星期二

在史帝夫光臨這間教室之後的這一天，學生回到原先課程安排的討論，就是針對目前的政治衝突相關議題進行討論。瑪利沙手上拿著一卷錄影帶，走向班級後面去，一邊說：「我們討論了一九三〇年代和一九四〇年代，我們也觀賞了一部影片，是一九八〇年代發生在加拿大境內的一個影片。現在我們要將討論的焦點集中在我們自己的家園，美國。在這卷紀錄影片當中，你們將觀賞到三K黨的人怎麼教導一些和你們同年齡的小孩。[16]先想像一下，假如你在一個小鎮成長，整個小鎮都是黑人居住的地方，再假設你相當崇拜你的老師，而他告訴你們白人所曾經做過的可怕事情——當然當中有許多連我都認為是真實的。那麼你們是否很容易就相信老師所提出來的觀點呢？」「那當然，毫無疑問的，我們會輕易的就相信老師所說的話，」喬許幾乎毫不遲疑的回答這個問題：「當然啦！在那種情況下，他根本就是我的

楷模嘛！」「那就說明了為何灌輸知識是一種非常可怕的事情，」瑪利沙老師繼續說：「也是為何我們要了解它的原因。如果你從你信任的那些人身上反覆的聽到一些訊息，而你身邊也沒有任何人告訴你其他的訊息，即使只是一個人的觀點也好，那麼你就很可能會相信他的觀點了……所以我們應該這麼說吧，你生活周遭的多元化，以及你所聽到的各種不同觀點其實代表著一種優勢，這也是你所處的教育體制所擁有的一種優勢，它鼓勵你去質疑，並且學習認識不同的觀點。當你們在觀賞這部影片的時候，試著以這樣的觀點來想一想。」瑪利沙老師就將錄影帶放進錄影機裡面播放給學生觀賞。安傑拉走到電燈開關的地方將教室裡的燈關掉，接下來就是整班同學安靜的觀賞這部紀錄影片。

　　「三K黨青年團」是一部一九八二年發行的影片，是一部關於三K黨招募和訓練美國境內年輕人的紀錄影片。這部影片充滿了有趣的註解，都是真實在夜間舉行的燃燒火燭的儀式，以及許多由三K黨男巫所提出來令人心動的訴求。這部影片記錄一些十歲到十七歲的年輕人接受種族主義的意識型態的指導過程。這位三K黨帝國的男巫提出這樣的訴求：「我們將進行殺戮的工作。我們將站在街頭上。我們將會做一些事情，來阻止黑鬼（niggers）以及共產黨的作為，不是嗎？」一位輔導員在一個三K黨青年團的夏令營對著一些十三歲以下的年輕人提出這樣的警告：「你們在學校所學的許多事情都不是真的——它們只是一堆謊言。」一排一排的白人男孩和女孩身上穿著剛清洗乾淨的衣服，注意聆聽輔導員的指示，並且共同宣示三K黨青年團的宣言：「我誓言要在我的每一個社會接觸當中落實種族分離制度，並且將我和其他種族民眾的接觸盡量限於商業上的往來而已。我宣示那種認為每一種民族都應該享有同等地位和受到相同待遇的錯誤教學模式，都應該受到我們堅決的反對。我宣示當我看到任何一個白人受到其他種族的人在身體和語文上的攻擊時，我會立即出現來進行實質上的協助。我宣示我將為我們在美國境內完全分離不同的種族而努力，我也將盡我最大的努力招募其他夥伴來參與這項有意義的使命。」這部影片單刀直入的報導讓人不寒而慄。

瑪利沙老師這時候停止錄影帶的播放，並且將錄影帶「倒帶」。同時安傑拉也去將教室內的燈光打開。「為何人們不去逮捕三K黨的黨羽呢？」阿里森很快的就提出這個問題。「這正好是受到我們國家的憲法第一款修正案所保護著，他們有宗教信仰的自由。」瑪利沙老師這樣回答著。「同時，在一個這麼小的城鎮，人們應該不會想要站出來對抗這樣的觀點，我們或許可以這麼說吧，他們可能相信這樣的論點也說不定！」亞倫這樣評論著。「他們可以散發文宣品，也可以穿著他們的罩袍，」馬林這樣提到：「不過一直到他們殺了某個人，或是在殺害某個人的時候被逮捕，否則你對於他們的信念根本無能為力。」諾拉這樣評論著：「我了解他們受到我們國家的憲法第一款修正案的保護，不過我仍然認為他們早就已經濫用憲法給一般民眾的保護條款了。你永遠都不知道他們會做出哪樣的行為來。」

瑪利沙老師承認在這間教室的課堂上確實存在這麼一個具有爭議性的話題，她還提到一個個案，就是美國境內的納粹黨羽甚至還可以在伊利諾州的史寇基這個地方進行遊行示威的個案。這還是受到ACLU為納粹黨的黨羽進行辯護的時候，為他們爭取到的言論自由呢。班上那位突出的民權鬥士律師的孩子，喬許修正了瑪利沙老師在語文上的偏差：「人民具有集會的自由權。」瑪利沙老師繼續她的言論，並且提出傳統民權的觀點：「如果你想要制止他們的集會，那麼誰有權力可以決定下一個可以發表意見的群體又是誰呢？」阿比和瑪利沙老師針對這一項觀點又進行了這樣一場辯論：

阿比：我認為這個社會就應該決定誰沒有發言的權利。

瑪利沙：不過你所說的「社會」其實是會隨著時代變動的，甚至因為族群的變動而變動。

阿比：是沒有錯啦！不過社會上大多數的人並不會支持受壓迫吧！

瑪利沙：那麼那些在希特勒統治下的人民又該怎麼說呢？

阿比：如果希特勒所統治的社會並沒有言論的自由，那麼民眾就不會相信他的話！

瑪利沙：你從哪裡得到這樣的推論呢？你怎麼決定誰可以，誰不可以擁有言論的自由呢？憲法的第一條款修正案確實保護我們境內的每一個人都有言論自由的權利。

阿比：不過好幾百萬的人都不同意他們的觀點啊！

瑪利沙：讓我們假設說我們不讓社會主義和共產主義的擁護者有言論的自由，那會發生什麼事情呢？

阿比：不過他們並沒有壓抑其他民眾的言論啊！

瑪利沙：資本主義的擁護者覺得他們有這樣的傾向。

阿比（笑著說到）：好吧，那他們就錯掉了。

瑪利沙：阿比，我想妳在這方面視野受到了一些限制，有如隧道般的視野，我們需要進一步討論。妳不能說只有那些同意你觀點的人才有資格講話啊！

就像是稍早以前所提到的兩個課堂一樣，這卷紀錄影片以及隨後進行的討論都針對一個民主社會在珍惜言論自由、多元觀點，以及自由交換意見方面的兩難困境，特別是在這樣的情境下很可能會提到一些非主流、具有爭議性，或是「錯誤」的觀點等等。我們是否應該讓那些表達這些觀點的學生就這樣被壓抑住他們原先和我們不同的觀點呢，就像是阿比對於三K黨的認識，以及其他同學持有「受壓抑」的信念呢？而且如果我們提到瑪利沙老師——也就是在這間教室裡面具有最高權力決策的那個人——當她重新參與教室裡的討論引導時，是否應該定義哪些條件會構成「受壓抑」的意見，並且具有絕對的權力可以決定哪些學生的意見應該被壓抑下來呢？當然就像是我們所看到的，如果我們想要在這間教室的小宇宙找尋這些問題的答案，絕對不會比我們在伊利諾州的思寇其找尋這類問題的答案來得簡單。學生體驗這卷影片所引發的爭論在這間教室裡仍然充滿著爭議的話題。一方面，他們談論到教室裡面的師生都應該珍惜開放的心胸，意見的多元性，以及自由表達意見的重要性；另一方面，有時候他們在遇到爭議性話題的時候想要找尋結

論和綜合整理的結果，甚至想要輕鬆的被師長告知哪一些意見才是「正確」的意見，免得因為太多不同的意見而搞混了學習的方向。

例如，珊卓拉相當稱讚史帝夫的博學多聞，這一點和她個人重視「保持一顆開放的心胸」有關聯：「你知道的，史帝夫絕對不是只讀了一本書就到我們教室裡面來告訴我們說：『不賴喔，這本書相當正確。』」她在我們訪談的時候這麼告訴我。「他就是那種博學多聞的人，深入的了解一件事情的來龍去脈。」相對的，當她批評阿比的時候，就認為阿比沒有做到這樣博學多聞，卻想要發表個人意見：「阿比她並沒有保持一顆開放的心胸！她對於自己相信的事情就是那麼死腦筋的不肯放棄。」

不過雖然珊卓拉在理論方面珍惜開放的心胸，她本身卻發現這樣的心胸真的很難保持下去。當她發現這間教室在討論中東地區的爭議性議題充滿著多元化的觀點時，幾乎嚇呆了，她這樣要求我為這個具有爭議性議題作一個統整與結論：「在教室裡面，我們討論了人們為何遷離家園的原因。而且阿比也提到類似我們在大屠殺單元所講到的相同事情也在那裡發生過，例如謀殺人們，還有一些婦女遭受到強暴的命運。偏偏那時候史帝夫說當時的政府要求那些人離開他們的家園，而且那些離開家園的人們是自願離開的。這麼多不同的觀點，讓我根本就不知道該相信誰講的才是真的，我都不知道我該相信誰了！阿比說她是從書本上看到那些資訊的，而史帝夫卻是從一些比較保守的書籍學到這些觀點的，你看看，這樣的情形真的讓我不知道我是否真的知道那段時間發生了哪些事情了！所以你是否可以告訴我，在這麼多觀點當中，哪一個人的觀點比較接近正確的觀點呢？」由於我拒絕在這兩個觀點當中挑選一個令她可以遵循的觀點，所以她顯得相當焦慮，最後她以多元論者的最佳傳統方式安慰自己：「或許我聽到了史帝夫的觀點，以及（阿比）的觀點，然後當我將這些觀點混在一起的時候，或許有一天這兩個觀點會混和在一起，冒出一個新的觀點來。」

喬許對於這個問題的處理方式是透過不同的協商來達成的。乍看之下，他看起來確實是想要壓抑那些和他觀點不同（或相衝突）的同學的意見。他

認為如果我們能夠「殺掉」那些和持有和大屠殺類似的修正社會主義者，像是 Keegstra 觀點一樣的人，是一件可以接受的作為，不過她顯然也不很贊同阿比所提出來的觀點。然而，一方面他又是奇厚長久以來的朋友，他一方面想要封住朋友的嘴巴（從他想要搬動座位的動作看得出徵兆）；另一方面，他倒是很想進一步鼓勵他的好朋友繼續掙扎下去（從他在班上戲弄奇厚的動作看得出這方面的徵兆），顯然他在這兩方面的煎熬讓他難以抉擇。最後，他選擇了第二種選項，雖然我很清楚的看得出來這樣的選擇對他來說還是相當艱辛的。喬許在提到他那位受到民眾相當敬畏的父親經常使用的話語時，他這麼說著：「我不止一次的教導你，絕對不可以暴力的方式和其他人相向，而唯一能夠證明你是一位偉大人物的方式，就是親自和人們談話，並且讓他們看清楚他們所說的根本就錯了。這是我和我的父親曾經意見相左的觀點，不過我慢慢的開始相信他這句話的功用了。」

　　不過看起來在課堂上最引人注目的就是阿比了，她幾乎就在開放的心胸與選擇一項清晰的道德立場之間的緊繃關係左右為難。在課堂上，她反應了她的父母親的政治傾向，所以她熱情的支持社會改革的選擇，並且認為只有透過班上同學各種不同觀點的發表才是達到這種社會改革的必要條件，她是這麼說著：「我真的相信現今這個世界需要某種變革才好！而且我強烈的認為在這變革的過程當中有一項非常重要的項目，就是我們要去主動理解某些人是怎麼思考的……如果你只是將自己的觀點拋出來，卻不肯主動的想要了解別人是怎麼思考的，那麼這樣的互動關係就會產生憤怒和怨恨的敵對雙方。在那種情境下，他們就真的不會對社會的變革抱持一種開放的心胸了。」在了解她同班同學的觀點在這樣的訴求下是非常重要的時候，阿比接著這麼說著：「通常在課堂上，我是班上很少數還膽敢站起來發表意見的人了，不過我真的很想要了解班上同學對於我所發表的意見有什麼樣的想法……我想要了解到底在他們的觀點上，我是一個怎樣的人物。我想這樣的討論才能夠讓我們更進一步的討論具有爭議性的話題，也唯有這樣的對話才能夠讓我有機會可以清晰的表達我的觀點，或者只是仔細的聆聽其他人的觀點

……不過如果班上同學都不肯發表他們的意見，那麼對於他們到底是怎麼思考的，他們到底抱持怎樣的觀點方面，我就完全被他們給隔離了。」

雖然阿比倡導在班上進行現場的辯論，讓多元的觀點可以帶進班上討論的切身話題，不過她也提到我們對於不同的觀點不能夠給予相同的合法地位和發言的地位。為了避免掉進相對主義的陷阱，她是這麼聲稱的：「我真的認為世界上的每一件事情都應該有正確的答案！偏偏許多人都有一個印象，他們會認為那只是你個人的意見而已。對！這是你個人的意見。不過他們幾乎不會給別人一個機會來表達他們正確的觀點。他們總是說：『他們應該可以發言，因為那只是他們的意見罷了。』說真的，我真的不同意那樣的觀點！」當她聽到瑪利沙老師提到三K黨的聚會受到法定自由主義者的保護時，她挑明了就是要直接挑戰瑪利沙的權威似的：「我認為正當的行為就應該被我們不斷的倡導，而那些持有邪說異教的人就不應該發言的！」

* * *

學生對於開放的討論與想要有一個總結的矛盾心理在這種緊繃的情況下可能是一個無解的問題。一方面，老師想要培養學生對於各種替代觀點的容忍，很可能和老師想要鼓勵學生進行道德上的思考相衝突。在這三堂課當中所浮現出來的模擬兩可、衝突與緊繃的張力證明了一件事情，那就是當老師想要在課堂上帶領學生進行時下的社會與政治議題時，可能需要面臨非常龐大的挑戰，所以也是老師們在思考這件事情之前不得不多加思量的事情。

當然我們知道有許多人反對將時下的議題帶進教室的課堂上進行教學，不過他們所持有的理由也正好就是這些原因。例如，保守派的激進份子，Phyllis Schlafly在過去就曾經為文攻擊過「面對歷史與我們自己」的計畫，就是針對著這個計畫鼓勵青少年朋友對於時下的社會議題要就進行批判的反思工作。在一九八四年一次全國的公聽會場上，她在責難這項教學計畫時提出這樣的批評（以及相類似的其他「治療教育」的計畫）：「這樣的教學活動，將會迫使孩童遭遇成年人的問題，都是一個太過於複雜，也不適合他們

青少年稚嫩的年齡所該學習的項目，所以如果真的推動這類型衝突的教學活動，就會讓孩童陷入沮喪的情境。」[17]她覺得讓孩童面對這樣的教學活動將會讓孩子們陷入一種在「情緒與道德兩方面都混淆不清」的情況，這樣將會導致「青少年朋友自殺率、孤獨感、婚前性行為與懷孕等機率的提升」，最後將會讓這個社會進入一種瘟疫蔓延的現象。[18]

聯邦政府的教育部國家散播聯絡網絡——一個審查課程與贊助他們散播輔助課程的機構——在一九八六至一九八八年之間，決定不要贊助「面對歷史與我們自己」這個教學計畫時，反應了 Schlafly 的關注。教育部採取這樣的行動激發了一項國會的聽證，以及隨後在政策制訂者、教育夥伴，以及其他關心教育的民眾對於這項行動所產生的熱烈辯論。[19]

不過我們也不必為了想要了解還有誰反對在課堂上討論時下的社會和政治辯論，而要回溯到一九八〇年代中期。最近我們看到紐約市的教育委員會攆走了 Joseph A. Fernandez 校長的頭銜，主要是因為他支持在校園內推動愛滋病教育的計畫，以及散發保險套給學生，以及倡導一套課程，在學生周遭宣導我們對於多元社會族群要能夠具有足夠的容忍，包含了同性戀者的戀情。根據紐約市的學校教育委員會新選出來的理事主席，Carol Ann Gresser 的說法，紐約市的學生家長受不了 Fernandez 校長居然在校園內倡導「社會議題」。接著她這麼說：「在校園內，你不可以將這整個社會還沒有蓋棺論定的議題帶進校園裡面。」[20]

我要辯駁的正好和前面所提到的觀點完全相反：任何一位老師都不可能避免將社會上的議題帶進教室課堂上，即使這樣的議題在社會上仍然壁壘分明的具有爭議性，不過我認為學生還是會對這類型的議題有所察覺，也會想要和同儕討論。我在這裡所呈現的課堂討論是那麼的充滿活力，也證明了學生對於這類型議題的關注。雖然這些孩童有時候會因為課堂上冒出來的觀點而感到不舒服，不過他們還是相當充滿活力的投入這樣的討論，並且覺得這樣的討論令他們感到興奮，也想要致力於這樣的兩難掙扎。雖然珊卓拉希望獲得結論，不過因為她無法得到一個標準答案的時候，她還是要能夠容忍這

樣的情境。雖然喬許要求和奇厚分開來坐，不過他還是繼續坐在他的好朋友隔壁。雖然瑪利沙老師反對阿比的觀點，她仍然和阿比以一種公開討論的方式進行兩種意見的交流。雖然阿比感受到相當恐懼，她還是懸在那裡，並且堅持她原先所持有的觀點。總之，雖然教室裡的情緒相當高亢，我們也感受教室裡充滿著慷慨激昂的感受，甚至看到師生或學生與學生之間充滿著理智的爭議，不過這個班級的學生和老師並沒有因此而停止他們的討論，或因此而四分五裂。我應該這麼說吧，這個班級相當清楚了解每個人堅持的論點有什麼樣的差別，也了解他們對於某些特定議題的差異，不過很值得慶幸的，是整個班級從頭到尾都保持一個學習的社群的樣貌。他們有這樣的能力可以在這麼激烈的討論氛圍下保持討論的情緒，也反應了瑪利沙老師在這間教室裡面開創了一個具有信任感與安全感的環境。當然「面對歷史與我們自己」的教學計畫引起學生個人與批判的反思也毫無疑問的對這樣的學習氛圍有所貢獻。不過我認為孩子們帶進這間教室或其他間教室的力量和能量——他們渴望在這類型的爭辯當中整理出頭緒來，更想要知道在這樣的爭辯當中，他們到底處在怎樣的地位——都是這類型教學計畫支持者在規劃課程時必須加以考慮的項目。

因此，雖然反對的人可能會認為這類型的教室內師生互動關係有一個不可避免的後果，不是政治思想的灌輸，就是提倡某種相對道德理念的作為，不過我應該這麼聲明吧，這兩個可能性不見得是一個必要的成果，也不見得能夠精準的描述這類型教室的動態與討論的結果。倒是有一個絕對無法避免的結果，那就是這樣的討論經常會讓學生有模稜兩可的觀點，以及課堂的衝突——至少針對這一點結果不管是支持或反對這種教學的人都同意這一點。不過再一次的，鼓勵學生參與社會、道德與／或政治議題的教學計畫可能提供師生一個可能的通道，走出令人憂慮的困境——不是要師生都假定一個假裝問題不存在，均質的理想主義，並且嘗試去否定衝突的存在；而是要協助學生採取深思熟慮的定位，並且讓學生能夠仔細的聆聽其他人所發表的各種觀點。我們深切的期待，如果我們果真進行這類型的教學，他們將會學習更

具有容忍度的接受衝突的現象，這些都是他們在未來的生活會遭遇的現象。最佳的情況下，類似「面對歷史與我們自己」之類的教學計畫，可以提供學生的不是一份創造單一理想社區的藍圖，而是在多元觀點的情況下逐漸形成一個網絡。而這樣的作為就是我們深信在一個為民主而進行的教育所必須具有的核心條件。

註解

1. 應這所學校行政人員的要求，我們在這篇文章都使用匿名的方式來稱呼這所學校，以及文章所提到的師生。

2. 這套課程的資訊可以從「面對歷史與我們自己」辦公室〔Facing History and Ourselves, 16 Hurd Road, Brookline, MA 02146（617-232-1595）〕得到。這個組織發展這套課程，並且做到散播這套課程的目的，同時這個組織也提供大規模的教師研習課程，讓老師有能力可以教導這套課程的內涵。

3. 在這一整篇文章當中，大屠殺所指的是納粹黨針對猶太人所進行的集體屠殺，想要滅絕猶太人的措施。

4. 請參見 Alan Stoskopf and Margot Stern Strom, *Choosing to Participate: A Critical Examination of Citizenship in American History* (Brookline, MA: Facing History and Ourselves, 1990); Margot Strom and William Parsons, *Facing History and Ourselves: Holocaust and Human Behavior* (Watertown, MA: Intentional Educations, 1982)。

5. 請參見 Melinda Fine, "Collaborative Innovations: Documentation of the Facing History and Ourselves Program at an Essential School," *Teachers College Record, 94*, No. 4(1993), 776.

6. Strom and Parsons, *Facing History*.

7. Strom and Parsons, *Facing History*, p. 14.

8. 請參見 Melinda Fine, "Facing History and Ourselves: Portrait of a Classroom," Special Issue: "Whose Culture?" *Educational Leadership* (1991/1992), 44-49; Fine, "Collaborative Innovations," pp. 771-789; Melinda Fine, "The Politics and Practice of Moral Education: A Case Study of Facing History and Ourselves," Diss., Harvard Graduate School of Education, 1991; Melinda Fine, *Habits of Mind: Struggling over Values in America's Classrooms* (San Francisco: Jossey-Bass, 1995).

9. Strom and Parsons, *Facing History*, pp. 383, 387.

10. 相關範例請參見 Sara Lawrence Lightfoot, *The Good High School: Portraits of Character and Culture* (New York: Basic Books, 1983). 讀者如果想要針對描述性研究與其他類型的社會科學探究方法之間的異同，請參見 Marue Walizer, "Watch With Both Eyes: Narratives and Social Science: Sources of Insight into Teachers' Thinking," Diss., Harvard University Graduate School of Education, 1987, pp. 12-47, 101-129.

11. Eudora Welty, *The Eye of the Storm: Selected Essays and Reviews* (New York: Vintage Books, 1979), p. 129.

12. 每一筆教室裡的評論都是我在課堂進行的同時所記錄的研究者觀察紀錄上的文字片段。

13. "Lessons in Hate," 由麻州劍橋地區的 Intersection Associates 製作，可以透過「面對歷史與我們自己」專案圖書館獲得資料。

14. 相關範例請參見 Zachary Lockman, "Original Sin," in *Intifada: The Palestinian Uprising Against Israeli Occupation*, ed. Zachary Lockman and Joel Beinin (Boston: South End Press, 1989), pp. 185-204.

15. 我和學生的每一筆訪談資料都是錄音紀錄。學生在訪談時特別強調的語句我會使用斜體字來呈現它們的重要性。

16. "Klan Youth Corps," 是由 Anti-Defamation League of B'nai B'rith, New York, New York 所製作播出，讀者可以透過底下的單位獲得這捲錄影帶的資料：

Facing History and Ourselves Resource Library in Brookline, Massachusetts。

17. Phyllis Schlafly, *Child Abuse in the Classroom* (Illinois: Pere Marquette Press, 1984), pp. 435-437.

18. Schlafly, *Child Abuse*, p. 12.

19. 如果讀者想要針對這項爭議的議題有更完整的理解，請參見Fine, *Dilemmas of Difference*.

20. "A Full-Time Volunteer," *New York Times*, May 13, 1993, p. B3.

以藝術當作學習基礎的教學探索：
如何讓孩童了解到他們學習的內容

KAREN GALLAS

在這一章裡面，Karen Gallas 帶領我們探討她那一年級班級的學習歷程，讓我們了解學生是如何發現他們已經學會某些項目的歷程。在學習昆蟲這個單元的時候，學習的主題是昆蟲的生命週期，學生和老師共同使用藝術當作他們核心的學習方法。學生一方面學習昆蟲的學科知識，一方面也透過各種藝術的媒材展現他們對於昆蟲的嶄新體認和新學到的知識：這些藝術的媒材包含了戲劇、詩歌、視覺藝術、動作及音樂的表現等等。根據 Gallas 的體認：「真實的了解」應該包含「轉換和改變」，而不是單純的熟記知識和在適當的時機反芻回去（regurgitation。譯者註：原文的意思應該是水流的湧回，但是這裡應該是指學生在定期或不定期考試的時候，將老師原先教導的內容反芻表現出來，以便讓老師可以「看到」學生已經學會了某項學科知識而已）。以一個老師的身分而言，Gallas 能夠透過各種方式鼓勵學生將他們的衝動和本能以藝術的方式來學習和表達他們的學習成果，藉著這個方式提供她的學生各種機會獲得這類型的真實理解，即使是那些受到其他人標籤為具有某種學習障礙的學生，或是在教育主流範疇之外開始學習的學生。當她反省到她在自己教室的經驗，以及這類型經驗在各廣大的教育社區當中可能的運用策略時，Gallas 的結論是這樣的：「藝術提供我們機會反省學習的內容，以及學習的歷程，而且它們採用一種深層的方式來表達知識的內涵，以及誰才是學習歷程的真實控管者。」

Harvard Educational Review Vol. 61 No. 1 February 1991, 40-50.

在六月上旬的一個下午，我和六個孩童擠在一個蝴蝶的養殖箱旁邊觀賞一隻彩蝶（a painted lady chrysalis。譯者註：一種蝴蝶的名稱）的蝶蛹正在抽動，逐漸轉變為一隻漂亮美麗的蝴蝶而掙扎當中。珠安正好就坐在那個蝴蝶養殖箱的旁邊的那張椅子上面，緊緊的在大腿上面抓著一個寫字板，仔細的描繪蝴蝶脫蛹而出的畫面。這是珠安當天第三張描繪蝴蝶脫蛹而出的素描了，要記錄的應該就是蝴蝶在生命週期最後一個階段的現象。從五月上旬開始，當一隻粉蝨（mealworm）到達我們這間一年級的教室開始，珠安就開始這樣的描繪了，所以這一張圖應該可以算是最後一張和蝴蝶有關的繪畫了。當他正在描繪的時候，孩童們都相當能夠體會蝴蝶正在經歷的困境。可以這麼說，他們從那一天的一大早開始就一直盯著蝴蝶的蛹，不斷的觀察和關心。他們都相當好奇的想要知道這隻蝴蝶是否真的能夠脫蛹而出。蘇菲雅開始對著自己笑了起來，並且哼著一首曲子。

她這麼說著：「我要用我的歌聲來讓這隻蝴蝶脫蛹而出。」

「對啊！讓我們一起來唱一首歌曲吧！」瑪修馬上就同意這樣的觀點，也幾乎就在同一個時間，每一個孩子都開始即性的創作了一首曲子。珠安抬起頭來看著大家的臉，笑了一下，又專心的描繪他觀察蝴蝶脫蛹而出的圖畫了。

像是這類型的事件在我的教室裡面幾乎成了司空見慣的事情了。在一整年的過程當中，這間教室裡面的孩童不斷的質疑、研究、好奇，並且透過許多學科和概念的方式討論他們關心的項目。然而，他們的學習歷程和許多其他孩童不一樣的應該是我將藝術融入他們學習課程的一部分：我讓藝術當作探索知識的一種方式，也當作一個學科，更當作一系列表達學習成果的機會。素描和彩繪、音樂、動作、戲劇演出、詩歌，以及講故事等等方法：每一個向度，不管是分開來或是整體的合起來，都成為他們成為學習者的整套策略和工具了。

在描述一個昆蟲單元的發展歷程，這篇文章將告訴你如何讓藝術在形成和延伸一套課程時，扮演一個核心重要的角色。生命週期的概念（life cycles）是我們這整個學習的重點，也是我們這一班一年級學生好幾個月的學習焦點。來自不同社經地位、膚色和種族背景的十八個學生，也包含了四種不同的語文，共同參與了這項研究。研究的時間是從冬季末期開始，到六月結束。在這一班所發生的任何事情都應該可以在其他每一個班級同樣發生。每一個群體的學生都將他們各式各樣的生活和生命經驗帶進學校裡面，雖然剛開始的時候，我們可能因為使用的語文、慣用的文化，以及膚色的阻礙而有所區隔，但是我了解到一件事情，那就是創作藝術可以讓我們來慶祝我們的多元化，而不是來標籤我們之間的差異。

　　珠安從委內瑞拉到我們學校是九月的時候，那時候他根本就不會講一點點的英文，但是卻因為能夠上學而充滿了喜悅之情。在我們相處的最前面幾個月當中，當我努力想要找出他能夠做的事情和不能夠做的事情時（我最後總算了解到，如果根據我的老師的議題來看，他根本就沒有辦法做任何一件事情的），我發現到珠安其實非常親切的想要協助我了解他所能夠操作的事情。他可以容忍我使用非正規的活動來評量他幾分鐘的時間，然後用他唯一懂得的英文問我：「可以用水彩嗎？」在那個時候，我也會同意讓他使用水彩的方式進行學習的歷程。對於珠安而言，「水彩」意味著描繪和素描、繪畫、雕塑模型和建造某些東西，而且我發現這是他非常熱中的項目。好幾個星期過去了，我仍然為他的天賦感到非常的讚嘆，不過我也相當傷腦筋的是他不願意學習英文字母和基本的閱讀技能。不過，珠安本身對於閱讀和寫作歷程漠不關心的態度是有感染力的，我開始了解到他的藝術正好呈現了他在家庭和學校剛剛學習到的內容，以及他想要學習的內容等等。很快的我就理解到班上學生正要學習的數數和字母的辨認如果沒有珠安那種藝術家的技術來協助學生學習的話，將會徒勞無功。他那種視覺方式的呈現就成了科學資訊和科學質疑方式的目錄，而那種資訊也開始提供他參與閱讀和寫作的素材——而且是學習一種新的語文。當珠安在描繪圖形的時候，我們從他的圖形建構了一個閱讀和說話的生字，而那個生字，加上他很想要呈現自然科學的興趣，也成為他寫作時的主題了。

　　珠安再一次好好的教了我一堂課，讓我在每一年都可以反覆的學習到的項目，這堂課的內容就是說，如果有機會的話，去聆聽你的學生想要告訴你的真心話。他們將會清楚的告訴你他們了解了哪些項目，他們又是如何學習才會最有效率，而且我也發現，學生學習最有效率的方式通常都不是老師擅長的方式。因為我是一個老師的身分，所以我在教學時的潛在課程議題，受到我對於學生在學業成就上的期望而侷限了範圍：我應該要呈現足夠的技能和概念給每一位學生學習，而且我的學生也應該體諒老師的認真和努力，盡量去熟練那些概念和技能，才能夠稱得上是優秀的學生。很不幸的，對於一門學科領域的精熟這樣的一個旅程經常無法脫逃評量工具，以及由專業老師

珠安的插畫

設計給其他老師的講授和溝通的訓練等方面的侷限。測驗、習作簿、學習單、老師帶領的討論、教科書、圖表──這些東西的每一個項目都假設一些學生在課堂上面根本就不可能共同分享的經驗。每一項也都將精熟的歷程和個別化表達的方式僵硬的區隔開來。換句話說，它們當中的每一項也都排除了我所教導的學生當中的某一部分學生在學習時的完全投入。

　　幼小的孩童到底是如何向他人說明他們對於生活周遭世界的理解的呢？在他們開始進入學校之前，即使是在低年級的階段，我們也發現多數的孩童相當依賴遊戲、運動、歌唱、戲劇表演，以及藝術活動等等當作他們認識世界的手段。可惜這樣的休閒活動逐漸受到成年人主宰的溝通模式所控制，我們可以這麼說，這樣的轉變與其說是孩童表達能力逐漸成熟的一種自然演變過程，倒不如說它根本是孩童受到學校傳統施加在學生身上的壓力，以及家長想要孩童快點社會化的壓力下的屈服吧！每一年在我這一間以藝術課程為課程核心的教室裡面所攤開來的現象，都反覆的說明孩童們的童年時期已經被其他項目搶去了他們原先應該享有的童年時光。和多數師長非常不一樣的，應該是孩童都相當能夠使用每一種表達的形式，而且他們也不會感受到不舒服的感覺。我可以這麼說吧，我們沒有必要教導孩童應該如何使用各種藝術表達的方式來呈現他們學習的內容，其實他們使用藝術表達自己教育歷程的能力是不斷的擴張當中呢！

　　發展一個多元藝術的課程讓我可以一方面追蹤孩童他們自己表達出來的興趣，一方面還可以運用這種藝術的歷程當作課程統整的一部分來確認他們在其他學習領域方面所學習到的知識，甚至可以透過這種模式來擴展他們在其他領域所學習到的知識。這種方式超越了我們所習慣的，以藝術當作一個早已經確立的課程的豐富劑，或是強化劑的功能，而且它可以讓藝術的表達當作學生完整學習課程歷程的一項核心項目。不管是對於老師或是學生而言，藝術都提供我們在教室裡面學習可以擴展的空間，這樣的功能不僅只是一種線性的連結而已，也不是客觀語文和思考所能夠襯托的項目，而是讓我們有機會可以完整的擴展人類在表達和理解方面的潛能。

打從我們對於昆蟲的生命週期的專題研究開始的第一天，我們就使用基礎的創意和批判思考能力來確認我們已經擁有的知識基礎。我的這一群孩童對於昆蟲的原先了解到底到什麼樣的程度呢，他們又想要對昆蟲有哪樣的了解呢？以一整個群體的方式，我們進行腦力激盪的過程，分享我們共享的知識基礎，也在這樣的歷程當中產生了許多我們想要獲得答案的各式各樣的問題。隨後我們也繪製了一張語義圖（semantic map）來延伸和結合我們原先的觀點和我們想要了解的觀點。

我們對於昆蟲到底了解了哪些呢？

小鳥會來吃這些昆蟲。

他們有六隻腳。

有些是毛茸茸的，或者是黏黏的。

有些昆蟲可以幫助樹木（譯者註：例如啄木鳥可以幫樹木將害蟲吃掉）。

有些昆蟲會飛。

有些昆蟲吃果子。

有些昆蟲是人類的食物。

們會破壞地球。

有些昆蟲會吃木頭。

有些昆蟲住在地底下。

有些昆蟲是危險的動物。

有些昆蟲會吃其他的昆蟲。

多數的昆蟲有觸角。

有些昆蟲有翅膀但是不會飛。

有些昆蟲具有毒性。

有些昆蟲會幫助植物。

有些昆蟲會吃植物。

還有一些昆蟲有刺會叮其他的動物。

關於昆蟲的問題

毛毛蟲是一種昆蟲嗎？

金龜子到底有幾隻腳呢？

是不是每一種昆蟲都有腳呢？

是不是每一種昆蟲都會飛呢？

螢火蟲（譯者註：這裡小朋友使用 fireflies 來說明他們對於螢火蟲的認

識）到底是怎樣發光的呢？

螢火蟲為何要發光呢？

昆蟲是如何成長的呢？

昆蟲如何吞食食物呢？

昆蟲到底有沒有牙齒呢？

昆蟲可以活幾到幾歲呢？

昆蟲聞起來的味道像什麼呢？

全世界到底有幾種類型的昆蟲呢？

昆蟲是否有嘴唇呢？

是不是每一種昆蟲都會跳躍呢？

昆蟲是不是利用觸角來聞味道的呢？

　　我們對於昆蟲的專題研究是先從粉蝨的認真觀察開始的。我們認真的觀察、描繪，並且記錄牠們的行為。在我們描繪昆蟲行為的第二天，珠安發現他所飼養的粉蝨當中有一隻正在蛻皮。因為這樣而開始了他那一系列非常精密的第一張描繪，而且他描繪昆蟲的方式可以從活生生的昆蟲描繪，到非小說類的散文文學所報導的昆蟲都涵蓋在裡面。第一個描繪昆蟲特點的那個星期的下午時間，我們全班都認真的研究各式各樣的書籍和相片，討論許多畫家筆下所繪製的昆蟲描繪，同時我們也觀察粉蝨和毛毛蟲。在星期五的時

候，我們當中的每個人就會展示他或她所描繪的昆蟲，並且討論我們到底學到了哪些項目等等。孩童們對於這些作品的印象都非常深刻，那些尚未開始描繪昆蟲的學生，就詢問珠安到底要怎樣進行才能夠像他一樣善於描繪昆蟲的特點。

「我練習了好多次啊。」他回答著。然後我們繼續討論正在描繪的昆蟲特點。

> 大衛說：許多人都在談論這個小東西，我想牠應該是一隻螳螂才對，但是我不太確定牠到底是什麼。所以我就去查了一本書上的資料。然後我仔細的描繪這個小東西，最後我就確定牠就是一隻螳螂了。
>
> 珠安：也有可能你不知道一雙翅膀到底是什麼功能，等到你仔細的描繪翅膀之後，你就會了解翅膀的功能了。

幾天之後，亞當自己一個人坐在那裡，嘗試著從一本書上面描繪一隻蝴蝶。從九月開始，我就發現亞當正在努力控制他的小肌肉可以擔任的工作，例如繪圖、剪貼，或是積木的堆積等等，不過他對於其他小朋友正在嘗試的工作印象相當深刻，所以他也想要嘗試描繪昆蟲的工作任務。當我觀察亞當正在嘗試繪圖的時候，他是那麼的專注於昆蟲的繪製，也正好完成一隻翅膀的描繪，但是第二隻翅膀的描繪顯得困難多了。他把鉛筆丟到一旁，我看得出來，他顯然是快要哭出來了。我告訴亞當說：「不要放棄喔，多多加油。」亞當點點頭，擦拭了眼裡的淚水，繼續拾起鉛筆描繪昆蟲的第二隻翅膀。

這時候，珠安走了過來，看到有些錯誤的地方，所以他就提供亞當一些修正的建議。「你不必急著在今天將這幅插圖處理得非常完美無缺。只要繼續畫，然後明天還可以將未完成的作品結束掉。」亞當就回到他原先的學習項目不過幾分鐘之後，我看到他比著他的食指，嘗試著要了解那一隻翅膀在他的圖畫中應該有多大的寬幅才算正確。珠安走過去檢查了一下，但是沒有說什麼話。亞當繼續未完成的圖畫作品，一直到放學回家的鐘聲響起為止。

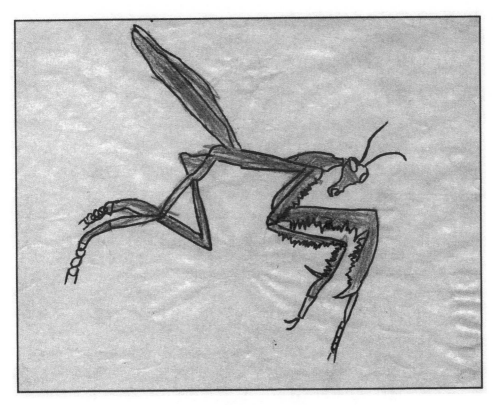

大衛所描繪的螳螂

這樣的方式一直持續到第二個星期，當他確定已經完整的描繪那隻昆蟲為止。到那個時候，他已經精密的描繪了一張美麗的昆蟲了。他還問我是否可以將他所描繪的昆蟲影印幾張，以便和班上其他同學分享他的學習喜悅。

我們採用的就是像這種強烈的藝術方面的活動來展開我們這學期早期的學習活動，並且在整個專題研究的歷程都持續進行這類型的藝術活動，這樣的學習模式讓我的孩童們非常專注的浸入某些學習科目的學習情境。為了要呈現一隻昆蟲的特點所需要的深入參與，不管這樣的昆蟲是一隻學生正在仔細觀察，活生生的昆蟲，或者是從書本上所獲得的昆蟲圖片，我們都證明這樣的深度參與可以擴展學生對於那隻生物的基礎知識，以及我的孩童想要呈

現學習內涵的思考模式或是外觀的學習的能力。對於珠安而言，以視覺的方式呈現他的學習成果是一種再自然也不為過的歷程。那是他檢視生活周遭世界的一種方式，也是他將學習成果與他人分享時可以具體化表達的一種方式。對於亞當而言，他是一個擅長於閱讀、寫作，以及抽象思考的人，但是每次當他想要和其他人分享經驗的時候，卻常常發生「雞同鴨講」的現象，透過這種藝術描繪的歷程，當他學會了描繪蝴蝶的各種方式之後，也拓展了他和他人溝通時的方式，更讓他有一種嶄新的方式可以和其他的小朋友作雙向的溝通。每一次我都發現亞當的學習都是非常愛講話的那一型，也常常顯得漫不經心的，他常常喜歡玩弄雙關語，並且在他的聽說讀寫的歷程玩弄文字或是各式各樣的想法。這種抽象的思考過程有時候會讓他的同伴想要遠遠的逃離他的範圍，所以非常顯然的一點就是採用這種視覺模式呈現他的學習成果和他人分享的行為，對於他就形成了一種嶄新的挑戰和學習。

在我們這個專題研究的某一天早上，卡洛琳向我提出一個特別的要求。她已經完成我們班上所規定的非小說類的散文文學閱讀工作，所以她想要了解我是否可以找到和昆蟲有關聯的任何一本詩詞。我相當確定我可以找到這樣的一本書，但是我還是相當遲疑的問她為何想要這樣的一本書。她告訴我說：

> 其實一首詩詞就是一篇短篇的小說吧，而且它也採用一種有趣的方式告訴你那樣的一個故事。我很確定的一點就是，科學方面的書籍會告訴你的就像是我們在新聞報導都看得到的那些消息……不過如果是一首詩詞，它會教導你許許多多的項目，而不僅僅是文字可以表達的方面而已！

其實在這整個學期當中，我蠻早就發現卡洛琳經常一個人孤伶伶的待在孩子們放外套的小房間裡面，拿著小紙片在寫詩詞，她的這項要求提醒我一件重要的事情，那就是我所規劃的課程，以及我所蒐集的資源似乎太狹隘了點。所以啦，在接下來的整個學期當中，我們這一班的同學都會使用詩詞來

讓我們對於正在學習的項目獲得更深入的洞見。卡洛琳也開始蒐集一些詩詞來讀給班上的其他同學認識各式各樣的昆蟲。當然我也透過這次的提醒，重新考慮詩詞在我的教學上面的地位了。卡洛琳使用隱喻的方式來表達她所學習的項目其實並不是孤立的範例。我也才發現詩詞有時候也會提供我的孩童一扇窗戶，開拓他們更寬廣的視野，這樣的功能幾乎遠遠超過那些非小說的散文所能提供的教學功能呢！我更發現詩詞的形式通常比散文的介紹更適合教導孩童思考和寫作。雖然詩詞通常相當簡短，但是卻擁有豐富的想像空間，更可以提升感官的印象。我可以這麼說吧，詩詞應該是那種可以讓孩童表達驚奇、好奇和類比思考的一種媒介方式，也是孩童經常使用的那種語言，所以詩詞運用在昆蟲的教學確定可以讓孩童在語文的學習上面開花結果的。

　　接下來的那個星期，我們對於昆蟲的觀察持續進行到戶外去，在那裡，每個孩童都需要找到一個昆蟲的棲息地，仔細的觀察他或她找到的昆蟲，描繪棲息地的外貌，還要撰寫一份野外記錄等等。有一天下午回到教室的時候，我們分享彼此找到的昆蟲點滴，並且開始討論我們在教室裡面的觀察和在戶外探索的結果之間的關聯性。很快的，我們就共同閱讀了《寸丁男孩》（*The Inch Boy*，由 Morimoto 撰寫，一九八六年出版），這是一本日本的民間故事，述說的是一個成長的過程從來沒有超過一吋高的人物的成長經驗。我那一班學生對於這個故事所描述的那個小男孩感到非常有趣，他們很想要了解如果他們也像故事中的小男孩一樣那麼小，那麼生活在這個世界上會像個什麼樣子。亞當非常好奇的嚷著：這樣的生活應該像是一隻微小的小蜘蛛一樣的可愛。他做出這樣的聯想幾乎就是我希望他能夠達到的境界了。

　　傑佛瑞接著說道：「我想你所說的應該是說對於這樣的小男孩而言，一個小山丘其實就是我們所看到的一顆小石頭或是一堆土壤吧。」

　　卡洛琳接著說道：「或許你根本就看不到蔚藍的天空，你或許只能夠看到綠色的草地，所以你根本可能就認為這個世界的頂端就是綠色的了。」這幾個學生的想法激盪出些許的騷動，所以在解散這群學生之前，我要求每個

孩童以他們所觀察到的昆蟲角色撰寫一份詩詞。史恩選擇了小螞蟻當作他的觀察對象：

小螞蟻
作者：史恩

假裝我是一隻小螞蟻
我不斷的躲藏小鳥的追逐。
小草在我的腳底下搔我的癢。
大樹幫我遮陰。
我爬上一棵小灌木，看到了許多建築物
也看到許多房子和其他的小蟲子。
接著，我看到了一顆西瓜的種子
所以我就和朋友走過去抬走了那顆西瓜的種子。

　　兩個星期之後，粉蝨和毛毛蟲都紛紛脫蛹而出，所以這樣的觀察，結合我們的教室研究和戶外的體驗，提供我的學生一個機會可以同時比較許多昆蟲的生命週期。許多孩童都獲得了不同的昆蟲和他們的棲息地的豐富知識，而且他們對於昆蟲和棲息地的理解也透過各種方式和許多人分享他們學習的成果和喜悅。這時候，我鼓勵這些學生可以透過肢體運動和戲劇的表演將他們剛剛學會的知識加以整理和深化。他們分成許多小組，分別報告他們所觀察的一隻動物的生命週期，或是他們個別深入研究的另一種動物。為了避免重複的表演，各組學生都需要先協商他們想要表達的昆蟲或動物，然後經過幾次的彩排預演，他們就走上舞台以笑劇的模式表達他們研究昆蟲的生命週期。有些組的同學讓不同的同學表演生命週期當中的不同階段，另外一些組別所呈現的方式則是以整組的方式，共同表演動物變形的整個過程。布萊恩和羅伯特躺在地板上面，並且將他們的腳偷偷的塞在身體的兩旁，模仿粉蝨的蛹那種似有似無的腿。我相當意外的發現他們模仿粉蝨變形過程時，能夠

將粉蝨到蛹的過程以這麼精密的方式表達出來，更可觀的應該是他們將粉蝨的蛹要脫蛹而出時的那種顫動情形都演得非常逼真。

對於布萊恩而言，許多老師通常因為他那好動的特性，以及很容易分心的特點而給他貼上「過動兒」的標籤。不過這一次的行動表演經驗和專注的情形都說明了他曾經非常仔細的觀察和檢視粉蝨的行為，而且我們也透過這種肢體的表演活動，確定他確實有這種能力可以將他所獲得的新觀念清晰的轉換為肢體動覺的表演活動。因為我提供布萊恩這種透過藝術表達的方式來呈現他的學習成果，所以我有能力可以看到他的優勢：他是那麼專注的觀察和分析生活周遭的每一項細節，我也看到他那種創意非凡的方式來解決高挑戰度的問題。那些優勢通常因為他的行為所帶來的問題而受到遮掩。不過我現在很確定的一點就是布萊恩可以透過肢體運動和戲劇方式來表達他的學習成果時，原先是學習障礙的行為問題反而成為他的天分了。

當我在帶領類似布萊恩這樣的孩童時有一項比較困難的任務，那就是帶領他們超越平凡的知識和觀念的學習而已，當我要求他們整合和運用他們新學到的知識和觀念在嶄新的情境時，就會遇到重大的挫折。說的更真實點，我會覺得比較簡單的工作，就是採用基本的方式來評量學生，我只需要在考卷上面問學生他們所學的知識，那麼我們也可以達到學習的目標，例如，我可以問學生：「簡單的說明昆蟲的生命週期有關的每一項細節，然後在這張圖形上面標示牠們生命週期的每一個階段。」不過我很確定的了解到超越單純知識的獲得，邁向真實的理解吸收對於許多學生而言其實才是真實的挑戰。而我的挑戰就是要找出合適的方式來評量他們是否真的獲得那樣的學習情境了。真實的理解意味著轉換和改變，而我個人的夢想就是要能夠協助我的學生能夠獲得真實的理解，卻經常受困於教學現場的種種限制而無法突破。

不過，我應該還算相當幸運。當我提供合適的機會給學生的時候，他們也會提供我各種想法來完成這項目標。史恩是一位具有天賦的藝術家，他非常著迷於各種物體的相對尺寸。他問我是否可以讓他和傑佛瑞共同繪製一張

插圖來搭配他的詩詞。他們花費了一個星期的時間製作了一幅巨大的壁畫，上面有高聳的草，看起來就像是一把尖銳的刀柄，還有巨大的石頭和巨人般的向日葵，底下則是一些弱小的昆蟲在巨大的植物上面艱難的跋涉過去的景象。就像是卡洛琳給我的啟發一樣，史恩著迷於尺寸大小的比例，也擴展了我對於各種教學可能性的想法，一方面可以讓這些孩童更能夠掌握學習的概

史恩和傑佛瑞所繪製的插圖

念，也讓我們每一個人都可以更具審美觀點來完成我們的學習項目。從學生製作巨型的壁畫所需要的創意，以及蘇菲雅創作一首歌來讚賞昆蟲想要完成一個生命週期所需要掙脫奮鬥的過程，和布萊恩將生物學方面的轉變過程以肢體動覺的表演方式呈現，都讓我反覆的觀察到一種將批判思考與創意思考結合在一起的教學模式：那就是在一種藝術創作的歷程當中持續發生的師生互動現象，它也是擴展我課程範圍和深度的一項關鍵點。

　　就像我的這群學生一樣，我也需要保持開放的胸懷，慢慢觀察和思索藝術來擴展我對於我所教導的那群學童的了解，以及我本人對於一個持續發展中的課程（譯者註：原文為 ongoing development of a curriculum，也就是說一套課程發展出來之後，如果老師能夠以開放的胸懷去引導學生學習該套課程，那麼課程就會有自己的生命，可以逐漸發展出遠比老師預期還要具有深度和廣度的課程）的獨特洞察力。許多時刻，我好像錯過了拓展孩童經驗的機會，只因為我無法看到他們學習時候超越我原先設定的教學目標的界線。這是相當可惜的一件事情。讓我舉例說明或許會更容易明白我的意思。珠安是我們班上一位觀察相當細膩的學生。當他非常仔細的檢查班上圖書資源所提供的每一張圖片之後，發現了一張蛾卵囊的相片在這堆書當中，而那本書已經靜靜的躺在我們班級圖書館好幾個月了，卻沒有人發現那張圖片。那本書上面的解說讓我們確定我們在五月上旬所觀察到的現象，當時有成千上萬的小型毛毛蟲從蛾卵囊中不斷冒出新生命，然後快速的住到我們學校的垃圾堆裡面。在那裡牠們穿過成堆的花盆，然後將牠們自己捲曲在樹葉和蕃茄的表皮上面。我還記得那時候我們這班學生和我都感到相當驚訝和困惑。我們從書上總算知道那些小型的毛毛蟲其實叫做結草蟲（bagworms）。雅里森對於這樣的發現感到特別的興奮，我想是因為他就是將那些蛾的卵囊帶到班上來的那個同學吧！接下來的好幾個星期，我們都仔細的觀看那些存活下來的生存者在蕃茄（譯者註：蕃茄是草本的植物，高度不到五十公分）上的種種行為。我們發現即使已經脫蛹而出，牠們還是偏好將牠自己的身體捲曲在樹葉和落葉當中。

也在那同一個時刻，包含雅里森在內的八個小朋友開始閱讀和分享不同的「為何」和「如何」的故事書，例如，他們會閱讀《為何蚊子會在人們的耳朵旁邊嗡嗡叫呢？》（*Why Mosquitoes Buzz in People's Ears*, Aardema, 1975），以及從《僅僅如此而已！》（*Just So Stories, Kipling*, 1902/1978）系列圖書中抽取部分的書籍來閱讀，這些故事都說明那些在自然界經常發生的現象。對我而言，珠安對於結草蟲和牠的棲息地的發現，可以說是一種和我們的認知相互衝突的發現，但是卻相當精采。特別是我班上的學童對於這些故事的興趣相當激昂，也提供了動物適應環境的各種可能解釋，這樣的現象也讓我們班上的學童開始討論各式各樣的動物和人類，到底是如何在他們的環境下求得生存的機會呢？

我也發覺到，這些事件的相互連結也可以滿足我去發展一項具有挑戰性的統整藝術課程，更提供了一系列的藝術經驗讓每一個學童都有機會可以溝通他們剛剛學到的知識，也可以擴展他們對於世界進一步的了解。我很清楚的了解到，並不是每一個孩童都是視覺藝術家，就像珠安或史恩一樣的具備那樣的能力；也不是每一個孩童都可以像卡洛琳一樣的透過詩歌的讚美來擴展他們學習的真實意義；也不是每一個孩童都像布萊恩和羅伯特一樣可以將他們的想法以動覺或聲音的方式表達出來。不過我深信，我們需要面對的挑戰是要能夠確認我們所提供的學習經驗包含廣泛的學習方式，才能夠啟發每一個孩童的聲音。而且這樣的經驗是從每一個孩童在分享他們共同享有的能力時，逐漸浮現出來的。

雅里森那種害羞的行為舉止和鮮少講話的表現讓一般人可能誤以為他是一個嚴肅的沈默者，但實際上他講故事的能力卻是一級棒的。其實我們經常可以在教室裡面的分享時間（譯者註：教室裡面的分享時間在美國的國小通常是上學剛開始的時候，有點類似我們國內的早自習時間，他們讓每個孩童可以分享前一天放學之後各種強烈感受的事件）不知不覺的發掘這些善於講故事的人員（老師卻經常避免這些愛講故事的學生的插嘴），老師會禁止這些學童的表現主要是因為教室裡面負責講話的人通常是老師吧！我們也從許

多文化和民間傳說的研究可以了解到講故事確實是一個可以傳遞知識和訊息的方式，也是一種戲劇化的事件。講故事也和畫圖、音樂、運動等方式很類似，它也是某些孩童釐清他們和周遭世界與他們夥伴之間的關係時比較熟練的一種表達方式。

　　當然我就把握機會，在這個關鍵時機挑戰班上的學生，將他們剛剛學到的昆蟲生命週期的知識運用到一個不一樣的情境。雅里森決定和其他幾位小朋友共同編造一個故事和班上的同學分享。她的故事將要告訴我們草結蟲為何要隨身背負著牠們的袋子。同一個時間，我發現還有一些小朋友決定要發明一個嶄新的昆蟲，而這種嶄新的昆蟲相貌和習性則是透過他們從課堂上剛剛學到的昆蟲知識演變出來的，而且他們還要主動運用他們的想像力去建築這種昆蟲的棲息地和牠們的生命週期。雅里森持續的撰寫她的草結蟲故事，總共寫了十二頁和草結蟲有關聯的故事。她不斷的編輯和修訂原先編造出來的故事，最後總算讓她了解到她忘了那個隱喻的故事應該說明雌性的草結蟲一輩子都不會走出牠們自己所背負的袋子這樣的事實。等到她完成整個故事的時候，她告訴我們的故事是這樣進行的：原始的草結蟲原本是一種非常微小，幾乎不會被任何人注意的小討厭，但是經過一些特殊的狀況之後，牠們逐漸轉變為龐然大物，會將牠們看得到的每一樣東西都吃光光。為了要躲避人類對於牠們的憤怒所進行的各項攻擊，所以雌性的草結蟲決定要編織一個背袋躲藏起來，牠們也邀請了雄性的草結蟲和牠們共同躲在袋子裡面，避免遭受到人類的攻擊。雅里森總結她的報告時說道：「不過，雄性的草結蟲只停留在袋子裡面一段時間，等到牠們經過完全變態，成為蛾的時候，就脫蛹而出，雌性的草結蟲卻因為過份恐懼而不敢走出牠們自己編織的袋子，寧可在袋子裡面產卵，甚至最後也是在袋子裡面死掉的。」我可以了解到雅里森所描述的特徵真的就是這些奇怪的動物正確的生命週期，只不過她所運用的表達工具完全是她自己創造出來的嶄新方式，也讓我感受到她的原創性。

　　這個故事讓雅里森可以將她所觀察到的現象，以及對於昆蟲的學習轉換成另外一種形式的表達方式。我可以這麼說，她已經運用一種獨特的文學模

式將她的學習成果轉換成另外一種具有特色的語文事件。事實上，雅里森正在將她觀察周遭世界所得到的某些現象，創造一種具有自己獨特風格的民間傳說呢。

當雅里森完成她的專題計畫的時候，其他的孩童所創造的昆蟲也清楚表達他們的學習成果。這種昆蟲能夠適應獨特的環境。我觀察到羅妮正在為她的昆蟲描繪一張圖片。她在圖片上面標示著兩個部位：「頭部」和「軀體」兩大部位。當我注意到這一點的時候，我問她是否需要重新考慮一隻昆蟲擁有哪些部位。她看看自己剛完成的圖畫，然後再看看我，接著到自然科學角落隨手抓了一本科學期刊，翻開當中的一頁，找到我們前幾個星期曾經為了要觀察草結蟲的甲蟲而閱讀的圖片。沒有多說幾句話的情況下，羅妮重新設計一張正確的昆蟲圖案，包含了昆蟲所擁有的三個部位，並且用鮮黃色的蠟筆在上面著色，還馬上進行第三張圖畫的描繪，裡面畫的是那隻昆蟲在牠的棲息地休息的樣子。當她一邊畫圖的時候，也一邊告訴我那隻昆蟲成年之後會住在草地上面，而且成年之後主要的食物將會是毛茛屬的植物。

「這將會是這隻昆蟲的實際大小喔！」當她在畫一條兩吋長的直線時這麼告訴我。這時候她停頓了下來，眼睛睜得大大的，然後倒吸了一口氣。

「哇，牠的腿太長了！」趕緊找了橡皮擦來擦拭錯誤的地方。接著她在圖畫紙上面畫了一條短得多的直線，然後告訴我說：「怎麼樣？我還是相當厲害的吧！我想到牠應該是在毛茛屬的植物上面，所以我認為牠應該要小一點點，否則如果有人走近看到牠絕對會嚇一大跳的。」

對羅妮這個小女孩而言，這個階段給她一個藝術的經驗，讓她有機會發現她到底了解了哪些課堂上的教學內容，以及還有哪些課堂上的內容是沒有學得很紮實的，也可以使用一種新的形式重新整理她的想法。看著她認真的以一種藝術的方式處理學習的問題，我也能夠看到羅妮尚未清楚的理解某些基礎的資訊，不過我也觀察到她很快就自我修正錯誤，並且以這種學習活動特有的方式重新思考原先的問題。以一個具有高度創意的孩童而言，羅妮熱愛畫圖、寫作和各式各樣的文字表達方式，都一再地告訴我們她的想像空

間具有高度的彈性，並且能夠對於自己的想像空間保有高度的敏感性。所以
在這個範例當中的藝術經驗激發了她想要釐清某些基礎的知識，也同時讓她
有機會將這樣的學習成果以她個人獨具特色的美學觀點表達出來。

　　後來在六月的時候，學期即將結束了，我和班上的學生討論這個生命週
期的專題研究計畫。我要學生以腦力激盪的方式說明他們從這個專題計畫學
到哪些和「變態」、「變形」有關聯的知識。底下就是我這班寶貝學生所提
出來的見解：

變態學（Metamorphosis）
　卵—粉蟲—蛹—金龜子（egg—mealworm—pupa—beetle）
　卵—蝌蚪—青蛙（egg—tadpole—frog）

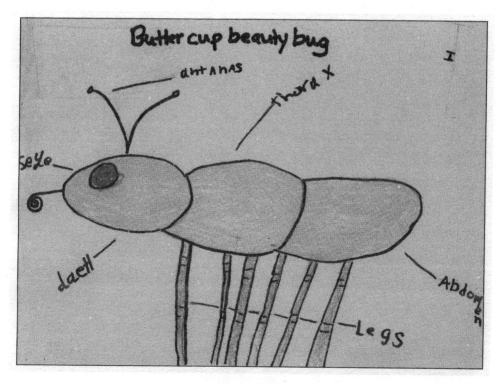

羅妮的插畫

卵—毛毛蟲—蝶蛹—蝴蝶（egg—caterpillar—chrysalis—butterfly）

卵—毛毛蟲—卵袋—蛾（egg—caterpillar—cocoon—moth）

卵—孑孓—蚊子（egg—larvae—mosquito）

種子—植物—花果實（seed—plant—flower—fruit）

水—雨—雪—冰（water—rain—snow—ice）

風—龍捲風—氣旋—海上龍捲風（wind—tornado—cyclone—waterspout）

卵—恐龍—爬行動物—鳥（egg—dinosaur—reptile—bird）

卵—嬰兒—成年人—死亡—土壤（egg—baby—grownup—death—dirt）

在那之後，我讓學生以肢體動覺和戲劇表達當作期末成果發表的方式，我要求學生透過肢體動覺的方式來說明他們曾經學習過的某一種變形或變態過程。大多數的學生所呈現的都是上面所條列當中的某一個特殊的印象。最後總算等到布萊恩、傑佛瑞和李三個人的表演了，他們要求我讓他們最後一個表演他們的學習成果。剛開始的時候，布萊恩躲藏在傑佛瑞與李兩個人所圍繞的手臂裡面，就像他們三個人相互擁抱一樣的可愛。慢慢的，李和傑佛瑞打開他們的手臂，並且將布萊恩慢慢的舉起來，而且布萊恩的雙手盡量的往外伸出去。底下的兩個人盡量的支撐著布萊恩在上面的動作，然後在一瞬間當中，三個人同時倒了下來，平平的躺在地板上面。接著布萊恩跳起來，拿著一隻假想的鉛筆，開始在傑佛瑞的肚皮上面寫著一些東西。看到這樣的景象，其他的學童大為驚奇的跳了起來，高聲的叫著：「大樹，這是一棵樹的生命週期的表演！」

我們在這個專題計畫結束的時候，每個人都了解的一點遠遠超過我們去蒐集各種動物和植物的生命週期的認識而已。我們從這些經驗理解到一點，藝術既可以當作一門課程，也可以提供我們各種靈感的來源，更讓我們知道學習絕對不是僅僅是由老師告訴學生課程的內容，然後在適當的時機透過考試來了解學生的學習成果而已。真實的學習絕對是一種轉換和改變的歷程，而且應該要讓學生逐漸覺醒到我們共同學習到的內容。對於老師和學生而

言，藝術提供我們各種機會管道來反思我們學習的內容和學習的歷程。這樣的學習讓我們有機會可以更深一層的方式來表達我們學習的知識，也讓我們了解到誰才是學習歷程的真正主人。以藝術統整課程的方式既是一種教學的標準模式，也提供每一個老師豐富的資源來將他們的學習經驗融入各個年級的教學活動，也提供我們一個可以逐年擴展和具有高度挑戰性的課程觀點。

　　不管孩童的學習差異為何，藝術的表達讓每一個孩童的學習都成為可能，這也讓他們可以完全的投入教育的歷程。他們超越了這些孩童天分上面的限制，例如珠安和布萊恩，他們的語文、文化，或是生活經驗都不在美國學校教育的主流上。我同時也認為藝術也可以挑戰類似亞當這一類型的孩童去擴展他們個人表達和溝通的限制。同時，藝術也確認像是雅里森、史恩，以及卡洛琳等人的學習是可以完整的達到的，不會因為他們的主要溝通和表達模式並不是我們通常在教室裡面經常使用的互動模式而受到限制。最後，我也認為藝術讓每一個孩童都能夠清楚的認識到他們學習的深度和廣度。

參考資料

Aardema, V. (1975). *Why mosquitoes buzz in people's ears.* New York: Dial Press.
Kipling, R. (1978). *Just so stories.* New York: Weathervane Books. (Original work published 1902)
Morimoto, J. (1986). *The inch boy.* New York: Puffin.

顛覆原有的平衡

JOSEPH CAMBONE

　　「安妮」是一位服務於專門提供給男學生的住宿型學校的老師，這些男孩都具有嚴重的情緒與行為偏差。那所學校可以說是一個非常錯綜複雜的學習環境，對於社會上的其他人，以及整體的教育社群而言，可能都還不知道這所學校的存在。在這一章，Joseph Cambone 呈現了安妮的圖像，以及她掙扎著想要成功的協助學生學習的過程。安妮認真的教學，並且以批判的思考模式探究她的教學，嘗試著從學生的角度來滿足他們的需求，她也非常熱愛她的學生，以及她目前的工作，讓她可以在教學與學習的歷程當中，繼續將重點集中在「優點與健康，而不是病情」的探究。透過Cambone 所呈現的圖像，我們親眼見到安妮個人的成長與專業的發展，她的學生以學習者的方式發展，更成為一個社區的成員，以及在這樣一個錯綜複雜的教育社群當中所發生的教學與學習是多麼的不可預測。

> 特別是處於黑暗的時代，
> 那是一個熱愛的時代，所以一個熱愛的行動可能
> 顛覆原先的平衡狀態。
> ——希臘詩人，Aeschylus

Harvard Educational Review Vol. 60 No. 2 May 1990, 217-236.

亂成一團

「我就是問題的一部分。我的期望是錯誤的。」這是一個十月初的日子，在這堂課發生之後的一個星期，我們準備好一起觀賞我稍早之前拍攝的錄影帶。安妮手上拿著一罐健怡可樂，而我則拿著一本便條本，以及一些錄影機的相關配備。這是我和安妮之間的第一次會議，我感到相當驚訝的是她對於自己非常誠實的自我批判（就像我在我們進行上課錄影的幾個月會作的事情一樣，我們先錄影，然後回頭再一起針對錄影做討論）。「我還記得我很高興我們可以這樣的觀賞這捲錄影帶的內容。」她輕輕的笑著。在我們一起觀賞一堂看起來非常艱辛的課堂的錄影帶時，她看起來有點緊張，或許甚至感到尷尬也說不定。這是在我的預料之中的表現。我沒有預期的則是她的好奇心。她的好奇心超越了任何事情。她想要自己親眼看看到底在哪裡她犯了哪樣的錯誤，她想要親眼看著她到底是如何變成問題的來源。對於那樣的機會，她就顯得高興多了。

不過，我仍然相當疑惑：她怎麼可能會是問題的所在呢？從錄影機的鏡頭，我很明顯的看到不同的課堂。這些孩子真的很難控管，而且這樣的一堂課看起來就是一項合理的嘗試！這一小群，五個男孩是這所住宿型治療中心停留最久的年輕人。不管用哪一種說法，他們就是他們這個年齡層最具有暴力傾向，也最不正常的一群人。*

有一位叫做傑瑞米的六歲男孩，他出生在一間州立的機構，目前已經在將近十個收容家庭待過。他的個子瘦小，他那頭黑色的捲髮是以一種毛刷式的方式往上剪，更烘托出他那淺橄欖色的蒼白的皮膚。他相當可愛、非常有精神、也喜歡說話。大人和小孩都喜歡接近他。不過很多社會情境的複雜經常讓他感到困惑與挫折，也因此常常喜歡攻擊他人，或喜歡在性慾方面找尋

---

*在這篇文章當中，我刻意以匿名的方式呈現每一位大人和小孩的姓名，以保障他們的隱私權。不過為了要忠實的說明他們的經驗，我刻意保留他們使用的語文。

刺激。

保羅也才七歲。他和他的家庭到最近才脫離無家可歸的情況，而且我們有證據可以說明他在他們全家所居留過的許多避難處當中的一處曾經受到性虐待。學校則是他所居住過為時最久的一個地方。他有一張圓滾滾、深咖啡色的臉龐，而且隨時充滿各式各樣的表情。他還有一雙大得和杏仁一樣的眼睛，總是睜的大大的，不過卻充滿著困惑與痛苦——還好有時候也是會有一個小男孩應該有的歡樂表情。到現在為止，他早就被校園裡面的每一位成年人所知曉，這是因為他發怒的時候是那麼的具有暴力傾向，而且經常發怒，只要一發怒就延續非常久的時間。

六歲大的史帝夫在被領養之前，也曾經遭受過性虐待。和其他男孩不同的地方，就是他並不常發怒。相對的，他變得相當叛逆，通常當別人對他有一點小要求或甚至提供機會讓他獲得快樂時，會自然而然的大叫「不要！」他通常會靜靜的坐在那裡，下巴藏在他長而纖細的臉龐；額頭上充滿皺紋；眼睛瞇成一線；嘴裡低聲的說著一些不堪入耳的話，也會嘲弄其他的男孩。在這所學校裡面，他是唯一停留在他應該就讀的年級的一位學生。

山姆則是一位八歲大的男孩，不過卻因為智力平庸，以及腦神經方面的困擾而在這所學校就讀。在一對一的情況下，他相當逗人喜愛，也充滿感情，在和成年人擁抱或者告訴他們他是多麼愛他們的時候從來都沒有猶豫過。可是他很少出現在教室裡面，或與任何形式的小組夥伴在一起。每當遇到最輕微的挑釁時，他就會歇斯底里的尖叫起來，讓那些在他旁邊的大人和學生都不知道到底是哪件事情挑起了他的強烈反彈。

金髮、碧眼、有些雀斑的傑米則是一位五歲大的男孩，充滿活力，一整天都不斷的動來動去。他無法安安靜靜的坐個幾秒鐘的時間，總會和其他人撞在一起，然後和對方嬉笑怒罵，以及在他們身旁撥弄手指頭。他活動的能量可以在瞬間爆發，很輕鬆的就可以毀掉一堂課的內容。他經常被學校老師「暫時中斷」他的課堂學習時間。不過整體來說，他相當聰明，也善於口語表達和全然的投入學習。

這些男孩都沒有真實的在學校求學過。他們為自己的一切承擔後果。他們真的很難管理，他們是一群苛求他人的人，也相當容易衝動；當我們將他們放在同一所學校的時候，他們暴躁般的相處互動，以各種方式讓彼此生氣——例如打架、攻擊成年人，或將家具與物品丟來丟去，或者直接逃學。每當我看到這五虎將在一起，混亂的場面就不遠了。考慮到這群男孩一般的行為，我個人認為這堂課進行的還不賴。

「這真的是一堂很爛的課嗎？」透過我講話的語調，我洩漏了我對她的懷疑。她笑了一下，她相當具有智慧，也能夠察覺到最細微的表情，回答我的問題時總是帶著一點道歉的感覺，接著說：「這麼說好了，這堂課可以上得更好！」她解釋著：

> 在當作一個老師的過程當中……這是一群相當難以駕馭的小組，我必須不斷的更改我原先想要進行的課堂活動。我持續的批判我所做的每一件事情。而這小組的學生在大多數的情況下處於失控的狀態。就某種水平來說，我知道一些老師曾經在這所學校教學過，他們會說：「我的天啊！我不敢相信那一小組的學生！」也會說「我真不知道妳每天到底是如何和他們相處的。」或是「這是我所見過在美勞課堂上最難以掌控的一個班級！」還有其他更多的可能性！所以我知道我不是這個班級的罪魁禍首。不過我也持續了解到我需要做一些改變，在這個現場也有許多是我可以做得更好的項目。所以我通常在腦海裡面反覆的播放這些畫面，看看是否能夠找到更理想的教學策略。

她渴望自我批判的傾向看起來是那樣的有層次，有點像是她所做的其他事情一般；或許透過自我批判可以協助她將學生學習上的困擾所帶給她的衝動給擋開，有點像是其他人在某些時刻會做的事情。當我們了解到他們那些極端令人厭煩的行為時，就很容易將責難的矛頭指向他們。也或許她的自我批判是因為她非常清楚的了解到她正處於鎂光燈的焦點；人們會很仔細的看著她的一舉一動，當然更會詫異的發現她是如何處理這群他們所見過最難搞

定的學生。

　　不過，她所做的自我分析還更深入一層，遠比當作一位老師還要深入的意涵。安妮認為能夠自我分析其實是「成為一位老師的歷程」當中的一個關鍵部分。這個歷程包含了持續重新評量那些在教室裡面有用與無用的一些假設，而不會因為某種方法在某個特定的教學情境下有效而終身使用那種方式；相對的，反思的目的是要回應學生的需求而發展一套課程。安妮相信「今年的教學計畫不可以根據去年學生的需求而發展」（譯者註：這真是一針見血的觀點。國內目前在寒暑假要求各校提出教學計畫，在還沒有面對自己班級的學生時，該如何規劃那套看不見的課程呢？難怪多數老師乾脆以剪貼方式來應付教育局的要求）。

　　所以當我們在一起觀賞課堂的錄影帶時，她是相當「高興」的──高興是因為有機會重新檢視她的假設，高興也是因為有機會再看一次她的教學法。而我也很高興有機會和她一起觀賞錄影帶，因為我可以看到在我們觀賞錄影帶的過程當中，她是如何思考的。

　　凱西的聲音愈來愈緊繃。這是這位實習老師來這間教室的第三個星期，而安妮早就已經給她許多責任。男孩們愈來愈焦躁不安，小聲的吵著，在窗戶旁距離他們老師相當遙遠的一個L型長板凳上坐立不安的樣子。通常這個班級會有五虎將全部到齊，不過傑瑞米已經因為他所造成的麻煩被調到其他教室去了。安妮想要開始上一個單元，也還沒有在這麼短的一分鐘內給予適當的注意力。這些男生的精力是那麼明白可見，也毫無焦點的朝好幾個方向齊飛。她將一張桌子搬開，然後將一個蘋果四平八穩的在他們面前放好在桌上。

　　突然間，她按下錄影機上暫停的按鍵。「我還沒有整理好。我的意思是說那是一個馬後砲的觀點。……」剛開始，我以為她是在說將蘋果放好在桌面上的動作。不過她提到的反倒是她的思緒還沒有整理好：她沒有針對適當的孩童做好適當的規劃。「我曾經在其他學生面前做過這樣的教學活動兩

遍，孩子們超級喜歡這個單元的。那些孩子完全投入吃蘋果的學習……那真的是一個很有趣的教學活動，是一個很棒的單元規劃！……我真的有點愚蠢的說：『我可以不用思考的就可以教導這個單元活動！』」她的眼睛盯著螢幕上靜止的畫面。「我還沒有認真的去想這個班級和去年那一班有多大的差別──就因為去年這個單元非常受到學生歡迎……！」

當我關心的重點集中在老師沒有準備好教學材料而讓班級裡面的緊張氛圍提高不少的時候，她關心的重點則是集中在她的腦海中為這堂課所規劃的內容。一般而言，一位老師至少有六十秒的時間可以安排一個活動的教材，不過絕對不可以在這堂課上做這樣的事情──在那短短的六十秒之內，麻煩早就已經在醞釀了。老師想要用講話的方式，就不如讓學生實際操作來得管用。在活動與活動之間的過渡時間可能相當曲折離奇。我開始了解她所提到的腦海中的組織對於教學的重要性。如果她在活動與活動之間可以平順的帶領這群男孩，讓他們將眼睛和雙手的注意力都集中在教材上，那麼她就有能力可以將他們的注意力從他們自己的思維或對彼此的感覺轉移到教材上面。然而，這樣的作為必須是正確的活動才有這樣的魅力。我按下播放的按鍵。

山姆奇怪的和其他同學坐得遠遠的，開始發出一些打飽嗝的聲音，然後在教室裡面像一隻雞在走路一樣的把頭前後搖動。「山姆，除非你停止發出那些吵鬧的聲音，否則我沒有辦法幫你貼一張乖寶寶貼紙。山姆，看著我。」凱西試著想要抓回山姆的注意力。他根本就不理她，沈浸在自己的節奏當中。安妮的動作愈來愈快，不過還沒有說半句話。保羅和傑米坐在長板凳上一起開懷的笑著，幾乎完全忽視凱西的存在。詹姆斯作了一些小小的功夫動作。保羅笑著看傑米的一些動作，他自己也筆畫了一下。傑米笑了起來，靠著椅背往後躺下去，然後他張開雙腿，假裝在打手槍的樣子。

在觀賞錄影帶的時候，安妮對於山姆的動作做了一些評語：「每當我想到該如何處置他的時候都會讓我感到嚴重的挫折感。他最大的問題就是受到

過度的刺激，偏偏他就處於一群超級喜歡搞笑的同伴當中。別的孩子可能相當驚恐。」她不太清楚是否應該讓他繼續留在這間教室裡面——或許這間學校根本就不是他應該來的地方，或許他需要的是一些更專業的指導人員。而傑米就是這樣的一個嬰兒，根本還未滿六歲。他是那麼的聰明伶俐，也渴望學習，不過卻因為衝動而經常超越限度。她看到他在玩弄自己的「小弟弟」，很想假裝沒看到，就讓他過去了。「那種行為看起來是那樣的微不足道。他在褲子外面玩弄他的小弟弟……某種程度而言，對一位五歲大的男孩這並非不正常的表現。不過在這小組當中，而且我對他也相當了解的……」相對於此，凱西就比較沒有經驗，也不太擅長處理這樣的學生行為，所以就顯現出抓狂的樣子來。

傑米，看起來你是想要去外面沖涼一下（time out。審訂者註：在美國的學校裡，如果老師遇到傲慢不拘的學生，就會要求他們到校長室去「沖涼」一下，緩和一下情緒）。他的身體往前靠向凱西，噘著嘴巴，伸出舌頭，發出一陣飽嗝的聲音。山姆模仿他的動作，雖然他並沒有發出聲音來。這種對老師的挑戰是有感染性的，接著保羅就以一種坐立不安的方式逐漸狂野起來。這時候班上第三位成年人，也就是隨班就讀的凱倫，一位治療師，就走過去牽著傑米的手，帶領他走出教室。傑米這時候猶豫的看著安妮，嚷著說到：「喔！到底我犯了什麼錯呢？我該怎麼做才好呢？」他看起來相當迷惑。他看起來好像在說我到底做錯了什麼事情？「我要怎麼做才可以拿到乖寶寶貼紙呢？」他一邊被凱倫拖出教室去，一邊哀嚎著。安妮這時候轉向班上剩餘的其他同學，臉上充滿著嚴肅的表情。

每當班上有一個孩子和傑米做出一樣的作為，一些她認為作為本身就是一面鏡子反應老師上課的態度，或是可以掌控的範圍卻偏離主題，就可能會干擾其他同學，讓她覺得相當憂慮。「每當你班上的一位孩子因為某些會干擾其他同學的事情而被叫離開教室時，到底可以撐得了多久的時間呢？」她

不斷的回到這個問題的討論，不過仍然無法提出恰當的回答。這種對於在課堂上不知道該採取哪一種方式才得體的不確定壓力為學校開學的第一個星期劃下了句點。

到目前為止，保羅還是持續動來動去，雙腿四平八穩的跪在長板凳上，屁股則是不安分的前後動來動去。他可以說是一團精力，不過當他看到班上的大人盯著他看時，就會恢復為端端正正的坐得四平八穩的。

「今天我們要討論的是蘋果。」她這麼開始這堂課的教學。她站在桌子的後面，並在桌面上擺出四種不同的蘋果。三位男孩以一種著迷的眼神盯著她看，就像是他們從來都沒有看過蘋果似的。「誰可以告訴我這些蘋果的一些事情呢？」課堂一開始就看到學生熱烈的舉手想要發表意見。山姆這麼說：「我看到一個紅蘋果，一個青蘋果（然後指著一顆黃金蘋果說），還有一個白蘋果。」「所以它們有哪些不同的什麼呢？」山姆：「顏色！」安妮：「保羅，那麼你可以告訴我這些蘋果的哪些事情呢？」他從長板凳上面跳了起來，然後身體往前傾，幾乎可以碰到蘋果，並且將身體愈壓愈低。「不可以，留在你的座位上，稍後你們就有機會可以觸碰它們了。」「不過我必須秀給你看！」他在懇求著，在沒有觸碰到蘋果之前，他無法說出什麼來。不過她只是繼續和其他男孩討論這堂課的內容。他緩慢的往後移動，然後一屁股跌坐到椅子上。

這時候他幾乎就像是超級有生命的人一樣，指著當中的一個蘋果，身體朝向老師的位子移動，並且轉動他的座椅，想要找出一些可以描述蘋果特色的重點。他的手往前伸出去，這時候正好她叫他回答問題，好像他已經真的觸碰到蘋果似的。「好的，你現在可以告訴我這些蘋果的哪些事情呢？」「它們表面上有一層皮，不是嗎？還有梗。」我這一次是否答對了？他的表情就像是在問老師這樣的問題。另一方面，他以金雞獨立的方式站起來，不過膝蓋仍停留在板凳上。他的動作愈來愈誇張；他還是沒有辦法安靜的坐下來。「很好，保羅。」現在保羅站了起來，身

體開始擺動，將他的手臂與兩隻手在他身體前面上上下下擺來擺去的，然後在他身體背後擺動雙手，再回到前面來擺動。安妮稍微提高音量，很快的承認他的答案是正確的：「它們表面上都有一層皮。」這時候，保羅接著老師的話，以戲劇性的音調說著：「這樣可以讓它們保暖！」

「你在想些什麼？」我一邊按下暫停的按鍵，一邊問著。「我只是在想他的身體到底可以動多久，然後他坐了下來，我真好奇他能夠動多久！……他的表現其實還好……雖然他的動作總是那麼快……我在想如果我要求他端端正正的坐好到底是在幫助他，還是毀滅他呢？」總算她讓他參與課堂的活動了。他的精力無窮，她只能夠讓他安靜一段時間罷了。她後來做了一項決定：「現在，保羅圍繞著一些東西轉動身體，這和他那些侵犯性的行為相比較，簡直就是小巫見大巫。這就像是把我從戰鬥位階解救回來的作為一般。」她隨時保持警戒的心態，很小心的觀察這群學生，蒐集各種資料，在這些資料消逝之前加以整理。

她以一種簡單的姿勢要求他坐下來。保羅爬著回到他那張長板凳上面，繼續保持跪下來的姿態，臉則背向著班上其他同學，他還噘著嘴巴，用嘴巴觸及長板凳。這時候山姆又開始像一隻公雞一樣的搖擺著頭走來走去；偶爾會停下來，然後繼續走動。我在想他是否專心聽課呢？「我喜歡紅色的那顆，還有上面有一點一點的那一顆。」史帝夫這麼說著，保羅則又活動了起來，走向蘋果，並且問著：「你是說這一顆嗎？」安妮一點脾氣也沒有的輕鬆的說著：「保羅，回到你的座位上。」就這樣，保羅回到原先的長板凳，還躺在板凳上。

這個單元的構想是要讓學生用五官的感受來體驗這些蘋果相同與相異之處。「我們即將看看它們外觀看起來像什麼，味道聞起來如何，以及摸起來的感受，當然還有吃下去的感受又怎樣……」她這麼說著。保羅的老毛病又再一次發作了。「坐好。」她平靜而堅定，沒有耗費多餘的口水這麼說著。「這是一顆麥金塔蘋果。我們會把這顆蘋果傳過去給每位

同學摸一摸。然後我們要用眼睛注視著這顆蘋果,並且說出這顆麥金塔蘋果看起來像什麼。」

史帝夫微笑著將蘋果拿在手上。他說:「好冰冷!」「有一個詞說明觸摸它的感受。還記得嘛!我們現在就來看看它看起來像什麼。」她拿出一張是先準備好的白報紙,以便讓師生可以將五官觀察到蘋果的異同記錄下來。不過一切都太遲了,她給學生拿著蘋果,那麼接下來的事情就一一發生了。保羅模仿蘋果的樣子,夢幻般的看著窗戶外面,並且將蘋果在他的雙手之間摩擦著,然後再把蘋果拿到臉上敷著。「好的,你們現在仔細的看著、觸碰著蘋果。」安妮大聲的說著。那只是將教室裡面正在發生,而且和她原先規劃不一樣的事情說了出來而已。實際上,他們沒有在「看」蘋果,他們只在觸碰蘋果而已。她原先規劃的是一個結構性,連貫的課程,以便讓學生可以使用五種感官來感受,不過他們只對觸覺有興趣而已。

她試著把他們的注意力拉回來,想要重新指導這堂課的課程,以便協助學生組織他們學習的課程內容。「我希望你們記得使用眼睛來看東西。現在有誰可以用一個字來告訴我這顆蘋果看起來的外觀像什麼。史帝夫抓住這個機會說:「它是紅色的。」山姆說:「它有好多汁液。」不過這時候安妮全神貫注的就是要把正在蠕動的保羅的心思給抓回來。「保羅,有哪個詞可以說明蘋果的外觀呢?」「它看起來很好笑。」保羅在她面前的一瞬間,還是保留跪姿。「這裡看起來像是一張嘴巴,這邊看起來像是一個頭顱。這一次她讓他完整的說下去。畢竟他已經告訴她蘋果外觀看起來的樣貌。「是的,不過它的顏色呢?」她這麼問著。「紅色的。」史帝夫抗議著說他早就說過同樣的答案了。不過因為保羅吸引大家的注意力,所以沒有人聽到他的答案。他的眼睛瞇成一條細縫,憤怒的說:「它看起來像是一個漢堡!」保羅總算縮回到他原先的長板凳,並且像是一隻螃蟹一般興奮的走來走去。在這時候,教室裡面的氣氛已經改變了,不過她仍不確定為何會改變。「我要求每一位同學安靜

的坐在你們的板凳上，眼睛注意到我這裡來。」就這樣，班上有短暫的死寂。

當她簡單的要求學生安靜的坐好獲得迴響之後，安妮決定不要因為每一位學生同時在講話而情緒發作，她暫時停頓下來，重新編組。她想要繼續教導課程內容，也想要讓每一位男孩都有參與的機會，不過她現在最需要的是能夠掌握教室的氣氛。她沒有聽到史帝夫的建議，而山姆的意見又被保羅提出來的觀點給遮掩了，不過不管如何，她還是掌握到教室當下的氣氛，一個從生氣蓬勃的氣氛轉移到激盪不安的氣氛。「教室的氣氛」對她的許多決定而言是非常重要的因素。那是這個小組學生心情與忍受度水準的一個指標。每當她看到這個小組學生的氣氛是她有把握的時刻，她知道可以讓某一個男孩有一點點行為上的偏離，就像她現在處理保羅的學習一樣。她利用「對於個別學生的知識，以及團體動力學的知識來處理課堂的問題……如果我感覺（某個男孩）的動作即將讓這一小組的學生鬧起來，那麼我就必須當下停止他們不當的行為。不過如果沒有人注意到他們的行為，孩子們也都相當安靜的坐著，這時如果我想要中斷他們那樣的情境反而可能造成更大的問題，那麼我就會睜一隻眼，閉一隻眼的讓他繼續下去。」可惜在這裡她誤解了教室當下的氣氛，不了解為何教室的氣氛會改變，沒有掌握到教室裡面那種持續發生的動態與喧鬧其實已經遮掩了這些孩子們根本不知道她到底想要他們說出哪一種答案而感到混淆不安。所以在學生之間籠罩著一個緊繃的壓力。他們想要提出一些想法，說出他們對於蘋果的感受等等。不過，到底她想要哪一個標準答案呢？他們的嘴裡充滿著他們認為重要的感受：「它冷冷的」、「它相當多汁」——不過她只想要讓他們的學習集中到觀看這一項。山姆開始蠕動起來，史帝夫在他的座位上轉來轉去的打起哈欠來，根本就沒有專心聽課的樣子。某種程度而言，她已經又失去他們的專注了。

在上完這堂課之後，她了解到自己所犯的錯誤——基本上這個單元根本就和學生八字不合。「我們需要將整堂課切割為二十五個步驟來進行……我

總是在教導一些年紀小，情緒失常的小孩，他們通常也都是學習障礙的學童，我以為我早就已經將每一件事情都削減為最小的單元了。和這一小組在一起，我需要再將原先的步驟繼續切割下去，至少還可以多切割二十個步驟出來。」不過在這個時刻，她想要催促他們一點點，「我習慣於讓孩子們往上提升一些思考的階層。……不過我要求他們做的任務好像沒有多少意義。我是說我忘了眼睛與雙手的差別！我想把五官的課程留待未來適當的時機再來帶領吧！那是他們還沒有學會的一種必要項目。」在這個個案當中，她做了錯誤的判斷；她催促得太快，太難了，很快的，那種想要掌控班級教室的脆弱平衡就消逝了。

「保羅，你可以說說看這個蘋果看起來像什麼嗎？」他跳了起來，走向她身邊。她讓他靠近她的身旁。他跪著說：「上面有綠色的點，底端平平的。這裡平平的，那裡平平的，在這裡它翹起來。」「很棒！保羅，請坐下來。」愛秀的保羅在同學面前鞠了一個躬。史帝夫也想要再站起來發表意見，不過可以講的已經被保羅講完了。山姆則在一旁笑了起來。史帝夫持續被保羅的偏差行為所阻礙，而且每當保羅在那張板凳上動個不停，並且將板凳朝史帝夫的方向推過去的時候，史帝夫就會朝他的身體打出一拳。這一拳也不是真的用力的一拳，就剛剛好的力道。然後保羅就會打回去。不過安妮這時候可相當穩定、鎮定的說：「史帝夫和保羅，現在你們兩個人有三分鐘的時間可以安靜的坐下來，除非你們坐下來，否則我們就不再上下去。」突然間，整間教室裡面的情緒突然發作，簡直像是菜市場一樣的亂（譯者註：原文為 pandemonium，意思為地獄一般的亂。不過國內比較熟悉的應該是老師通常會說「像菜市場一樣的鬧烘烘！」所以這裡將原文做了一點修改）。

安妮的思緒趕緊努力奔跑，看看是否能夠來得及處理這件危機。

「一切都發生得太快了，我根本就沒有時間思考我到底該怎麼講話……」

保羅從板凳上跳了起來，衝出教室，不過被凱西給抓個正著。山姆開始在椅背上前後搖動，頭就像是一個布娃娃一樣的擺來擺去。保羅開始怒吼的叫囂著：「幹！放開我！幹！」「保羅，你現在可以深呼吸，在我數到三之前，回到你的位置上坐好，要不然你就必須離開這間教室。一、二……」保羅不再叫喊與詛咒了，驕傲的以笑臉迎接他的同學。山姆變得安靜多了，不過又在那裡傻笑，看起來好像他很樂意想要成為偏差行為的一員。「現在全班都乖乖坐下來。」當他們聽到這個指令，全班又亂成一團。保羅抓狂似的抓著他的褲檔，並且開始叫囂一些具有性暗示的文字。山姆則在一旁歇斯底里的笑著。保羅掀開他的襯衫，挑釁的展示他的腹部給山姆示威，並且一邊唱著歌曲：「肚臍眼！」安妮抓住他的手臂，開始試著將他帶離現場。

「他很可能會馬上做出一些危險或者粗暴的事情來，會將原本的問題更加複雜。」

山姆開始發出一些怪聲。當保羅走過放著蘋果的那張桌子時，他拿起一顆蘋果，仍然對著其他男孩叫囂著性暗示的詞彙，並將蘋果朝牆壁扔了過去。安妮抓住他的雙手，一路帶他去暫時停止上課的地點去安靜下來。史帝夫則從他的座位上跳了起來，衝向蘋果。

「這是不該發生的事情。我是一位爛老師！如果這件事情發生在我自己的教室裡，我應該比較有辦法掌控全班的秩序。

山姆在一頭開始反覆的尖叫著「幹！」然後在座位上搖擺起來。最後，

他也跳了起來，試著想要逃離這間教室。

「難不成我們不能做些事情讓他安靜下來！他當然會焦慮……不過我們甚至連支援都沒有！」

凱西抓住他的手臂，想要試著抓住山姆，並且同時想要讓史帝夫乖乖的回到他的座位上。安妮在教室的另一頭，好不容易讓保羅像一隻釘子一樣的坐好。

「需要有一位大人緊緊抓住他，中斷他原先想要作的事情，否則他就會想要逃離教室，撞倒某些東西，或做出一些具有危險性的動作！」

他正在踢她，也試著用頭頂她，還一邊尖叫著。

「在我內心有一部分必須要去處理這些身體方面的真實面向——我好恨自己無法要求保羅安安靜靜的坐好。」

就在這個時侯，凱倫將傑瑞米帶回到教室裡來！

「……這真的不是一個將傑瑞米帶回這間教室的時機，真的是一個愚蠢的時機！」

很顯然的，他已經鎮定下來了。凱倫讓傑瑞米在教室遠遠另一頭的位子上坐下來，然後從凱西的手上將山姆帶出這間教室，山姆一邊走出教室，還一邊尖叫著。在這同時，安妮看到保羅無法保持安靜的態度，就將他從教室轉移到危機處理中心。史帝夫看起來相當無辜的坐在板凳上。

「我已經記不得史帝夫是否是這個問題的原創者之一了。事情真的發生得太快了，讓我措手不及。」

這堂課在十分鐘之後結束。老師們另外花了三十分鐘的時間來讓孩子們安靜下來，然後才能夠繼續其他的課程。當我們觀賞完錄影帶之後，安妮很明顯的看得出來相當的挫折，想要了解到底哪裡出錯了，更想要了解為何她最擅長的項目居然也會出差錯，偏偏她最擅長的就是以往她和一些需要情緒治療的男孩互動時最有成效的一堂課程。「這麼多事情幾乎同時發生……我需要同時處理這麼多的事件！」在我們談話結束之前，她又回到原先自我責備的情況，這麼說著：「我是這個問題的一部分。我的期望錯了。」

洞見

巨大的老橡樹雄偉的站在蔓延的草坪中央，它的最後一片葉子被十一月的第一場雨給帶走了。修剪整齊的草坪，逐漸往上延伸，從樹梢到一棟巨大的、米黃色的維多利亞大樓，整片草皮原先的草綠色正在消逝當中，看起來有點墨綠色的樣子，而萬壽菊在走道的兩旁巨大的盆景當中，開始枯萎。即使在雨中，校園仍是相當美麗的。座落在河川旁邊，顯現出虛張聲勢的樣子，其實這塊土地原先是一個富裕的農場。目前這裡是一個專門收容情緒失常男孩的學校，而穀倉頂端則有一個銅製的氣象儀，已經重新裝潢為這所學校的辦公室。老舊的馬車房在款式和顏色方面都搭配著主建築物，當作這所學校的危機處理中心。學校建築物當中最摩登的，座落在這塊土地稍遠的後方，靠近草坪的地方，往上、往外延伸出去，一直蔓延到河川旁邊；這是一塊保留地，到處充滿著各種鳥類。這棟大樓本身，也叫做宿舍，就是這些男孩居住的地點。雖然宿舍的內部曾經為此重新裝潢過，不過宿舍的外觀仍保留著它原先優雅的外貌。加拿大野雁從頭頂上飛過，讓背後的河川留給即將

來臨的冬天。當我緩步沿著小徑走上去的時候，我將這些野外的氣息都吸到肺部去了，我走過安妮教室的窗外，主要就是要去校長室和校長討論安妮教學的點滴。

「幹！」

保羅的聲音仍然那麼尖銳，甚至穿越了教室的牆壁，撞擊到外面的草坪。山姆尖銳的哭聲跟隨在後。教室裡的家具被推倒了，保羅淫穢的言語與山姆持續的哭聲交織成一種特殊的景觀。我在想安妮和我共同規劃要一起觀賞的錄影帶時段，以及我們之間的對話，還有她所參與的那些掙扎。我再一次的看著這個可愛的校園，然後深深的吸了一口氣。

午餐時光在教師休息室裡面，安妮靠在她座位，身體朝向她的同事，像機關槍一樣，大聲的搶著講話，她的午餐吃了一半。平常就已經相當蒼白的臉龐，更加枯萎、消瘦，眼睛充滿淚水。她非常的憤怒。在一個小時之前，我所聽到的任何事情，只會讓事情更加嚴重，我從來都沒有看過生氣的她——即使當學生是那麼令人無法容忍的挑撥情緒，她仍然保持沈著的情緒，她的音調也盡量控制在合適的範圍內。我猶豫的想要問她到底發生了什麼事情，不過我沒有那麼做，反而是看到她有兩位同事仔細的聆聽，提出各種鼓勵的語言，並且確認她這種挫折與生氣的強烈感受。他們都是非常棒的傾聽者，早就練就一套「給予適當的空間」的做法，讓憤怒在擅自闖入他們自己的思緒與意見之前逐漸放鬆下來。不過很明顯的，他們並不是想要盡到道義責任才在那裡聆聽她的抱怨——他們都是那麼真心誠意的傾聽著，他們分享著她對於這群孩童的擔憂，也同時分享著她對於教學實務工作的許多信念。

幾乎在同一時間，三位老師抬起頭來盯著時鐘看。時鐘指著 11：55。在11：56 的時候，他們都已經離開教師休息室了。就像往常一般，他們在孩子們從午餐回到教室之前，要先準備好就位，準備協助這群學生順利的轉換到下午的活動。他們用來說明自己工作的詞彙是可預測的、一貫的，以及挑戰的；也是他們認為這群孩子所需要的學習情境。不過擁有這樣的信念明顯的將龐大的壓力加諸在他們身上；這樣的要求讓他們必須以狼吞虎嚥的方式吃

完午餐，以節省的方式進行溝通，更要如軍隊行軍般的快速行走——即使是當他們悶悶不樂的時候，也需要如此。這所學校的心臟快速的運轉著，很少有機會可以讓旁觀者找到他們不是以超級快速的方式思考、講話、行進。不變的是，在我到達這所學校的二十分鐘內，我的脈搏也開始加速跳動了。

那天下午三點當安妮告訴我這個故事的時候，她還是相當的苦惱。所有的困擾都在「醒來」的瞬間爆發出來。那天早上，這些男同學不願意起床，賴在那裡希望可以免除他們早上要做的例行公事。早餐是一頓讓人不愉快的事件，所以當他們到達教室時，安妮、凱西與凱倫要求他們安定坐好時才會特別困難。他們還有一整天要去面對：就像往常一樣，還有閱讀、數學和寫作等課程在等著他們。有一群稱為「動物當作中介者」的傢伙即將到來，他們是一群自然觀察者，他們到學校來的時候，也會攜帶一些活生生、不過受傷過的野生動物，來與學校的師生當作全校性的自然課活動。今天他們帶了一隻田鼠和一隻狗到學校來。安妮對於這個活動有高度的期許。當他們上個星期來學校的時候，他們帶領的活動簡直就是一件吸引全校學生投入的活動，成功的征服了學生的注意力。不過今天的情況有所差別，傑瑞米因為他沒有機會握著狗的鍊條，而史帝夫卻可以握著鍊條不放，讓傑瑞米極端的憤怒，隨手抓了一台釘書機往狗的身上扔了過去，就這樣啟動了一連串的問題，反覆的在整個早上的課堂上出現。凱倫帶著傑瑞米到危機處理中心，在那裡傑瑞米的偏差行為更形囂張，很快的凱西也不得不把因為傑瑞米的偏差行為而進行進一步的處理工作。

在教室裡頭，就只剩下安妮和其餘的三位男生在一起，她繼續教導原先規劃的課程，進入大書共同閱讀的階段（審訂者註：美國有許多專門提供給學齡與學齡前兒童共同閱讀的繪本，會特別誇大的用大版面的方式呈現，以便每一位學生都可以看得到繪本裡面的插圖）。大書就是那個樣子：三呎高、彩色繪圖，有超大的文字說明。它們是多元語文與閱讀活動的基礎。通常這會是一個每一位學生都喜好的閱讀時間，不過今天早上負面的動量將閱讀大書的喜悅給沖淡了。史帝夫最後被送到暫停時間，保羅開始在教室裡頭

亂跑，還沿著窗台往上爬，而山姆則開始尖叫起來，「每一次只要有人遭遇到困擾，他就會這麼尖叫著。」當安妮要求保羅坐下來的時候，保羅抗拒著，所以就用身體來抵撞安妮，要求安妮將他穩穩的抓緊在一張椅子上。當他的行為變得愈來愈具有攻擊性的時候，他還會頭腳並用的衝撞安妮，她則嘗試著將他擺放到一個完全限制行動的地方，在那個地方，任何一個小孩就完全無法移動他的身軀，因此可以預防小孩對於自己或他人的傷害。可是事與願違，他實在太狂野、也太強壯了，所以她根本就無法讓他就範。在她思緒的背後，她了解到另外兩位男生也正在仔細的看著她到底有沒有能力安全的讓保羅乖乖就範，而且她也深深的了解到這是一件不可能的任務。所以她倒退一步，讓他衝出這間教室。這樣的情況嚴重的震撼了她和另外兩位男生。「那是一個令人懊惱的場面，由於其他兩位男生看著我無法全面掌控這位行為偏差的小孩，我無法用我的身體來掌握這個情況。然後就看到他（保羅）在校園內跑來跑去，根本就像失去掌控的野獸一樣的衝撞著。」

更糟糕的是，在保羅總算安靜下來的五分鐘之後，他的治療師堅持要進行他們兩人之間的例行性會議，即使他剛剛才以身體侵犯了一位老師，並且在校園內狂奔。也不管安妮是多麼強烈的反對，治療師就將保羅給鬆綁了，然後讓他去享用他的午餐——就在其他那幾位剛剛見證了他用身體抵撞老師的男同學面前。安妮感到非常憤怒。她這麼告訴我：

（他）某種程度以馬匹騰躍的方式一路跳到餐廳去，領取他的午餐，而這時候其他的男孩盯著他看，然後說：「他剛剛撞了一位老師，然後在校園內狂奔，現在他怎麼出現在這裡？」那是一個令人混淆的感受。因為我根本就不同意那樣的作為，所以我很生氣。那就像是一根把駱駝的背部給壓垮的最後一根稻草……在我的心中，這裡出現的這位男孩剛剛冒犯了兩件最不可原諒的作為！偏偏他卻出現在餐廳，愉快的享用午餐。所以啦！我就告訴他的治療師將他帶出午餐的餐廳，我不認為他應該在那裡，他也不該在其他男孩的附近，我不希望我班上的男孩看到他

出現在餐廳裡。也因為如此，餐廳的氣氛一下緊繃了起來……

　　她笑了一下，好像是為她剛剛的激情感到抱歉。不過她可是相當嚴肅的面對這個問題：如果教室裡面的成年人對於孩童不同的行為表現沒有給予相同的對待，那麼她將如何讓班上的學習成為一個安全無虞的場所呢？這些孩童無法區分治療的時段與班級上課的時段的；每一位成年人對他們來說都是一樣的，對於治療師而言，他的做法或許是對於保羅作了一項無條件的正向關心，不過對於七歲大的保羅而言，這很可能被他誤認為是一項脫身之道。安妮的論點是那麼的具有說服力，它有一種信任的力量，而且她的挫折感是那麼的真實。

　　安妮的挫折愈來愈升高。雖然學校課程已經邁入十一月，不過班級亂成一團的現象持續發生讓她感到挫折，同時由於教室亂成一團，有太多事情幾乎同一時間發生，讓她無法處理學生的個別與治療的問題，另外她認為無法提供一個安全的學習環境給每一位學生而感到挫折，最讓她挫折的應該是她看到教室裡面的成年人並不是以一個團隊的模式合作。實際上那就是「讓駱駝背上垮下來的最後一根稻草」。

　　雖然那種混亂的感受在這天剩餘的時間還在發酵，不過在教室裡面倒是有點變化了。在我稍早為她上課進行錄音時，我就感受到那種差異，覺得她好像想要去冒犯那個混亂。然而，當我們開始觀賞那捲錄影帶的時候，很明顯的她還沒有感受到任何正向的差異。整個班級對她來說還是一個喧鬧的場合。不過我明顯的看得出來，她已經比較有信心的處理教室混亂的場面了。仔細觀察她和那群孩童之間的互動時，當那群孩童隨便丟了一個令人驚訝的行為時，我才發現原來她是那麼有智慧、敏捷的回應著當她走進一間教室，內心有一個終極的教學目標時，她的理智與情緒仍然保持相當程度的開放與彈性：他們想要做些什麼事情？他們會說些什麼奇形怪狀的語言？我該如何回應他們這些詭異的語言和行為才能夠讓他們繼續邁向學習的目標，而不是沈迷於答案或挫折的經驗呢？這些男孩所呈現的每一個情境都是嶄新的問

題，不過也是老師引導學童邁向最後的學習目標的旅程。她利用以往所累積的教學活動的能量，不過當她運用這些教學活動時，卻因為不同的教學目的而採用全新的方式來進行，

　　她的工作不僅止於當下的回應而已。透過她在提到這個班級學生的對話，以及她與這群男孩所採取的行動都清楚的說明她從這個混亂場面所萃取出來的三個原則。第一個就是這群男孩，如果個別進行教學，很明顯的都具有更高智慧與行為的表現可能。第二個原則就是孩童所呈現的問題其實是小組管裡的問題。第三個原則則是她了解到一整天的課程表必須因應學生的內外在條件而做修正。她隨時將這三項原則熟記在腦海中，而且將自己可能採用的教學模式侷限在一些可能有用的方式：強調學生個別的優勢，努力改善他們彼此間互動的技能，調整他們學習的環境來強化他們的優勢和促進健康的互動關係。

　　三位孩童與三位大人圍繞在長板凳邊緣，先是一位大人，接著是一個孩童，再一位大人，孩童，大人，孩童的方式，她試著向凱西和凱倫解釋著為了保護剩餘這三位男孩的耳朵不要被侵犯，所以傑瑞米與保羅因為他們暴力行為，已經被師長區隔開來。

　　我相當的驚訝。她是說這一整天剩下的其他時間都要將保羅與傑瑞米區隔開來。「我試著將教室的空間保留為一個安全無虞，安靜的空間。所以即使那意味著五位學生當中的四位學生需要離開這間教室，然後在逐漸讓他們一個一個回到教室來……不過這一個空間需要保留為一個學習可以發生，而瘋狂的行為不再發生的空間。……」我回想著她反覆發生的兩難困境：「在什麼樣的情況下，你會將一個孩子從這一小組學生當中抽離，以免他顛覆小組的其他孩童呢？」她看起來已經做好決定該如何處理其他事項了——要讓這間教室成為一個學習的地點，然後將學生一個一個拉回教室。這是一個反應了安妮在認識這些孩子，以及他們的思考模式，調適而成的一個教學法決定——他們年輕，不熟悉學校的運作模式，仍然不太確定整個學校，乃至於

整體社會對於他們的要求，而且他們很容易受到其他人的言行而感到困惑。
她已經決定要將教室建立為一個清楚明白，嚴格的學習環境。而這小組管裡
的問題唯有當這些孩童了解環境的要求之後才能夠解決：在這一個班級裡，
我們要學習；在這間教室，我們不可以有瘋狂的行為舉止。這樣的要求，要
以簡單的方式說明，而且要一再地要求，也要採用言行一致的方式要求。也
是因為這個原因，所以她對於保羅的治療師相當生氣。當我們傳達給孩童的
訊息彼此衝突，也就是一位大人會因為孩童的暴力行為而暫時停止那位學生
的學習活動，偏偏另外一位大人卻幫學生解套，這一點就是治療師侵犯安妮
努力嘗試的地方。

> 安妮剛完成一段朗讀的課程。這五位學生看起來相當忘情與溫柔。傑瑞
> 米盯著我與我的攝影機，然後筆直的朝我這邊走過來。安妮提到，只要
> 這群男孩有興趣，而且在清掃教室的時候表現認真，也為下一堂課做好
> 準備，那麼我將為他們展示這台攝影機。他們以跳躍的方式過來我這
> 邊，這個過渡時間相當平順，然後他們一個接著一個坐在我的膝蓋上，
> 朝著他們的老師和同學拍攝。接著，還是那麼容易的，他們一個接著一
> 個再跳回到他們的板凳，然後開始寫作文。

安妮在他們面前展示一張大張的牛皮紙信封，已經寫好地址，隨時都可
以寄出去了。那是一封感謝函，是他們在一個星期之前去校外教學時拜訪過
的一間博物館。「還記得我們昨天寫給孩童發現博物館（Children's Discovery
Museum）的感謝函嗎？我這裡有一個大信封……」在那個信封裡面她放了一
張超大的卡片，是那一班學生前一天已經寫好的卡片。她告訴他們她是怎麼
寫地址的，而且很快就會將卡片寄出去。那是一堂書信寫作的簡短課程。很
快的，她再往前推一步，秀給這些學生看他們前一天製作的圖書，裡面有幾
張是從博物館拍攝到的相片。在書本裡的每一頁，都有一位男孩為他自己張
貼一張他在博物館裡頭作一些快樂事情的相片。在每一張相片底下，都有每
一張相片的男主角為自己寫了一段簡單的文字說明。「這一張是史帝夫，上

面寫著：『史帝夫喜歡連鎖反應的房間！』而這一張是山姆的相片，我看到山姆寫著：『山姆喜歡在巨大的水床上跳躍！』」當她念每一張相片底下的標題時，孩子們完全專注在欣賞相片上，當老師翻到他們的相片時，臉上還會帶著愉悅的表情。

「我讓他們說他們想要寫些什麼，我代替他們在相片底下寫標題，不過他們已經可以自己閱讀這些文字了。」她帶著興奮的表情說著。「那是他們經驗的一個紀錄：傑米喜歡這樣，保羅喜歡那樣，傑瑞米則喜歡這個……」在這一堂課呈現學生製作的書籍與今年稍早之前那一堂課之間有非凡的差異，例如，稍早之前那堂介紹蘋果的課程。在這堂課裡，簡短的課程直接將焦點集中在男孩們身上，他們透過感官所得到的了解，例如，他們的想法、感受、視覺與行為等等。孩子們開懷的笑著，提出問題和評論。這種學習模式對他們來說才有意義。他們目前處於一種正向的心情。典型的代表就是當安妮決定要將他們往前推一點點，或是想要嘗試一些他們不怎麼喜愛的東西，以及當她拿出小黑板要開始進行小組課堂時，都可以看到類似的情況。他總是想盡辦法想要找尋可以讓他們更認真學習的機會，想要讓他們適應學校運作的各種活動，逐漸將學習的重點轉移到學業的學習方面。

「我們將把這些相片保留在教室的書架上，所以如果你想要和別人分享我們的戶外教學經驗，你都可以隨時翻閱。」安妮一邊說著，一邊將小黑板裝好：「我認為當我們有東西可以秀給別人看你曾經做過的美好事情是一件很棒的事情。今天早上我們做了一些特殊的事情。誰還記得今天早上那些動物來到學校時，我們曾經做的事情呢？……」在這樣一種結構化課堂的最輕微暗示，也就是課堂上即將有老師提問，學生要回答問題的暗示之下，男孩們的焦慮程度快速提升。山姆開始搖晃座椅，也開始發出輕微的噪音；傑米則低聲的哀嚎，癱坐在板凳上。凱西走向傑米，安妮則走到山姆身邊。他們都細聲的和這兩位男生講話，他們也都很快的坐直回來。不過傑米仍然坐立不安。「我不想要做這些。」他抱

怨的說著。安妮往前走一步，並且詢問山姆他喜歡今天早上的哪一項活動。「我喜歡輕輕拍打小狗的感覺。」安妮將那一段文字寫在小黑板上面。傑米不想要被比下去，趕緊舉手。「我很高興你想到一些你喜歡的事項，傑米，你喜歡哪一項呢？」他有好多好多喜歡的項目，所以一項一項的活動從他的嘴裡一一講了出來。「等一等！」安妮臉上帶著微笑：「讓我將這些項目一個一個記下來！」

他們總算將早上喜歡的活動項目一一記錄下來。這樣的課堂只有三分鐘的時間。安妮接著給他們紙張和麥克筆，讓他們畫下他們還記得的項目，並且口述那些相片的標題給安妮記錄下來，然後他們親自將安妮在他們的相片底下書寫的標題拷貝下來。

我和安妮一起分享我從錄影帶前面一小段所得到的概念：這些男孩能夠透過我的攝影機來拍攝，而不會發生任何事；他們也曾經到另外一個城鎮的博物館進行一趟校外教學；也會參與一小段的課堂活動，這些都是他們在一個月之前無法做到的上課行為表現。「你怎麼做才能夠在連續兩天內完成這麼艱鉅的任務呢？」首先，她提醒我如果五位小孩都在課堂上，她的教學就不可能那麼成功。在那種情形下，她就會採用全然不同的方式來進行課堂。接著當她一邊說話，好像一邊將她正在做的事情、已經知道但還沒有確定的事情分別貼上名稱似的。「因為我們這裡有這些相當突出的事情，所以（我可以做得到）。我們去了這趟戶外教學，也和這些動物有這樣的經驗。他們因此而有了強而有力，或興奮，或不一樣的體驗了。看起來這是一個太好的教學機會，我當然不會讓它就這樣流逝！⋯⋯我想要利用這些事情，讓這群學生有一番作為⋯⋯如果他們真的能夠做得到（我是說寫作文），那麼當他們有一些令他們興奮的事情，就會做到最佳效果。」某種程度而言，她決定了一件事情，那就是想要管理這個小組的行為就意味著要讓他們認為在教室裡的活動是讓他們感到興趣的活動。他們愈有興趣，那麼她就愈能夠利用槓桿原理讓這一小組學生免於任何困擾的干擾。

　　利用「凸顯」的事情真的讓整個學習改變了。她在學校裡盡可能找尋一些會讓這群男生感到興趣的事情，並且以他們能夠認同的方式和他們互動。不過，「凸顯」並不是說每一件事情都要附和他們的想法——或許一個活動可以是有趣的，不過不見得是一件凸顯的事件。對安妮而言，凸顯的活動要同時滿足兩件事情：一個是讓這些男孩感到興趣，另一個則是要達到她對於他們在學業或社交的學習目標。她的目標相當清晰。在語文課方面，老一點的三位男孩（她認為他們是一年級學生）需要在六月之前能夠寫出故事來。年輕一點的男孩，也就是幼稚園年齡的那兩位，需要能夠將聽到的故事寫下來。從九月開始，「那就是我對他們所期望的教學目標。對於這樣的目標到底有多少真實性，我的心情感受也跟著浮浮沈沈的。」她笑著說。有些時候，她會笑出來可能是因為她講出來的話連她都覺得可笑，或是她的信念和期望和目前的教學情況格格不入。或許她應該為目前一些小小的成就感到高興，暫時忘卻那些終極的目標。「我真的太像是一位作品導向的人了！」她一邊笑、一邊說下去。

　　找尋出一些她的學生感到凸顯的事情是相當重要的，不過一整天的課程安排也同等重要，否則班級小組的行為就會亂烘烘的。單獨找尋出讓他們感到興趣的事情並不能夠解決她對於小組管理的問題：什麼時刻，以哪一種方式讓他們進行學習也同樣重要。在這一年的稍早時刻，她確定了下午的課程對於這些年輕的孩童而言，份量太多了。在她以往曾經教導過稍微大一點的學童而言，如果以三十分鐘的方式分別進行語文課、自然科學與社會課是有意義的學習。不過對於今年這些年紀更小的學生而言，在課程內容上以人工的方式加以區隔，根本就沒有任何意義。她認為更重要的技能應該是學習使用語文、聆聽的技能、以小組的模式運作，以及做一些小組的學習，所以至少到目前為止，自然科學、社會和作文都是她可以使用的素材，不過安妮認為最重要的是「在每一個孩童的學業、認知潛能與他們的行為、社交需求之間取得一個平衡點……想出辦法讓他們在能力範圍內做到他們可以發揮的境界，同時，讓他們以小組的方式運作，並且還要有一個合乎情理的小組行為

期望表現等等……」她仍然將他們在學業方面的學習目標放在心上，不過，「我需要找出一個方式讓那些目標與經驗以不同的方式表達出來。」因為這樣的理念，所以她放棄了她正式的作文課，以及正規的自然科學、社會科等課程的呈現，相對的，她使用一連串的結構式經驗來取代這些原有的課程，這樣的教學重點主要是強調小組運作的模式，比較不強調學科課程的知識與技能。她所挑選的活動仍然屬於學業的學習，但比較偏向自發性的課程，比較依賴這個班級學生的普遍擁有的心情。這麼做的結果讓這個班級下午的課程看起來比較像是學齡前或幼稚園的課程，比較不像是一、二年級的課程。

這五個男孩都喜歡老師講故事給他們聽，也會保持穩定的情緒，專注的聆聽一本兒童繪本的學習。所以她挑選了英國清教徒移民與費茲威格小貓的繪本故事給這群男孩聆聽。他們也很喜歡投影片的觀賞，特別是關於昆蟲或恐龍的投影片都相當喜好。他們也喜歡畫圖。在每一個活動之後，這些男孩都會畫圖，並且親手做出些成品。在這一整間教室的每一個地方都懸掛著清教徒移民、恐龍、昆蟲與貓咪的繪畫。不過在每一幅圖畫底下，或在一串陶珠的底下，總是有些文字說明——一段關於這個美勞作品的文字說明。早期的創作幾乎都是由大人工整的筆跡代筆書寫；稍後的創作則逐漸由幼稚園學童那種塗鴉的模式來寫，這些都是這一班學生在這一年當中潛移默化的見證，如果以安妮的話來說明，就是「一次完成一小段作品，不再像我往年那種快速完成作品的作法，有時候做一些語文課的作品，有時候則是自然科學的作品，還有一些時候則是社會科的作品。不過我的教學目標仍在那裡引導著我的教學……」

安妮很早以前就為他們設定了她的教學目標；不太確定的則是如何達成那些目標吧！她比較習慣和年紀稍大的學童互動，也習慣為一年級與二年級的學生設定目標。這些孩童仍屬於幼稚園學童的心智；她可以教導的事項，以及她喜好的教學法對他們好像都不管用。不過她仍在緩慢的進步當中。她已經有能力可以讓三位男童同時留在教室裡，偶爾不會出亂子了。慢慢的，一個接著一個，她將會把他們帶回教室。在一個很糟糕的早晨之後，她可以

重新為他們編組，而且帶領出一個具有潛力的下午課程。不過活動必須相當凸顯。她還可以趕一些課程進度呢！她需要注意的就是在實施的時間和方法保持彈性就好了。她必須在調整課程時間上擁有自由選擇權，來搭配學生的情緒，就可以達成目標。

復原

「耶！耶！他是一個喜歡樂高的瘋子！！
耶！耶！他是一個超級喜歡樂高的瘋子！！
耶！耶！他是一個超級喜歡樂高的瘋子！！」

在將近十分鐘的時間內，傑米反覆的唱著這個句子。他被安妮緊緊的抱在膝蓋上面，像是一個焦慮的洋娃娃一樣，等候著他的社工人員的到訪。除非有壞的消息，否則社工人員不會到教室來拜訪：「我們找不到你的媽咪。」「我們找不到你的父親。」「我們找到一個新的收養家庭。」「你將轉移到一個住宿型的學校。」他不知道安妮老師知道哪些事情，實際上他們已經找到他的母親，而且他的母親也送給他一些禮物。她想要將他帶回家，而且已經準備好和州政府打官司，因為州政府準備將他送給收養家庭。這樣的消息只會讓他更加不知所措而已。

安妮也相當不知所措。當她還需要掙扎的日子從一個星期的單位轉換為一個月的單位，很難緊握著她原先所標榜的信念，也就是她可以改變學童的學習，更困難的就是她還需要抗拒那種掉入絕望的誘惑。所以她努力的在絕望與信念之間找出一個新的平衡點。現在她安靜的坐著，而傑米繼續唱著他那種毫無希望的戰鬥時所秉持的祈禱文，傑米希望能夠將腦海的思緒集中到一個項目，而不是千百個從他腦海一閃而過的思緒。她和他沒有什麼不一樣的地方。在剛過去的幾個月當中，那些令人絕望的事件又一件一件的湧上心頭，她也努力和這些絕望事件的思緒奮戰，希望能夠將他們馴服為一些願

景，所以她不得不提醒自己她這麼做的原因以及她已經努力奮鬥的程度。她稍後告訴我，她沒有針對任何一件事情做詳細的思考，不過卻對發生過的每一件事情都回想了一下，有一種麻木與極端痛苦的感覺同時湧上心頭。

在過去兩個星期當中，這間教室裡面的教與學確實是一個完整的回歸，而且回歸到一個少於零的境界。而且在兩天之前，在這間教室可以這麼說，連一點學業的教導也都沒有發生過。我們發現小組當中的兩位男孩，傑瑞米和史帝夫兩人，還在週末假期彼此參與了一項非常廣泛的性行為活動。他們兩人幾乎有兩個星期的時間都接近癱瘓，實際上也無法在課堂上出現。（當他們在教室的時候）……（他們的性行為與侵略性的表演）嚴重到會破壞其他人的學習情況，而傑米也已經幾乎沒有辦法來學校上課。在這麼多煩人的事件以外，當然山姆還是繼續尖叫，也因為整間教室仍然是那麼混亂，所以也無法真實的參與學習。所以幾乎有兩個星期的時間，我所能做的除了整天限制孩童的行動以外，也沒有什麼實質的教學了。那是一種非常痛苦的事情，也是極為可怕的現場。

最後我總算感受到我們正邁向某個地方，像是我們正邁向某些目標，我也感受到我們這一小組的表現愈來愈好，不過就在那一刻又證明我們失敗了，好像這麼做一點意義也沒有，我也無法了解為何會有這麼慘的下場。然後我們找出原因來，讓當中的一位男孩揭露出我們即將做的這些事情，一方面讓我們感覺好多了，至少我們找到一個理由來說明這整件事情的來龍去脈！你知道的，整件事情不是我，也不是這間教室，也不是因為沮喪才爆發出這樣的事件來！不過我們仍然有一種不愉快的感受。就像是我們居然無法讓這群孩童有一個安全無虞的場所！你知道那種感覺嗎？這群學生在住宿型的學校的照顧下，居然讓他們的生活愈來愈糟糕！那是一種很噁心的感受──即使那不是我個人的事情。它讓我對於傑瑞米的預期，一種令人心碎的預期有一種非常無望的感受。

當初選擇教導這類型的孩童，很明顯的可以看得出來，我的興趣不是單

純的學科教學。我對於孩童在社交／情緒方面的成長有相當的興趣。所以我期望我有一部分時間是要和孩童一起處理他們的社交／情緒／行為的議題，而不是單純的教學議題。不過說真的，在那過程當中有一部分讓我的感受是這樣的：「好吧，在兩個星期的時間內，我所做的事情就是限制孩子的自由。我沒有一間教室，我不是一位老師！」你知道的，我規劃了這一整套優質的課程，而我偏偏沒有任何機會可以真實的將這套課程加以發揮……對我而言，這整套工整的課程並不如學生是如何在一起相處來得重要。當你認真的規劃課程，卻無法實現，那真的是一種嚴重的挫折感……在這裡我重新改寫這一切。我擁有這些新的構想，不過因為總是有學生會隨時失控，所以讓我們根本連嘗試這些想法的機會都沒有。就像今年年初稍早，我和我們團隊新成員所提到的，在感恩節之前，我們應該可以看得到真實的改善。不過我們無法達成願望，那種感覺真的很奇怪。那是錯誤的事情。

在兩個星期的時間內，我幾乎是一天二十四小時的想著這些孩子們。即使我回到家裡，也會夢到他們，並且感受到相當的無力感。不過在這星期要結束的時候，那個感覺稍微好一點，或許是因為在過去幾天開始發生一些比較好的事情吧。在這件事情發生的同時，我找到一個去年從這間學校畢業的學生，他的父母親正準備終止他的領養。這就像是一個讓我們可以說「哇！這裡就有我們成功的故事！」的那種小孩！我才剛和我這間教室裡的孩子當中的一個小孩的家長分享這個很棒的故事。故事中的這位男孩來這間學校時才只有七歲半那麼一丁點大，然後在十歲的時候從我們這所學校畢業，接著到公立學校就讀，他的表現愈來愈好。你看著吧，那就是一個希望，以及一個成功的範例！他在這裡的生活也是一團亂！不過當傑瑞米離開我的視線才短短的十秒鐘時間，他就去幫他的一個朋友舔小鳥！他真的相當的暴力，也相當具有主動侵犯別人的傾向。某種程度而言，那讓我感到相當的無力，你也應該了解的就是當我們對六歲大的孩童感到無力真的是一件令人沮喪的感覺。而且當你對

某件事情並沒有抱持希望時，還真的很難保持同樣的活力來處理那些事。

我想我總會提醒我自己那些有希望的時光，會去回想一些快樂的事情可能會發生在這間教室，以及我真實的信念，也就是認為事情總是會好轉的。我不認為我可以將他們「修護」成功。不過我倒是認為我可以在協助他們成為比較健康的民眾的過程扮演一些角色。如果我沒有這樣的想法，我不認為我會做這樣的工作。而且我認為這就是我和年紀比較小的孩童工作的一個原因吧……有時候我會懷疑，特別是針對那些比較具有破壞力的孩子時，我會想到底我可以幫助他們減少多少破壞力呢？很明顯的，破壞就在那裡，而且同樣的破壞總是會反覆的出現在那裡。不過他只是一位六歲大的男孩而已。每當我投入時間和精力做事情的時候，我總會抱持這樣的想法；這意味著我們都會有一種想法，那就是十年之後，他可以擁有豐富的人生經驗，以及更正常的生活形式，屆時他就不再因為生活當中 80% 的時間受到一時的性衝動和侵犯而顯得太過於衝動。所以我認為……成功的定義應該是不相同的。……在我專業成長的過程當中，我在不同的時間點感受到不同的定義。對於不同的孩童，我也有不同的感受。對於這群男孩而言，要能夠長遠的預期他們可能變成哪一種人還真的相當困難。

我認為我對他們抱持高標準的期望，我也會促使這些孩童多學一點知識和技能，也或許因為如此，才會有比較多的行為問題產生吧！如果他們一輩子就注定在類似這種地方的場所生活，那麼我倒不認為我們需要耗費這麼多人力和精力在他們身上。你知道的，就像是到底有誰關心他們學到多少社會認同的適當行為，而且如果他們學會怎麼閱讀，和數學的運算，以及一些類似的課程之後，我總會想或許在我腦海深處有一種想法和期望，希望在他們未來的人生旅程當中的某一點可以恢復到比較正常的情境。不管他們是否會被領養，或是停止在這間學校的生活，或是在某一點回到公立學校求學。或是他們會轉往一個類似這樣的場所，不

過在那場所比較有成功的機會。你知道不管怎麼樣，這些都是可能發生在他們身上的事情。不過對我而言，我會幫他們設定一個目標，這群孩子當中的每一位都能夠發揮更高功能的作用的。」

「耶！耶！他是一個喜歡樂高的瘋子！！
耶！耶！他是一個超級喜歡樂高的瘋子！！……」

進步

「猜猜看，我們即將發生什麼事情？我們的第一本書籍將發行！」她坐在這一小組的前面，她的聲音充滿著興奮。就在一分鐘之前，她剛從大聲朗讀的時間轉換為寫作時間。每一個人都喜歡這本書，都圍繞在板凳周圍，依偎在一起，就像是小狗之間彼此為對方取暖所作的動作一般。不過當安妮宣布這個調動事項時，保羅用力的將全身靠在板凳上，張開雙腿，開始作勢要玩弄他的肛門。傑瑞米也大聲的要求他停止那種色情的動作。傑米則開始大聲要求他想要一本書。山姆在另一端尖叫。在一瞬間，沒有任何言語的情況下，三位大人開始移動去做他們該作的事情。保羅被老師移動到教室另一頭的一張座椅，以便和其他同學分隔開來；傑瑞米拒絕被老師送去暫停時間中心，所以老師需要快速的將他從板凳上舉起來，送去教室外面。有位大人坐在山姆旁邊，輕輕觸摸他的手臂，讓他安靜下來。這個班級突發的狀況才剛發生，就消逝了。保羅被老師帶回到他的座椅上，他也很快的恢復到完全掌控的情況。傑瑞米仍然在暫停中心的座椅上，不過他會聽聽看教室裡到底還發生了哪些事情。就像沒有發生事情似的，安妮開始上課，就像是一堂有建設性的課堂一樣。

「猜猜看，到底發生了什麼事情呢？我們的第一本書籍將發行了！」山姆決定他想要寫一些和他的小狗有關聯的事情，所以他這麼寫著：「山姆和他的小狗」。然後他想了好多關於他的小狗的所有事情，再把他們

一一寫進他的書本。山姆,你可以坐到我旁邊,這樣我才可以一邊展示你的書本給他們看,一邊有你的幫忙嗎?「我的小狗住在森林裡。我的小狗喜歡骨頭……我的小狗叫做陽光!」

到了一月上旬,安妮在這些男孩的要求下,重新建立了一個正規的作文時間。第一次是有一位男孩在十一月的自由選擇時間要求寫一本書(自由選擇發生在每一天要結束之前;如果他們都已經完成了他們應該做的學校課業,他們就可以挑選一樣他們自己喜歡做的活動)。由於他們對於大聲朗讀的熱愛,所以對老師而言,這樣的轉換並不是一件令人驚訝的轉換。安妮並沒有讓這個機會跳過去;相對的,她「讓這樣的一種興奮建立在它自己身上。幾個月之後,我將因為他們對於這項活動的狂熱而將它規劃為一個正規的活動。」由於在十一月的時候,他們還無法端正的坐在桌椅,所以她仍然保持觀望的態度。他們可以聆聽書籍,喜歡聆聽老師講故事,實際上如果老師要求他們轉換到桌上去寫功課,一切都垮了。她仍然需要花費一些時間讓他們適應小組的能力。

整個班級的氛圍看起來相當不一樣了。她閱讀完山姆的小書,並且開始說明班上這群男孩可以怎樣出版他們所寫的文章。她說明書本是怎樣構成的,以面膜紙包裝的硬紙板當作書套,展示如何將每一頁黏貼在一起的方式。她也展示那種壓印的字母讓他們了解書面的標題可以採用那種方式製作。她也提醒他們,每一頁都要有一些插圖說明。這樣的解說實際上需要花費不少時間,不過他們卻全神貫注的聆聽老師的講解。偶爾會看到保羅從他的座椅上突然跳起來,不過安妮會因此而暫時中斷講解的說明。「我要等到每一位同學都注意聽講才繼續講下去。」保羅很快的就會安靜下來,並且專心於老師的講解。「當每一位同學都完成了他的故事以後,他就可以做這種將故事出版的活動了。」他們是那麼喜歡這樣的想法呢!!

　　安妮將班上同學分為兩組；傑米和傑瑞米分配給凱西，其他人則繼續和她在一起。這是一種依據年齡來分組的方式，年紀小的孩子不必寫文章。如果他們想要寫文章，當然老師會鼓勵他們寫文章。重要的是要讓他們講故事，然後讓凱西為他們寫下來。不過更重要的是，安妮認為其他三位男孩需要開始寫他們自己的文章，而不是單純講故事就可以了。她感受到一種壓力，要他們做一些一年級學生應該做的事情，不過絕對不會因為這樣的要求而讓他們痛恨作文的寫作。她擔心這可能是他們第一次寫作的經驗，她想要確保這樣的經驗是一項正向的經驗。因此，他們可以使用任何一種他們挑選的方式來書寫，也可以用他們喜歡畫的圖畫來當作插圖。安妮將把他們的故事以打字的方式呈現，這樣他們就隨時可以「出版」了。每一個完成的故事意味著這個班級有一個「當天的作者」，他可以坐在小組前面，老師的旁邊，並且和老師一起講故事。另一方面，在聽眾這邊，只可以提出正面的評語。不到幾個星期的時間，已經有十五本左右的小書已經「出版」了，而且端正的擺放在班級的書架上，隨時可以抽取出來，反覆的大聲朗讀。

　　保羅在他的桌椅上跳來跳去的，也盡力的搖臀擺尾。「保羅，回到你的板凳那邊。當我看到你端正的坐好時，你就可以來到這張桌子旁邊。」當她正在安頓史帝夫的時候，他端正的坐了一小段時間。「好啦，保羅，你可以到前面來了。」他穿過整間教室，來到桌子旁邊，跳過他的椅子。一隻腳爬上桌面之後，他開始往上爬。安妮鎮定的告訴她乖乖的坐好，並且繼續朗讀史帝夫昨天寫的故事。「『史帝夫和凱倫打了一場雪戰』。很好。想想看你今天想要寫些什麼？」看起來史帝夫今天的心情不怎麼好。當安妮轉過身去幫忙保羅的時候，史帝夫小聲的朝著保羅說了一些淫穢的話。安妮告訴他，要求他回到他的板凳那邊，並且因為他講了那些淫穢的話，所以要坐在自己的板凳一分鐘。當他離開桌子的時候，假裝朝著保羅的作品吐了一口痰。保羅也回敬他的動作，當然也假裝朝著史帝夫的作品吐了一口痰。「好啦！現在你也要回到你的板凳

那邊待一分鐘才可以回來。」保羅幾乎在那一瞬間口出穢言的說著：「他該死的朝著我該死的紙張上吐了一口痰！」「唉呀！」安妮平靜的，幾乎冷淡的說著：「那也不代表說你應該做同樣的事情。」「大嘴巴！」史帝夫朝著保羅這麼說。我緊張了起來，將攝影機的焦點拉近，想要看看即將發生的暴力事件……不過什麼東西都沒有發生。他們兩人都坐了下來，並且在安妮轉向山姆的時候，安靜的等候安妮的指示。山姆根本就遺忘了這整個爭吵的事件，忙著準備他即將出版的小書。

沒有任何尖叫，沒有桌椅被推倒，沒有拳打腳踢。她已經將他們「維修」好了嗎？我這麼問自己。

史帝夫移動他的雙腳，讓他自己盤腿而坐。保羅也跟著這樣做，史帝夫雙手交叉，保羅也跟著做。一個人伸出他的舌頭，另一個也跟著伸出舌頭。安妮和山姆繼續討論他的故事，他們一起開懷的笑著，也享受那種愉悅的時光，並且討論他還需要增加一些插圖來讓小書更加好看。非常神奇的，史帝夫和保羅都不再奚落彼此，專注的盯著安妮看。最後她總算將保羅帶回到桌邊，與他一起打開他寫的小書，並且開始朗讀。「這裡說著些什麼呢？」她問著。他接著對著她讀了一頁的文字。「接下來會發生什麼呢？」她繼續問著。他開始回到寫作，並且馬上寫了幾句說明。好啦！現在她已經讓兩位小男孩忙碌的工作著。「好啦！史帝夫，現在你可以到桌邊來了。今天你想要寫些什麼關於你和凱倫的事情呢？」

今年稍早的時候，她經常因為這些男孩的偏差行為，而要將他們調離開教室。讓教室裡面發生一些愉悅的事情之後，再把他們一個一個調回來。現在，他可以在他們仍在這間教室的時候，完成同樣的事情。「……只是花了比我預期還要久的時間來要求他們適應一間教室裡面應該有的行為表現。我想某種程度上，當我回顧這一整年的教學，我認為前面三個月的時間是讓這

些孩子適應一種回到文明教室的概念吧！我們花了那麼久的時間才讓他們感受在教室也有安全感，並且包容他們自己可以在這間教室做其他事情。」

看起來他們比較有安全感，對安妮也比較有信心了，對於這樣的學習環境也能夠比較安穩下來。他們似乎知道他們在做些什麼，那些學習的活動對他們也有意義了。而且很明顯的，安妮對他們的感受也相當舒服。她的挫折不是那麼的明顯，她的肢體看起來放鬆多了，她的聲音也相當和善。由於安全感和控制已經不再主宰這個班級的學習，她可以開始稍微催促這群男孩來共同創造一些新的作品。對每一位男孩而言，努力做些事情是不一樣的議題。

「史帝夫，你想要寫些什麼呢？」「我和凱倫……嗯……」他交給她一張紙張，並且要求她幫忙將他所說的寫下來。「你知道的，史帝夫，我不必寫下『凱倫』兩個字，你可以直接從這裡拷貝下來。史帝夫生氣的說著：「不，你就寫著凱倫兩個字！」她不理會他的要求，不過他還是相當頑固，她卻拒絕幫助他。他大聲的對保羅說。「小貓！」他對著保羅這麼說著，後者還正在忙碌著做他自己的事情。安妮指著史帝夫的板凳，然後他安靜的走到那邊，同一時間，山姆想要找安妮聽他說一些事情。他想要展示給安妮看他所畫的小狗圖。那只是一堆腳在一起而已。「牠的身體呢？」她這麼問著。「我不想要畫牠的身體。」山姆這樣回答這個問題。「不過這樣的插圖會讓其他人在看你的小書時，很難理解你的插圖。」他就再畫了另外一個插圖，不過這一次只有身體，卻沒有腳。「牠的腳跑去哪裡呢？」

當她把史帝夫帶回桌邊的時候，她仍然安靜的堅持他要拷貝一些他已經學會的字，或是在他的故事裡面某些地方已經出現的字。一旦他在寫作的時候遇到一些沒有學過，或是還沒有練習寫過的字，她就會立刻走到他身邊，並且寫出那些生字來。對山姆這邊，她仍然堅持他應該要畫出完整的小狗身體和四隻腳，這樣的對話交疊著，男孩們也不斷的打斷她的對話，可以這麼

說，她同時在處理三個問題。現在在這間教室已經不再有安全與掌控的問題，相對的，新的問題，以及一些小麻煩都是她比較習慣處理的事項了。現在他們都忙著做他們的作品，他們同時都想要獲得她的注意，他們都想要讓老師優先回答他們所提出來的問題，他們無法久候。對她而言，這就是「經典的作文時間。我的班級的作文時間感覺上都應該是這個樣子的，即使面對的孩子已經可以寫比較長的文章，或是更精熟作文的學生都應該差不多。我了解到他們都忙著做自己的事情，他們隨時都需要我的幫助。他們對於你也需要幫忙其他人是沒有辦法理解的。我假裝隨時都在聆聽他們三個人所講的話。」她思考著史帝夫今天的問題。他似乎很容易就感受到挫折，對於今天的課業要求也沒有多少耐心。她懷疑她今天是否做錯了哪一件事情。

她讓史帝夫默寫了一段困難的段落。「喔……安妮……安妮。」山姆用他那種下沈的哀嚎聲叫著。最後等到他完成史帝夫這邊的要求之後，她總算回應他的要求。不過沒有多久，她又回到山姆那裡，史帝夫就馬上要求她轉過去他身邊，因為他不會拼「to」這個字。她立刻轉身過去，並且在他面前拼出完整的字。不過他在抄寫的過程當中寫錯了，想要擦掉，撕碎紙張。「你看！該死的紙張……」她試著幫忙他，建議他將撕裂的紙張黏在一起。「我恨你……我將會戳你……沒有膠帶……我要你擦掉這個討厭的字母！！！」在他背後，山姆反覆的說：「我已經沒有紙張了，安妮……我已經沒有紙張了，安妮……我已經沒有紙張了，安妮。」保羅要求安妮幫忙。她和山姆談了一下，然後回答保羅的問題，再回到史帝夫身旁，幫他將紙張黏在一起……

在錄影機的「暫停鍵」又被按了一下。「在這裡因為史帝夫有挫折感而讓我有點懊惱，部分的原因我認為是這整個作文寫作的活動所規劃的方式，應該沒有任何一位學生會遭受到挫折。另一部分原因是我覺得我可能對史帝夫在他所做的事情上催促得太快了點。不過我不太確定他的挫折到底是因為我趕進度趕得太快，或者是因為他有一個暴躁不安、沮喪的日子，我清楚了

解這些課程對他而言不會太難，不過他還是相當有挫折感就是了。」

我自己笑了起來，我回想起九月的時候：「我就是這個問題的一部分。我的期望根本就是錯誤的。」我相當驚訝的是她現在是那麼的自我批判。即使當她提供足夠的協助時，史帝夫還是那麼的齷齪。不過這是他個性的一部分，一個內在驅動的個性，也就是他所提到的「成為一位老師的過程」當中的一部分。她相信這幾位男孩是有能力的，也相信學習對於他們應該是有趣、創意十足、興奮的活動；我們應該著重孩子們的優勢和健康，而不是他們的病況。她說教導學生技能和能力可以是最有效的治療方式之一。是的，我相信這句話對於老師和學生都適用。

信念

當我們在四月的這個早晨離開我的車子時，大約有二十位男孩正衝向他們的教室，開始他們一天的學習。推擠、彼此取笑以及一些年輕男孩都會做的事；他們都跑在山姆的前頭，他顯然相當努力的在掙扎著，也非常嚴重的落後在同儕的後頭，只想要學習其他年輕男孩通常會做的事情。他的父母試著幫他換上最新款式的服飾。他穿著嶄新的球鞋，一件優質的風衣；他背著一個背包，背包裡面放了許多書籍，讓整個背包看起來小了一號，並且使盡吃奶的力氣試著將隨身聽的耳機放在耳朵兩旁。他一直試著跑一跑，看看是否能夠跟得上其他夥伴。不過隨身聽從他的頭上掉落下來，掉到地上。當他彎下腰去撿時，他的書本從他的手上滑落下去，跟著就是整個背包也滑落下去。他跌倒在人行道上，在冬天過後沒多久還沒有足夠的熱身，還想著要重新整裝他的「外觀」。他欠缺協調的情況如果不是那麼真實，真的會讓別人以為他在搞笑。

在辦公室前面，我走過年輕的傑米身旁。他跟著治療師走過去的時候相當生氣。「我到哪裡可以買到槍枝呢？」他這麼問我。「我真的需要一隻槍。」他的聲音像是鐃鈸（譯者註：金屬製的打擊樂器）一般的敲響了我的

耳朵。我的眼睛和他的治療師相遇，而她則是臉色蒼白的笑著，抓著他的手繼續往前走。

我看著孩子們，然後想著安妮，以及她的所作所為。我真的不敢相信她的信念是那麼的強而有力的持續下來！雖然她解決了動盪的課堂，不過她信任學生，以及他們可以恢復原狀的能力。她真實的相信，她可以改變這群學生的行為舉止和學習狀況。「有時候我會懷疑，特別是和幾位特別具有破壞性的孩子時，我到底可以幫忙他們將那些破壞力解除多少呢。破壞還是會在那裡，它永遠都在那裡等候著。不過他只是一個六歲大的小男孩而已。」她擁有一種對於孩童的熱愛，或許有些人會說那是一種愚蠢的愛，才會讓她想要嘗試面對他們所帶來的紛擾，總是想要在偏袒他們的這一邊試著將天平增添一些砝碼。

原編者的話

我想要感謝 Sara Lawrence-Lightfoot 博士、Donald Freeman 與 Richard Small 博士。由於他們對於這篇文章稍早的草稿獨具眼光的批判，才有最後這篇文章的問世。最特別的是我還要感謝「安妮」，讓我可以在她早就已經滿檔的情況下，還可以和她進行這麼有效度的深度反思歷程。

譯者感想

這幾年在許多演講的場合，我開始告訴研習的夥伴，如果課程設計出了問題，那麼許多學生就會從教務處的管轄，轉移到學務處（或訓導處）的管轄範圍；一旦學務處也搞不定學生在學校必須遵守的規矩，那麼學務處就會將學生轉送到輔導室接受輔導。這是先採用強硬的態度要學生完全配合，不配合的學生，再由輔導室以溫柔的方式溝通。一旦學生軟硬都不吃，那麼學校不得不和那些學生說「再見」，而這些學生也因此轉往各縣市政府主管的社會局收容。目前許多縣市已經有這類型，專門收容行為嚴重偏差的學生，到一些中途之家的學校。在那些學校擔任老師的工作，幾乎就是一整年和少數幾位學生相處，有一種兢兢業業的感受。最後如果連這道防線都失守了，那麼我們就看到學生從社會局轉往法務部的管轄，成為整個社會的問題人物。所以在這裡真心的期望每一位老師要深刻的了解，如果我們在一道一道的防線失守之後，最後讓學生不僅痛恨學校的學習，還會對整個社會產生莫大的負面影響。希望這樣的說明能夠讓為人師者謹慎處理「學生的行為偏差問題」。一位朋友說得好：「沒有教不好的學生，只有不肯學習的老師！」或許這也是為人師者必須兢兢業業學習的原因吧！

寂靜的對話：
教導別人孩子時的相對權力與教學法

LISA D. DELPIT

在這一章裡面，Lisa Delpit 使用寫作教學方面的辯論來分析不同教育哲學底下所涵蓋的潛在因素，特別是當我們所面對的學生是有色人種的孩子或是貧窮人家的孩子時。Delpit 辨識出一個在學校教學時的「權力的文化」（culture of power），這樣的權力說明了在教室裡外，權力是如何運作才能夠維繫一個既有的社會現況，或是創造一個改變的機制來引導每一個孩童都可以享有教育均等的機會。作者在結論的地方提到，老師必須教導每一個孩子認識教學權力外顯和內含的意義，也必須教導孩子認識這些規矩所創造和代表的權力關係的本質。這樣的策略才能夠讓我們可以協助每一個孩子都享有均等的教育機會——這當然包含我們自己的孩子和別人的孩子。

有一位黑人男性研究生在一個黑人社區談論他在一所白人居多的大學求學時的經驗，他同時也是一位在黑人社區為主的學校擔任特殊教育的老師。他的談論摘錄如下：

> 在每一門課堂上我們總是會有一段時間需要討論「黑人的議題」，當然我們也討論應該提供哪些合宜的教育機會給黑人的子弟。我可以告訴你，我早已經厭倦和那群白人同學爭論這類型的議題，因為他們根本就不想聽我的觀點。好吧！我應該說我不是很清楚他們是否聽得進我的觀點，或者他們只是不相信你的觀點而已。在那種場合裡，如果你沒有辦

Harvard Educational Review Vol. 58 No. 3 August 1988. 280-298.

法提到維高斯基（Vygotsky）的論點或是其他重要人物的觀點，你就沒有任何合法的地位可以為你自己的孩子說些不同的觀點了。不管如何，我已經不再為它傷腦筋了，我在那裡只是想要獲得期末的成績而已。

另外一位黑人女老師在一所都會地區，多元文化的國小服務，她提到她在一個白人同事居多的學校，當她與同事討論如何規劃閱讀課程，才能讓有色人種的孩子獲得最佳的學習機會。她的說明如下：

當你和白人同事談論你的觀點時，他們還是想要使用他們的方式來面對問題。你或許可以嘗試和他們談論一些事情，也提供一些範例給他們理解，但是他們就是那樣的固執，剛愎自用，他們認為自己知道什麼方式才是對每個人，每個孩子最好的方式。他們根本就不想要聽你的觀點。不管如何，白人們只想要以他們想要的方式去進行所有的工作。

真的相當辛苦。他們才不想要好好的聽你的說明。不，我應該說他們會聽你的說明，但是聽不進去的——你是否還記得你的媽媽曾經告訴你，她會要你去聽收音機，但是你就是要專注的聽你媽媽講話，記得嗎？他們就以這種方式來聽你觀點。

所以我才不想要去理會他們，這樣我才能夠控制我的脾氣。我想你應該了解，當你想要去撞牆時，頂多能夠撞一些時間，否則你就會開始大量流血。你要知道，如果我想嘗試終止我和他們的爭執，我就無法不生氣。這樣的結果就是會讓我在接下來的一整天走來走去，一直向上天禱告：「上帝啊！請你移走這些讓我痛苦的感受吧！這樣我才能安心的睡覺。」和白人爭論是有趣的，但是我要告訴你，這樣的爭論也可能會成為癌症，或是一種痛苦的經驗。

所以我會離開他們的範圍，我回到我自己那間小小的房間，也就是我的教室，然後使用我知道可以激發學生興趣的方式來教導我的學生。我才不理會那些人會怎麼說我的教學。如果我遇到黑人學生，我必須處理的工作，就是盡量將白人對他所做的傷害作些補償的工作吧。

我不會允許任何一個男人、女人，或任何一個孩子讓我抓狂的——如果你允許白人這樣對待你，他們就會這樣對待你的——你必須做的事情就是停止和他們繼續交談，這也是我現在學到的事情。我會盡量保持微笑，但是我才不想和他們講話呢！

我們在這裡還可以看到一位講話時相當幽雅的阿拉斯加原住民，大約四十多歲，也是阿拉斯加大學教育學院的學生。有一天她瘋狂的衝進一位黑人教授的研究室，非常不尋常的用力摔門。然後出其不意的從椅子上跳下來，非常氣憤的說道：「請你去告訴每個人，不要再幫助我們了！我放棄了。我不想和他們談下去了！」

最後，讓我們看看一位黑人的女校長吧！她同時也正在西岸一所相當著名的大學攻讀她的博士學位。她和我們分享她在大學的求學經驗，特別是當她談到一位教授正好教到黑人學生的教育議題方面，就有如下的分享：

如果你想要建議教授他們所說的並不是真實發生的事情，他們就會相當的防衛，然後你也會有防衛心，接下來他們就會開始反覆說明研究的事情。

我嘗試讓他們知道我的經驗，想要解釋我的了解。他們就是那種樣子，會看著你，點點頭。然後呢？誰知道他們想到哪裡去了。我解釋的愈多，他們還是繼續點頭，看著你，只是繼續看著你，以及對你繼續點頭而已。他們根本就沒有真的將我的觀點聽進去（譯者註：這裡的說法認為，白人對於黑人同學的講解抱持著一種看動物表演的感覺）。

然後就是下課的時間了，教授要我到他的研究室繼續說明我的觀點。我就去他的研究室。他要我再給他多一點範例說明我的觀點，我就繼續說下去，他也一直點頭表示認同。然後他告訴我那些經驗只是我個人的經驗。不見得可以適用到多數黑人的學習模式。

這樣是於事無補的，因為他們認為自己對於每個人的每一件事情都瞭若指掌。當你說明你的生活、孩子時，對他們根本就沒有任何意義的。他

們根本就不想要聽你的說明。看起來他們就像是帶著眼罩，塞著耳塞似的。他們只想要閱讀其他白人曾經撰寫過的研究報告吧！

和他們繼續討論事情是無濟於事的作為。

這就是這篇文章前半部的標題——「寂靜的對話」。我們發現在教育界有一個每一天都會發生的悲劇，在全國各地這類型的悲劇天天上演著。最可悲的一點應該是這些場景中的黑人和美洲原住民所提到的那些人很少覺醒到這樣的對話已經被消音[a]了。相當可能發生的情況就是白人教育家認為他們那些有色人種的同事最後已經同意他們的邏輯和觀點。畢竟這些同事不再提出反對意見了，不是嗎？

自從我完成了最近發表的一篇文章之後，我就開始蒐集這樣的文字說明（Delpit, 1986）。我採用這種類似自傳的方式，以「一位進步主義的黑人教育家的技能與其他兩難困境」（Skills and Other Delimmas of a Progressive Black Educator）當作主題，討論我如何運用一種技能導向的方式引導學生寫作，我又是如何當作一個歷程導向的老師。我說明了我和許多有色人種的老師在面對進步主義時的疏離感受，特別是在那些推動寫作歷程為主的人士認為我們「太過於強調技能導向」而將我們快速的打發時。我的結論認為那些推動寫作歷程的人有責任了解到，他們需要走進有色人種老師的對話裡——其實應該是說所有想要推動進步主義的支持者都應該如此進行的。因為我們認為有色人種的老師對於進步主義的熱誠或許不會和他們同樣擁有那種所謂嶄新、解放或進步的想法。

在許多回應這篇文章的回饋當中，我收到許多電話和信件，多數是來自於全國各地的老師、教授，甚至有些州政府的官員也都寫信給我。我必須承認那篇文章並沒有呈現任何研究報告，也沒有引述任何一項參考文獻，但是卻激發這樣多元的回應，這些回應的人有些是白人，有些是黑人。在所有白

---

a：消音（silencing）的意思就是壓抑他人所提出來的想法或觀點，而這種壓抑的作為是在這個團體或社會默認的權力下進行的作為。

人的回應當中，除了一個特殊個案以外，每個人都想要和我多多談論技能相對應於歷程方式的教學問題——目的當然是希望能夠支持或排斥他們對我的觀點。另一方面，在所有非白人的回應當中，他們都非常熱誠的談論他們在一般的對話中是如何受到排擠的，別人是如何告訴他們應該如何教導有色人種的孩子。

像這種完整溝通的障礙怎麼會在雙方都具有相同的目的時存在呢？有色人種的教育夥伴所經歷的痛苦和憤怒要如何宣洩，才能夠讓他們的苦楚可以得到痊癒的機會呢？我們可以做哪些事情來提供合宜的協助呢？

我相信這個問題的解答隱藏在人種誌的分析裡：也就是說，我們需要辨識出各式各樣的世界觀，並且讓每一種世界觀的支持者都擁有他們的舞台。因此，我將嘗試回應那些針對我那篇「技能和其他兩難困境」有所回應的白人和黑人所提出來的各項觀點（Delpit, 1986）。我在這裡的任務並不是要去判斷哪一種教學方法是最好的；我相信每一個傑出的老師（不管他具有哪一種膚色）在真實教學的時候，都會運用許多教學的方法來搭配他們學生的學習需求。相對的，我認為我在這裡的主要任務是要針對「技能與歷程相對抗」的各種觀點進行辯論，或許可以因此而引導讀者對於不同人種的疏離感和不良的溝通方式有進一步的了解，也因此而對於我這裡所說的「寂靜的對話」有深入的理解吧！

在深入考慮過這些議題之後，我發現了我相當深信的一個連結和複雜的主題：我在這裡稱它為「權力的文化」（the culture of power），並針對這個概念提出五個和權力有關的觀點：

1. 在教室裡面運作的權力議題。
2. 參與權力議題時有些規定和規矩需要遵守，換句話說，就是說我們會有一種「權力文化」存在於教室裡面。
3. 權力文化的規矩其實反應了那些擁有權力的那群人所享有的文化規矩（譯者註：這是我們所說的「既得利益者想要繼續保有他們原先享有

的利益」，也是譯者長久以來認為傳統教學模式其實是在「繁殖」和老師具有相同「學習基因」的學生的一種作為）。

4. 如果你還不是權力文化的一個參與者，清楚告訴你參與權力文化的規矩確實可以讓你比較容易獲取權力。

5. 那些擁有權力的人鮮少了解到這種權力文化的存在——或者說他們鮮少有意願想要去了解這種文化的存在吧！至於那群沒有權力的人通常很清楚了解這種文化的存在是多麼嚴重的一件事情。

前面三個議題到目前為止已經是教育社會學文獻中的基本教條了，但是鮮少有人注意到後面這兩項議題的存在。底下的討論將著重在解釋這些權力的觀點，以及在自由主義者所推動的教育改革運動與那些非白人、非中產階層的老師和社區之間的分裂現象時所扮演的重要角色。[1]

1. 教室裡面運作的權力議題。

這樣的議題包含了：老師控管學生的權力，教科書出版商以及課程發展者決定要呈現哪種世界觀的權力，州政府強制要求義務教育的權力，以及某個個人或團體決定另外一個個人要具備哪樣資格才稱得上是有智慧的人，或只是一般凡人而已的權力。最後一點，如果我們認為學校教育的目的就是要協助學生獲得工作的機會；而一個人所擁有的工作決定他或她的社經地位，那麼我們也就可以認為學校教育根本就和那樣的權力有密切的關聯。

2. 參與權力議題時有些規定和規矩需要遵守，換句話說，就是說我們會有一種「權力文化」存在於教室裡面。

我在這裡所提到的規矩和規定與語文表達、溝通的策略和口語表達本身是有關聯的；換句話說，就是講話的方式、寫作的方式、衣服穿著的方式，以及與人互動的方式等等（譯者註：國內一般的高級場合如果男士沒有穿著整齊的西裝，女士沒有穿著套裝，就是一種不得體的穿著方式，也會讓其他人認為這樣的人不屬於他們的文化族群。另一方面，國內的語文課程太偏向「文質彬彬」的男士作為，和目前絕大多數青少年學子的個性截然不同，所

以多數高中男生不願選擇文學當作終身工作，或許相當有關聯）。

3. 權力文化的規矩其實反應了那些擁有權力的那群人所享有的文化規矩。

　　這也意味著機關或機構的生命延續，這樣的機關或機構包含了學校、工作場合等。這些機構與機關是依靠有些人能夠取得那些擁有權勢的人的文化而延續的。來自於中產階層的學生，在學校的表現原則上會超越那些中下階層的學生表現，這是因為學校的文化主要就是依據那些上流社會和中產階層的家庭文化所延伸出來的另類文化——也就是我們在前面所說的擁有原先文化的族群就比較有可能獲得學校文化上的優勢。中上階層的家庭通常會將他們的孩童送到具備他們原先享有文化特權的學校去就讀；所以來自於其他階層家庭的孩童雖然也能夠在自己那種漂亮也值得保存的文化下生活和運作，卻不能夠在可以延續他們原先的文化情境下運作和學習（譯者註：以國內的情況來分析，幾乎只有上流社會家庭的孩童才享有私立學校的教育權利。相對的，原住民學生或是偏遠地區學生在求學方面就顯得相當吃虧。一方面他們被整個社會期望學習主流社會的文化，另一方面，我們也期望他們能夠保留他們原先的文化，甚至能夠跨越文化的鴻溝，代表原住民學生到世界各國去宣揚，才會讓原住民學生在求學期間顯得相當辛苦）。

4. 如果你還不是權力文化的一個參與者，清楚告訴你參與權力文化的規矩是可以讓你比較容易獲取權力。

　　在我以往經歷許多多元文化的情境，我可以得到的結論就是每一種文化的成員都會習慣性的將他們文化的特色告訴其他的成員。然而，當這種隱藏的文化密碼想要穿越文化的隔閡，我們就會發現那樣的溝通會立刻中斷。每一種文化的族群通常都會說：「這些人為何會言行不一致的處理每天的事情呢？」當然他們也可能會說：「真奇怪的人物，他們到底吃錯了什麼藥呢？為何他們就是不能夠了解這個意思呢？」

　　任何人如果想要進入嶄新的文化，特別是那些想要完成某些特定任務的人，都將會了解我這裡所說的意思。當我在一些新幾內亞的村落生活相當長的時間，想要蒐集一些資料，以及我在阿拉斯加的村落和當地的原住民社區

民眾一起合作工作時，我發現總是有一些善心人士會直接指導我應該怎樣穿著才算得體，應該如何和他們的族人互動才不會失禮，也告訴我一些特殊文化底下的意義，甚至有人會告訴我那個族群的人所忌諱的文字或是行為等等。我也因此而了解到任何一個人想要學習文化權力的規矩時應該也有類似的現象產生。除非我們有一輩子的時間可以沈浸在另一種文化的情境下學習那種文化，否則清楚說明遊戲規則應該是讓學習變得更加容易的方式之一。

現在，是我們討論最後一個項目的時候了：

5. **那些擁有權力的人鮮少了解到這種權力文化的存在——或者說他們鮮少有意願想要去了解這種文化的存在吧！至於那群沒有權力的人通常很清楚了解這種文化的存在是多麼嚴重的一件事情。**

對於許多自認為是自由主義或是激進主義的支持者而言，承認他們享有個人權力和承諾參與文化的權力遊戲是相當不舒服的一件事情。另一方面，在某些情境下比較沒有權力階層的人們很可能清楚的了解到這樣的一種權力變數。我的猜測是認為前面所提到的那些白人同事，或教職員不認為他們相對於非白人的夥伴具備比較多的權力。然而，不管是他們的位階，或是他們的人數，或是他們對於能夠透過研究計畫來驗證自己的工作權力都比較容易獲得相關的權力，所以白人的教育家通常具有比較多的權威可以幫所有的人種建議所謂的「真實情境」。這種「真實情境」就算是在有色人種比較了解真實情境的意義而有些許抗議時，也不會因此而改變這樣的所謂「真實」情境（譯者註：國內在各領域的計畫申請似乎已經出現這種權力的文化現象，或是國內熟悉的「拜碼頭」現象。國科會的研究計畫也似乎到了一種專門為某些學者專家量身訂作的階段，如果政府機構沒有了解到這種權力的文化正在嚴重的侵蝕國內的研究品質，未來的研究結果就相當堪慮）。

一個相關的現象就是自由主義的支持者（我在這裡所提到的自由主義者，是泛指那些想要讓整個社會的群眾都能夠獲得最大的個人自由和自主權的那群人）通常都有一個共通的假設，那就是認為如果我們清楚的說明每一項規矩或期望，就違反自由主義的原則，也限制了那些想要脫離清楚說明的

自由和自主權了。

我非常感謝 Fred Erickson 給我的一個建議，引導我重新檢視 John Gum-perz[2] 針對跨文化互動時可能產生的不協調文化。其中有一幕情境是一位東岸的印地安人去找一份工作，面試的主考官都是白人所組成的委員會。這一次的面談根本就是一個完全失敗的範例，就算許多面談的主考官真的想要協助這位應徵者。當面談進行到後面的時候，這些「協助者」就愈來愈間接的提問問題了，這樣的變化只是讓這位考生面臨愈來愈惡化的情境。因為是在一個全然不同的文化情境下運作，這位考生所能夠獲得的暗示也愈來愈少，最後的結果就是他沒有爭取這份工作的機會。

我發現當這位考生對於這次的面談顯得愈來愈興趣缺缺時，文化的差異在面談的主考官身上就愈來愈明顯的表現了。可惜這些想要幫助對方的主考官卻不願意承認他們對於這位應考的考生有相對的權力，反而因此而顯得愈來愈不舒服的樣子。他們逐漸採用間接提問問題的嘗試，希望能夠降低這樣的權力對等關係，也希望能夠透過權力對等關係的降低，來減緩不舒服的感受。

當我們承認自己的權力，表達我們的權力時，我們通常會很明確的說出我們的觀點（例如，你可能對你那十歲大的孩子大聲吼著：「收音機的聲音關小點！」）。當我們不想要特別強調我們的權力時，我們就會朝著間接溝通的方式。因此，在這種面談情境下，那些想要尋求協助的主考官，當他們想要表達他們和這位印地安籍的應考生之間的平等關係時，他們就會使用愈來愈間接的方式，和這位考生進行雙方互動的關係。偏偏這樣的互動關係只會讓他們的協助愈來愈沒有實質上的功能。

在語文和文學教學方面，清楚明確的說明很可能讓一般人認為那樣的教學和直接教學法是一樣的。或許在國民小學最能夠呈現清楚說明和直接講述的終極方式就是所謂的 Distar 教學法（譯者註：這是一種以學生在語文方面的舊經驗為主要教學策略的語文科教學模式，國內鮮少運用這種策略在語文科的教學）。這種閱讀教學的活動是依據行為學派的模式所發展出來的一套

教學法。他們的教學方法是透過音符的概念化與混合所導引出來的直接教學法。老師在這種場合下的角色就是要持續提問，眼光注視，手指頭和手掌拍擊的聲音，以及其他肢體動作，來持續保持整組學生的學習注意力，同時要求學生回應老師提問的問題和提供某些獎勵制度的一種語文科教學法（譯者註：通常國內學者專家不會浪費時間在某種教學法的研究上，他們通常假設學者要做的事情是清楚講解學理，而國中、小學的老師要能夠將這些學理和學科之間整合成為一個嶄新的教學法。所以國內對教學法有一種長久以來的蔑視態度，相當值得研究）。

當這種教學法剛剛引進美國時，還伴隨著一堆研究資料顯示「它證明每一個孩子，甚至是那些文化刺激比較少的孩子，也可以使用這套方式進行閱讀的學習。很快的，我們就見到很強烈的回應，首先是由學術界發難，後來是許多教師的回應，他們都認為這樣的教學方法糟透了。然而，我卻發現使用這種Distar（譯者註：對這種語文科教學法有興趣的讀者請參閱http://www.abiva.com.ph/SRA.HTML）教學法所帶來的衝突議題並不在於它的教學效率——通常學生確實由這種教學法學到閱讀能力——而在於老師在教室裡至高無上的權力。自由主義的支持者反對這類的教學法——他們反對直接教學法，或是由老師展示他們對於班上學生的明確控制。因此我們還經常（即使到目前為止）聽到許多人認為這樣的教學法偏向於「法西斯主義」。

我並不是一個宣導Distar教學法的支持者，但是我即將回到這個教學活動所激發的某些議題——通常和直接教學法有密切關聯。我希望透過這類議題的探討來了解那些支持進步主義的白人以及有色人種的教育家之間的不同見解。

為了要探索那些差異，我想要說明中產階層自由教育學派的人通常會呈現的典型觀點。對這群人而言，當他們遇到有色人種的強烈質疑，或頑固的沈寂抗議是不會讓人感到意外的。我在這裡的嘗試是希望能夠檢視雙方的基本假設。

我希望能夠每一個孩子都可以獲得我自己孩子所獲得的同樣學習。

為了要讓每個人的孩子都能夠獲得自由主義、中產階層家庭的孩子所獲得的學校教育，其實就是要繼續確保現在的狀態，確定目前的權力狀態，權力的文化將繼續保留在那些擁有這些權力的人的手中。有些孩童上學之前已經具有比較多的權力配備——也稱作「**文化的資本**」[b]，這是某些批判理論的學者所使用的名詞（請參見 Apple, 1979），當然就有些學童擁有比較少的文化資本。許多自由主義的教育夥伴認為教育的基本目的是要讓孩子們成為更具有自主精神的人，可以將他們的自我完全發展出來，而不需要依靠外來的標準，或其他強制性的要求。這種要求對於那些早已經是文化權力核心內層的家庭，或已經將這種權力文化內化為日常生活習性的家庭，絕對是一種合理的要求。

但對於其他家庭而言，因為他們的家長不屬於這類權力文化的核心，他們總是希望學校能夠教導其他額外的項目。我不認為他們會反對前面那群家長的目標，相對的，我認為他們想要要求的是其他的東西，是那種看不到的東西。他們非常想要確定學校提供孩子更多討論的模式、人際互動的風格，以及能夠讓他們的孩子在更大的社會成功所必須的書寫和口頭使用的語文。

就是因為欠缺對於這項關懷重點的理解，才會讓黑人的社群對於白人自由學派的善意產生負面的攻擊，尤其是當白人想要介紹「母語教學」（dialect readers）時。這樣的教學措施被黑人社群認為這是白人掌握權勢的人想要防止學校教導學童認識權力文化當中重要的語文訓練機制，也因為這樣的機制缺失讓黑人的孩子永遠當作文化核心的外圍觀察者。就誠如一位家長所說的：「我的孩子當然知道如何當作一個黑人，但是你們教導孩童的重點，就是要讓他們能夠在白人的世界獲得成功。」

最近有許多黑人老師告訴我，就他們的觀點而言，他們不得不聯想到許

---

b：文化的資本（cultural capital）就是某種文化理解的類型——例如語文、社會上互動的型態、對於一個系統功能的知識等等——而這些文化理解在某個特定的社會或結構上都是受到重視的項目，這些項目也是一個人在社會進階時可以孕育的籌碼。

多施加在黑人和貧窮孩童的進步主義策略，根本就是白人想要讓享有自由主義的白人孩童享有美國就業市場愈來愈稀有的工作機會。有些黑人朋友甚至認為自由主義的教育夥伴或許認為他們對每位學童都具有相同的善意，但是這樣的善意只是他們潛意識、真實意圖下的迷惑工具而已（譯者註：作者的意思是說，白人自由主義者所提出的觀點只是希望能夠讓他們的子女繼續享有權力文化的核心位階，但是卻找了相當好的藉口）。一位黑人人類學者叫做 John Gwaltney（1980），提出一個肺腑之言，真心的觀察結果，提到黑人和白人之間最大的區隔就是黑人知道白人何時會撒謊！

讓我嘗試釐清這種情形如何運用在語文科的教學上吧！幾年前當我分析兩種相當受到歡迎的閱讀教學策略，也就是前面提到的 Distar 和一個進步主義的教學計畫，它的教學重點是要提升學生更高層次的思考能力。進步主義的教學計畫的前幾堂課當中，介紹孩子們認識字母 m 和 e。在這樣的課堂上，學生也學習這兩個字母的發音方式，以及如何書寫這兩個字母，然後再將這兩個字母混一起，就得到一個字，就是「我」（me）。

對於一位有經驗的一年級老師而言，我很確定孩子們需要在一個情境下熟悉一大堆這樣的概念才能夠內化新的知識。相對於此，Distar 的教學法需要四十堂課的時間才完整的呈現這樣的概念。

我不想要爭吵 Distar 的教學步調；我認為這樣緩慢的步調肯定會讓許多孩童覺得無聊到了極點——不過另一方面，我們看到的是它只提供一個機會給那些原本就對這個內容有基本認識的孩童來展示他們對這個內容早就熟悉的內容，或頂多在他們原先已經了解的項目增加一個新的項目而已。這也說明了那些到學校求學時原先沒有具備這些能力的孩童很快的會被老師標示為需要補救教學的孩童；但是這樣的標籤行為在這些孩子還沒有正式學習之前就已經貼上標籤了。事實上，我們知道因為 Distar 確實教導孩童一些他們原先在家庭裡沒有學過的項目才獲得成功的肯定。所以我們得到的結論是，雖然比較貼近進步主義的做法對於某些學童而言是相當理想的措施，但是對於某些學童而言，卻是一個大災難的來臨。

　　我在這裡也不是想要推廣一個簡化的「基本技能」方式來協助權力文化核心外圍的孩童。如果我們認為這群孩子無法具備批判思考的能力，或者更高層次的思考與推理的能力，我們就會帶給他們非常大的悲劇。相對的，我認為學校應該給這些孩童提供一些來自於其他文化背景的孩童在家裡就已經具備的內涵。我也不認為學校應該依據學生的家庭背景將他們區隔開來教導，而是想要確定在每一間教室都融入了適合每一個孩子的學習策略。

　　當然我也不認為學校應該嘗試改變貧窮人家，或有色人種的家庭生活，以便讓這些學生的家庭生活和那些享有權力文化的學生家庭相類似。可以這麼說，那樣的作為幾乎就是一種集體屠殺文化的作法。我經常聽到學校要求貧窮家庭的家長在回應學校的急切要求時不要太在意，就學校的立場而言，只是希望他們改變家庭生活的方式，來協助他們孩童的學習。這時候這些家長可能會認為：「那不是學校該做的事情嗎？」學校相關人士無法理解的是如果學生家長原本就是權力文化核心的成員，也依據權力文化的規矩而生活，那麼他們將會把那些權力文化的密碼傳遞給他們的子女了解。事實上，他們早就已經在家裡將另一種文化傳遞給他們的子女，以便讓他們的子女在他們生活的社區可以求得基本的生存權力。

> 「以學生為中心的全語文，學習歷程的方式在建立一個民主社會是一種必要的項目，在這民主的社會裡，我們才能夠享有自由、自主，以及賦權增能的成年人來運作這個民主的社會。而且各個研究也指出學童透過這些模式可以獲得最佳的學習成效。」

　　一般而言，有色人種對於研究結果可以決定我們的命運都抱持一種相當懷疑的態度。畢竟學術研究的結果發現我們在基因方面就是屬於低等的人類、文化不利、在口語表達方面也經常辭不達意。不過除去那種普遍的警告，以及我或一些人的偏好以外，幾乎沒有任何研究資料可以支持歷程的學習模式優於其他的語文素養教學模式，實際上我們也沒有任何證據可以說明這些教學模式對於有色人種的孩童學習比較有成效（Siddle, 1986）。

　　雖然問題不見得是教學法與生俱來的缺點，不過在某些範例當中，附著在寫作歷程方式確實創造了讓學生必須一肩扛起責任，必須熟悉一套遊戲規則的情境，偏偏從來都沒有任何人直接教導他們認識這些規則。這樣看來，老師對學生一點幫忙也沒有，甚至會暗示學生「產品」是不重要的。不過在這個國家，我們卻清楚的了解到，學生將透過他們的「產品」，被一群人所評斷他們的學習成效，根本和他們獲得那些產品的學習歷程毫無關聯性。最關鍵的，或許是那項產品是根據某項特定文化的特定密碼所得到的，我們確認那樣的產品可以透過清楚明白的直接指導來獲取。

　　如果我們沒有提供學生這樣明確的指導，對於老一輩的人來說，他們會覺得老師私藏一手，不肯教導學生，而且寶貴的學習時間也給浪費了，最關鍵的，他們或許會認為這樣的一位老師沒有盡到該盡的責任。我熟悉的一位博士班同學被指派去選修一門寫作的課程，以便磨練他的書寫能力。這位博士班學生選修的是一堂由一位白人教授指導的寫作課，這位教授大量使用寫作歷程的方式來指導學生，主要是透過學生個別書寫小論文，然後再分組彼此批改、修訂對方的文章。那個學習步驟觸怒了這位特定的博士班學生。對於這位任課的教授，他經常在課堂上和教授起衝突。或許我們用他的文字來說明會更貼切一點：

　　我不認為她真的在教導我們任何事情。她要我們修訂彼此的文章，但是我們選修那門課不就是希望透過她的指導，獲得學習的嗎？她根本就沒有教導任何一丁點的東西，我有絕對把握，一點都沒有。
　　或許他們正在嘗試了解黑人早就已經耳熟能詳的事情。我們知道該如何進行即興創作寫作，如何以創意的方式表達我們自己的內涵。當我走進一間教室選修課程，我的目的不在那裡，我在找尋一些結構，或者稱為比較正規的語法。
　　現在我那位朋友選修另一位黑人教授所開設的課程。那位教授相當棒。她為班上的學生整體的瀏覽整篇文章的結構，也為我們解釋和定義這個

結構中每一個部分的意義。這位白人教授和那位黑人教授相處的並不怎麼好。她說她不贊同另外一位教授的教學法。不過我根本就不認為那位白人教授使用任何一種教學法來教導我們。

當我告訴這位博士班的朋友，那位教授所使用的教學法稱作寫作歷程教學法的時候，他的反應是這樣的：「好吧，至少我現在知道她那時候可能認為她真的做了一些事情。不過我的觀點是認為她根本就是一個蠢蛋，一個不知道怎麼教學的蠢蛋，也從來不會想要嘗試任何方法的人。」

這種被欺騙的感受可能相當強烈，以致讓求學中的學生因此對教育體制感到失望。有一位相當有成就的白人老師，叫做艾曼達，最近寫了一封信和我分享她的教學。在信裡面，她提到她在阿拉巴馬州的一所社區學院與黑人藍領階層的學生，以及白人學生之間的師生關係。在班上，她用了我那篇「技能與其他的兩難困境」（Delpit, 1986）當作指定閱讀的材料，並且在課堂上討論文章的內容。在和我分享心得時，提到她的學生就真的能夠理解和辨識出我在文章裡面所倡導的觀點。讓我這麼使用她的部分信件吧：

> 有一位年輕人說他在高中求學時中輟了，主要是他沒有通過高中畢業考。他提到在那之後他認真的準備了三個星期，就輕鬆的通過GED（審訂者註：這是普通教育開發的縮寫）。他說他的高中英文老師認為她使用了一個書寫歷程的方式教導學生寫作，不過這位學生確認為那位英文老師根本就是躲藏在花俏的文字背後，讓自己有足夠的理由可以天天在課堂上混日子。

我剛剛提到的那位學生看起來似乎在告訴我，他認為那位英文老師否定了學生想要從她身上獲取知識，以便獲得成功的學習機會。他們認為他們需要學習一些標準的格式，才得以獲得成功經驗。再一次的，我要將這個問題暫時丟給這位老師，因為這位老師拒絕在課堂上展示她的權力。就某種程度而言，以一個專業人士的方式展示一個人的權力，通常被視為要讓學生喪失

「有力感」。

　　然而有兩個密切關聯的資格是必要的。在課堂上，老師不可以擔任唯一的專家。否定那些來自於學生的專業知識，就等同於老師要讓學生有嚴重的無力感。艾曼達這位老師在教導黑人高中學生，也就是一般被歸類為「學習緩慢」的那群學生時，讓學生分析繞舌歌曲的歌詞，讓學生發現他們也有基本的結構模式。接著這些學生就成為專家為老師解釋那些繞舌歌曲的歌詞，還可以創造一首新的繞舌歌曲。然後老師使用學生所辨識出來的歌詞基礎，開始教導學生認識文法的結構與說明，還可以進一步解釋莎士比亞所寫的戲劇。這樣看來，老師和學生在課堂上都扮演了他們所熟知的專家的角色。

　　第二項資格，就是必須了解到單純採用直接教學法也不是解決問題的好方法。讓學生針對真實的觀眾，以一個真實的目的真正的寫文章是協助學生了解他們在自己的學習歷程可以有發言權的一項關鍵要素。Siddle（1988）檢視了許多開設給黑人學生，並且以歷程導向的寫作方式帶領師生互動。根據一項稱為讀者盲目的評量，她發現在學生書寫作品當中，產生最正面效果的師生互動模式就是一種稱為「迷你課程」的介入模式。在這樣的模式操作過程，老師會使用直接教學的方式教導某些標準的書寫規格。不過她也發現，產生第二高正向改變學生書寫成果的教學法是在這種教學模式之後進行一個以學生為主的討論模式（在黑人學生當中進行同儕討論，卻產生了最差的改變效果，或許因為這些黑人學生原本就不在權力文化的核心位階。然而課堂的老師支持——而且我也贊同——這樣的教學活動是在介紹一些「真實觀眾」所必須的要素，當然也必須伴隨著更多老師指導的學習策略才得以完成這項使命）。

> 「相當可恥的是她樓上的那位黑人老師看起來是那麼的獨裁專制，幾乎將她的教學只圍繞在書寫技巧的教導，以及老師主導學生的學習。那些可憐的學生好像從來都沒有機會表達他們的創意（她還會對那群可憐的學生咆哮呢）。」

上面這段文字清楚的表達了在課堂上展示權力與權威的關懷面向。有一個方法可以正確了解存在於黑人老師與他們那群進步主義的同儕在這議題上的差異，就是去探討存在於文化方面具有影響力的口語互動模式。

在一本叫做《語文的手段》（*Ways With Words*）裡，Shirley Brice Heath（1983）提到一位中等階層家庭，有點像是城裡人的老師在口語方面的指導（p. 280）；

「那裡是剪刀歸屬的地方嗎？」
「今天你可要好好的表現喔！」

相對於此，許多黑人老師比較可能說的方式是：

「將那些剪刀放到架上去。」
「將你的姓名寫在紙張上面，而且要確認每一個問題都有正確的答案。」

某一種口語表達風格是否比其他口語表達風格來得更加獨斷獨行？

另外一些研究者也辨識出存在於中等階層家庭與工人階層家庭之間使用語文的差異，特別是家長對於孩童講話的模式。例如 Snow 等人（1976）指出工人家庭的母親使用比較接近管理的語氣和他們的孩童相處，相對於此，中上階層家庭的家長就不太會命令他們的子女。中等家庭的家長比較可能針對他們的孩童用命令的方式，要求他們去洗澡，例如：「該是你去洗澡的時候了嗎？」雖然這樣的命令是以一種詢問的方式呈現，親子雙方都相當了解這是一種命令的語氣。這樣的孩童可能這麼回答媽媽的話：「喔！媽咪，我可以再等一下下嗎……」不過不管親子之間最後協調的結果如何，雙方都了解對方所表達的意圖。

相對於此，一個黑人媽媽，一個我最近作客的家庭裡的媽媽，這麼告訴她那位八歲的兒子：「好傢伙，到那個浴缸後面將你生鏽的身體好好的清洗一下。」還好我也清楚了解到這位黑人媽媽和其他的媽媽一樣的疼愛著她的

小孩，不過我更清楚的了解到她絕對不會使用疑問句的方式表達她要孩子去洗澡的指示。不過如果她果真使用疑問句，就像是「你想要去洗澡了嗎？」那麼她就不是在命令她的孩子，而是真實的提供一個替代的可能性。因此，就誠如 Heath 所建議的，一個來自於這種家庭背景的孩子在進入學校之後，可能就不會理解間接的指示，或是老師正在給她一個直接的命令了。在 Heath 研究的社區裡頭，不管是黑人或是白人的工人家庭，他們的孩子在面對這樣的指令時，「在解讀這類型的間接要求時都有相當的困難存在著，這是因為他們無法理解老師透過一套沒有講解清楚的規則而無法適應」（p. 280）。

不過那些蒙著面紗的命令仍然還是命令，代表真實的權力，也說明了不遵守遊戲規則的結果將會受到哪種懲罰。如果孩子忽略了這些蒙著面紗的命令，就會被他們的老師貼上「行為問題孩童」的標籤，也可能會被學校正式的歸類為「行為失控」的學生。換句話說，由於老師嘗試著想要減緩她在教室裡面施展權力的機會，也就是以比較間接的語氣來引導學生，很可能反而無法達到預期的成效，學生真實需要的可能是透過老師清楚的說明教室文化的遊戲規則，而不是含蓄的表達。

有一位在阿拉斯加的費爾班克擔任小學校長的黑人，告訴我說她的學校經常會因為將一些黑人學生放在白人教師的教室裡而有許多狀況。那些老師經常將一些不遵守老師規定的學生送到校長室。他們的父母親也經常被學校叫到學校來開親師會議。家長對於老師的抗議經常是這麼回應著：「他們在家裡都會聽我的話，如果你直接告訴他們該做哪些事情，他們就會認份的去作。我在家裡面早就告訴他們一件事情，那就是在學校一定要乖乖聽老師的話。所以呢，權力還存在於教室裡嗎？其實就是這種蒙上面紗的作法，讓某些小孩在適應班級規則上有所困難，不過這種蒙上面紗的作法絕對無法減緩權力存在於教室的事實。

不過我也要說明另外一點，那就是黑人學生並不是在他或她不了解老師要求他們遵守某些規則才會觸犯老師的。確實還有其他的因素可能產生這類型的行為偏差。黑人學童通常期望一位權威人士要有權威人士的行為表現。

當老師不是以權威的方式表現，而是以一種朋友的方式對待黑人學生時，後者所接受的訊息是認為這樣的一位成年人沒有權威，所以孩子們就會以面對一個沒有權威的人的方式對待老師。有個原因可以解釋黑人對於權力和權威的觀點和主流社會那種以中產階層為主體的價值觀不太相同的觀點。[3]許多有色人種期望透過個人的努力和奮鬥而獲得，也希望透過個人的特色來展現這些權威和權力。換句話說，「權威人士會成為老師的原因是因為她就是可以信賴的人。」相對的，一些屬於中產階層文化的成員，期望一個人因為他或她獲得一個權威的角色而達到權威的象徵。也就是說，「老師是一個權威人士，因為她是一位老師」。

在第一個例子當中，由於權威是努力賺來的，所以老師必須持續證明代表她的權威的那些特質。這些特質或許會因為文化的差異而有所不同，不過在黑人的社區當中，他們通常會表現在幾個相關的能力上。我們通常期望具有權威的老師可以展現他們的個人權力來掌控教室內的學習，他們也要能夠建立有意義的人際關係來獲取學生的尊重，他們還要展現一種強烈的信念讓學生了解到每一位學生都能夠學習，更要建立成就的標準，並且將每一位學生推向成就的標準，最後還要在他或她的日常教學活動當中容入會互相影響師生學習的黑人溝通風格來掌握學生的上課專注力。

相對於此，如果老師的權威是因為他們穿上了一件具有權威的角色衣服，那麼他或她在行為表現上就有比較多的可能性可以展性個人的風格。例如，由於她的權威並不是因為她自己的言行所得到的，所以她沒有必要展現個人權威也一樣可以獲得權力。因此，她真實掌握的權力可能因為類似底下這樣的問題／建議而蒙上一層面紗：「是不是想要坐下來一下呢？」如果那些在她教室裡的孩童了解她所擁有的權威，那麼不管她是如何委婉的表達她的權威，孩童們清楚的了解到乖乖遵守老師的指令是必要的，這種師生互動有時候是發生在連老師都沒有覺察到的情況下（審訂者註：其實國內的每一間教室幾乎就是這種形式的師生互動，老師甚至只要使一個眼色，全班學生即使在觀摩教學的情況下，也懂得秋後算帳的可怕）。她使用委婉的間接表

達方式可能就誠如我在前頭講過的，是希望能夠降低她在教室裡面那種霸氣十足的權威態勢，以便建立一個比較貼近平等、亦師亦友的教師氛圍。

然而，如果孩童是在另一種權威的模式下運作的，那麼這樣的師生互動就會產生相當大的麻煩。黑人小孩可能以為中等階層的老師表現的相當脆弱、沒有效率，甚至不夠資格擔任老師這樣的角色所需要的權威。所以對於黑人小孩來說，他們在課堂上就根本沒有必要遵守她的指令。在她的博士論文當中，Michelle Foster（1987）提到這麼一位黑人小孩是這麼描述他的老師的：

> 她的課程實在相當無趣，無趣極了。她或許可以有創意一點的來上那些課程。相對的，我看她上課就只是站在那裡。她也無法掌控教室裡面的動態，我應該說她根本就不知道該如何管理經營一個班級。她居然還跑來問我，到底她哪裡做錯了。我明白的告訴她，她只是站在那裡，好像在沈思似的。我也告訴她，她在沈思的內容都是一些我早就耳熟能詳的東西。她說我們在課堂上應該學習一些課程內容。我頂回她，告訴她如果她沒有告訴我一些知識內容，那麼我在課堂上就根本沒有任何學習了。她就是無法經營管理一個班級。我真心誠意的期望下學期不會有她的課就好了。（pp. 67-68）（審訂者註：其實這或許就是國內熟悉的「官大學問大」，指的是白人階層對於教師的觀點，不管老師怎麼教導，都一定可以套一個教育學理來解說。相對的，黑人學生熟悉的教師角色比較貼近運動員教練的角色，通常需要具備比運動員更高水準的運動技能，才能夠說服運動員接受他們的觀點。國內許多場合會看到官大學問大的現場，這也錯誤的引導許多學校的行政主管朝那個方向去思考。所以有一次有位國小校長問我是否還在從事我以往擔任的行政工作，我只能夠偷笑，還能夠幹什麼呢？）

不過，這位老師當然可能將學習的問題推給學生，而不認為學生不肯學習是她的責任，最有可能發生的情況就是那樣的孩童會再一次的成為一個行

為偏差的黑人學童，然後被老師送去資源班，以「眼不見為淨」的態度來處理學生學習的問題。

那麼我們想要了解的，就是黑人學童對於優良教師的特質到底抱持哪樣的觀點呢？再一次的，我想要引用 Foster 的博士論文當中的一段話來支持我和黑人學生所經歷過的一些情況。有一位黑人和一群老朋友討論以前的一位老師時這麼說著：

> 在她的課堂上我們一群同學在搗蛋，不過她的脾氣可不是好惹的。我還記得她曾經在課堂上這麼說過：「偉恩，告訴我這個故事的內容。」她會走到我的桌子旁邊推我一下，她通常會踩到我的地盤，然後要我多學習一些課本裡面的知識。可以這麼說，她會逼我們學習。我們必須乖乖的翻開課本一頁一頁的讀下去。你或許可以想想看，在她身旁可是些彪形大漢，身材壯碩，還盡可能想要挑戰她的權威。不過她就是有辦法照顧好這樣的一個班級，而且也沒有任何一位學生可以欺壓到她的頭上。我仍然保有她所使用的那本課本呢。對我來說，那本課本裡面有許多故事值得回味。我前幾天才又翻到一個關於可口可樂的故事。（p. 68）

讓我在這裡稍微釐清一下，這位學生顯然對於老師的「壞脾氣」感到相當驕傲，這樣的一個特質對於他來說，好像是說這位老師有能力可以經營一個班級，更能夠督促和期望學生認真學習。那麼那些支持自由觀點的教育夥伴對於黑人老師在班級裡面霸氣十足的負面觀點是否還站得住腳呢？我在這裡的建議是認為，雖然不是每一位霸氣十足的老師都是好老師，不過在不同的文化族群，確實對於好老師的觀點可能會因為文化的差別而有所不同。所以我的觀點是認為我們無法創造一個優良教師的楷模，而不去考慮他們的文化或社區的情境。

接下來就是我要檢視的最後一個觀點；

> 「孩子有權力可以認識他們的語文和他們自己的文化。我們必須和文化

霸權征戰，也要為孩童在這些方面的權力而奮戰，我們要堅持這個體制可以允許孩童使用他們自己的語文表達他們的學習結果。不僅是這些孩童需要因為學習而改變，更重要的是這個體制要能夠因此而變革。要求孩童作一些其他事情都是在壓抑他們的文化，也是一種極端保守的作為。」（審訂者註：這一點和一位在加州從事特殊教育的張稚美教授所倡導的論點一樣，她也認為應該沒有特殊教育的學生，特殊教育的學生會遭遇到學習障礙的主要原因在於體制的障礙讓那些孩童窒礙難行）

類似這樣的觀點其實就是早期激發我靈感想要撰寫「技能與其他兩難困境」那篇文章的原始動機。剛開始我是以一封信件的模式將我原先的想法寫給一位同事，討論在我們這個系發生的一些事情。那時候我正在教導一門大四的師資培育課程。我要求選課的學生需要先撰寫一篇自傳式的文件，一方面當作課堂的要求，一方面也是為了他們在教育實習的實習學校有資料可以進一步認識他們。

其中有一位有天賦的年輕女生，是一位美國原住民，她繳交的一篇文章當中，我找不到她個人的特色，可以這麼說，關鍵點都遺漏掉了，這是因為寫作技巧的問題——從拼音到句子的結構，到段落的結構都有問題。為了要協助這位學生，我將她的姓名除掉，然後影印給幾位同事，希望可以和他們進一步討論學生寫作的素養。那時我真的期望可以啟動一項討論，以便確認我們系上的學生到大四的階段，可能因為沒有任何一位老師的專業協助，而在最需要幫忙的時候沒有關鍵人物的出現而寫出類似的文章。

我回收的一些回應讓我感到相當驚奇。有些同事含蓄的建議類似這樣的學生根本就不該讓他們有機會進入師資培育的學程。另外一些同事，有些是比較接近進步主義色彩的同事，則認為我在嘗試當作一個守門員的角色，主要是因為我將這樣的議題提出來討論，並且認為我內心身處想要壓抑這位學生的學習，他們認為我可能想要將這位學生在師資培育學程的資格給剝奪，就因為那位可憐的美國原住民學生有她特殊的寫作風格。在幾乎沒有意外的

情況下，我發現我簡直就像是一個人在和這兩種極端觀點的同事對抗當中。

不，這位學生不應該因為這些因素而被拒絕在門外。將他拒絕在門外的作法就有點像是高舉門檻，讓一些犧牲者必須為一些犯罪扛起責任來。就情理上來分析，我們不可以調高我們招募的學生條件；如果這位學生欠缺某些技能，真實需要扛起責任的應該是老舊不堪的教學法，更可能是因為體制無法接受他們的學習模式而將他們的學習權益給忽略掉的作法。

然而，允許這位學生進入這個學程，並且讓她一路順風的通過每一門課程的要求，卻沒有關注她有效成為老師還需要學習那些知識與技能，那也是同樣的罪惡——雖然我們並沒有刻意將師資培育的錯誤都推到她的身上，不過在她離開師資培育學程之後，仍將面臨嚴苛的考驗。就像所有的阿拉斯加原住民很快就會告訴我的事情，以及我過去在黑人社區與學生互動的長期經驗來看，不僅她畢業之後不可能被聘僱為一位教師，更可能發生的事情是那些沒有聘用她的人會有一個錯誤的假設，認為大學只會產出一些能力不足的原住民老師，所以他們也不必刻意去認真的找尋任何一位原住民身分的申請者。如果一位白人申請者有一些明顯的問題存在，那是個人的問題。不過如果是一位有色人種有些問題，那就會演變為她的文化族群根深蒂固的問題。

所以不管我們採用哪一種方式來對待這些準老師都是犯法的行為。解決這個問題的方法就是接受學生原本的面貌，不過要擔負起教導他們的重責大任。所以我決定和這位學生討論這件事情，也發現她在進入這所大學的時候，就已經了解到她需要在書寫技巧上有更多的協助。她曾經不止一次的去拜訪教育學院的教授尋求他們的幫忙，不過獲得的回答就是四年之後我所獲得的相同答案：我們這群教授如果不是告訴她不該有任何想要成為老師的念頭以外，就是輕鬆的告訴她不必那麼杞人憂天的擔憂，船到橋頭自然直。在她深深感到絕望的時候，在英語系確實找到一位肯幫忙的教授，可惜當她升上二年級的那一年，那位教授就離開這所大學了。

我就和這位學生坐下來聊聊，我們嘗試為她規劃一些可行的方案來協助她在特定的寫作能力上作增強的功能，並且建立了定期會談的時間。我特別

在她面前強調,需要使用自己的學習歷程當作教導未來學生的洞見,特別是那些她以往的學校沒有盡到責任,應該早就教導她的那些「寫作技能」。我在某些方面也給了她一些清晰的寫作規則;在其他方面,我們發明了各式各樣的日誌撰寫方式,以及閱讀某些文章來討論文章所使用的語文結構,我的目的是希望能夠讓她自己找尋到文字的處理過程,以便獲得她自己在語文方面的素養。這些都發生在兩年前,目前那位年輕的女生已經找到教學工作,並且稱職的在教學場合表現她的語文素養。這樣的經驗讓我了解到假裝當作一個守門員並不存在於師資培育機構,只會讓許多學生無法通過教師甄試的考驗。

現在你可能會認為因為學校存在著一個權力的文化,所以我相信這樣的文化,而且每個人都需要學習這樣的文化才能夠參與這樣的學習,不過這就是這個世界運作的原理。實際上,沒有任何事情可以超越真相。我相信我們真的擁有多元化的風格,我也相信當我們消滅文化多元性之後,這個世界就會因此而縮小。更進一步來說,我強烈的認為,就像我那些自由派的同事所信仰的一樣,每一個文化的族群都應該有權力可以保有他們自己的語文風格。所以當我提到權力的文化時,我並不是在說我期望這些文化會有哪些改變,我只是就事論事的討論這樣的權力文化現象。

我還更進一步的認為,如果我們假裝權力並不存在於教室裡面,就是希望能夠保持權力對等的現況。當我們暗示學童或成年人(當然成年人根本就不理會你)怎麼書寫文章,或是怎麼和別人交談不會影響他們的未來,就幾乎可以確保他們未來一定會走上失敗的那條路。我比較喜歡誠實的面對我的學生。告訴他們,他們的語文和文化的風格都是獨特、也都相當精采,不過我更要他們明白在這個世界上確實有一個叫做政治權利的遊戲正在進行,如果他們想要走進那個遊戲圈裡面,那麼他們就要依據遊戲規則來玩遊戲。

不過請不要誤以為我會將改變的重責大任都推給我的學生。其實在教育圈裡、圈外,我也都被這個政治的遊戲所涵蓋著,所以這個政治遊戲要求我盡可能影響那些原先抱持著守門員觀點的學生和教師。就是在那樣的情況

下，我想辦法鼓動學生進行變革——要求那些抱持守門員觀點的人打開他們的心胸，接納各種學習風格與習俗。不過我要說的是我並不認為政治面向對於多元化的改變會來自於草根性的改革，就誠如我的某些同事所抱持的觀點。他們似乎認為如果我們在我們的教室裡頭接受和鼓勵學生之間的多元化，那麼多元化就會自然而然的被那些守門員觀點的人所接受了。

我相信那樣的想法根本就不可能發生。真實會發生的應該是當這群學生接觸到那些持有守門員觀點的夥伴時——就像是前面提到的艾曼達的學生一樣，會從高中的求學過程當中中輟，原因很簡單，因為他沒有通過高中畢業考試——他們就會了解到自己被騙了，當然就會跟著謊言繼續說謊下去。這麼說吧，我相當確認的一點，就是如果我們果真想要推動一項社會變革運動，我們是無法從草根的模式推動的，我們必須從上層社會開始攪動人們的想法。同時，我們必須肩負起教導學生的重責大任，讓那些原先沒有享有那種權力的學生有機會了解和接觸這些權力的感受。4

不過我也不認為我們應該採取一種替代的模式，消極的接觸我們的學生。我們應該鼓勵他們去了解那些他們已經擁有的權力密碼的價值，也要有機會認識這個國家的權力運作真相。否則他們將無法改變這樣的現實面。那麼我們該如何做到那樣的要求呢？

瑪莎是一位學有專精的阿拉斯加原住民老師，她教導一群印地安血統的學生，她告訴我她的學生住在一個孤立的小鄉村，不到兩百人的人口；她的那群學生根本就不了解還有不同的英文模式。她取出學生的作文，並且分析文章的特色，了解到那些學生書寫的特色就是阿拉斯加語文學者所認為的「村莊英文」，然後在半面布告欄上面張貼學生原始的寫作成品，並且在上面標示著「我們世襲的語文」。在另外半面布告欄上面，她張貼了一些使用「標準英文」所寫出來的文章，然後也在上面標示著「正規的英文」。

她和學生花了很長的時間在「世襲的英文」那一部分，仔細的品嘗那些文字的味道，也討論音調上的細微差別。她這麼告訴學生：「那是我們說話的方式。感覺很棒不是嗎？它是不是我們表達意見時絕佳的方式呢？」接著

她再轉往布告欄的另一邊。她告訴學生，外面還有許多不同的人種，不像那些生活在他們村子裡的人，那些人會因為一個人講話或書寫的方式來判斷一個人的能力。

我們聽村子裡的人講話的方式，不是要來判斷他們，而是要確認他們是來自於河流的上游或下游。不過其他人可不是這麼看待我們講話的方式。他們認為每一個人都要和他們用一樣的方式講話。不像我們，對於那些語文使用方式和他們不同的人，他們就會認為溝通上有困難而不願意進一步和那些人溝通。他們書寫和口頭使用的語文在這裡我稱它為「正規的英文」。

對於那些只使用一種正規英文的人來說，我倒是對他們有一點點的可悲和可憐。他們只會使用一種語文的方式來溝通。我們將使用兩種方式來學習語文，那不是更好嗎？其中一種語文溝通的方式就是我們世襲的方式，另外一種方式就是正規的英文。所以呢，等我們同學畢業之後，要去找一份工作，就需要學習他們那種語文，因為他們只會那種方式的語文。或許等我們同學都找到工作之後，可以協助他們了解到認識另外一種語文，就像是我們的語文一樣，那種感受真的很棒，不是嗎？在有必要的時候，我們要學習他們的方式來表達，不過我們還是認為我們原先使用的語文溝通模式是最棒的一種就好了。

瑪莎接著進行各式各樣針對正規英文或非正規英文的學習活動。她是這麼告訴學生的：

在這個村子裡，每個人多數時刻使用非正規的語文溝通模式，除非是在一個正規的禮節或特殊的節慶。你根本就不會去想這件事情，你也不必為該遵循哪一些規矩才可以講話而傷腦筋——那就像是你在野餐的時候吃東西一樣的感覺——根本沒有人管你到底是用手指頭拿食物還是用刀叉來拿食物的，那種感覺真的很棒。不過，正規英文就像是一頓正式的

晚餐一樣。你就該知道在正式的晚餐當中，刀子和叉子該擺在哪裡，你又該如何使用刀叉才合宜，當然你也要清楚了解其他參與晚餐的人怎麼坐。那也可以是一種很棒的感覺，我們總是偶爾要穿得體面一點，不是嗎？

就這樣，學生為著一頓在教室裡面舉辦的正式晚餐而忙碌著，他們穿上體面的衣服，為著晚餐打點華麗的桌巾、瓷器和銀器等等。在這頓正規的晚餐進行過程中，學生只使用正規的英文。接著他們準備一頓野餐的饗宴，在那頓野餐的過程中，他們只使用非正規的英文。

她也將一些學術性，比較冗長的文章和他們族裡面慣用的暗喻方式進行比對。學生也討論在一般他們所閱讀的書籍當中，總是一堆冗長的文字，不過在他們世襲的語文當中，永遠是盡量簡短為宜。然後學生以學術性的方式撰寫文章，他們會和瑪莎討論，也會彼此討論是否已經和書本呈現的方式一樣的寫文章了。接著他們將那些文章的內容盡可能縮減為短短幾句精簡的段落。最後，學生進一步將這樣的文章在濃縮為一個口號，可以書寫在他們的T恤上面。最後學生再將這樣的口號印製在紙條上面，張貼在教室的每一個角落。有時候，學生還會將其他同學或作者冗長的文章縮減為精簡的短句來呈現他們對於正規英文的學習。

底下摘錄片段提供其他的範例。這段對話摘錄是從一個黑人老師與一位叫做喬伊的南方黑人高中生之間的對話摘錄下來的。這位黑人高中生是一位黑人英語（Black English。審訂者註：這是專指那些在美國黑人社會經常使用的英語，和我們熟悉的美國英文有點距離）的演講代表。這位老師深信有必要和學生公開且誠實的討論語言差異與權力的議題。她給學生閱讀一本由黑人英語所寫的童書繪本，開啟了這段師生對話。

老師：對於那本書你有什麼看法呢？

喬伊：我認為它很棒啊！

老師：為什麼你認為那本書很棒呢？

喬伊：我自己也搞不清楚。它告訴我關於一個黑人家庭的故事，就那麼
　　　簡單吧！

老師：那麼你讀那本書時，有沒有任何困難呢？

喬伊：沒有啊！

老師：那麼我想要進一步了解，這本書和你所讀過的其他書籍有沒有什
　　　麼不同的地方呢？

喬伊：啊！對了，寫作的方式有所不同。

老師：怎樣的不同呢？

喬伊：它使用比較多南方的語調來寫這本書。

老師：嗯！那麼你認為這樣的書寫方式是好還是不好呢？

喬伊：嗯！我不認為在這種情況長大的人以這種方式書寫是好的，因為
　　　那是他們成長的整個過程，不是嗎？他們應該想辦法試著以一般人熟
　　　悉的方式來寫這本書。

老師：所以你認為以那種方式講話並不得體嗎？

喬伊（笑了笑）：或許吧！

老師：你認為這是一個很難回答的問題嗎？

喬伊：嗯！那真是一個難以回答的問題。不過我認為他們不應該以那種
　　　方式出書。

老師：那又為了什麼理由呢？

喬伊：由於他們並沒有使用正確的方式書寫，而且他們在學校將那樣的
　　　口語視為理所當然，也讓孩子們在那樣的口語對話或閱讀過程中成
　　　長，或許他們認為那是正確的作為，不過我們清楚的了解到這些學生
　　　在學校並沒有獲得良好的成績表現，主要或許就是因為他們是以那樣
　　　的方式講話和書寫文章吧。

老師：你是否認為他們以那種方式講話就應該獲得爛成績呢？

喬伊：（稍微停頓一下，緩慢的回答老師的問題）不……我不這麼認
　　　為。

老師：所以你不認為以某一種方式講話會對你在校的成績表現有所影響嗎？

喬伊：是的，只要你了解講話和寫作其實需要使用不同的語文就沒有關係了。

老師：嗯！好吧！對我而言，那也是一個難以啟齒的問題。讓我這麼來回覆這樣的問題好了。那是許多學校正在面對的一個關鍵問題，他們正在考慮我們是否應該修正那些和我們使用相同語文模式的學生的講話模式。由於我們彼此之間就是這麼樣的聊著，我們也相當清楚的了解到當我們在其他情況下，可能不會以那種方式講話的。不過最關鍵的或許是誰可以說那樣的講話方式——

喬伊：（打斷老師說話）到底是對或錯呢！

老師：我正是這個意思。

喬伊：或許他們應該找出其他替代的方式，或許是黑人英文或是其他科目——類似一門黑人英文的課程，或許黑人學生就會得到好的成績表現，這是因為我們就是這麼講話的，我的意思是說黑人都是以這種方式講話的啦，所以我猜想應該有一個正確和一個錯誤的講話方式，不管你是屬於哪一種語文的支持者都一樣的啦。唉！我搞不懂了。

老師：不過，誰可以決定到底誰是正確的，誰是錯誤的呢？

喬伊：好吧！或許那是真實的……我猜想是白人決定我們的決定是否正確吧。

（一陣笑聲，錄音帶結束。）

請注意在整個對話過程當中，這位老師是如何提升喬伊對於語文密碼在解讀方面的感受。這位老師進一步讓學生訪問許多在真實工作場合工作的人們，以便了解他們對於口語和書寫語文多樣化風格的態度。學生開始理解到語文的標準是多麼的隨意訂定，不過也清楚了解到語言的標準和政治運作是那麼的緊密關聯著。他們比較一些使用不同風格所撰寫的文學作品，討論不

同風格對於某些訊息可能產生的影響，而且是將原文透過轉譯，然後再透過某個風格再轉譯回去的方式來進行文學作品之間的比較。最後再討論他們的老師所介紹的各種文體規格在歷史的沿革、表象的目的與情境是否恰當等因素當作檢視的工具。他們接著練習以不同格式的方式，依據某一個特定對象的族群，書寫給那個特定的族群讀者。這種語文教學的活動不僅「教導」了標準的語文格式，也同時透過各種語文格式所展現出來的風格和文化，深入探究權力的觀點。

在一份由 Britton、Burgess、Martin、McLeod 與 Rosen（1975/1977）等人在英國進行的研究當中，Tony Burgess 深入探究第二種語文的書寫教學模式時，這麼建議著：我們不應該教導「像鐵一樣沒有彈性的書寫規定——學生那麼熱愛社交的意圖，在沒有任何理由與基礎的情況下，強制要求學生一些書寫方面的規定……「應該是」透過一些批判與文化方面的覺醒來學習書寫第二種語文的學習」（p. 54）。Courtney Cazden（1987）則認為我們強烈需求一個雙叉式（two-pronged approach）的模式來進行這樣的訴求：

1. 持續的機會讓寫作者在一種有點真實的情況下，參與一些不斷進行的對話……因此讓我們的學生在一個特定的範疇下，可以成為一個有生命的有機體，參與一個對談與書寫者所組成的社群，以及
2. 定期的、短暫的聚焦於某種特定的慣例或格式，就像是在某個特定的社群所期望下的文化習俗。（p. 20）

為了避免讀者可能對於 Cazden 所提倡的聚焦於某種特定的慣例或格式，或是我所提倡的「技能」產生疑問，讓我在這裡稍微釐清一下我們兩人的觀點。我們兩人都不是在說老師要帶領學生一頁一頁的翻著課本，然後針對課本所提供的「技能學習單」，去學習那些複合字，或是要學生去辨識出哪些是名詞，哪些是副詞之類的技能學習；相對的，我們希望老師可以協助學生參與真實有用的溝通活動當中，獲取一種有用的書寫慣用知識。凱是一位在多元文化下的高中擔任老師的人，她的做法更令人玩味。她提供學生一份書

寫技術的規則清單，然後影印一些三年級學生所寫的文章，要她的八年級學生幫忙修正三年級學生的作文。這些八年級的學生不僅要訂正三年級學生的作業，還要清晰明白的告訴他們為何要做那樣的修訂，以及針對三年級學生的作文提出質疑的觀點。

另外一位在一個村落擔任高中老師的人叫做克勞德，教導他的學生認識書寫的慣例或是正規的信件格式，並且帶領學生針對阿拉斯加領土索取的解決法規修訂案（the Alaska Land Claims Settlement Act）當作學生學習的情境，在那種情況下了解書寫文字的公式。我們了解到阿拉斯加的原住民領導者對於這樣的議題有不一樣的觀點，對於當地未來的統治權以及領土的管轄權相當重要。學生因此寫了信件給身處於阿拉斯加州各地的領導者，尋求他們的觀點，也建置視訊會議來進行訪談／辯論的課題，最後發展出一卷錄影帶來呈現各種不同的觀點。

總之，我建議學生的學習應該了解完整參與美國主流社會文化所需要的文字密碼的解讀。這樣的學習不該在一種強迫學生遵循一種空洞、空虛、去脈絡化的次級技能方面的學習，而是在一種有意義的溝通努力下參與真實的情境進行學習。我們也需要讓學生可以獲取老師的專業知識，同時協助學生從他們自己原先擁有的「專業」來邁向老師的專業知識。另一方面，雖然我們在協助學生認識權力的文化，我們也需要協助他們認識那些文字密碼的武斷性，以及那些文字密碼所代表的權力關係。

我也同時建議另外一件事情，那就是關於貧窮孩童和有色人種的孩童的教育是否合宜，必須要專家和那些擁有這種文化的成年人也共同參與這套合宜教育的規劃過程。黑人家長、老師或是有色人種，以及貧窮社區的成員必須有機會完整的參與那些和他們的子女教育有關聯的討論。我不認為單純優秀的自由派人士的意向，就足以規劃不同文化的教育體制。在一篇具有深刻見解的研究，題目稱為「沒有種族主義者的種族歧視：在都會區學校建立一個制度化的種族偏見」（Racism without Racists: Institutional Racism in Urban Schools）當中，Massey、Scott 與 Dornbusch（1975）發現在教學的壓力，以

及想要成為好老師的企圖下，老師們幾乎已經放棄他們那些黑人學生的學習。讓我在這裡使用他們文章裡的片段：「我們在這裡指出壓迫的情況可能因為老師想要貼心、友善的關懷學生的學習情況下產生。溫和的專制主義以及欠缺一套挑戰性的標準，正在都會型的學校裡面創造一個扭曲的學校評鑑體制」（p. 10）。老師必須開放他們的心胸，並且讓他們自己可以受到這些不同聲音的影響（審訂者註：這真是一針見血的建議。多數老師通常先以溫馨的態度來經營他們的教學，不過等到學生超越他們可以接受的「活潑程度」時，老師經常就在瞬間轉變為教室裡的獨裁者。值得我們探究教育現場的夥伴多思考這一觀點的影響層面）。

　　最後，我要說明的就是我針對書寫技能／書寫歷程的辯論提出一個解決的方案。簡短的說，這樣的辯論是一個荒謬的行為，這種二分法是不正確的作為。這樣的命題其實只是一種幻覺，剛開始並不是由老師這邊所創造出來的幻覺，而是學術界的人因為他們所持有的典範，而將語文的教學一刀兩斷的截成兩邊的做法——這種作為的目的不是為了更好的教學效果，而是比較容易分析研究的結果。在我發表論文之後，不斷的被許多老師提醒的一件事情，就是那些在教導黑人和有色人種的學童方面，最熟練的老師都不會將自己歸類為「書寫技能」或「書寫歷程」兩大類當中的任何一類。他們都清楚的了解到他們都需要這兩種方式的教學模式，才可以協助學生建立他們自我的聲音，而且也要教導那些原始的聲音來創造一些可以被這整個社會所接受的觀點。

　　這樣的兩難困境其實不是針對教學法的辯論，而是在一種跨文化的溝通管道下，強調更基礎的權力議題，也就是說到底誰有權力可以為那些貧窮的孩童以及有色人種的孩童決定他們最佳的學習模式。黑人老師與家長是否會持續受到那些聲稱要針對我們的孩童給予發言權的權力核心所壓抑而消音？由於參與辯論的雙方對於另一方都可以產生一些不同的影響，所以這樣的結局將會成為一場悲劇。由於我聆聽了許多不同替代觀點的結果，我自己已經逐漸發展能力可以整理這些不同的觀點了。重要的是辯論的雙方都需要安靜

下來，聆聽對方的觀點，所以我堅決主張的就是那些擁有最高權力，那些代表絕大多數人口的人，需要負起責任來開啟這項溝通的歷程。

為了要達到這樣的境界，我們需要一種特殊的聆聽管道，這種聆聽的管道不僅要求我們張開我們的雙眼和耳朵，更要我們打開心胸來專注的聆聽不同的觀點。我們其實不見得是透過我們的雙眼來看事情，也不見得是透過我們的耳朵來聽事情，而是透過我們的信念。暫時拋開我們的信念可以說就像是暫時不是以我們的身軀來存活一樣，那是非常不簡單的一件事情。那也是相當痛苦的一件事情，因為它意味著你需要將你的內心深處攤開來，讓別人可以了解，也意味著你要放棄原先代表你的那種感受，以及用另外一種不肯奉承你的憤怒眼光來看你自己的處境。我必須承認這樣的作為絕對不是一件簡單的事情，不過它是我們聆聽其他不同觀點的唯一方式，也是開啟這個對話的唯一管道。

其實有許多可以開啟這個對話管道的指導方針。我們必須堅守一個信念，那就是人們對於他們自我的生活模式絕對是專家。或許對於外界發生哪些事情他們可能不見得會警覺得到，不過對於他們自己的經驗，他們絕對是專業的判讀者。我們絕對不可以太早否定他們的詮釋，或者指控他們為「不真實的知覺」。我們必須相信人們是理性的動物，因此總會依據理性的要求來做事情。我們或許無法了解他們所提出來的理性要求，不過即使如此，也不會對這些理性要求的存在有任何不利的影響，或者降低我們想要理解他們的責任。最後，我們必須學習讓自己也變得相當具有彈性，讓我們生存的世界可以翻轉過來，以便讓那些和我們持有不同觀點的人們，也可以將他們的觀點帶進我們生活的世界裡。換句話說，我們或許要以一種真誠的感受變為一個人種誌者，才有可能達成這樣的境界。

坦白說，老師如果要扮演這樣的角色，就真的是非常理想的情況，他們可以嘗試將所有的議題都提出來討論，然後在所有學生面前開啟這樣的真實對話機制。然而這樣的嘗試只有在我們主動發覺那些和我們擁有不同觀點的人，我們願意全神貫注的聆聽他們的聲音，也了解到我自己所擁有的權力，

甚至當這樣的權力是因為我們是屬於多數族群所衍生出來的權力。我們要以勇者無懼的態度，對於那些有色人種受到歧視或者消音的情況提出質疑，我們也要傾聽他們所發表的意見。我真心的建議這樣的互動結果可能是教育範疇當中從來沒有發生，最有影響力，也最能夠賦權增能的一種結合——這可是對所有的老師和他們所教導的所有學生都適用的對話機制。

註解

1. 這樣的一個討論，受限於文章篇幅的規定，必須以簡化的方式來對待階層和族群。然而為了要協助讀者釐清觀點，讓我在這裡定義幾個名詞：「黑人」在這裡指的是那些擁有部分或整個「核心黑人文化」的人們（Gwaltney, 1980, p. xxiii），也就是美國黑人主流的文化。所以如果是那些進階到中產階層水準的黑人，或是被剝奪公民權益的人都不算在這個族群裡。至於「中產階層」所指的是廣義的定義，是指那些主流白人社會的人們。當然也有可能有些非白人賄賂到這個類別上，不過討論的議題是他們的文化認同，而不見得一定是依據他們的膚色來決定類別（我必須再增添一項，那就是還有一些其他非白人的人們，也有些貧窮的白人家庭，他們也清楚的告訴我，他們的觀點和這裡所提到的黑人家庭所慣用的語文模式相當雷同）。

2. *Multicultural Britain: "Crosstalk,"* National Centre of Industrial Language Training, Commission for Racial Equality, London, England, John Twitchin, Producer.

3. 在這裡我要感謝 Michelle Foster，目前她正在針對這個主題規劃一個更深入的研究，讓我在此感謝她對於這個構想敏銳的釐清了我的觀點。

4. Bernstein（1975）也提出了一個類似的觀點，那時候他提出來的觀點認為除非我們在大專院校的教育有一個根本的變革，否則不可能在比較低的學校層級成功的推動一些體制上的改革。

參考文獻

Apple, M. W. (1979). *Ideology and curriculum*. Boston: Routledge & Kegan Paul.

Bernstein, B. (1975). Class and pedagogies: Visible and invisible. In B. Bernstein, *Class, codes, and control* (vol. 3). Boston: Routledge & Kegan Paul.

Britton, J., Burgess, T., Martin, N., McLeod, A., & Rosen, H. (1975/1977). *The development of writing abilities*. London: Macmillan Education for the Schools Council, and Urbana, IL: National Council of Teachers of English.

Cazden, C. (1987, January). *The myth of autonomous text*. Paper presented at the Third International Conference on Thinking, Hawaii.

Delpit, L. D. (1986). Skills and other dilemmas of a progressive Black educator. *Harvard Educational Review, 56*, 379–385.

Foster, M. (1987). *It's cookin' now: An ethnographic study of the teaching style of a successful Black teacher in an urban community college*. Unpublished doctoral dissertation, Harvard University.

Gwaltney, J. (1980). *Drylongso*. New York: Vintage Books.

Heath, S. B. (1983). *Ways with words*. Cambridge, Eng.: Cambridge University Press.

Massey, G. C., Scott, M. V., & Dornbusch, S. M. (1975). Racism without racists: Institutional racism in urban schools. *Black Scholar, 7*(3), 2–11.

Siddle, E. V. (1986). *A critical assessment of the natural process approach to teaching writing*. Unpublished qualifying paper, Harvard University.

Siddle, E. V. (1988). *The effect of intervention strategies on the revisions ninth graders make in a narrative essay*. Unpublished doctoral dissertation, Harvard University.

Snow, C. E., Arlman-Rup, A., Hassing, Y., Josbe, J., Joosten, J., & Vorster, J. (1976). Mother's speech in three social classes. *Journal of Psycholinguistic Research, 5*, 1–20.

原編者的話

　　對於這篇文章所陳述的所有觀點我都全權負責，除了文章當中所提到的幾個人以外，我在這裡特別想要感謝全國各地的教育夥伴和學生，他們願意貢獻他們的觀點讓我這篇文章所呈現的想法能夠更加成熟。特別要感謝的人包含了 Susan Jones、Catherine Blunt、Dee Stickman、Sandra Gamble、Willard Taylor、Mickey Monteiro、Denise Burden、Evelyn Higbee、Joseph Delpit Jr.、Valerie Montoya、Richard Cohen 與 Mary Denise Thompson。

本章是由一篇原先發表在 Ninth Annual Ethnography in Education Research Forum, University of Pennsylvania, February 5-6, 1988 的論文修改過的論文。

譯者感想

剛開始翻譯這篇文章時，覺得這位作者相當強悍的否定了自由主義的觀點，差點讓我不想翻譯下去。後來仔細的閱讀作者的觀點，原來是因為文化方面的差異，才讓作者提出一些觀點來釐清所謂老師的「善意」需要搭配學生的個性。另一方面，作者也強調學術界通常簡化了真實教學的情境。所以會有所謂全語文和基本寫作的訓練模式對比。因為學界的過度簡化，所以許多人對於這兩項教學法都沒有真實的了解，就直接排斥學習新的教學策略了，相當可惜！顯然我們在學術界也該好好的檢討我們的研究行為了。為了將語文科（或其他領域的教學）的教學簡單的區分為兩大類，以方便統計分析，卻將其他人辛苦發展出來，介於兩者之間的教學法給完全破壞了。學術界對於教育改革應該扮演什麼樣的角色，顯然是到了需要好好檢討的時刻了。

作者對於有色人種的教育也讓我有很大的觸動。作者建議我們需要教導這些少數族群的學生珍惜他們自己的文化，同時還必須清楚的教導他們所謂主流社會所重視的文化。這樣的教導一方面讓少數族群的學生可以保有他們原先的文化，也能夠讓他們可以有尊嚴的進入主流社會的文化獲得應有的工作權力。這一點讓我發現國內對於原住民的教育也有類似的措施。我們看到許多老師如果不是放棄原住民學生的學習，讓他們成為班級的邊緣人，就是將他們歸類為問題學生，然後將自己不肯認真教學的錯誤，推給這群少數族群的學生。如何讓少數族群的學生有尊嚴的學習主流文化，又能夠保留他們既有的文化，也是這篇文章給我相當重要的啟示吧！

另一方面，國內的教育界（或其他領域）都已經明顯的看出來有既得利益者的團體出現。既得利益團體為了保護他們難得獲得的權力，就會想盡辦

法要求那些想要走進權力核心的人也要遵守他們的規定。國內特殊的教育文化已經嚴重的侵蝕教育體制了。如果我們不積極想辦法進行教育文化的改革，那麼未來的教育就會淪為政治的工具，無法凸顯出學習的本質，也將會讓國內的下一代在國際舞台上沒有足夠競爭的資本。我經常告誡我的學生，一百年前，中國的歷史上有兩位位高權重的人物，一個是慈禧太后、另一個是李蓮英。當時他們可以呼風喚雨，但是不到五十年的時間，他們將整個國家的基礎動搖了，也讓革命軍推翻滿清政府。同樣的，教育文化目前可以呼風喚雨的人物也可以清楚算出他們的名號，但是會不會在五十年之後，重蹈滿清末年的晚景呢？

「為何名單上面沒有我們兄弟的姓名呢？」聆聽所有學童會質疑的挑戰問題

KATHE JERVIS

　　在這一章當中，Kathe Jervis 探索孩童在種族方面的經驗經常被老師所忽略，而且這些孩童關於種族的問題也都沒有被提出來討論。在她剛剛到紐約市的一所公立國中研究的第一年，她發現透過她一年多的田野紀錄所作的檢視與反思之後所做的回顧來分析，那些學生不斷的提出關於種族、文化、種族淵源等方面的問題，更特別的是，他們喜歡問：「在這個學校的社群當中，我到底算哪根蔥呢？」不幸的是，老師持續跳開這個問題，或是忽略圍繞著孩童的教育生活當中這些重要的議題所提供的教與學良機。Jervis 觀察到即使在一所試著要創造一個多元與統整的學校社區裡，老師也想要維護這些複雜議題上的均等機會與開放程度，對於種族方面的沈默現象還真的是一種震耳欲聾的震撼。她主張除非教師和行政人員能夠主動積極，持續且誠實的和他們的學生一起探索種族、文化與種族淵源方面的含義，以及這些議題彼此間的關聯性，否則因為孩童問題所開啟的討論就永遠不會發生。Jervis 的結論認為即使在種族方面的討論是一件困難的議題，不過如果孩童關於歧視的問題曾經是學校校園內討論的一部分，或者說如果教育均等真的能夠變為一個可以達成的教育目標，那麼教師和行政人員——特別是白人老師與行政人員——需要將他們關心的焦點集中在種族與種族歧視。

　　偏見，不管是故意或無意的，都反應一些沒有經過檢視的傳統思考習慣，也會妨礙我們提供均等機會和反歧視的行動所必須克服的障礙，如

Harvard Educational Review Vol. 66 No. 3 Fall 1996, 546-577.

果這個國家的法規和相關的實務工作真的要能夠具體推動，就需要徹底瓦解這些偏見。

> ——聯邦最高法院法官 Ruth Bader Ginsburg 在一九九五年防止種族與性別歧視的積極行動所提出來的反對意見

老師如果要扮演這樣的角色，就處於非常理想的情況，他們可以嘗試將所有的議題都搬上枱面討論，然後在所有學生面前開啟這樣的真實對話機制。然而這樣的嘗試只有當我們主動發覺那些和我們擁有完全不同觀點的人時，我們願意全神貫注的聆聽他們的聲音，也了解到我們所擁有的權力，甚至當這樣的權力是因為我們是屬於多數族群所衍生出來的權力，才得以實現理想。我們要以勇者無懼的態度，提出我們對於那些有色人種受到歧視或者消音的情況提出質疑，我們也要傾聽他們所發表的意見。

> ——Lisa Delpit，「寂靜的對話：教導別人的孩子時的相對權力與教學」

在沒有選擇權，而必須披著黑色的膚色度過一輩子生活的人們，當他們看到種族歧視時，就會了解到種族歧視的存在。種族歧視對於受害者而言是不可能遮掩的。只有白種人膽敢說種族不會影響什麼的。

> ——凱莉，人行道學校教職員

紐約市有一所剛成立的國中聘請我，我的主要工作就是要記錄這所國中剛成立的第一年所經歷的一些過程，並且提供回饋給該校的老師與行政人員，也要針對我所觀察到的現象提出一些問題，來鼓勵老師與行政人員進行更多的反思型實務工作，最後則說明這所嶄新學校所面臨的兩難困境。[1] 考慮研究倫理的需求，我在這裡以「人行道學校」（Pathways）的匿名來稱呼這所學校，我發現這所學校全體教職員和我共享一些價值信念，也有非常

高的信任感。[2] 我所需要聚焦的重點並不是一成不變的；不過當我在第一年年底再回顧一次我的觀察紀錄時，種族和血緣的主題就那麼明顯的引起我的注意。幾乎每一件引起我注意的事件看起來都被正義與差別的議題所渲染了，也和師長到底是如何看待學童本身的文化有所關聯。同樣惹人注目的事實，則是即使教職員表達他們願意支持教育均等，以及尊重差異的學校結構，不過從我的筆記所得到的結果則指出孩童每天在種族差異方面的體驗，都沒有被學校的師長提出來討論。這種現象不斷的讓我審視這所學校成立時所提出來的願景，那就是「到本校註冊的學生將包含一個多元種族、經濟、宗教信仰，以及能力混雜的來源」。不過我卻不斷的發現這所學校的經營管理卻盡可能避免討論種族差異的問題，即使當某些事件已經看得出來學生想要討論這樣的議題。[3] 我還進一步被另外一件事情所打擊，那就是以一個白種人的教職員身分，我在稍早記錄這些事情時，居然沒有早一步了解到我所記錄的事件所代表的意義。

我的身分既不是一個評量者，也不是一位中立的觀察者，我只是一位記錄者，同時我也完全參與校園理的各種活動，以促使全校學生都能夠獲得成功的學業為主要目的，所以我的角色也包含了一點教職員的責任和義務。[4] 我在這所學校還有一個諮詢顧問小組，只要我不是正在和學生家長會面，或是閱讀學生的日誌，或是參與學校日常運作當中的任何一件事情時，我就可以和他們討論一些我可能從來都沒有想過會浮現出來的議題。[5] 除了從我的諮詢顧問小組所學習到的資訊以外，我的資料主要來自於直接觀察、訪談、隨意的聊天、教職員會議紀錄，以及學校的正式文件等等。我通常是透過觀察學童的反應和真實發生的事件來學習，而不是透過文獻或學理而獲得相關的學習。

針對幾件學校所發生的事件，我需要進行相關的詮釋，而這樣的詮釋工作從一九九〇年九月持續進行到一九九一年的六月為止。雖然我自認我努力包含其他教職員的觀點在我的資料分析當中，不過應該承認的是，這是我的故事，或者至少可以這麼說，這是我所塑造出來的一個故事。並非每一位教

職員對於事件的看法都和我的看法一致。有一位老師也質疑的問我，為何將
這篇文章的焦點集中在種族的議題上面，而不是他們學校發展課程的歷程，
這一點讓我深刻的了解到，我在這裡架構出來的問題並不是所有教職員認為
燙手的議題（burning issue）。我是在一個未知的版圖上進行我的工作；種族
在規劃這些文件記載時並不是一個凸顯的類別。種族的邊界挑起了個人身分
認同和社會結構最敏感的神經，也挑起最深層的靜默；不過我們都了解到，
對於種族的探究絕對不是我或任何人原先期望這篇文件所要探討的主題。只
有在這項觀察紀錄任務的晚期，當我針對學校的日常作息創造了書寫的圖像
時，我才注意到孩童對於種族和血緣的問題，每一次在學童提出這樣的問題
時，全體教職員根本就想不起這樣的問題；我也發現到，包含我在內的每一
位教職員都沒有領悟到學童好像在問我們：「在這個學校社群當中，我到底
算哪根蔥呢！」

學校對於種族議題的無知確實有非常錯綜複雜的原因和深遠的由來。這
樣的無知讓這所學校的教職員寬恕、否定，或忽略隱藏在種族議題裡的權力
對等關係。我們並不是要質疑到底誰是誠實的在說話，或者誰在仔細聆聽誰
的觀點，也不是要分析哪些個人會以批判的方式來觀看為何某些學童會成為
學校議程的核心人物。有色人種的教職員通常在正式會議以外的地方發洩他
們對於這方面的關懷。根據我的紀錄，在會議當中，多數的白人教職員看起
來都不會質疑他們自己的觀點，或者詢問是否有需要以學童的種族和文化的
方式來更貼切的觀察學童，或者考量是否還有替代性的方式來詮釋學童的行
為表現。

個人對於種族議題方面的裝聾作啞是普遍的現象，而像是人行道學校這
類的機構就會被兩種力量塑造它們的文化，這兩種力量分別是那些沒有發生
的事件，以及那些已經發生的事件。人行道學校精心挑選的教職員，已經投
入創設一所嶄新學校的艱難工作當中，不過顯然並沒有預期要公開討論種族
議題的需要，也沒有想過要去質疑根深蒂固的主流社會規範的許多觀點。

所有的學校在面對種族議題時，就某種程度而言，大多是以沈默的方式

來迴避的，而且有許多校園裡的師長在建立一個多元文化、統整的學校情境時，都顯得相當生澀（Grant & Secada, 1990）。我的文件記載所揭露的現象，發現對於大多數白種人教職員而言，種族的議題是無形的東西，或者認為根本和種族議題毫無關聯。不過就像是太陽光裡的紫外線會造成身體的傷害一般，未加以探索的種族態度所形成的破壞，在師生暴露在種族議題的現場後很長久的一段時間之後還具有相當的影響力。建立一個成功的統整校園意味著，校園裡的每個人都要更加注意有色人種所遭遇的種族歧視議題，也要注意白種人對於這方面的態度，免得到了突發狀況時才後悔不已。

社會問題也會浮現在學校裡面，這意味著學校同時也提供一個機會，讓我們可以打開社會大眾對於種族和社會正義的話匣子，不過我們也不可否認這樣的對話絕對不是一件簡單的任務。我在這裡所講的故事核心是一種模稜兩可的現象，這些現象存在於個別事件當中；也就是說這所學校的人對於到底怎樣的事件才稱得上是種族的議題並沒有共識。我盡量試著呈現足夠詳細的資料，這樣讀者就可以自己決定到底在這所學校所發生的是種族議題、青少年議題、性別議題、偶發事件、被人否定的事件，或是其他相關因素混合在一起，才讓我們看到校園裡所發生的事件（McCarthy, 1993）。

在人行道學校創校的第一年，校園發生許多事件。為著一群六年級和七年級學生創造一個教育願景的努力，就需要徐徐的注入一些氣質、設定各式各樣的標準、建立道德上的權威，並且同時還需要面對官僚體制的限制，學習如何運作一趟消防演習，和安撫學生家長焦慮的心情等等。在這篇文章裡面，我把這些重大的任務擺在一旁，也忽略許多和總族議題交互作用的獨立事件。雖然讀者可能認為我所挑選出來、人行道學校的教職員經常遭遇到的種族危機，根本就不是相當精確的描述，更可能認為這是一種誤導的行為也說不定。

記載一些鮮少受到注意的故事

有一位叫做布蘭達‧英戈的同事影響我在人行道學校工作的方式。她讓我知道在「文件」（documentation）與「文件記述」（documented accounts）之間的區別。前者是一種不加以判斷，中立的以一種系統化的方式蒐集一個「複雜的，多面向的事件系列，這是在經歷一段相當長久時間的紀錄，所以可以在休閒的時間慢慢檢視用的資料」；後者則是用來支持一篇論文的文件（Engel, 1975, p. 3）。這篇文章就屬於後者；我刻意挑選了一些事件，從一大堆錯綜複雜的事件當中梳理出它們發生的經過，來說明我所感受到的現場情形。這樣的情形還是發生在「最佳情況的學校」，在這樣的學校裡，師生都試著要解開整個社會議題加諸在他們學校的糾結。

一位記錄者的一個目的就是當作一面鏡子，提供反思的借鏡，這樣的紀錄可以協助實務工作者對於他們自己的實務工作有所覺醒。在我個人的經驗方面，一旦任何一件事件所包含的每個細目都寫下來以後——也就是完整的記錄我所觀察到的師生言行之後——對於教職員而言，要求他們以一種反射式的思考模式來檢視自己和學生之間的言行互動關係，就會如坐針氈一般的困難。人行道學校裡的種族動態關係很可能就像絕大多數學校面對類似的挑戰時相似。在這篇文章裡，我探索這些動態關係，希望讀者能夠注意到一些可以用來改變以往那些未經檢視過的行為所需要的深層體認。

當我把這篇文章在所有的教職員當中傳閱時，也逐步發展進步，在每一次重新修訂文件時，會考量到他們的註解。雖然在我記錄這些文件的當下，教職員鮮少討論種族的議題，不過我在這篇文章也涵蓋了許多來自於他們給我的回應和建議。我可以這麼說，教職員和我透過這些文件的紀錄所產生的互動關係其實就是他們的坦率真誠、誠懇，以及願意從我的紀錄文件學習改善他們教學實務的見證吧。

在我重寫這篇文章的時候，同儕、朋友和家人也都提供額外的訊息，使

用我的觀點來獲取相關議題的資訊，也挑戰我進一步釐清一些意涵，甚至教導我一些為人處事的道理。所以對我而言，這是社會建構知識的一種方式。書寫這些經歷對我來說是要改變一個靜止、不完整的學習經驗，轉換為一種更具體的個人理解。

底下我所呈現的只是在人行道學校日常生活作息的一些片段記載，我的目的是想要邀請教育夥伴思考一件事情，那就是我們該如何啟動，並且有效的維持在校園裡進行種族議題方面的對談，還可以讓我們靜下心來聆聽我們自己，還有學生所提出來的各式各樣的種族問題。

創設一所新的學校

座落在一所十九世紀，哈林區邊緣的國小建築物，正好學校頂樓有一整層空閒的樓層可以發揮作用。人行道學校和該校的全體教職員其實是在一種可怕的失修狀態下開張的。「當我第一次沿著階梯往上走的時候，我覺得我的胃裡到處都是蜘蛛在爬動著的感覺。怎麼會有一所學校到處都充滿著裂縫呢？我到底來這所學校做什麼呢？」七年級的學生黑克特‧瑞雅在第一天入學時這麼寫著。要走到人行道學校，黑克特和他的同儕需要穿越貧瘠的運動場和它已經沒有籃框的球場，然後再攀爬一段很長的階梯，最後一個階梯的地方聞起來就像是還沒有乾的石灰一樣的味道，在每一次下雨時，正好可以像是一個巨大的水桶一樣的承接著從上面掉下來的雨水。所以即使是學區教育局辦公室的公關，也認為這所學校的環境真的是一所「不友善的環境」。不過教職員還是相當興奮他們可以擁有這所學校的運作權力。和其他一些匿名、官僚的國中不一樣，在那些學校會有不斷攀升的中輟率，和士氣低落的教職員，更常被媒體操弄得精疲力盡。人行道學校是由一群興奮的老師所創造出來的，他們想要在一所小型、個人化的社區[6]學校行使他們的自主權。黑克特就是回應教職員那種興奮心情的諸多學生當中的一位，在他的小論文上寫著：「每當我走進教室就有一種回家的溫馨感，我的焦慮也隨風飄逝。

現在我終於知道它不僅是外在的環境會影響我；相對的，影響我的是校園內的人們。從第一天開始，我就愈來愈喜歡這裡，我想稍後我可能會愛上這裡（或許吧）！」

要在一處什麼東西都沒有的地方建立一所學校的觀點吸引了創校主任的想像力。珍‧波曼爾從她生了第一胎之後就沒有以全職的身分工作過。現在她的兩個小孩都長大成人了，一個是親生的白人小孩，另外則是一個認養的黑人小孩；顯然她已經準備好面對這所學校可能消耗完她的精力的準備了。甚至到目前為止她那種臨時工資，按日計酬的身分居然也沒有讓她洩氣，這意味著，在電腦裡她目前的工作頭銜隨時可能被任何一位資深的教師所取代。

不像他們的同儕一般，在聘僱新任老師時，新到任的老師是由學區教育局中央辦公室所指派的，這種替代型的學校校長享有權力可以從那些想要參與他們教職員團隊的申請者當中，挑選他們中意的對象。為了要挑選一些忠誠的合作教師，也就是那些她認為和她分享相同價值觀的老師來共同創造一所嶄新的學校，她約談所有的候選者，也到他們服務的地點探訪他們，甚至還邀請他們觀察她自己的教室。她評估的是他們是否充滿幹勁，他們是否樂意認真教學，也試著找尋一些蛛絲馬跡來證明在他們的教學核心當中，學生是他們最關心的對象；所以如果候選者給學生的學習單太多，或者太依賴既定的教科書課程，或是太自我中心都會被她拒絕。這樣用心聘用老師的結果證明，她所聘用的人都不會在週末或放學之後兼職工作，除了少數幾位年輕夥伴以外，其他人都是結過婚，有小孩的人。從表面上來看，我們這群合作的夥伴相當相似，看起來一點差異都沒有。

然而，我們還是一群多樣化的教職員。堂‧傑克生曾經在一些「普通」的國中教了二十年書，在那些學校他通常就屬於「少數的白人老師」。凱莉‧莫里斯則是一位經驗豐富的非洲裔美國籍老師，也擔任過教師專業開發者的工作過，在紐約公立學校已經有超過二十年的教學經驗，在教導有色人種的孩童方面，遠比我們其他人都還要有更多的不同經驗。雙語、雙文化的露

西‧羅培斯－嘎西亞則是一位波多黎各人，在西方文化與拉丁文化之間可以悠遊自在處理兩種文化的差異。考慮到她只有在托兒所方面有幾個教學方面的學分，所以露西也很欣喜的擔任正式的教學助教，不過她在學校的功能是一位教職員，也是同事、學童和家長之間相當重要的核心人物，主要是她也扮演著諮詢顧問和美勞老師的雙重角色。對於長春藤學校畢業的吉姆‧謝羅塔而言，他曾經在都會型學校擔任兩年的課後輔導專案，這可是他的第一份教學工作。另一位年輕白種人則是瑪利林‧羅斯，在十月份的時候以兼職的身分加入教職員的行列。我和珍曾經在一所小型的綜合國中共事過許多年。所以當她決定要創設一所新的學校時，我了解到這應該是一個訓練我自己在寫作方面的大好時機，我們也就共同策劃這個文件記載的專案，這構想都建築在我過去二十年的教學經驗，以及我曾經對教室觀察做過細膩的描述所衍生出來的構想。

　　教職員都同意學校願景的說明，例如，「一所專門為年輕小孩（譯者註：美國國中通常從五年級或六年級開始，所以還沒有真實進入青少年階段）所設置的優質學校，應該保持一個多元的社群來教導學童面對一個民主社會所必須具備的能力」，不過沒有人曾經想過推動這樣的一個願景卻不是一件簡單的任務。就像是凱莉告訴學區教育局副局長時所說的話一般：「你必須在一個多元族群當中策劃一些生活的方式，讓整個學校可以運作。你不能夠讓當中的任何一件事情去碰運氣。」這個統整的教職員主動積極的向外找尋白人學生，期望創造一個多元的學生群體，同時還要盡可能不要讓那些白人小孩在學業表現上具有壓倒性的優勢。雖然教職員並沒有花費規劃課程的時間，明確的討論種族的議題，不過他們確實策劃了一套四平八穩的策略想要達到一個公平而且均等的學校。首先，學校辛苦的招募到一群學業表現亮麗的黑人和拉丁裔學生，他們在這所學校扮演楷模的角色，讓全校師生不再單純以為白種學生才可能在學業方面獲得高成就。這些有色人種的學生把他們的未來託付給這所學校，為他們下一階段的教育做準備，所以這群幹勁十足的學生也演變為學業方面的明星。其次，教職員規劃異質能力混班的課

程，盡量避免因為學生的學業成就表現而貼上各式各樣的標籤。第三項努
力，就是老師為各種才能的學生開創各種機會表現他們的才能。他們精心的
混合各種種族、年齡與能力的學生在相同的學科班級、導師（譯者註：原文
為 advisories，直接翻譯為顧問，不過應該是類似國內的導師制度），以及特
殊的專案，讓學生可以發揮各種技能。第四點，他們以身教的方式呈現他們
對於各種差異的欣賞，這是透過為期一整年社會科，單元名稱叫做「來到美
國」（Coming to America）的課程來呈現的，目的是想要讓全校師生都了解
許多文化對於美國目前整體文化的貢獻。

　　這所學校總共有六十三位學生註冊。雖然學生所代表的人口變項並不是
標準的人口學變項，不過依據習俗還是要把他們的種族淵源加以說明。我們
把三分之一強的學生人口歸類為拉丁裔，另外有三分之一強的學生為非洲裔
美國人，還有少於三分之一的學生人口為白種人，最後還有兩位亞洲籍的學
生。所有的學生都會說英文；許多學生都可以講流利的英文和西班牙文。四
十三位學生申請的不是完全免費的午餐（如果他們一家四口的年收入少於
16,500美元），就是折扣價的午餐（家庭年度收入少於23,000美元）。閱讀
和數學的成績則落在8%到99%之間。當學校剛創立的時候，沒有任何一位教
職員曾經在這麼多元化的學校教導過學生，而且他們的學生也從來沒有在這
麼混雜的班級學習過的經驗。

　　很少有人能夠成功的達到他們最高的目標，包含這所學校在第一年的創
校者在內。或許在接下來所呈現的故事，會讓讀者以為這所國中在提供優質
的學習環境給學生方面還有非常多改善的空間，不過這並不是真實的現象。
人行道學校的學生很喜歡到學校來上課，這些都在我要求學生在十月、二
月、和六月所寫的論文當中看到學生對於學校的鍾愛，就像是六年級的學
生，瑪麗亞・戴姿在六月所寫的論文，幾乎把學生在小論文對於學校鍾愛的
情感表達的最為洗鍊：

　　一些我喜歡人行道學校的事情是：

1. 在戶外教學的時候，老師不會緊迫盯人的看著你的每一項行為。
2. 校園裡有許多緋聞持續發生。
3. 老師都非常、非常的友善。
4. 當你有問題的時候，老師都很樂意和你討論這樣的問題。
5. 老師都信任我們這些學生。
6. 因為我們可以進行各種實驗，所以我喜歡自然科，而不是整天盯著一本自然科教科書，然後要求你把剛剛閱讀的段落抄寫下來而已的自然科。
7. 我們經常有戶外教學的機會。

　　從學校正規的文件紀錄也可以看到學生喜歡上學的證據：在瑪麗亞書寫小論文當天，一位到校訪視的教育委員會的稽核員清點書籍時，提出的結論指出人行道學校在整個紐約市所有學校當中，有最高比例的師生出席率。

　　規模小，堅強的導師制度，以及教職員對於學生關注的情懷，以及校園裡那種彼此信賴的氛圍，都可以讓我們了解到這所學校的學生可以盡情的抒發他們的感覺，而且教職員也會注意學生的感受。不過即使全校的教職員都想要創造均等的教育結構，老師也一致性的想要進一步了解學生的感受，學生對於種族的討論通常是在老師沒有提防的情況下發生的。每當種族的議題在沒有預期的情況下浮現時，孩童對於種族的問題自然就會被忽略掉了。

「他不是我們這一掛的，是嗎？」一位學童突兀的問題

　　如果在一所學校裡，白種人學生都是名列前茅，而有色人種的學生都在補救教學的名單當中，那麼我們就很容易看到學校裡日復一日的浮現出種族的議題了。在學校日常生活的對話片段當中，要去找出對話片段的意義就比較困難多了。底下這段維持三十秒的事件已經無法真實的掌握到學生所真實想要了解的問題。這是我在第一個星期所記載的資料摘錄下來的片段：

這是我們開學以來，第一次全校都在校園附近的公園進行校外教學的日子，也是開學以來的第一個全天班。堂是學校一位白種人老師，規劃了一次足球比賽的活動。有一位叫做杜克的六年級學生，他是一位白種人，幾乎把另外一隊的山姆打得昏頭，也違反原先同意的比賽規則。許多小孩（非洲後裔）抱怨著。杜克叫他們笨蛋（Schmucks），然後就非常生氣的退出比賽。他一邊退場，一邊抱怨著說他一輩子都在玩足球，當然對於足球比賽規則可以倒背如流。另一位老師（白人）則鼓勵其他小孩盡量「忘掉它」，這樣才可以繼續比賽。不過兩隊的其他小孩（所有的種族包含在內）立刻走向凱莉（非洲裔的老師）。他們因為杜克的行為感到困惑，也因為杜克堅持他了解的比賽規則才是正確的，甚至認為他居然有權力可以一拳把山姆打倒，當然還有他口出惡言的樣子，這些林林總總都讓這些學童認為這已經構成了種族歧視了。阿諾（非洲裔學生）雙手交叉的站在凱莉身旁，認真的說：「他不是我們這一掛的吧，是嗎？」

「你說什麼？」凱莉這麼問著。阿諾回答著：「你知道的，他的膚色不是黑色的。他叫我們『煙灰』。」（田野紀錄，九月十三日）

「他不是我們這一掛的，是嗎？」是人們區分世界的一個基本方式。這次的足球比賽居然會這樣就莫名其妙的結束了，說明了種族的議題已經深刻的滲入學生的潛意識裡。阿諾，當他把他的臂膀和凱莉的臂膀做比較的時候，認為他聽到他的同學說的是「煙灰」，以為杜克是在說他們的膚色。阿諾的問題以及相關的姿態，對我而言，已經變成了種族與種族歧視那種複雜、模稜兩可的象徵了。[7]

阿諾並沒有聽到「笨蛋」，這是猶太人（Yiddish）嘲笑其他人會使用的一般用語，我相當清晰的聽到這句話，不過對於阿諾而言，或許這不是一個熟悉的單字吧！所以雖然杜克羞辱對方的方式並不是一種種族歧視，不過這樣的人際互動關係倒是說明了阿諾是如何詮釋他剛剛學會的人際世界。這個

事件讓我確認一件事，那就是當成人和小孩對於彼此的世界不熟悉的時候，當然對於彼此的文化就更加陌生了，在這樣的情況下，種族的議題就會輕鬆的浮上枱面，成為最顯著的問題。含糊不清的評語總是會落入最明顯的類別，也就是皮膚的膚色，特別是當學生把皮膚的顏色視為區別你我的最主要依據時。

注意到膚色和種族的差異是一點都不讓人意外的，不過在這個社會上，這種膚淺的見識通常伴隨著潛藏的意義。對於種族的錯誤資訊與不足的知識，在沒有一個可以接受的論壇可以提出問題討論的情況下，可能會成為一個地雷區。雖然阿諾從來都沒有和白種人在同一間教室，而且杜克在學校也從來都不是少數民族的學生，我們卻從來都沒有想過要在人行道學校創造這樣的一個論壇。當作一群教職員，我們還沒有準備好，所以一旦學生針對這個嶄新組合的混合種族的學生群體的尖銳議題時，就會手忙腳亂。不管我們是要故意避開這個尖銳的議題，或是不知情的去否定它，或是兩者兼而有之，我從來都沒有和這兩位學生當中的任何一位討論萬一發生這樣的情況該如何處理，凱莉和我也沒有進一步討論這個議題，或是想要進一步把這樣的議題帶進教職員會議去討論。我們依然沒有探索過阿諾的問題，而且我們也沒有再一次檢視杜克的行為。人行道學校的課程，不是明明寫著要能夠達到「性別上要公平，和多元文化」，應該公開討論的問題是：「我到底是誰，而我的祖先當初是怎麼來到美國的呢？」不過我們還是沒有提供阿諾一個場合可以思考他真正想要探索的議題，那就是：「他不是我們這一掛的，是嗎？」

教職員聆聽學生的觀點，並且鼓勵他們說出他們的感受，這樣可以建立良好的人際關係，以及彼此信賴的關係，不過我們學校對於種族和文化認同上沒有公開討論，或故意忽略的部分讓我們學校的學童留下一個強烈的負面訊息。「一般人在辨識其他人和他們是否同類時，通常先以皮膚的顏色當作主要依據，然後才是他們文化的認同。」凱莉在閱讀這篇文章的草稿時，這麼說著。她同時提到：「任何學校的課程都很少涵蓋這些議題真實需要包含

的內容。」

僕人還是奴隸？

在教職員就定位之前，人行道學校接獲一個經費補助，可以聘僱一個「駐校戲劇工作坊」，連著六個星期，每兩個星期教導全校每一位學生「作家工作坊」。珍聘僱了馬丁・肯恩擔任這項工作，他是在九月中旬才到校和全校的教職員分享他的想法。

> 馬丁・肯恩是一位年輕的白種人戲劇家，到校和教職員見面。在教職員會議當中，他向全體教職員解釋他打算怎麼引導學生寫作：「首先，我會讓學生閱讀舞台劇改編的劇本，這些都是我自己所寫的戲劇劇本，也由一些專業演員擔綱。把我個人的劇本當作第一次閱讀的腳本，意味著我將把我自己擺在第一線的位置，這樣我才能夠在學生閱讀完我的劇本之後，要求他們寫作。同時這樣的經驗也提供學生一個共同的經驗。接著學生就需要寫場景，大約在兩頁到十頁之間，然後我會從當中挑選八項作品出來。我挑選的標準主要是主題的多元化，以及孩童到底多認真、多熱情的投入寫作上，劇本到底有多少的突破性進展，或這樣的作品到底為孩童打開怎樣的可能性。在我們挑選完場景之後，專業的演員需要和學生作者花好多時間來彩排這些劇本，然後我們就會規劃開放給全校學生家庭觀賞的表演。」（田野紀錄，九月十二日）

教職員對於馬丁的教育價值和計畫的規劃都印象深刻。在十月初的時候，他展開三段作家工作坊的活動。他熟練的使用語文，提供學生急迫需求的片語以免讓學生思路中斷，他的精力充沛，以及天生優異的演員聲音，和快速的步調讓我著迷。第一天之後，一位六年級的學生提到馬丁對於語文的精鍊程度是那麼的精通，可以釋放學生的想像空間：「這個人真的能夠看到別人所無法看到的內涵。」

馬丁連著三堂的班級把他異常的經歷也幾乎榨乾了。雖然學校也試著重新安排日課表，不過馬丁自己的工作阻礙了任何改變的可能性。在他課堂上所宣洩出來的情感以我們無法預測的方式往外溢出，特別是當他的精力衰退下來時。在馬丁來學校上課的第二個星期，他要求學生書寫一段驚慌的情緒表現，當中有一位叫做巴特的白種人男生，回想起多年前他親身經歷過的一個經驗，到目前為止仍會喚起他強烈的反應。當年巴特居住在南非，他在花園看到一隻毒蛇，所以他和一位僕人殺掉了那隻毒蛇。在聽到巴特大聲朗誦他的故事時，索爾，一位拉丁美洲裔的學生從他的座位上跳了起來，大聲的說：「所以說你們家有奴隸囉！」那是一項指控，絕對不是一項質疑，這時候馬丁滿臉通紅的說：「正確的語文是僕人或傭人。」然後鼓勵巴特繼續講下去，這項師生互動經歷了三十秒鐘。

索爾無法冷靜下來，所以在下課之後，他走過去欺負巴特，一直到有位老師出面干涉他們之間的糾葛。索爾對於他自己的意見一點都不肯讓步，他認為在南非有僕人代表著巴特的家庭是富有的人家，所以才會在家裡有奴隸可以使喚，不管是富裕的家庭環境或是擁有奴隸都讓索爾對巴特充滿敵意。自從那一次以後，這位身強體壯的孩童在許多場合就會故意去修理溫馴的巴特。

雖然這個存在於索爾和巴特之間的短暫交兵出現在我的紀錄上，其他人也都見證了這個片段，不過我們都忽略了它在種族議題方面可能帶來的訊息。當索爾和巴特最需要大人的支持來解決他們之間強烈的感受衝突，以及透過彼此的視野來觀看這個世界時，我們都沒有注意到他們這種強烈的需求。

當作一位兼職、短期的駐校藝術家身分，馬丁對於這樣的情境可能擔任催化的效果，不過我們這些全職的正規老師有必要協助學生針對這樣的議題進一步加以詮釋。如果個別的老師想要讓學校的學生對於階層差異和種族議題有比較深入的理解，那麼他們就需要在整個校園裡創造機會，讓全體的教職員針對這樣的主題進行深入的討論。如果我們這所學校在這樣的個案發生

當下曾經做過這樣的努力，我們或許會發現索爾需要的是一個可以讓他關懷奴隸議題的心情可以明確的抒發出來，這樣其他學生也有機會從他的觀點了解在南非正有一群黑人還在努力爭取自由，也更能夠了解為何他突然間會爆發那種情緒宣洩的情況。教職員錯過這個機會，而失去了創造這樣一種論壇的大好時機。相對的，在這短暫的事件之後，我們唯一看得到的餘波蕩漾就是索爾持續的找巴特的麻煩；也因此，這樣的議題就已經不再單純是種族相關的議題，而轉變為全校師長看到索爾「火爆脾氣」的風紀問題了。對我而言，大人想要約束學童的偏差行為，就會把他們的焦點從孩童身上轉移到學童的紀律問題，特別是當教室規則可以用來遮掩個案發生的情境時，這種對於種族的討論讓他們更深感不安。

「為何在那名單上面沒有兄弟的姓名呢？」

一旦學生完成他們指定的戲劇場景的寫作，馬丁就會從學生的作品當中挑選八樣出來，讓專業的演員來示範。他是這麼鉅細靡遺的說明他挑選作品的過程：

首先我會閱讀所有的劇本，而不去管種族多元化，或者需要支持的那些孩童的需求，只是單純的閱讀所有的劇本。然後我會把劇本區分為三堆——優秀的劇本，可能入選的劇本，以及拒絕的劇本等。至於那些被我歸類為拒絕的劇本原則上就是那些未完成的劇本、沒有投入的劇本、劇本不夠清楚，或者根本沒有任何衝突的腳本——而這正是我教學的核心目的。然後我會重新閱讀那些劇本，看看我是否誤解了作者的原先創意，不過不會把他們當中的任何一本從拒絕的名單，轉移到「優秀」的那一堆當中。然後我會試著在內心規劃表演那一晚的流程，試著找出一些幽默、強烈情感，以及許多各式各樣的主題。整個表演的流程需要涵蓋這三個班級的學生作品。只有當我符合這樣的條件時，我才會找尋個

別的學生來平衡種族和性別的代表性。我會從學生名單當中挑選一個進步最大的學生，這樣才能夠在他成長的過程當中影響最大。我幾乎無法克制的就是這八件當中的六件幾乎都是由女生所寫的。（田野紀錄，十二月三日）

在一個星期一早上，在他最後一次教學之後的兩個星期，馬丁回到第一堂的作文課，這時候是由正規的人行道學校教職員管理這段上課時間，他同時也給了一段感人肺腑的介紹，然後才宣布他最後的抉擇。他以感性的方式說：「我所寫的戲劇劇本不見得一定會產出作品，所以我也必須面對這樣的事實。這就是劇本寫作的一部分。我希望你們了解當我告訴你們，所有的劇本都寫得非常好，我真的這麼認為。如果我不認為這些劇本都寫得很好，我就不會這麼說。」他提出四個學童的姓名，這四個學童的作品都被他挑選出來，然後立刻帶領他們和專業的演員一起合作。其他的學生繼續安靜的閱讀和寫作。

馬丁在第二堂課也做了同樣的說明，然後挑選出兩個學童出來。當中唯一的男孩德瑞克大聲的反對：「我的劇本還相當粗糙，沒有多少修飾，這樣是不公平的。」第三堂課就有點不一樣。這個吵鬧的班級，也是馬丁上起課來最沒有精力的一個班級，仍有一些優秀的作品。馬丁給了一個簡短的說明，不過沒有另外兩班感人肺腑的說明。這一次他並沒有說明自己的觀點，也沒有說明劇本的品質，他相當疲倦的說：「挑選戲劇的腳本是相當困難的。」接著他就叫兩位學童的姓名，那兩位學童也和他離開教室，去進行彩排。這兩位獲勝的學生都是白種人，雖然其他班級所挑選出來的學童都是有色人種的學生。在馬丁離開教室以後，瑪麗蓮（一位新進的白種人教職員，是學校聘請來專門教導作文課的老師），要求學生進行一個新的指定工作，不過學生並沒有跟隨她的指示進行活動。在教室裡諸多喧鬧的聲音當中，一位非洲裔學生傑瑞米相當故意的說，不過聲音倒是大得足夠讓每一個人都聽得見：「那又不是我的問題，不過有些人真的很想了解一件事情，那就是

『怎麼在那個名單上面都沒有兄弟們的姓名呢？』」

　　在這樣的起鬨下，每個人都急著要說出自己的想法，讓整間教室鬧烘烘的，這時候珍接管教室裡的秩序。在這間教室想要協助學生了解戲劇劇本的整體運作模式，她走到教室前面說：「這句話有問題，不正確的。這個名單提供相當平衡的作品。」從她的口袋拿出一張名單，她大聲的宣讀，提到一位亞洲裔學生和一位拉丁美洲裔學生；當她提到碧仰卡的姓名（這是一位西班牙裔的學生的姓氏），她抬起頭來對著同學說著：「碧仰卡是一位西班牙裔的學生，不是嗎？」這時候全班突然間爆發起來。每一個人幾乎在這同一時間都想要說出他們內心的觀點，所以整間教室因為全班同學都同時尖叫著而突然間讓這個噪音爆發到極點。這時候，孩童們已經忘了原先的問題是想要了解，為何在這一班學生當中沒有任何一位黑人男孩的作品被馬丁老師挑選出來當作戲劇的腳本，學童們這時候大聲尖叫著：「碧仰卡告訴我她是一位黑人！」「怎麼可能？以那種方式說話的人怎麼可能是西班牙裔的人呢？」「她有黑人的態度。」孩童們相當驚訝的發現每個人都認為碧仰卡是西班牙裔的學生。碧仰卡的血統非常的錯綜複雜；她的生父是拉丁美洲裔，她的母親則是一位白種人，不過她同時也是一個非洲裔美國人家庭領養的孩子。她的同儕把她看成一位黑人。他們幾乎完全忘了如果她是黑人，那麼被挑選出來的戲劇腳本的名單至少應該已經包含一位黑人在內。碧仰卡並不在這一堂作家工作坊的學生名單當中，所以她也無法回覆同學對於她的身世背景的各種問題。另一方面，在教室裡的大人，我們都認為我們知道要支持學生對於自我認同的需求，偏偏在這關鍵時刻就像是宣洩到下水溝去了一般，而由傑若米所提出的議題──「為何名單讓面沒有兄弟的姓名呢？」──還持續發酵著。

　　當一位叫做麗莎非洲裔美國籍的學生改變主題的時候，全班鬧烘烘的聲音更高亢，也因此產生了更多的火爆場面。「如果我的戲劇腳本沒有被挑選上，我幹嘛沒事那麼認真的寫這個腳本呢？」她這麼抗議著。「我花費了半個星期的時間構思一個主題，然後另外半個星期的時間寫七頁的腳本。浪費

我的青春，根本純粹就是浪費我的時間嘛！」她顯得相當憤怒。雖然她非常認真的投入腳本的寫作，卻沒有被挑選出來當作專業演員彩排的腳本讓她非常生氣，也因為她的生氣讓整間教室突然間像是通電過一般的火爆。一位叫做莎琳娜的拉丁裔學生相當清晰而激昂的回答這個燙手的問題：「當然並不是每個人的作品都會被選上。不過你還是從書寫當中學到好多知識和技能。」整間教室充滿著想要爆發的無窮精力，所以所有的學生都沒有人有辦法靜下心來專心的聆聽其他人的觀點。這一節課就這樣草草結束了，或許是上天保佑我們吧，當兩位沒有預期的訪客來到我們教室，他們似乎就是上天了解我們祈禱能夠把學生鬧烘烘的主題岔開的。在一片混亂當中，這兩位訪客祝福我們這所新的學校好運當頭，然後整班就直接去餐廳吃午餐了。傑瑞米的問題仍然懸在那裡沒有獲得適當的宣洩。

雖然一位孩童針對種族議題的戲劇腳本沒有獲得入選而抱怨的輕聲細語，應該警示我們要主動關懷學童渴望想要探討的對話，不過我們比較有可能做的是把這段令我們感到不舒服的一堂課四十五分鐘時間，埋藏起來，希望人們會很快遺忘這種不舒服的時光。不管是珍、瑪麗蓮或是我自己都沒有把這個事件在非正式的場合提出來，或在任何一個教職員的會議當作討論的主題。關於學生的種族和血緣認同方面的議題，可以提供師生肥沃的土壤來進行好幾個星期的課程學習，不過想要在每一天的教學步調擠出時間來認真討論這個對於教職員也難以處理的議題，就顯得非常困難，而且在整個校園的架構當中也沒有特定的時空背景來進行這樣的課程。相對的，當教室裡突發狀況已經超越我們可以忍受的程度時，我們會感到相當尷尬。對我們而言，這個吵鬧的脫軌現象單純的只是干擾我們原先教學的意圖，所以我們就會錯過它可能可以提供給我們探究學習的機會。在挑選腳本過程當中，浮現出種族議題的因素在任何學生或教職員的正規討論當中很快的就消失無蹤。然而，這個事件並沒有因而就此結束。

人行道學校的教職員非常認真的支持那些還在找尋自我認同的學生，並且依照他們的觀點採取適當的行動。麗莎對於她所寫的腳本沒有入選還耿耿

於懷，所以把這個議題帶去找尋她的諮詢導師，導師就寫了一封信給馬丁：

12/3/90

給馬丁・肯恩先生

在我們導師時間裡，我們討論你是如何挑選戲劇腳本的。

1. 我想我們都了解只有少部分人的作品可以入選——我們每一個人也都希望我們辛苦寫作的腳本會獲得你的認同。

2. 在戲劇的腳本要被挑選出來之前，你給了某些同學一些建議，並且告訴他們說他們的作品相當優秀，所以可能會被挑選出來。

3. 我們想要了解的是那些入選的同學，到底有哪些是其他同學所沒有做到的呢？

　　麗莎剛開始因為她很認真寫腳本，卻沒有獲得馬丁老師的認同而相當憤怒，這個憤怒卻也一針見血的切入學校所秉持的兩面觀點：在我們決定要彼此排擠之前，我們都是相互包容的一體。麗莎對於教室裡發生各種事件的關切，接著和種族議題混合在一起，就讓整個教室的氛圍顯得非常緊張，這其實都是源自她對於辛苦寫作的腳本沒有入選的主觀意念，感覺嚴重無力感所衍生出來的。當她去找尋她的諮詢導師時，重新獲得某種掌握的感覺。導師的信函，充滿著成熟合乎邏輯的觀點，盡可能避免她在教室裡所表達的強烈感受，也沒有明確的提到種族的議題，或許這是因為同學的傳聞當中認為馬丁最後所挑選的名單實際上已經考量種族的平衡問題。在那份名單上面，有一位黑人男孩，一位黑人女孩，兩位拉丁美洲裔，一位白種男孩，一位白種女孩，一位亞洲裔女孩，還有的就是充滿錯綜複雜背景的碧仰卡了。由於證據確實證明「名單上面沒有兄弟」的論點不正確，所以原先的問題就逐漸消失了。

　　如果我們這些親眼目睹教室這些複雜情緒的大人，能夠多注意聆聽學生對於種族的問題，並且試著去了解這樣的問題對於學生是非常關鍵、重要的訊息，我們或許就會在接下來的教職員會議當中討論這個教室突發行為的議

題。然後我們每一位成年人，包含麗莎的諮詢導師，並不知道真實發生在教室裡的狀況，在心態方面就比較容易和學生討論種族排擠和身分認同的對話。我們不該因為「名單上面沒有兄弟的姓名」，就把討論的氛圍中斷了。

關於學童種族方面的認同對話——已經是那麼明顯，可以進一步深入探索了——可惜都沒有再浮現出來過，至少在我關注的每一個項目裡面，沒有以任何一種形式讓我了解它再度浮現過。即使是我自己，也頂多是以馬後炮的方式，在事情發生之後一段時間，才了解到支持學童對於他們自己傳統的一些理解，還是有可能存在於學校的整體課程當中（Cohen, 1993）。就像是餘波盪漾一樣，一位學區的同仁，也是在這間教室亂成一團的當下來訪的一位訪客，像是廣播電台一般的在外宣揚，說他相當驚訝我們在人行道學校的秩序管理是那麼的鬆弛。這樣的批評讓我們這些在學校社群當中的大人，在面對學童針對種族議題表達爆炸性的感受時，經常是以平常心對待，就像是我們對待索爾和巴特之間的爭執一般。

這樣的事件如果沒有我當下的紀錄，可能就會消失的無影無蹤。在我把這個事件的紀錄說明在教職員當中傳閱之後，教職員相當好奇想要了解在最早的時候，到底是什麼因素促使拉塔夏（一位非洲裔學生），會質疑戲劇腳本的入選名單，還有傑瑞米是吃錯了什麼藥才會重複拉塔夏原先提出的問題。為何拉塔夏不乾脆一點自己把問題提出來呢？或者說拉塔夏的問題只是偶發出來的問題，卻不小心觸動了傑瑞米內心渴望想要了解的問題呢？為何這樣一個種族議題的問題沒有在稍早以前的課堂上出現呢？打從開學之後，性別的議題在其他班級早就火熱的進行過無數次的辯論了，然而種族方面的討論卻幾乎從來沒有出現過。露西推測或許是人行道學校剛創設而已，所以特別強調我們全校師生都共同屬於一個嶄新的學校社群，而那樣的強調則傳遞了一個經常反覆的觀點，那就是「我們全體師生都是開路先鋒」，所以才會讓學生傾向於「大熔爐」的哲學觀點，這樣的觀點不鼓勵師生針對彼此的差異進行討論。我們好奇想要了解的是學生到目前為止是否認為提出冷酷的個人問題時，是否會感受到足夠的安全感呢？而且更令人困惑的是，那些有

色人種的學生在面對一位白種人老師的課堂時，到底要花費多少時光才能夠感受到他們在那樣的教室情境下，也是安全無虞的可以盡情提出問題來討論呢（Delpit, 1990）？

同等重要的議題就是選擇性的議題了。沒有人充分了解馬丁老師在九月所說的話：「最艱難的任務是提供一個包容的經驗，然後在包容的情境下，每一樣作品都要有些特色，才有排他性。」雖然每一位師生都知道最後只有八件作品會雀屏中選，不過真相還沒有被全校師生完全理解。學童認為他們被帶領到錯誤的方向，所以他們採取的路徑是透過種族來表達他們面對白種人老師在他們最渴望被挑選出來的時候，關閉大門，讓他們深感不安的情緒發表出來。或許一個比較成熟的學校可能——也頂多是可能而已——深思熟慮的考慮到一位外來者在校園裡插播的競賽可能帶來的後果吧！

這三段小插曲的文字已經讓教職員東倒西歪了。底下兩個事件，牽涉到杜克，他在學校第一天的足球比賽時刻把山姆從名單當中刷下來；以及戴瑞克，他在開學的第一天也把自己單獨挑選出來，對於這些學生和學校則有比較深遠，明顯的長期影響後果。雖然他們的故事不相同，不過這兩位男孩都和我們分享了他們在校園中對於自我身分地位非常不確認的那種感受，所以他們當中的任何一位也都沒有完全的投入人行道學校的社群當中。

少數人種的白種人

正在快速改變的人口學變項在公立學校的教育也產生了一個相當新的現象：在都會型學校當中，白種人學生已經變成了少數人種。人行道學校的教職員相信整合是一項值得投入心力加以保留的任務，不過即使它並沒有達到這樣的目標——就誠如許多有色人種的家庭已經開始在討論的一樣——公立學校就是要開放給每一位學生而設置的，所以所有的孩童都應該是學校社群的一部分。只有當我們回憶起一些往事的時候，教職員才會提出問題來。到底在相同的教育制度下，我們要如何為所有的學童提供適合他們的教育呢？

在我們創校的第一年，教職員假設校園裡有足夠的白種人學生，是一件令人欣慰的事情，所以很少有教職員會注意到「少數」白種人學生的議題。教職員不太願意討論那些白種皮膚的學生，早就已經給他們在這個社會享有許多特殊的地位。珍在稍後提到一些還在掙扎的白種人學生是要「確認在這所學校裡面，他們並不是校園裡的特權階級。」凱莉接著說：「這樣的發現對於他們的心靈是一件好事。」不過她也指出：「白種人學童正在為這個差別待遇的社會付出代價中，當然也適用於黑人和拉丁美洲裔的孩童。大家都在為這個差別待遇的社會付出代價中。」

在我的文件記載當中，杜克以一個白種人學生處在人行道學校的經驗，凸顯了一個範例，說明老師在面對他們理想，要把一所學校社群裡的每一個孩童都整合在一起的例子。白種人學童在這個社會上確實經歷比較少的問題；例如，「杜克即使在深夜時分也可以輕鬆的找到一輛計程車願意載他。」凱莉這麼提醒我。然而，杜克在校園裡需要找到一個棲身之地。底下這段摘錄是我從我的諮詢導師那裡記載下來的資料，是學年剛開始的時候，我把自己投入一個不很熟悉的場域時，我發現自己的不足和一些試驗性的回應：

一位黑人男孩從家裡把他辛苦畫出來的素描本帶來學校，上面充滿著各種奇異筆畫出來的卡通圖案，他還告訴大家這是他親手看著卡通圖案畫出來的，而不是透過描圖的方式畫出來的。每個人都很欽佩他所畫出來的卡通漫畫。當他提到一隻黑色臉孔的米老鼠的時候，杜克說：「嘿！米老鼠不是黑色的」。其他的孩子大聲的反問著：「怎麼不會呢？」說完之後，杜克掉頭就走了。

接著另一幕，碧仰卡宣讀她對於美國小姐選拔時的盛裝遊行慶典有關聯的閱讀心得報告。在報告的時候，有人問她：「你是怎麼知道這位新任的美國小姐的年齡的呢？」她回答著說：「我就是知道啊！」（譯者註：原文為 I bin knowing it. 不是我們一般熟悉的標準英文。卻是黑人在

家裡使用的英文方式）杜克突然間插嘴說：「你不可以這麼說啦。那樣不是正確的英文。」我接著說：「或許那不是標準的英文使用方式，不過絕對是碧仰卡在家裡使用的語文方式。那樣講就是說她早八百年前就知道這個答案了。」（田野紀錄，九月十八日）

雖然杜克在這個諮詢課堂上兩次的參與都被斷然的拒絕和排擠，我卻從來沒有想過要親自告訴他為何他的同儕和我會反對他的觀點。我在那一天還記錄了底下兩個事件：

接下來我所知道的就是荷西正在大聲的嚷著：「體育館有人在打架。」當我到達體育館的時候，麥克（一位非洲裔的學生）和杜克確實正在打架當中。麥克對於過去幾天杜克在校園裡的囂張行為相當感冒的這麼跟我說：「我並不喜歡他對老師的那種態度。」我把兩個打架的小孩當中比較讓我心煩的杜克帶回辦公室，他的眼睛充滿淚水，心情也非常的憤怒的說著：「我是這所學校裡面少數白種男孩當中的一位。我是在一個上流階層白種人社區長大的孩子，我才沒有從誰的身上拿走哪些東西呢。」我相當驚訝的聽到一位孩子親口說他是在一個「上流階層」長大的，所以我故意忽略這個敏感的字眼，不過我相當好奇的想要了解，在他的內心深處是否認為在這所學校受到差別待遇了呢？我引述珍的台詞，提醒他美國正在經歷一個快速的轉型，所以如果他學會如何在一個多元的族群出人頭地，那麼他就比較有可能在未來成為一位優秀的領導者。我在他面前不知道反覆的說了多少遍，希望他能夠了解這所學校是一所讓每一個人都感覺安全無虞的學校──所以在這所學校不可以有打架的行為，也不可以針對別人的話或素描冷嘲熱諷。他同意我的這項觀點，然後逐漸恢復鎮定，所以我就去找麥克，希望也能夠告訴他打架在這所學校不是一件受到歡迎的行為，所以雖然我們需要教導杜克一些事情，不過如果要要求杜克改變自己的態度，就不該是他本身的責任了。當他知道我並沒有打電話找他媽媽到學校來的時候，鬆了一口氣的說：

「謝謝你和我討論這些事情。」（田野紀錄，九月十八日）

在那時候，我想要了解杜克對於他應該享有的權力的感覺到底是什麼——由於我對於他所居住的社區或他的家庭背景的認識，並沒有提供任何線索讓我進一步了解他對於自我的社經地位的理解程度。就我所知道的範圍來說，他是一位正常的中產階級的孩子。不過我從來都沒有強調他的優越感，我也沒有想到在這所嶄新的學校所遭遇到的不確定感和害怕對他會是一件真實的議題。相對的，我指出白種人的孩子在這個社會所面對的問題比較少，所以我才告訴杜克如果他學會在這所學校以一個少數民族的身分卻可以經歷領導者的地位，那麼他未來就比較有可能成為今日社會的領袖。我的這種說詞反應了一個沒有經過檢視的假設，認為在這社會上就是存在著白種人的優勢，而這也就是為何有色人種從一個歷史的角度來看統整的時候會反對的原因，因為那樣的統整對於白種人的孩童比較有利（Foster, 1993; Ladson-Billings, 1994）。儘管我用盡各種辦法想要讓男同學了解我們在人行道學校已經盡全力讓它成為每一個人都可以感受到安全感的社區，而且我個人也認為已經盡力協調麥克對於杜克的偏見，不過我卻從來都不曾想過可以找他們兩個人面對面的坐下來，好好的針對這樣的議題進行深入的討論和剖析。

在十月九日那一天，杜克顯然告訴一位從樓下來的拉丁美洲裔、五年級的學生「不要激怒他」（至少他已經盡量使用不要太傷人的言辭了）。他承認那位學生唯一的挑釁行為就是要妨礙他走路。那位具有攻擊性的男孩威脅杜克說，他會帶著一位哥哥和他的朋友到學校的遊樂場「收取保護費」，站在他們兩人附近的人行道學校學生（全都是黑人，除了一位杜克的白種人朋友以外）都不想要干預這場糾紛。顯然他們也理解到即將爆發的危險，所以他們立刻走到學校辦公室，回報剛剛發生的事件。這種受到威脅的不安全感在校園裡蔓延了好幾天；為了要澄清這件事情，校長和這位五年級的學生，以及親眼目睹這項挑戰的人行道學校學生會面。從我的記錄筆記是這樣的：

校長告訴人行道學校的學童一件事情，她指出對於這附近的社區而言，

他們根本就是外來者的身分，所以當地的國小學童在遊樂場看到他們這些「不是鄰居」的孩童，就會有一種很奇怪的感受。剛開始，她的訓話看起來只是讓國中學生那種緊張兮兮的感覺更加惡化，也加深了杜克在這所學校屬於少數民族學生的強烈感受。我們在教職員會議當中，討論她到外來者的訊息確實是附近鄰居倫理當中非常基本的概念，所以我們非常嚴肅的去面對這樣的訊息。我們因此決定與其讓校長和珍在接下來的兩個星期擔任遊樂場的監督人員（「兩位女士擔任保護的工作——門都沒有。」教職員當中的男士這麼說著），放學之後學生必須立即回家。堂指出校園裡每一個人都需要記住的事項：「杜克還無法了解在這個社區附近，語言和行動之間的連結速度非常快速。換句話說，杜克還需要學的事項很多呢！」（田野紀錄，十月十五日）

教職員持續觀察杜克在校園的言行。當我們在他對自己進行自我評量時，看到一些小幅度的進展。在這個期中階段的訓練，我們要求學生回答這樣的問題：「你到目前為止學到最重要的事情是什麼呢？」在他第一次寫的草稿上，杜克這麼寫著：「數學概念知識。」第二天，在他最後寫的草稿上則寫著：「我學到與其他學童相處之道。」到感恩節的時候，對於同儕間的差異他已經不再有負面的反應了——至少不會大聲叫囂出來。他還是只有少數幾位朋友，也只和一些白種男生在一起，即使他們之間最明顯的相同之處只是他們都是白種人而已，也會廝混在一起。在自我評量之後的親師座談會時，他的父親對於杜克在社交方面的成長和我們的意見是一致的：「是的，事情發展的比較好了。現在他回到家的時候不會再抱怨他是全校唯一懂得所有事情的人，而其他同學都是超級大笨蛋。」

杜克和凱莉保持不錯的關係，即使在杜克可以聽到的範圍內，她在描述杜克的時候也直接了當的說他是一位具有種族歧視的人。她經常這麼說：「畢竟他還只是一個小孩而已。」在凱莉的堅持下，他也不在她面前講一些具有攻擊性的笑話，還有當她指出他的一些傲慢行為時，也會當面認錯了。

他對凱莉說自然科學是「我最喜愛的科目」。如果讓他挑選在班級裡一起學習的夥伴時，他不願意挑選有色人種的孩子。在放學之後，或在參與籃球隊的時候，他也不會和別人哈拉一下，雖然在午餐時間，他可能和一些不同種族的同學玩一些挑選夥伴的遊戲。他甚至會在女生「他們需要一位優秀的踢球員時」，加入女生的足壘球隊伍。他對於棒球十分精通——一些統計資料、歷史、策略都相當熟練——不過在教室裡分享這些訊息時，杜克相當勉強的分享，其他同學也相當勉強的聽他分析這些資料。他對於學生族群的影響力相當薄弱，其他孩童對於他在種族方面的態度也有所了解，就像是我在春天所記錄的田野資料所示：

> 為了即將來臨的露營活動，我們讓孩子們觀賞一些投影片。學生在觀賞投影片時近乎不屑的態度——許多學生從來都沒有露營過——或者說在家以外的地方過夜都是沒有發生過的事情，所以教室充滿緊張的氛圍。由露營區的主任所播放的投影片所展示的是一些比較年幼的孩童——不過都是白種人。坐在教室後面的黑人男生大聲叫囂而讓投影片的播放中斷。他們當中的一位嘲笑的說著：「看看一群杜克在那裡。」我並沒有想要偷聽他們對於投影片的評語，他們也不知道我的存在。當我把這樣的評語與其他教職員分享時，瑪麗蓮（白人）幾乎瞬間提醒我說：「如果他們是一群白種男孩對著一個黑人小孩這麼說，我想你應該會立即阻止他們繼續這麼說下去吧！」確實這是真的。我壓根都沒有想過要去介入他們的嘲諷（對我而言，比較容易做的事情是把杜克標示為「種族歧視者」的身分，而不是在那些坐在教室後面的男孩提出「那群杜克」時，提出一個難以啟口的對話）。（田野紀錄，五月一日）

在春季後期，杜克開始提議說他要離開人行道學校。剛開始的時候，他這麼說：「這所學校沒有足夠的課外活動」（雖然他也從來沒有在放學之後留在學校參與一些課外活動），或者是說「學校的作業沒有那麼有挑戰性」（雖然我不認為他曾經真的在校園裡達到傑出的表現過）；最後在我們和他

進行真心誠意的溝通之後，他才說他並不是不喜歡這所學校，不過他真的想要去他的朋友就讀的學校。在諮詢導師時間，他也安分守己的做到老師期望的事情，參與遊戲，當老師點到他的時候也會發表意見，不過在小組當中卻從來都不曾是核心的角色。在最後一次寫到他認為人行道學校最重要的學習是什麼時，他這麼寫著：

> 這是一所迷你學校。老師對你的認識相當深入。他們有時間和你相處。實際上我還認為他們和我們之間的關係太親密了點。就像是說他們會告訴你和一些你不怎麼喜歡的朋友互動，而不是直接當作你的朋友。他們太過於擔心種族歧視的議題。他們對於你個人的私生活的關懷遠比對於你的學業還要重視。在我這一年當中，我遇到好多好人，不過坦白說我在這所學校的感覺非常的怪異。

這篇小論文的內容相當貼近其他學童對於人行道學校的人數與個人氛圍的描述。他也讓我們注意到杜克在這所學校的孤立感受，以及和小組同學無法聯繫感情的特質。在那一年稍後，我試著和他討論我觀察到他在挑選朋友時的狹隘態度，不過他不怎麼喜歡這樣的討論就是了。或許我不太知道如何有效的討論種族的事情，也沒有在他就讀這所學校的那一年有足夠的機會和他交心。

不管杜克是因為家庭因素，或是社會態度，或者只是因為他單純就是少數民族學生的身分，才會具有種族的偏見，不過已經不再是這個議題的重點了。如果統整的學校無法成功推動，那麼非常急切需要處理的就是找尋一個方式把「所有那些杜克」到這個社群來。坦白說，杜克自從來到人行道學校以後就沒有被人接受過。珍也相當真心的坦承：「那些來自於權力結構核心，具有比較多元經驗和機會的白種人學生，在這所學校並沒有獲得我們應該給他們的足夠關懷。」另一方面，凱莉也具體的指出：「所有的學生都遭受到種族歧視的困擾。」或許圍繞著白種人學童的議題不見得是最關鍵的議題──不過如果公立學校想要成功的經營族群的統整，那麼教職員就需要更

認真的思考白種人在這所學校基本上就屬於少數民族的概念。這樣的努力，就需要像是那些在白種人學生為主的教育體制下支持有色人種的學生的推動一樣。

對於許多白種人家庭而言，把他們的孩童送到我們這種幾乎以有色人種的學童為主的學校，就是要他們放棄他們原先因為白色皮膚所獲得的優勢身分地位（McIntosh, 1988）。這個問題的基礎可以由一個在學區辦公室偷聽到的一句話來說明：「如果這個學區有三分之一的黑人學生，三分之一的西班牙裔學生，以及三分之一的白人學生，那麼白人的家長還是會把我們這樣的學校看成有三分之二不是白種人來對待。」人行道學校刻意嘗試達到三分之一、三分之一，以及三分之一的學生人數比例，故意要保留一個族群融合的情境。為了要配合管理這樣的學生人口比例，教職員必須要盡力確認白種人學生的家長是那些樂意把孩童送到學校來的家長。

從一個公平分配學校資源的角度，或者是教職員的時間和關注來分析，那樣的人力支出並不是一件公平的作為。要求教職員投入比較多的時間和精力可能產生一個印象，那就是把學校已經不夠的資源投入到一個占優勢的族群身上。有色人種的孩童需要老師花費同等的精力在他們身上。即使是在一個尊重族群差異的學校，要把學校建立在一個共識，也就是我們都是這個社會裡的公民的學校社群，就需要耗費時間、承諾，以及考量道德方面的需求。當然我們確定的一點就是族群的融合必須建立在一個超越白種人、中產階層家庭背景的模式以外的基礎上，這是由於有許多黑人家庭已經在嚴肅的指控學校的運作偏向白人的學習（Ladson-Billings, 1994）。不過如果白人學生在一大群學生當中屬於少數而還能夠愉悅的自處，那麼他們和他們的家庭就需要這一類型的領導統御模式。這樣一種道德方面的引導，而不是依據政治方面的權宜考量，特別是針對那些擁有權力的人的權宜考量，當然不是那麼容易就可以輕鬆獲得的利益。我在人行道學校以及其他學校的經驗指出，許多學校社群還沒有準備好面對這類領導統御所需要的氛圍。

資深的白人老師可能會考慮到他們有必要教導愈來愈多的有色人種的學

童，儘管他們的思考模式是希望能夠把有色人種的孩童同化為中產階層的白種人家庭那樣的常模。許多白人老師——他們很少曾經體會過少數族群的感受——對於那些來自於白種人為主的學校社群的孩童應該如何平順的過渡到以黑人和拉丁美洲裔學生為主的情境時，就欠缺一些同理心和引導的知識和技能了。我已經注意到教職員誤以為白人學童在這所學校可以感到舒適的學習環境。實際上，對我而言，比較輕鬆的作法是因為他是白種人，所以我可以忽略杜克沒有把心情放輕鬆的能力。相對於白人教職員凱莉自己在種族方面的經驗，讓她有機會對於杜克那種屬於少數民族的身分地位具有更深刻的洞察力。不過如果我們期望凱莉去教導教職員關於種族方面的議題，就是一個不公平的負擔了。白人教職員早就已經要求有色人種的教職員詮釋許多學生的行為；所以應該是白人教職員應該要學習的項目吧！

我在這所學校到底算哪根蔥？

德瑞克受到排擠的故事圍繞著一個令人氣餒的挑戰，那就是當我們在教導別人的孩童時，就像我們在教導自己的孩童時的那種無力感（Delpit, 1988）。我在這裡所使用的「我們」，其實就是指我們這群在教導混合著種族、血緣，或不同社會階層的人，可以這麼說，這樣的範圍包含了今日在都會型學校擔任教師的絕大多數人口。這個故事的背景是管理統治的議題：誰訂定了邊緣？誰才是學校的「老闆」？當行為的標準受到忽略，或受到蔑視的時候會發生哪些事情呢？在舞台的上面是德瑞克，他和人行道學校的成人之間並沒有足夠的連結，所以也沒有學習到我們想要我們自己的孩童學習到的知識和技能。我們這所學校原先的願景是希望把校園裡每一個個人都視為無價之寶，這樣的願景顯然在教職員全然不同意德瑞克的觀點時消逝。教職員是否使用他們所能夠得到的每一種方式來協助他，以及他們到底是如何詮釋他們對於德瑞克那種窘境所需擔負起的責任，已經這是個故事當中一個尚待解決，也讓人產生內疚的主題了。這個故事也讓我們注意到，當大人遭遇

到一個不肯遵守他們在行為標準方面的學生時，可能會出現怎樣的僵局。

　　由於人行道學校的教職員在表現上分享著相同的價值觀，這樣的表象如果在沒有任何人的熱情感受和相關議題超越負擔時，還都可以透過全校共識來經營管理這樣的表象。氣氛融洽的會議、優質的聚會，以及真實的友誼讓教職員之間的感情如膠似漆。不過當我們遭遇到一個危機時——而且沒有人可以預先知道它到底會以哪一種形式發生——屆時這種共識的方式就失效了。另一方面，我們在面對衝突方面，試著去解決燙手山芋方面也沒有足夠的練習，在教職員會議上也沒有機會分享同事彼此可能採取的各種行動的差異。因此當我們學校面對德瑞克這個個案時，採取多數表決的方式就垮了。似乎都沒有人聽到他最深層的問題：「到底在這所學校我算哪根蔥呢？」

　　如果我們從教職員的觀點來分析，德瑞克根本就是一個搗亂份子。即使是在開學的第一天，當所有學生都安分守己的表現時，德瑞克是那麼的特立獨行。在我所記錄的全校會議紀錄上，我相當懷疑的問著：「當其他學生都還在等候老師指示時，德瑞克已經不耐煩的坐在地毯上面了，在堂主持的遊戲上，他也不是依據身高條件來排隊的。他會這麼不耐煩是不是因為他是這所學校最矮的幾位男生當中的一位呢？」自從開學的第一天開始，這位十二歲的非洲裔男孩就可以這麼自由自在的從教室的一端走到廁所去而中斷教室正在進行的任何活動。他可能會主動的脫掉他的汗衫、再把汗衫穿上去；或者在同學走過他身旁時狠狠的揍一拳，雖然這可以算是一種同儕之間熱情的表現，卻還是會讓教室正在進行的活動受到干擾。對於任何一件和學業有關聯的項目，即使只有很模糊的關聯性，他也會經常性的抗拒學業方面的學習；所以他也很少在學校的任何學業表現方面有任何實質上的進展。

　　在這一整年當中，德瑞克那種瞧不起大人——至少對於白種大人——愈來愈嚴重。也或許是因為白種大人在詮釋他的行為時是透過狹隘的鏡片，所以對他的行為不能夠諒解而瞧不起他，才會讓這樣的事件不斷的升高情緒。[8]有些是關於德瑞克本身的條件讓教職員和他起了衝突——德瑞克並不是一位來自於「中產階層」的小孩。[9]有可能白種的教職員並沒有深刻的理解他，他

們通常把關注他的焦點集中在他的「態度」上，而沒有觀察到他就會在教職員面前故意要把學業成績搞爛。對於德瑞克這一類經常讓學校大人抓狂的學童，我們需要更多的理解，不過我們也需要了解那些大人會因為這些孩童而抓狂背後相關的文化、階層和種族等的議題。

除了在他做了一些違規犯法的事件時，整個校園裡沒有誰會仔細的觀察他所做的其他事項，所以德瑞克愈來愈迷失方向。用來協助他找尋人生方向的學校架構和教職員的支持也都不存在。人行道學校還是有些結構性的方式來關注個別孩童的需求。每個月，我們會安排一個描述性的評論，這個活動的目的是要透過教職員分享他們對於孩童的了解來建立一個更完整的社群，所以在那個會議上，我們會針對一個特定的孩童做深入的剖析。在每次的描述性評論時，教職員挑選一些讓他們想要「拔光頭髮」的孩童，或者那些會導引出特定的語文或教學議題的孩童來進行深入的討論。[10] 依據這樣的標準來挑選學生，德瑞克完全符合標準條件，不過每一個月我們所挑選的學童都是一些遠比德瑞克還要嚴重的學生。

在所有的教職員當中，只有凱莉和德瑞克還算相處得宜。她的特質是她可以聆聽許多被其他師生忽略或討厭的學生訴苦，讓她可以和他相處愉快。當她以一種嘶吼的音調問他：「親愛的，你在幹什麼？」德瑞克通常就會中斷他的偏差行為，並且以他獨特的深層聲音表達他的道歉之意。雖然我並沒有教到他，不過我看到德瑞克的行為總是會讓那些對於他的行為舉止沒有像凱莉一樣熟悉的老師更加憤怒。在老師每天要處理的意外事件當中，德瑞克總是會想盡辦法抗拒大人對他的眼光接觸（「當我在講話的時候，請看著我」），繼續保持那種具有攻擊性的違法行為（「我再一次要求你不要再敲擊桌面了」），或者把他的朋友拉進他的訴求當中（「我並沒有講半句話，不是嗎？」）學校裡的教職員當中並不是每個人都像凱莉一樣有辦法治得了他。或許凱莉對於德瑞克這一類型的學生能夠比較包容，所以和他一樣的學童雖然總是想要挑戰學校的權威體制，在面對凱莉的時候，也會使不上力，才避免了更激烈的偏差行為的發生。當然也或許是因為她吸收，也照顧了他

許多獨特的偏差行為，都是其他教職員根本沒有注意到的細節。在許多個案當中，通常是等到德瑞克和其他教職員起了嚴重的衝突時，我們這群大人關注的焦點不會集中在他的偏差行為和未完成的作業，而是集中在其他學生的身上。

德瑞克第一次真的和校園裡的大人撕裂關係是在一月發生的。每個人都得承認，籃球隊當中，德瑞克是所有球員當中的明星球員，有時候會自私了點。在一場校內對抗賽當中，一位裁判吹他犯規時，德瑞克發起脾氣，並且踢了附近的一個垃圾桶出氣。凱莉安撫他，學校也沒有提出任何制裁他的方式。當我們回顧這整件事情的由來時，有些教職員認為我們對於德瑞克這種沒有運動員精神的行為居然還可以忍受，簡直就是一件莫大的錯誤。堂在稍後的回顧時這麼說：「我們應該在當下就取消他比賽的資格。」

雖然堂對於德瑞克和其他教職員起衝突的種種行為特別感冒，不過在他們之間倒沒有特殊的張力存在著。堂的數學課是相當受到歡迎的一門課，他的數學課相當有系統，也很棒的執行著，他對每一位學生的學習成就抱持非常高的標準，德瑞克也是當中的一位學生。在十月的時候，德瑞克這麼寫著一些新來的老師，包含堂在內：「我的數學老師太愛帶活動了，不過還是相當喜歡他。教學時他非常認真的教我們。」堂指出：「他或許不見得總是會把作業寫完，不過他倒是從來沒有在數學課搗蛋過。」

不過小規模的和德瑞克起衝突倒是在其他地方隨時發生著，特別是在校園圍牆以外的地方。戶外教學對他來說愈來愈不是滋味，特別是當帶隊的老師不是凱莉的話，他就會拒絕配合大人的規定，即使那些規定只是非常簡單的指令，像是：「博物館的警衛要求每位參觀者把午餐收好，放在置物箱裡面。」當學年慢慢往前推進的時候，德瑞克開始做出愈來愈大的麻煩，讓珍開始針對他向行政單位提出一些書面報告，這些書面報告包含一些句子，像是「抗拒權威……大聲吼叫……拒絕遵守指令。」

在我們正規的教職員會議，每當堂提醒我們一些關於德瑞克對於其他學童的超級影響力時，從來都沒有哪位教職員會挑戰堂的觀點。堂在我們這個

學區可是一位出名的傑出教師，他也擁有二十多年的教學經驗。以往的學生還清晰記得他的教學。堂很快就能夠看到邏輯上矛盾之處，所以學校的同仁也都能夠接受他權威般的解決模式。當作這所新成立的學校的王牌白人教師，他深層的聲音還真的相當有份量。校長都還聽他的觀點呢。當堂反覆的提到「德瑞克根本就不在乎我們，或是這所學校。」在場的人都沒有反對的意見，也沒有人反對他認為：「德瑞克在這所學校享有太多權力了。」所以當那年稍後的一次會議，每個人都同意他的結論，也就是認為「德瑞克是一個我們無法預測他個人行為的學生，我們每個人都被他搞得亂七八糟的。」

不過當我們回顧紀錄時，我們發現德瑞克從來都沒有和其他學童打過架，也都準時上學，也是學校籃球校隊的明星球員，和他的諮詢導師保持良好的關係，更有成群的朋友。不管是男生還是女生都想盡辦法想要在午餐時間當作他同一桌的夥伴。他無法或不願意做一些學業方面的作業應該在更早的時候就讓我們辨識出來，這樣我們就可以更加關注他在學業上的需求，可惜我們並沒有在第一時間注意到確認這一點。另外一些學生的需求顯而易見，所以他們的需求就爬到我們關注議題的頂端，所以當那一年慢慢的度過時，德瑞克的姓名從來都沒有出現在教職員的會議上，也就是我們想要回覆「誰是你擔憂的學生？」的學生。在春天稍早的時候，他和校園裡大人之間的不當行為，已經讓我們無法想像還有什麼管道可以協助他在學業方面的任何學習了。

在四月中旬的時候，德瑞克的行為已經變得讓人無法忍受了。當老師想要和他談理，或者把他的注意力移開，或是孤立他的時候，他都以轉身離開、詛咒、謾罵、踢人等方式抗拒老師的指令。珍通常是相當鎮定的，可以忍受孩子們各種習性，即使這些孩子偶爾會做出一些令人意外的偏差行為。不過德瑞克那種堅持不讓步的態度，他抗拒聽從大人的指令，以及他抗拒大人的要求所做的各種挑釁行為都讓珍外表那種冷酷失去效用。她再也無法忍受面前這位十二歲的小男孩了。

從我們學校的「事件紀錄」可以看得到，從四月十八日，我們學校開始

了一件危機需要處置：

> 體育課的時候，在沒有明顯的挑釁行為下，德瑞克生氣了。凱莉想辦法用雙手圍著他，並和他開始聊起來。不過他卻脫身而出，並且打中了一位正好在他後面的學生。稍後在辦公室的時候，他把書包狠狠的朝著珍的方向摔在地板上面，在沒有大人允許的情況下使用了電話，當大人要他把電話掛斷的時候也非常沒有禮貌。（學校紀錄，四月十八日）

這件危機在四月十九日爆發的。德瑞克的行為激怒了大人們，首先當他吃完午餐回教室的時候就已經遲到二十分鐘，嚴重違反校規；緊接著，他還中斷了一個全校性的會議。這個會議是由凱莉和學生諮詢委員會規劃的，所以在這個會議上學生告訴其他人在校園裡受到歧視的故事。從我的紀錄中發現：

> 當李奧諾拉在講一個故事的時候，德瑞克尖叫著：「難怪他們要把你從武爾武茲（Wodworth。譯者註：美國著名的連鎖百貨公司）踢出來，你真的有一種骯髒的血統呢！」接著宋尼亞講一個和她自己、爾令和喬斯在布朗斯的地下鐵所遭遇的故事，是一位警察把喬斯的通行證給撕爛的故事。這時候德瑞克又叫了出來：「那你怎麼處置呢？」喬斯的回答讓德瑞克不滿意，所以他又非常不耐煩的打斷喬斯的話，說著：「不，我是說你到底做了什麼事情讓他撕毀妳的通行證的呢？」他是那麼的憤怒，已經無法安撫下來了。在緊接著幾個故事之後，潘安說了一個她在全校性籃球隊所感受到的性別歧視，德瑞克這時候大聲的吼叫著說，他根本不認為在籃球隊當中應該摻雜著女生在隊伍裡。（田野紀錄，四月十九日）

在這樣的情況下，德瑞克就像是一個聽眾一般，問他自己喜歡的問題，隨心所欲的插播他的意見。教職員毫不遲疑的中斷他的這種行為。凱莉立刻把他從教室裡帶到另一張椅子上，然後回過頭來監督整個學生族群的動態，

而其他的大人輪流坐在德瑞克旁邊。在那當下，沒有誰想到如果我們討論一些對於年輕的黑人男性的歧視議題，可能就是他被激怒的主要原因。就像那些在小組裡總會特立獨行的人一樣，德瑞克很容易就看清楚李奧諾拉被警察單獨挑出來的痛苦和憤怒。德瑞克提出的問題：「你到底做了哪些事情呢？」相當敏銳，可是卻沒有被其他人仔細聽到問題的根源，卻被我們視為一種偏差的行為，打斷了我們原先安排的活動。

在會議之後，珍要求德瑞克和其他一些男孩在放學之後留下來說明他們遲到的原因。從她所寫的文字上我們看到底下的說明：

> 德瑞克根本就沒有聽我講話，反而開始唱起歌來。我要求他暫時離開房間，到外面的走廊稍微等候一下。他離開房間之後，不是停留在走廊上，反而去體育館打籃球了。當堂把他帶回走廊上時，在還沒有獲得許可之前，他就大辣辣的直接走進教室來，把他的書包用力的摔在桌子上，然後坐下來和那些被我留下來的同學講話。接著他對著我詛咒起來，然後轉向堂那邊也詛咒起來，並且以他的身軀威脅我們。我們要求他在走廊上等候，並且請教凱莉我們該如何與他相處。我們都同意他應該辦理休學，所以我請凱莉告訴他我們的這項決定。（學校紀錄，四月十九日）

當為他的諮詢導師，凱莉是德瑞克在家庭和學校之間的維護者和聯絡人的雙重身分。當凱莉和珍站在一起決定德瑞克的命運時，凱莉看起來相當憤怒。她對於德瑞克的行為已經累到使不上力了，所以也懶得繼續為他的個案做任何的辯解。她同意學校的要求，要讓德瑞克休學，所以她要他坐下來，直接告訴他這項決定。從我的筆記看得到：

> 大約是下午三點鐘，凱莉和德瑞克彼此靠得很近的在辦公室那些藍色的地毯上坐。德瑞克在哭泣著。當他們順著牆壁彼此依靠著對方時，畫面看起來是那麼的感人，看起來就是一個非常私密的接觸。大約在三點二

十分，凱莉站了起來，接著說：「再見了，你現在就該回家去了。」

接著凱莉告訴我，她準備打電話給他的媽媽，不過並沒有說學校要德瑞克辦理休學。在她和他講話的過程中讓她相當感動。「在和他媽媽討論之前，我就是無法讓他辦理休學。」不過德瑞克並沒有回家；相對的，他到體育館去玩籃球。當珍走過體育館的時候，她告訴他既然他都已經休學了，就該離開校園。當他聽到他受到這樣的處分時，就失去控制了。他有一個兩歲大的脾氣，卻有著一個十二歲的語彙。最後他還是心浮氣躁的離開了，到底還是離開學校了。（田野紀錄，四月十九日）

那是公開的文件紀錄。在我私底下所記載的日誌裡，我描述了堂對於德瑞克暴躁脾氣的反應。我看到德瑞克真的已經失去控制了，所以我使用一個兩歲大孩童來比喻他的脾氣。德瑞克所講的猥褻話不堪入耳，不過對我而言，更難入耳的是當我聽到堂使用一種強而有力的白種男人的音調，大聲對著這位憂傷的十二歲男童說：「打電話叫警察來。我準備打電話叫警察來處理……他根本就是一件損壞的商品。」我不知道德瑞克在他自己爆發脾氣當中到底吸收了哪些事情，不過其他老師都聽到了。就像其他人一樣，我也被激怒了，不過包含我在內，沒有誰挺身而出講句公道話。稍後在女廁時，我們幾位女老師都同意白種男性比較容易僥倖成功，不過我們這幾位女老師卻沒有誰直接告訴堂這樣的觀點。

那個星期五下午，最後德瑞克總算離開校園了，教職員也累垮了。他午餐回教室時遲到了，他抗拒為自己的遲到負起責任，他在會議時非常不配合的行為，以及最後那種強烈的爆發行為都讓他們抓狂。堂和珍決定，與其讓他辦理休學，學校應該主動開除他的學籍。凱莉也沒有試著為他爭取留在學校的機會。她以一種非常疲累的語調說著：「德瑞克試著試探我的心靈。」不過她也相當好奇到底天底下還有哪些事情可以扭轉他的偏差行為。

那個星期六，珍個別打電話給每一位教職員。個別打電話可以避免讓每一個教職員聽到彼此的觀點，這樣他們就不會有機會分享他們的觀點，不過

這倒是我們學校的教職員在週末或夜晚彼此溝通的常態。堂一點也不肯動搖的說：「德瑞克接管了這所學校，我們絕不能夠讓他得逞。」教職員以各種方式討論，認為我們不可以把學生從休學提升到退學的程度，特別是在週末假期，當學生根本就不在學校的時候做出這麼絕的決定。我們也認為學校社群接受德瑞克，然後在還沒有嘗試各種可行的方案之前就把他退學，根本就是一件不道德的行為。同事們也認為退學的措施是一件不智之舉，也因為我們並沒有透過公立學校通常都會採用的法律程序就做了這樣的決定。還有部分同事認為在沒有警告學生之前就把學生退學，也會對其他學生產生威脅感。不過每個人都同意的就是德瑞克在這所學校就是學校的一顆腫瘤。他的媽媽偶爾才會聯繫得上，至於他的父親就更不用講了。如果我們可以很神奇的按了一個按鈕，把他送到一所比較好的學校，在那裡他和校園裡的成年人相處愉快，我們當然就會相當高興的執行。當我們討論要把德瑞克送到哪一所學校的時候，同事們都感到極端痛苦，不過顯然德瑞克可以選擇的學校並不多，所以即使在週末之後，我們當中有許多人認為人行道學校才是他可以完成六年學業的最佳選擇。

在星期日晚上，電話訪問的結果我們得到一個由珍和凱莉共同規劃的計畫，讓我們把德瑞克和他的雙親找到學校來一起開會。德瑞克不會遭受到退學的命運，這一點他們也同意。不過就在會議桌上，珍認為德瑞克一點悔意也沒有，對於他受到休學處分也沒有基本的認識，所以珍就在會議上當場決議要開除他的學籍。整個週末我們討論學校社群、信任，甚至提到的法律議題就在珍不情願讓德瑞克返回學校的情緒下而被迫放棄了。在那之後，珍和我們分享這所學校沒有能力處理德瑞克這類型的學生，才會逼使她做這樣的決策，即使她在星期天夜晚曾經努力過。不管是哪樣東西讓珍失去信心想要進一步雕塑這個孩童，或者是學校是否可能給這孩子進一步的引導，在那個會議上都處於完全正常的狀態。

學校的日常生活還是按照往常一般的進行著，不過在放學的時候，關於德瑞克被學校退學的新聞傳了開來，學校裡的人們也感受到高亢的情緒。雖

然校內同仁對於這樣的決定不怎麼喜歡，不過倒也都把這樣的決定當作一項已經完成的手續。凱莉和珍在對話的時候非常反對珍就這樣把德瑞克給開除了，私底下她也承認當她在星期一的會議上知道珍竟然不顧他們原先規劃的計畫，就把德瑞克開除時，非常的震驚和憤怒。她覺得：「德瑞克已經悔改了，也幾乎淚流滿面了。」不過她也不得不讓步，她承認未來絕對不會否定一位校長的決策，特別是在學生家長面前。有些同事覺得珍只聽了堂的觀點就把德瑞克給開除，所以珍才會認為把德瑞克開除是一件天經地義的事情。

在一次每週的教職員會議的第二天，我們技術性的把一些例行性的議題省略掉，好讓我們有足夠的時間可以發展一個書面的學校政策，以免我們在未來又要面對休學與退學的學生時沒有清晰的資料可以佐證。由於這所新的學校體制還有許多不確定性，所以毫無意外的，我們發現教職員非常樂意建議制訂全校性的政策來涵蓋學生教養的問題。珍先以一種平淡而不帶情緒的語調這麼說：

> 我們需要一個校園內可供運作的政策來處置那些會給我們帶來困擾的學生的管教問題。我了解到上個星期的某個點上面，我放棄了德瑞克。我知道發生的一些事情讓我根本就無法專心聆聽，不過當下我沒有發現自己有這樣的表現。有些事情我們沒有去觸碰。我們並沒有建議他去找輔導諮詢專業的輔導，我們也沒有讓他休學，我們忍受他的某些特立獨行的行為，是我們絕不允許其他學生做的行為表現。（田野紀錄，四月二十三日）

吉姆想知道我們到底是應該重新考量德瑞克是否就這樣被學校退學，或者繼續當下的議程。「我還在調節自己的感覺。」他以這種心態表明他的態度；不過也代表整個教職員小組的心態。堂重複說明他始終如一的堅持，認為如果我們有更好的管理規則，清楚的教養條例，同時也為學童訂定明顯的界線讓他們知道到某種程度就超過學校的規定，就不會發生那些不該發生的事情了。

　　珍和堂仍然確信把德瑞克開除是一項正確的決策。如果有一群教職員可以被歸類為沮喪的一群，那麼我們這群同仁就是沮喪的教職員代表了。大人的憤怒和悲哀混合著德瑞克同班同學的驚訝和混淆，讓每個人都感到無力感。由於我們已經習慣那種多數決的方式，所以當我們需要公開反對珍或其他同仁的意見時，就顯得相當困窘。顯然，把德瑞克驅離這所學校讓每個人都覺得為難，不過不可否認的就是當我們這所學校有他的時候，每個人的日子也都很難過。這項決定把教職員對於學童、學校和彼此間的價值觀差異浮上了枱面。學校支持一個難以管教的學童的限度就這樣在每個人面前展現出來。

　　依據往例，堂提出一個問題當作我們接下來討論的框架：「這所學校社群的成員到底處在一種什麼樣的狀態呢？」瑪麗蓮這位第一年的新手老師立刻回答說：「你可以思考一個從來都不會驅離成員的社群，以及那些持續溝通的社群。我們到底想要成為哪一種社群呢？」當我們的話題回到德瑞克的時候，她那種強而有力的問題就瞬間失去爆發力了。凱莉覺得德瑞克在星期一的會議表現遠比珍所描繪的情況還要有悔意。考慮到我曾經在走廊上聽到她激昂的感情宣洩，我認為凱莉在教職員會議表現的已經算是相當中和了。她平淡的說著：

> 我寧可希望錯誤是發生在孩子身上。我不希望讓德瑞克休學的主要原因是，如果他辦理休學，就會天天在街上或在騎樓地帶鬼混。不過當我們接受了孩子們之後，我們要想辦法包容他們，並且讓他們感受到他們與其他人之間的連結。我們沒有更快的採取行動，主要也是因為我們想要再討論其他的問題。我要說的是，德瑞克相當的成熟，他為自己的權益進行防衛戰。他並沒有屈服於我們這些大人的威權底下。那是一種實力。實際上我們也了解到，現在最簡單的解決方案就是要他離開這所學校，不過我要問的只是我們對他是否公平呢？」（田野紀錄，四月二十三日）

　　當我們提到公平對待學生時，珍也想要具有同情心的處理德瑞克的議題，不過她也想要一腳把德瑞克踢走──我想有些原因連她自己在當下也都搞不懂吧！珍再一度的重申德瑞克對於他自己乖張的行為沒有具體的了解是事實：「德瑞克也沒有辦法在事情發生後告訴我們到底發生哪些事情。這可不像是說他就可以從我們這群人的故事當中切斷關係而走開。他就是無法了解他的乖張行為已經觸動我們最敏感的神經線了。」

　　另一方面，堂撤銷他經常說的：「德瑞克是一位令人無法想像的強壯人物。我們沒有辦法每一件事情都為他著想。他遠比我們所有人都還要強而有力。」堂的龐大身軀有六呎五吋高，在任何會議上都會讓其他人知道他的存在，而且他堅強的語調也讓其他人不敢挑釁他所說的話。緊接著，堂以一種比較柔和的姿態說著：「當然我感受到一種失敗的感覺，不過相對的，他也並沒有尊重我們或關心我們的心態。」沒有誰在這當下提出任何證據來反駁他的觀點。連我在內的每個人都不敢再為德瑞克的個案提出任何爭辯的理由。所以接下來的會議呈現一片死寂。我發現在珍和堂所提出來的觀點中，有一種絕不妥協的感受，讓我有一種莫名其妙的感受，就像是一場戶外教學，當我需要管理德瑞克的教養問題一般的難以啟口。

　　珍接著提出一些支持堂的觀點：「孩子們就需要樂意聆聽大人的教誨，也樂意改變他們的行為。有必要有一位家長或一位大人來處理學童的教養問題。」就在她剛講完話的時候，凱莉緊接著說：「不過有些孩童並沒有一位關心他們的家長，不過你還是要和那樣的孩童相處的，不是嗎？」

　　這樣的討論又繞回到原點：我們需要一套管理學生的政策。堂指出：「問題並不是要制定一套政策或把它書寫下來，而是要堅持到底的執行政策。管教模式就是要堅持到底，否則就完全垮了。」在五點五分的時候，堂站了起來，意味著他個人認為會議已經結束了。

　　在堂離開會議場合之後，凱莉轉向我這邊，然後以一種激昂的方式告訴我那些在會議當中她沒有表達的觀點：「堂的姿態困擾著我。你根本就沒有辦法制訂一些邊界，然後要求學生把他們放進那樣的框架裡面。當你和學童

相處的時候，你是不能夠有一種靜態的邊界的。特別是針對德瑞克這類型的孩子，我還是相當的心煩。當一個孩子的手去觸碰一塊熱騰騰的派時，你當然不會認為我們應該把他的手指頭給切掉吧！」

對於德瑞克的討論也就因此變成了不公開的討論。第二天，當我們在修飾教職員會議紀錄時，凱莉觀察道：「我們確實有討論，不過根本就沒有聚焦。」她的觀點呼應我的觀點。我們同意前一天的會議確實相當緊繃，也以相當快速的方式進行著，不同的同仁也發表了不同的觀點；在會議中似乎出現一道亮光，不過沒有高亢的音調，沒有質疑，也沒有爭吵。這件未完成的事件讓每個人都深感疲憊，也相當急躁。在這個緊繃壓力底下的是，我們無法為德瑞克找尋一個妥當的方式來解開他和我們之間的結。如果我們採取一般政策的焦點將會使得教職員和德瑞克之間保持遙遠的距離，也會讓我們無法看到他的真實需求。到底我們學校該如何處置德瑞克的議題上學校同仁意見不一，讓我們無法聽到這位「大聲公」類型的青少年的觀點，或是同仁彼此的意見。顯然我們從衝突的現場撤退了。

從社會等級制度就很容易解釋這裡所發生的事件：一種心照不宣的約束力讓一位黑人老師不敢去反對一位白人校長，或是學校的女老師不敢去挑戰男老師的權威（Delpit, 1988; Fine, 1991）。學校同仁人數不多，讓我們再歸納一些政策時就像是走進流沙一樣的危險，不過在我們校園內倒是可以看到刻板印象當中的權力對等關係。在這個個案當中，堂期望他所發表的意見被每一位同仁都清晰聽到，反覆的講述著他的意見，並且把討論的焦點集中在將言語轉換為行動的過程。其他同仁都沒有挑戰他的意見，所以這樣的權力對等關係就和到底誰發言支持提議之間產生了嚴重的糾纏不清的現象。凱莉私底下表示她感覺到德瑞克的命運早就被設計好了，所以她才說：「我簡直就是白費口舌嘛！」既然有了這樣的念頭，所以她就懶得為他是否可以留在學校繼續求學而伸張正義；雖然我們都知道她是他的諮詢導師。她這種不情願為他利益著想而發言的情況，讓其他人即使想要為德瑞克伸張正義，也會退卻下來的。當堂把德瑞克說成一位具有摧毀學校的龐大勢力時，並沒有其

他任何一位老師提出反駁的意見。因為珍認為這所學校的健康情況將因為德瑞克的存在而受到傷害，所以她支持堂的觀點。堂也告訴我，由於我並沒有真實的教導過德瑞克，所以無法感受其他同仁需要面對的惡勢力，而且他那清晰的邏輯推理更強化了我原先就已經感受到的無力感，所以我和其他同仁繼續保持緘默。這種互動式的動態發展——堂和珍期望他們的意見受到同仁的重視，偏偏我和凱莉已經深信我們將離開這所學校——確定了那種存在於男人與女人、黑人與白人、校長和老師之間的傳統權力對等關係。[11]

就誠如 Maxine Greene 早在一九九三年就提醒我們：「有些談話與演講的方式會建立沈默的氛圍，創造出『不相干的人』（譯者註：原文為 others，一般直接翻譯為『其他人』，不過譯者認為在這裡翻譯為『不相干的人』更恰當。歡迎對於翻譯有興趣的夥伴來信指正），更創造了區分社會階層之間的差異，這樣我們才有辦法辨識出所謂社會的基模」（p. 216）。我們認為只有等到我們找到其他方式，讓每個人發言的權力都相等，也可以相互交談，所有的同仁的觀點都被清晰的聽到時，類似德瑞克這樣的孩童才有可能被我們這種學校好好的對待他們。

設定行為規範並且把這些規範當成校規的學校行政人員對於孩童在學的生活有無上的權力，而且在體制的基模與個別大人的態度之間的相互作用讓校園裡的一些事情更加複雜，當然就會讓德瑞克這種沒有符合標準期望的學生在學生活顯得特別的艱辛。[12] 如何有效教導這個世界上類似德瑞克這類型的學生不僅是一個教育的問題，更是一個連結權力、教養與種族的政治問題。當我們做了這些事後諸葛的回顧推理之後，我們發現這些回顧當中沒有任何一項作為可以協助我們更優質的教導德瑞克。學校裡的事件就是那麼一閃而過的發生著。

第二天下午，學區辦公室的諮詢顧問打電話給珍，要求她到學區辦公室和德瑞克的家長開會。珍就在學校的辦公室回答電話的，正好我和堂也坐在附近。從我的筆記：

珍相當的冷靜，一點防衛心都沒有——她在電話裡說著因為這是她的第一年校長任期，所以欠缺世故，也提到德瑞克在校行為的詳細說明，也提到要找到他的家長還真是千辛萬苦，然後就安靜的聆聽對方的說明。她的聲調非常豐富，簡直可以擔任學校的採購任務。很快的，我們就發現開除學生絕對不是一項選擇。對方要求珍到學區中央辦公室的時候，順道攜帶著整個事件的報告，以便和德瑞克的家人討論。在電話對話當中，她是那麼的親切和認同。不過當她掛掉電話之後卻顯得心煩意亂。這時候，堂就說著：「你可以想像當他知道我們學校沒有權力把他開除的畫面嗎？他將變成一隻脫韁的野馬。校園裡再也沒有誰可以管得住他了。」（田野紀錄，四月二十四日）

和德瑞克家人開完會之後，珍回來說我們學校必須讓德瑞克回到學校來。因為德瑞克還從來都沒有連著兩次五天的休學處分，所以在法律上學校不可以把德瑞克開除學籍。這是學區辦公室的要求。

珍也只好為同仁和校園裡的孩子們示範各種禮儀。德瑞克也沒有大驚小怪的回到校園裡，而且學校和他的家人也獲得一個共識，就是在沒有父親或母親的陪伴時，他就不會參與學校舉辦的戶外教學活動。他的雙親從來都沒有參與過戶外教學，偏偏戶外教學又是這所學校的核心課程部分，所以德瑞克就經常缺席。前面提到的三天在校外露營的戶外教學活動他只有參與一部分，讓他少了戶外教學前的興奮。他的出現提醒了校園裡每個人對於開除學籍的矛盾，當然也毫無疑問的影響了其他大人和孩童對待他的方式。凱莉則負責這個孩子在這所學校最後兩個月的作息。底下摘錄自我的筆記，說明了德瑞克在校作息的片段：

德瑞克回來了，表現得也比較好了。在城裡舉辦的展覽會時，我們還需要提醒他的一些基本禮儀（這不是學校舉辦的戶外教學，卻是學區發起的一項要求）。凱莉在會場上必須提醒他四次，甚至打電話找他父親

來。她也說如果他的父親沒有陪伴著，那麼她是沒有辦法帶他到中央公園的邀請賽。他說他會的。在邀請賽當天，他的父親根本就沒有出現過，而德瑞克則顯得相當震驚。凱莉同意帶領他去參加的理由是，學生要以小組的方式參與才能夠學習如何表現才是中規中矩。那一天德瑞克表現得相當不錯。當她打電話給德瑞克的媽媽，告訴她德瑞克的父親並沒有出現時，她的母親這麼說著：「那就是德瑞克的生命故事嘛！他從來都沒有出席過德瑞克的比賽。」（田野紀錄，五月十五日）

要開除德瑞克的決定是珍那一年當中最輕率的一項決定，也是她最大的失誤。她是那麼欣然而幽雅的接受指令把德瑞克帶回學校來，這種表現矯正了學校的政策，不過德瑞克在學校社群的地位早就已經得到妥協了，而這樣的經驗也影響校園裡的每個人。第二年，德瑞克的父母親把他送去一所天主教的學校。

這個孩子，陷入家庭與社會情境之間的細縫而無法自拔，並且讓我們開始質疑人行道學校的基本價值觀，更把教職員之間的差異帶進火線話題。四月的最後一個星期，我在我的日誌上這麼寫著：「我不想要記筆記了，當每個人看到我攜帶著一本筆記本到處記載我發現的事件，真的讓每個人都痛苦。」在一些小衝突當中，特別是那些和德瑞克有關聯的事件當中，我們師生之間的情誼鬆垮了。堂認為如果珍是一位更強勢的校長就很可能阻止德瑞克的偏差行為。凱莉則說她再也無法忍受堂不斷的挑剔學生的偏差行為，這一點倒是真的。同仁間被這樣的差異所分隔開來，當然彼此間的信賴也逐漸下降，最後我們已經無法從彼此的專業知識和技能獲得學習，也無法解開人與人之間糾纏不清的混亂情節了。

整體來說，這所學校的教職員投入令人吃驚的精力來教導每一個學童，不管他們的種族和膚色，而且我們對待多數學生的方式也符合任何家長所能夠期望的標準。黑人小孩在人行道學校的人數相當多，所以我們很難判斷德瑞克的膚色是否是讓他無法獲得白人教職員尊重的原因。不過就因為德瑞克

是黑人，所以他是黑人的事實也無法和他與教職員之間的互動一刀兩斷的切割開來分析。有些同仁認為德瑞克是「最難管教」的學生之一。當我們回顧這些記錄文件時，會發現如果白人教職員把他們關心的重點集中在他的「態度」，而不是他的種族，管教問題就會變得輕鬆許多——至少在潛意識下應該會輕鬆許多。

同樣難以判斷的是德瑞克的黑色皮膚是否影響凱莉與他建立連結關係的能力。我不知道她和德瑞克保持比較堅固的師生關係是否是源由於他們具有共同的膚色。她了解他的優點，以及當作一位黑人男孩在這個世界可能潛在的危險地位。凱莉在這所學校包容德瑞克的行為舉止，她也不會因為他的偏差行為而退縮。不過顯然德瑞克所需要的是遠超過這麼一位非洲裔美國籍的老師所能夠提供的。如果凱莉沒有受到前面所描述的動態所限制，或許她可以說服其他人一件事，那就是德瑞克在這所學校的潛能被低估了。

把德瑞克與其他類似的「問題」打發掉，對學校而言，遠比真實面對這些學生可能帶來的困難要輕鬆許多，那也難怪許多教育界的夥伴採用這種方式來處置學生的偏差行為。小型學校應該特別可能收容類似德瑞克這一類型的學生，不過我們這些當老師的人就需要完整的認識這些學生各種複雜的面向，不是單純把他們視為大人的眼中釘，更不想浪費我們的時間在他們身上。如果這種人性化的學校理想真的要落實，教職員就要採用凱莉對待學童的態度。她經常這麼說著：「每當我處於一種和孩子們相處的窘境時，我就會想著『如果我面對的是我自己的小孩，我會怎麼處理呢？』，以及『如果我的小孩在那樣的情境下，我會希望那個小孩該如何處理那種尷尬的場面呢？』」家長對於他們自己的小孩會有一些堅持。每當我們在教導別人的孩子們時，我們要感受得到那樣的堅持（Delpit, 1988）。

教職員的領導統御：「武爾武茲是否有種族歧視？」

在春季班的時候，一個針對偏見／歧視的自發性討論逐漸演變為一個專題計畫，讓人行道學校裡的每一位學生都參與這項專題計畫。這項專題計畫

緣起於諮詢顧問委員會（Advisory Council），這是人行道學校剛誕生的學生自治團體；我們從這裡衍生出一個全校性的會議討論歧視的議題（也是德瑞克會以惡行對待大人的原因）。珍詳細的說明這樣的主題是怎麼從諮詢顧問委員會第一次會議產生的：13

在春假之後，凱莉與我同時與十二位孩子圍繞著一個小圈圈坐著聊天，每一個諮詢顧問都指派兩個學生來參與，所以我就問他們：「我們在這所學校應該強調哪一些議題呢？」
酥蒂回答著說：「偏見。」人們都叫我不要講中文，即使我是一位日本人。或者也有人問我韓國的綠色雜貨店，好像我是一個萬事通一般。」
緊接著，高年級的男孩開始述說一些他們在商店所遭遇的各種故事。孩子們砲口一致的說：「種族歧視。」凱莉把他們的回應提升到人權運動、找尋事實真相、抗議與靜坐的層面。後來她告訴我：「這些孩子們不了解歷史。他們不知道該如何抗議。我們必須做些事情來引導他們。」（田野紀錄，四月七日）

雖然教職員盡可能避免談論種族的議題，並且盡量把校規和訓導方面的政策清晰說明的方式來避開尖銳的種族議題，不過學生在凱莉的領導下，正面迎擊種族歧視的議題。在聆聽完學生對於警察、商店收銀員，以及在地下鐵遭遇到的路人告訴傑西卡關於種族混雜在一起的難聽的言語：「白人不該和黑人廝混在一起。」教職員早就已經同意我們要教導孩子們在城市裡旅行的時候，萬一遭遇到種族歧視的事件就應該正面迎擊，才是對他們有好處的。討論學童在校園以外的地方所遭遇到的種族歧視議題，當然比討論同樣的議題發生在校園裡來得容易多了。

每個星期四，在課堂時間，偶爾會在午餐時間叫披薩到會議的場合，顧問諮詢委員會在凱莉的自然教室聚會。這個委員會包含了三位白種人、一位亞洲人、四位西班牙裔學生，以及四位黑人學生。一旦學生決定要規劃和執行全校性的歧視議題會議，凱莉就會順水推舟的執行會議。她有一個清晰的

目標，討論要以她指示的速度進行，從她所提出來的問題引導出更多元的觀點進行討論，監聽次要的對話，關注到一些超越基模的行為表現，針對當中的某些項目執行行動，引領孩子們把內心的話講出來，這樣她才有機會協助他們理解她想要教導他們的知識和技能：

1. 一個種族歧視的經驗就是因為你的種族而發生在你身上的任何事情。
2. 你可以保護你自己而不會受到種族歧視的態度而感到渺小。
3. 當某些令人不愉快的事情發生在你身上時，你還是可以感覺像是一個完整的人一般。
4. 當你指稱種族歧視的時候要特別注意——並不是每一件歧視的事件都是種族歧視。有些歧視是針對孩童、女性、聲音宏亮的青少年，或是以小組形式存在的青少年。不過人們通常會針對有色膚種的年輕男孩做出一些歧視的行為，這是因為他們從刻板印象所獲得的印象，通常是由人們的膚色來判斷的。

　　凱莉是透過孩童分享的故事走進這個教學任務的。在聆聽完每一個故事時，她會問著：「你有怎樣的感受呢？」以及「你可以向誰求助呢？」到了第二次和第三次會議時，孩子們已經學會提出這樣的問題來反問同學的感受。在每一次會議結束的時刻，凱莉提醒孩子們要注意他們的肚臍（belly button）：「有什麼事情是別人無法從你身上拿走的呢？那就是你的肚臍；你的肚臍就是讓你們可以團結在一起的東西。所以如果有人以不公平的方式對待你，請你記得你的肚臍。世界上沒有誰可以從你的身上把你的肚臍拿走的。當你生氣的時候，請記得一件事情是你可以大聲說出來，讓你可以反敗為勝的，那就是你的肚臍。」

　　在四月十九日，諮詢顧問委員會以圓圈的方式坐在椅子上，總共有五十位學生圍繞著小圓圈聆聽他們的故事。這個「金魚缸」的語調非常的平靜——除了前面所描述過的關於德瑞克的事件以外。個子最龐大的男孩盡可能把他們的雙腿盤坐在一個有限的空間內，這個敏感的主題產生了許多緊張的感

受，讓人坐立不安，不過學生對於他們同學那些戲劇般、又相當令人感覺痛苦的故事覺得很有趣：

麗莎開啟這個話題：「當史黛拉、酥蒂和我三個人在武爾武茲閒逛的時候，一位銷售的女店員走過來問我們：『你們和誰來到這裡的？』當我們告訴她我們並沒有和大人來逛街時，她說：『找一個角落坐下來，好好的列出一張購物清單再回到這裡來。』」

珠安則說了另一種版本的故事：「有一天我和一些朋友在武爾武茲收銀枱附近排隊，等著準備付錢買筆記本時，有些白人在我們隊伍的前面。他們付完錢就沒事了，不過等到我們的時候，站在門口的守衛走過來要我們把口袋掏空給他看個仔細。」

碧仰卡接著說：「當傑西卡、雷夢那和我在武爾武茲的時候，那一次是雷夢那想要買一隻水槍，傑諾米、阿諾和他們的朋友想要和我們在一起。守衛只讓我們幾位女生進去，卻把所有的男生檔在門外。」（田野紀錄，四月十九日）

依據這些故事所規劃的回家作業讓學生了解到他們在公開場合的形象。學生注意到他們青少年生澀的音調可能和他們的膚色同樣具有威脅性。他們當中身材最龐大的男孩子所遭遇的問題也最大。除了把問題的型態帶到枱面之外，這種公開的論壇也讓學生有機會證實他們親身體驗過的痛苦，也聽到這個社群在聆聽到他們的故事之後感同身受的表現，知道這樣的社群對於他們遭受到排擠和貶抑的感受。

當會議結束的時候，學生回到他們原先的教室，隨後進行的小組討論，討論歧視的議題既私密也非常有條理。學生熱中的討論接下來的議題，也沒有出現原先在十二月曾經浮現過的那種失控、彼此叫囂的場面（無可否認的是更直接的進入議題討論），那是我們在討論「為何名單上面沒有我的兄弟

的姓名呢？」大組會議的正式程序展現了對每一個人觀點的尊重。教職員同意這個會議的目標：提供孩子們機會讓他們可以分享自己的故事，然後學習一些可以正面迎擊歧視的策略。然而，我們不得不承認，因為凱莉的努力，這樣的會議才得以進行的有聲有色。

人行道學校的所有學生都因為凱莉充滿魅力的人格而有所收穫，她對於每一位學生都可以達到的學業成就的承諾，她也樂意和孩子們分享她的時間（坦白說，她比較喜歡和孩子們一起吃午餐，而不太願意和其他大人吃午餐），她的言行一致（如果在課堂上她說過「稍後來看我。」她從來都不曾爽約），她提出清晰的期望（當孩子們回答問題的時候，她堅持孩子們使用完整的句子），她也為學生搭鷹架，示範學生應該做的事情（她努力嘗試讓每一位學生在走進教室的時刻要「像是你有一個走進教室的目的，並且已經有事情可以忙碌了」）。不過那是因為凱莉個人的相關知識、她與有色人種的孩子們相處的經驗，以及她照顧自己的黑人孩子的教養經驗讓她有能力把這個集會給弄得有聲有色。如果她沒有在人行道學校教書，我們深信這樣的集會絕對不會存在。

依據這個諮詢顧問委員會討論的結果，凱莉發展出一個全校性的專題計畫，稱之為「武爾武茲是否有歧視的作為呢？」學生執行了一項調查研究，探討在午餐時間到底是哪些人可以進入武爾武茲百貨公司。他們設計這樣的研究，並且把不同種族成員在內的小組，在不同的時間送去武爾武茲，以便測試武爾武茲的「入場許可政策」；他們進一步分析這些調查資料，並且從他們原先樣本的研究結果推斷可能的入場許可政策。顧問諮詢委員會的成員在每一個導師的班級示範各種角色扮演，以便讓每一位學生都可以學習一些技術，來協助他們了解不同的觀點之間的異同。然後所有的孩子再以角色扮演的方式來表達他們應該如何面對各種形式的歧視行為。凱莉因此獲得一筆經費贊助，協助其他老師建立類似的課程。「武爾武茲是否有歧視的作為呢？」是一個與孩子們坦誠佈公的一個模式。依據他們關懷的議題，這個專題計畫承認孩子們在他們自己社區所感受到的感覺，並且鼓勵他們針對他們

在學校以外的地方所遭遇的的問題提出深究的問題，也給孩子們找尋答案與發展行動指標的方法，進一步獲得個人控制觀的方式。

雖然這個專案計畫相當成功，不過這個專案計畫並沒有把種族歧視連根拔起；相對的，信念和態度帶領人們進行一些本質上的改變。個人的轉化是在每個人針對自己的內在價值觀進行反思的時候獲得的，然後才有行動的伴隨。在人行道學校裡，有許多本質上的改變來自於我們共同思考德瑞克與杜克所引發的事件，這樣的改變遠比我們從教學計畫、課程，或是學校原先設置規劃的結構還要多出許多呢！

結論

從這個選擇性的記述當中，我們獲得一個教訓，那就是即使是在「最佳情況下」的學校，也就是全校教職員非常認真關懷每一個學生，白人對於種族差異的無知，遮掩了他們注意到孩子們真實提到自己以及他們身分認同的能力。安全無虞的空間在學校很少真實的存在，讓大人或孩子們可以自由的探索種族，特別是當白人——通常多數時候他們傾向於不要去考慮種族的議題——決定了學校的議程，而來自於其他背景的老師也已經習慣於不必討論種族的會議形式，或者他們已經相信他們所提出的觀點早就已經不再受到任何人的關懷了。

在人行道學校，就像在許多學校一樣，個別教職員對於種、血緣與社會階層的個人背景與假設都很少被其他同仁了解過，更沒有機會深入的探索這些議題。當學校日常生活平順之後，我們的習慣就會在不必檢視的情況下持續進行著。當衝突爆發出來時，我們沒有任何方法可以打開糾纏不清的繩結。教職員彼此間需要坦誠佈公才可以獲得誠實以對的討論。這樣的開誠佈公在一所新的學校或許不可能存在，在那樣的學校裡學校經營的步調就像是John Adam 的音樂作品的名稱一樣，「在一個快速運轉的機器上的短暫旅程」（*A Short Ride in a Fast Machine*。譯者註：這首曲子原先被安排在兩個場

合表演，卻因為特殊原因被取消，一個是英國戴安娜王妃遇害之後沒多久，另一次是美國遭受911恐怖攻擊）。人行道學校的第一年經驗是那麼的令人振奮，不過每一天過得太快了，以致於我們根本沒有時間把我們的討論延伸到一個可以發展開誠佈公與坦誠相對的機會。然而在我個人的經驗裡，即使在一個制度已經完備的學校，或許經營的步調沒有那麼快速，可以允許我們有更多對話的機會，不過種族的議題很少被學校的師生完整的理解過，也很少有誰會想到把種族的議題當作討論的一項主題吧！

　　開誠佈公的討論種族歧視的議題對於學校的教職員而言，或許是最難以啟口的一項吧！在美國境內的種族議題非常的錯綜複雜，充滿著濃烈的感受和同等濃烈的否定；只要你曾經和其他成年人坐在同一張桌子，與其他人對話時有一種相當笨拙和躊躇的感受，就會了解這一點。教育工作者剛開始的任務或許是要去想出一些方式讓這樣的對話變成司空見慣的事情。在早就已經超越負擔的學校日常作息當中做到這樣的境界絕對不是簡單的任務。如果我們沒有每一位同仁的承諾來參與這樣的活動，並且相信其他人會專注的聆聽我們的觀點，並且做一些實質上的改變，那麼這樣的努力就枉然了。

　　在人行道學校以及其他學校服務的老師通常擅長於觀察到哪一位學生數學當機了，哪些人的寫作需要我們的協助，哪些人需要在閱讀理解方面更多的技巧。優質的教學需要這樣的觀察能力。不過唯有當老師，特別是白人老師，養成一種習慣更仔細的檢視種族的細微差異，並且了解差異的型態，再從這裡建立一些證據來把這些新的印象緊緊的握住，彼此分享他們的結論，最後再檢視他們自己對於種族的態度時，他們才有能力提供給所有的學童安全無虞的學習環境。

　　只有當我書寫校園生活的這些片段時，我才開始聽到，真實的聆聽到凱莉所說的：「那些沒有選擇權利，而必須在他們黑色皮膚下生活下去的人，在看到種族歧視的時候就會知道那就是種族歧視。種族歧視對於受害者而言，絕對不會是難以捉摸的專有名詞。只有白種人會說種族的議題無關緊要。」當然，在我們的社會上，握有實權的白種人通常會輕描淡寫的對待種

族的議題，而且通常是由白種人來決定哪些才是種族歧視，哪些不算是種族歧視的行為（Sleeter, 1993; Tatum, 1992）。我從凱莉身上學到的知識和概念督促我寫了這篇文章。

　　讓種族議題的對話更加複雜的就是存在於種族議題內部那種模稜兩可的觀點。不過重點不是要找出正確的標示——通常我們無法找到正確的答案來解釋那樣的事件才稱得上是種族歧視的事件，或是某些事件是否牽涉到偏見的行為，如果偏見確實存在，到底是有意還是無意的呢？由於我們真的很難界定哪樣的情況才稱得上是一件種族歧視的議題，這樣的現象讓我們有更多的理由可以避談種族的問題，當然會讓任何意見交換的可能性添加一些阻礙。參與這類討論的夥伴對於一個議題的本質不僅沒有一致的想法，甚至連他們到底在討論什麼內容都無法獲得共識。這將會讓對話更形艱難，所以我們就需要有一個具體承諾的教職員體制才能夠讓這樣的對話持續下去（Burbules & Rice, 1991; Henze, Lucas, & Scott, 1993; Murphy & Ucelli, 1989; Olson, 1991）。

　　這裡所提及的事件集中在我們學校同仁沒有聽到，沒有理解，也沒有想要進一步採取行動的事件。不過我也了解，這篇文章並沒有說明我們學校同仁多次承擔責任，協助學生了解一些差異，或是努力投入讓學生在這個社區找到自己。就誠如 Marie Diaz 的論文象徵的許多孩童對於學校的反應一樣，讓我在這裡使用六年級學生，莎琳娜在學年末了接受我的訪談時所提到的內容來說明教職員的努力付出與學生的學習吧：

莎琳娜（針對處理種族衝突議題）：每一位老師都協助你好多，他們通常小事化大的把一些小問題放大處理，那真的很有幫助。雖然在一開始你會認為：「喔，真無聊；我真不想討論這些東西，反正討論了也沒有用。」然後你就在不知不覺當中繼續講下去，你就會看到別人不為人知的另一面，然後就會了解，並且感同身受的了解他們的感受了。當你真的可以好好的談開時，真棒……在其他學校如果你和某些人打架之後，你並沒有解決任何事情，原來的疙瘩仍在那裡，所以你還想要繼續打

架。在這所學校，你討論這些問題，這樣你就有機會可以聽到別人不
為人知的另一面了。當然你就會了解了。（錄音訪談。五月三十日）

由一位孩子所提出這種具有說服力的一段話，證實了並不是每一個正面
迎擊種族問題的機會都錯過了。凱莉同意這樣的觀點，說：「當事情逐漸浮
上枱面時，多數獨立的種族事件都妥當的處理，事實上應該說處理的非常合
宜。我這麼說是認為學生了解他們自己的責任，也了解到那樣的議題對於最
後的結果會有哪些影響力。」

這所學校的教職員從德瑞克退學事件，以及杜克的休學學到一些教訓。
五年之後，人行道學校變成了一個更棒的學校，安然度過那些嚴重的過失。
為了要獲得學習，教職員不僅要嘗試錯誤，他們還必須在犯錯之後承認犯
錯。這篇文章記載著那些看得到，聽得到的事件，學校的同仁在接下來的那
一年更能夠公開的討論種族的議題。在增添了更多拉丁美洲裔與非洲裔的教
職員，以及一些外聘的研究者，與更多的會議討論比較明顯的衝突事件之
後，這些具有反省力的教職員開始解開那種沈默寡言的鎖鍊。從這些經驗
裡，許多教職員也拿起筆來寫一些文章。更重要的，教職員在面對德瑞克與
杜克的接班人時，已經可以比較妥當處理了。

當我們嘗試著要教導今日的每一位學生，就會伴隨著教學法與社會性的
不確定感，是無法透過單一的方式獲得解決方案的。許多切入點早就已經存
在，不過為教職員發展架構讓他們針對他們的經驗進行反思，並且分享他們
的個人觀點是非常必要的手段。在一整天的教學時間當中，教職員需要保留
一些時間對話，一種樂意質疑以往根深蒂固的假設，並且鼓勵同仁在同事間
的論壇時開誠佈公的分享，而不是在走廊上宣傳小道消息。就誠如 Lisa Del-
pit,（1988）所說：老師需要「無畏無懼的提出問題，了解有色人種所受到的
歧視和沈默寡言的議題，去聽，喔！不！要去聆聽他們到底在講些什麼」
（p. 297）。連結彼此，並且了解到我們在教導學童所牽涉到的事件非常複
雜，需要我們警覺到在校園內外所發生的每一件事情，也能夠覺察到其他人

是如何看待這個世界的，也需要有一個敞開的心胸來坦誠以對，最後就是要具備一個改變目前這種權力對等關係的承諾了。

當那些享有權勢的白人聽不到潛藏在地底下沸騰的熔岩漿，他們就會讓那些關於種族的沈默觀點永垂不朽。屆時他們可能相當驚訝的發現種族的感受突然間爆發起來，雖然其實是他們沒有關注到這個具有十足潛力的火山。[14]

註解

1. 這項研究是由艾倫鑽石基金會（Aaron Diamond Foundation）所贊助，不過這裡所表達的想法不代表基金會的立場。

2. 雖然他們同意讓我使用真實的姓名，不過為了研究倫理，也為了保護他們的私密，我在這裡都使用匿名的方式呈現學校與老師的姓名。同時我也以匿名的方式呈現學生與他們家長的詳細資料。

3. 原始的草稿是由創校的校長和我共同發表的，學校願景明確的承諾學校將會成為一所統整，不會採用能力分組的方式進行教學。教職員到校服務之前，必須同意這項願景所提出來的原則。

4. 雖然我作為一個兼職記錄者的身分，讓我有時間和距離可以反思我以一位人行道學校教職員的身分，不過我所記載的資料並不是以一位學術研究者的外聘觀點來記錄這些資料的（我沒有正式受過的訓練）。在我整體的教學生涯當中，以及我參與教師研究社群的經驗，我寫作的一項目的是要把教室的教學實踐明確的轉述給更廣泛的群眾了解。當然，我的寫作對於我自己的教學實踐改善也有實質上的助益。讀者如果想要對我的作品有進一步的認識，請參見Jervis、Carr、Lockhart與Rogers（1996）。

5. 在人行道學校，每一位成人都擔任九位到十位學生的諮詢輔導任務。諮詢顧問每個星期聚會四次，每次開會一小時，討論學校與一些和學校無關的主題、閱讀小說、慶祝生日，或者共同挑選出一些學校的經驗。諮詢顧問擔任與學生家長聯繫的工作，與學生討論與其他教職員相處之道，或與個

別學生討論他們的學業進展情形與遭遇到的問題等等。

6. 在紐約市大約有三十二個分散的國小和國中／初中的學區，Mary Ann Ra-ywid（1990）對於替代型學校的定義在這裡可以運用得上：「替代型學校通常比較小型；可以獨立自主的從一個計畫跳到另一個計畫；這種學校個別運作，而不需要太多外在的監督或整個學區的協調；在身分地位與角色認同上與其他學校相比之下比較具有彈性；不同的計畫也可以有自己的特色而讓每一個計畫都完全不相同」（p. 96）。紐約市的替代型學校學生通常來自於整個都會區，不過它們通常盡可能找尋混合能力與多樣性的學生人口。這裡有一點要特別注意的就是人行道學校的自主性除了它的規模比較小以外，還因為它也是一所替代型的學校。小型的教職員人口讓我們更容易安排我們自己的課程、學生的成績單或課程；如果他們認為課程並沒有達到預期效果，也可以決定更改課程。

7. 在一九九○年發生事件的那天，我在筆記上記下阿諾的語文和姿勢。那晚我把這個事件以打字的方式輸入電腦，就把我的手寫資料給丟了，也從此忘了手寫資料的可行性。後來在一九九四年秋天，當我檔案整理為另外一種形式時，我找到原先手寫的筆記當中的一頁。在那一頁當中（不過不在我打字的筆記當中），我記載著「當阿諾反對杜克的行為時，一位（白人）老師鼓勵孩子們『忘掉它』。」在一九九○年的時候，顯然我註記過某些事情，或許是種族議題，在阿諾與杜克之間進行著，不過並沒有「看到」一位白人同事慫恿學生忽略那樣的情形。雖然某種程度來說，我知道要把那張手寫的資料保留下來，不過我倒是花了好幾年的時間才了解到，也才有辦法表達出白種人對於這種歧視的抗拒，也看到自己在發現同事對於阿諾和杜克的勸告之後，並沒有採取進一步的行動；這些林林總總都讓種族歧視的現象更加錯綜複雜。

8. 請參閱 Janice Hale（1994）所寫的〈非洲後裔美國學童在一塊奇怪的土地上〉（African American Schoolchild in a Strange Land），就可以對這樣的詮釋有更多的討論。

9. 這些議題的評論請參見由 Knapp 與 Woolverton（1995）所寫的文章。

10. 描述性的評論是由 Patricia Carini 與她的同事在佛蒙特州的 North Bennington 發展出來的（Prospect Archive, 1986）。這是一種人行道學校的教職員用來協助他們進一步了解學生的方式。在這過程當中，一位老師要蒐集資料，用來呈現給其他老師了解，也要觀察一位學生的行為，而且是圍繞在一個焦點問題上的相關問題，才能夠解釋學童在學校生活的某些令人困惑的觀點。報告事項的老師要清楚而完整的描述一位學生，說明他們的身體姿態、性情、人際關係、興趣與學生對於正規學業課程的方式，而且要盡可能的詳盡說明。其他老師可以提出問題來釐清某些描述的文字。然後小組成員提出改善實務工作的建議。一項描述性評論的基本目標就是要盡可能詳盡的描述一位學生，避免評量的判斷，並且依據學生的優點發展適當的策略。

11. 堂對於我詮釋這些資料的最強烈反應就是認為他怎麼可能沒有聽到凱莉的觀點呢：「我真的那麼頑固不靈的聽不到她的觀點嗎？」他問著。我注意到在第二年的時候，當我參與許多次教職員會議時，他更仔細的聆聽其他教職員的意見發表，而且凱莉的聲音也比較堅強了。這或許是記錄事件會刺激學校進行改革的良好示範吧！

12. 讀者如果想要了解標準的相關討論，請參見 Jervis 與 McDonald（1996）。

13. 每位諮詢顧問所派遣出來的兩位代表是由諮詢導師指派，或由諮詢導師挑選出來的。由不同方式挑選出來的學生代表到了委員會的時候看不出有任何歧視的議題存在。他們也認為能夠擔任代表是一項光榮的象徵。凱莉自願擔任這項諮詢顧問委員會的監督工作。另外，我們的校長珍和她一起合作，我則出現在每一個星期的定期會議上。

14. 我必須感謝 Michelle Fine 在閱讀這篇文章的初稿時，提出這樣的隱喻，讓我更容易表達這樣的概念。

15. 作為一位標準的女性主義實踐者，我在這裡都包含了作者完整的姓名。

參考文獻 15

Burbules, Nicholas, & Rice, Suzanne. (1991). Dialogue across differences: Continuing the conversation.*Harvard Educational Review, 61,* 393–416.

Cohen, Jody. (1993). Constructing race at an urban high school: In their minds, their mouths, their hearts. In Lois Weis & Michelle Fine (Eds.), *Beyond silenced voices: Class, race and gender in United States schools* (pp. 289–308). Albany: State University of New York Press.

Delpit, Lisa. (1988). The silenced dialogue: Power and pedagogy in educating other people's children. *Harvard Educational Review, 58,* 280–298.

Delpit, Lisa. (1990). Seeing color: Review of *White Teacher. Hungry Mind Review, 15,* 4–5.

Engel, Brenda. (1975). *A handbook of documentation.* Grand Forks: University of North Dakota, North Dakota Study Group on Evaluation.

Fine, Michelle. (1991). *Framing dropouts: Notes on the politics of an urban public high school.* Albany: State University of New York Press.

Foster, Michele. (1993). Resisting racism: Personal testimonies of African-American teachers. In Lois Weis & Michelle Fine (Eds.), *Beyond silenced voices: Class, race, and gender in United States schools* (pp. 273–288). Albany: State University of New York Press.

Grant, Carl, & Secada, Walter. (1990). Preparing teachers for diversity. In W. R. Houston (Ed.), *Handbook of research on teacher education* (pp. 403–422). New York: Macmillan.

Greene, Maxine. (1993). Diversity and inclusion: Towards a curriculum for human beings. *Teachers College Record, 95,* 213–221.

Hale, Janice E. (1994). *Unbank the fire: Visions for the education of African American children.* Baltimore: Johns Hopkins University Press.

Henze, Rosemary, Lucas, Tamara, & Scott, Beverly. (1993, April). *Dancing with the monster: Teachers attempt to discuss power, racism, and privilege in education.* Paper presented at the annual meeting of the American Educational Research Association, New Orleans.

Jervis, Kathe, Carr, Emily, Lockhart, Patsy, & Rogers, Jane. (1996). Multiple entries to teacher inquiry: Dissolving the boundaries between research and teaching. In Linda Baker, Peter Afflerbach, & David Reinking (Eds.), *Developing engaged readers in school and home communities* (pp. 247–268). Mahwah, NJ: Lawrence Erlbaum.

Jervis, Kathe, & McDonald, Joseph. (1996). Standards: The philosophical monster in the classroom. *Phi Delta Kappan, 77,* 563–569.

Knapp, Michael S., & Woolverton, Sara. (1995). Social class and schooling. In James A. Banks & Cherry A. McGee Banks (Eds.), *Handbook of research on multicultural education* (pp. 548–569). New York: Macmillan.

Ladson-Billings, Gloria. (1994). *The dreamkeepers: Successful teachers of African American children.* San Francisco: Jossey-Bass.

McCarthy, Cameron. (1993). Beyond the poverty of theory in race relations: Nonsynchrony and social difference in education. In Lois Weis & Michelle Fine (Eds.), *Beyond silenced voices: Class, race, and gender in United States schools* (pp. 325–346). Albany: State University of New York Press.

McIntosh, Peggy. (1988). *White privilege and male privilege: A personal account of coming to see correspondences through work in women's studies* (Working Paper No. 189). Wellesley, MA: Wellesley College Center for Research on Women.

Murphy, Donald, & Ucelli, Juliet. (1989). Race, knowledge, and pedagogy: A Black-White teacher dialogue. *Holistic Education Review, 2*(4), 48–50.

Olson, Ruth Anne. (1991). *Language and race: Barriers to communicating a vision* (Reflective Paper No. 1). St. Paul, MN: Supporting Diversity in Schools.

Prospect Archive and Center for Education and Research. (1986). *The Prospect Center documentary processes*. North Bennington, VT: Author.

Raywid, Mary Ann. (1990). Successful schools of choice: Cottage industry benefits in large systems. *Educational Policy, 4*(2), 93–108.

Sleeter, Christine. (1993). White teachers construct race. In Cameron McCarthy & Warren Crichlow (Eds.), *Race, identity, and representation in education* (pp. 157–171). London: Routledge.

Tatum, Beverly Daniel. (1992). Talking about race, learning about racism: Application of racial identity development theory in the classroom. *Harvard Educational Review, 62*, 1–24.

原編者的話

　　這篇文章經過許多年的時光才逐漸顯露出來，而且通常我沒有辦法了解我到底是從哪一個人的身上學到的。我非常感謝那些在人行道學校服務的同仁，他們和我喝咖啡、打電話聯絡，或者在星期天下午和我在家裡討論各種議題。他們給我的回應所形成的檔案非常厚實。

　　文件紀錄研究小組會針對稍早的草稿提供回饋的意見，讓我可以專注在主題的關鍵點上面，這些人包含了：David Bensman、Janet Carter、Priscilla Ellington、Heather Lewis、Sondra Perl、Jon Snyder 與 Nancy Wilson。還有其他人在閱讀我原始的草稿後提供他們寶貴的建議，他們所提出的想法已經深植在這篇文章所呈現的內容裡，這些人包含：Nancy Cardwell、Patricia Carini、Virginia Christensen、Beverly Falk、Michelle Fine、JoEllen Fisherkeller、Norman Fruchter、Maxine Greene、Herman Jervis、Steven Jervis、Elaine Joseph、

Ann Lieberman、Maritza Macdonald、Hasna Muhammad（他英雄般的讀了三遍草稿）、Peggy McIntosh、Diane Mullins 與 Donald Murphy。

從一九九一至一九九三年我連續參與都會地區寫作網絡，這是一個全國性的教師研究小組，刻意邀約有色人種與白種人的成員平衡人數的參與這項計畫。結果是一個多元的全國性的寫作專題計畫老師的網絡，討論橫跨文化邊界的各種議題，這是當我們掌握都會型學校的錯綜複雜程度所衍生出來的產物。我就是在這裡學到紮實對話的重要性的。

我特別要感謝我的先生 Robert Jervis，他從一開始就鼓勵我投入這項任務。他督促我進一步修正我的想法，然後耐心的反覆閱讀我的新版本。

從學生身上學到可以
創造夢想成真的課題

SONIA NIETO

在改善學校學習環境與教學實務方面，學生的觀點和想法都跑去哪裡了呢？這是 Sonia Nieto 在最後這一章所提出來的問題。她訪談了許多年輕人——包含各種族群、膚色、語文，以及社經背景的學生，主要是想要了解這些年輕人對於他們的學校經驗有什麼樣的觀點。然後她運用學生自己使用語文的魅力，以及她從這樣的訪談當中所了解的重點，將這些年輕人的訊息傳遞給我們。Nieto 的結論是認為如果我們真的想要讓每一個學生都可以享有教育均等和高品質的教育經驗，我們就必須將學生批判性的反省和建設性的想法納入我們終極的教育目標，以及整個教育的歷程當中。Nieto 的這一章要結束的時候提醒我們一件重要的事情，那就是學生應該是我們所談論的複雜的教學世界整體當中的一部分，不管是從學習者或教學者的角度來看，都應該具有相同的地位。而且他們的想法和聲音都必須受到教育社群的尊重和珍惜。

> 為何明明應該是一個可以提供民眾學習機會的地方，反而成了壓制各種觀點，並且讓社會愈來愈貧困最有效率的地方呢？（Stein, 1971, p. 178）

上面所提到的尖銳問題是將近四分之一個世紀之前發表在這份期刊當中的一篇文章，是由 Annie Stein 所發表的一篇文章。她是一位專對學校進行長期批判的專家，也是一位不斷倡導社會公義的擁護者。這樣的問題應該當作這篇文章的核心主題，在許多面向上，這樣的問題仍然等待我們的回

Harvard Educational Review Vol. 64 No. 4 Winter 1994, 392-426.

答，也持續成為我們這個社會基本的一項兩難困境，讓我們這個社會的理想與公正，或說我們想要邁向均等教育機會的社會公義旅程上，反覆出現這樣的兩難困境。Annie 在紐約市公立學校的觀察如果換為今日的世界，我們仍然可以在非常多的學校體制看得到同樣的問題存在著，也可以讓我們用來檢視她在一九七一年所提出來的許多政策和實務方面的建議是否已經落實在學校體制內了！

　　我寫這篇文章的目的是想要建議政府一件事情，那就是如果我們真的要能夠成功的教育美國境內的每一位學生，我們就需要開始挑戰學校的教育政策和許多實務工作，他們擋在那裡，讓我們學校裡面太多的年輕子弟因此而無法達到他們學業成就方面應該享有的權利。教育今日的學生當然在複雜程度方面遠遠超過以往我們所熟悉的教育模式。年輕的學子面對無數的個人、社會與政治方面的挑戰，當然更不用提到大規模、經濟結構方面的改變，根本就是二十世紀好幾個世代以前的年輕學子連作夢都無法想像的境界。儘管有這種緊繃的張力存在我們的學校體制，也在挑戰我們的教育工作夥伴，美國社會也有一個長久以來的傳統，就是要教導每一位年輕學子，不僅只是那些歐洲移民的後代，也就是那些會講英文，在經濟方面有優勢的學生，或者是我們現在在教育改革風潮下盛行的慣用語，就稱他們為「已經準備好要學習的那群學生」。[1]然而我們的學校也有另外一種傳統，就是隔離某些年輕學子，特別是那些在種族和文化方面被支配的一群，他們大多也是屬於經濟方面比較受到壓迫的人群。在過去半個世紀的研究已經明顯的記錄一個令人心碎的現象，讓各種背景的許多學生在學校教育嘗到反覆挫折的經驗，不過最常受到挫折的應該就是拉丁裔、非洲裔，以及原住民家庭的孩童，以及貧窮的歐洲後裔；最近這個名單更增添了來自於亞洲和太平洋地區的移民子弟。為了要回應這種大規模年輕學子在公立學校的失敗經驗，許多教育理論家、社會學家與心理學者設計了精巧的理論，包含了「基因方面的劣勢」、「文化的剝奪」，以及「投入在教育問題的經費極限」等等，嘗試改善目前的教育體制。這些理論在一九六〇到一九七〇年代之間經常搖擺在兩種極端的觀

點之間，不過它們的影響範圍即使到了現階段仍然非常明顯的可以在教育政策和教育實務方面看得出來。[2]

我們知道的事實就是有許多年輕學子居住在相當艱困的環境，所以有時候一些受到壓迫的情況根本就不是一項值得探討的議題。有些學子可能居住在無窮盡的貧困當中，也需要面對隨時會倒塌的房子，沒有足夠的保健照顧，甚至受到虐待和忽視。他們和他們的家庭可以遭受到種族歧視和其他壓抑的體制障礙。他們也可能在個人方面、心理方面、醫療方面，或其他方面遭遇到困難或問題。這些才是我們真正該關注的議題，絕對不可以打折扣的議題。不過，即使面對幾乎無法克服的障礙，我們還是看到一些學校努力想辦法讓生活在這些條件下的學子可以在學業方面獲得成功的經驗。此外，許多生活困難的學子，則非常熱愛他們的家庭，願意犧牲在其他方面的享受，也要讓自己的子女有機會體驗他們自己在孩提時代無法享受的學習機會。因此，貧窮、單親家庭，甚至是無殼蝸牛的家庭，即使他們面對極為艱辛的生活困境，並不能夠決定學童在學業方面是天生注定要失敗的主要原因（請參見相關文獻，Clark, 1983; Lucas, Henze, & Donate, 1990; Mehan & Villanueva, 1993; Moll, 1992; Taylor & Dorsey-Gaines, 1988）。類似的研究都指出學校的決心決定了一切。只要學校下定決心，要讓他們學校裡面的每一個學童都有學習的機會，就會找到適當的管道來教導他們的學生獲得成功的經驗，即使那樣的機會比中樂透頭彩的可能性還低，也值得一試。

由於某些學生的家庭背景並不符合我們傳統上對於「主流文化」家庭的定義，而讓一些教育界的夥伴將這些學生視為無法雕塑的朽木。這群學生當中有些人不會講英文；許多學生的家庭文化與反映在學校運作時的美國主流社會文化不見得一致；另外一些學生在他們的啟蒙教育時，並沒有享受到早期應該享有的文化，讓他們在面對一些認知要求時，沒有做好各方面的準備。我們經常假設這類型的情況，對於學生的成就會造成負面的影響，也因為如此，有些學生在他們還沒有啟動學習之前，已經被老師宣判為失敗主義的一群人。在一份由 Nitza Hidalgo 所執行的研究，就指出一位在都會型高中

任教的老師具有這類型的譴責行為：「一般說來，學生都相當貧窮、無知、大多來自於破碎的家庭，而且也都不太在乎學校的教育。會製造出有成就機會的情況應該在其他地方，絕對不會在我們這所學校。我們這裡只有那些在街頭上鬼混的人群而已」（Hidalgo, 1991, p. 58）。當這樣的觀點在引導老師和學校的行為和期望時，我們就幾乎無法期望學生能夠獲得什麼實質上的成就了（審訂者註：其實國內的媒體也經常犯了這個嚴重的毛病。如果學生在校外惹禍，媒體記者想要追問的是那些學童是否來自於破碎家庭，或是貧困子弟等等。如果學生的成績還不錯，記者通常就認為那是不該發生的事件）。

　　另一方面，有愈來愈多的研究建議老師和學校應該從學生帶進學校的事務上建立學生的學習，而不是將學生帶進學校的項目，然後再撕裂他們原先的經驗之後才進行教學活動。那是說，他們需要理解文化、語文、經驗，以及社會階層方面的差異，並且將這些差異融入課堂的學習活動（Abi-Nader, 1993; Hollins, King, & Hayman, 199-4; Lucas at al., 1990; Moll & Díaz, 1993）。這種努力的結果經常提供令人興奮的成功範例，這是因為這樣的努力稟持著一個共同的信念，認為每一位學生都應該獲得一個學習的機會。在這篇文章裡，我將呈現這些努力的結果，而且是透過我探索一些在學業上獲得成功經驗的年輕學子的範例來加以闡釋。我的目的要建議學校的政策和實踐應該如何轉型，才得以創造一個可以讓每一位學生都能夠學習的環境。

　　其實人們通常非常容易陷入那種缺陷說的論點，並且持續在教學的過程中將責備的箭頭指向學生、學生的家庭、學生的社區，認為這些都是學生無法學習的主要緣由。實際上，學校需要將辦學的焦點集中在他們可以改變的地方，換句話說，也就是他們自身的教學政策和實踐。一些近年來的研究都指出許多因素的綜合結果，包含學校的特質，可以解釋學生在成就方面獲得高低分數的區別，而不再認為學生的家庭背景和行為是決定學生成就的唯一指標。在這些研究當中，那些對於學生的學習產生正向影響的學校特質，包含更豐富的課程，更具有挑戰性的課程，尊重學生的語文和文化，以及對於

每一位學生都有高度的期望，另外學校鼓勵家長參與他們子女的教育也都是具有正向影響力的學校特質（Lee, Winfield, & Wilson, 1991; Lucas et al., 1990; Moll, 1992）。這樣的研究結果建議我們需要將關注的焦點從專注在低成就與高成就的學生身上，轉換到另一個情境來創造高低成就的學校氛圍。如果我們還進一步了解到學校的政策和實踐和社會的主流價值糾纏不清，那麼我們就可以了解到學校所秉持的這些價值是如何表現在社會文化了。舉個例子說明吧！如果我們將學校分門別類的歸類，而不是反應學校的實踐實際上是獨立在這個社會的，就反應了這個社會本身也是依據社會大眾的種族、性別和社會階層分類的。以此類推，「老師對於學生的期望」絕對不是空穴來風，而是反應了社會大眾對於學生那種根深蒂固的意識型態所附加的價值觀。

無論如何，單獨改變學校的組織結構，如果沒有伴隨著我們這群老師對於學生的信念也進行改革的工程，就無法在實質上改變學生的學習成就了。換句話說，如果我們沒有改變我們認為某些學生可以達到哪樣的成就，而是繼續秉持我們以往對於那些學生的刻板印象進行每一天的教學活動，那麼這樣的結構變革就顯得毫無意義了。我們也可以這麼說吧！改變學校的政策和實踐對於學校的完全轉型只是一項必要的措施，卻不是一項充分的措施。例如，在一個探討拉丁美洲裔學生獲得成功學習成就的六所高中裡，Tamara Lucas、Rosemary Henze 與 Rubén Donate（1990）發現最關鍵的因素就是在老師、輔導人員與行政人員共享的信念，他們都相信每一位學生都有能力可以學習。這意味著在政策與實踐方面的配套措施也要跟隨著改變，同時我們每一位負責教導學生的人，不管在個人的信念或集體的信念方面都需要跟著改變，才能夠獲得實質上的變革。Fred Newmann（1993）針對教育上的重新結構作了一項分析研究，研究結果支持這樣的觀點，他們特別強調如果改革的努力沒有伴隨著一套特定的承諾和能力的配合來引導，那麼改革就注定要失敗了。這樣的承諾包含我們對於每一位學生都能夠學習的承諾，也包含了我們要為老師創造一些嶄新的角色，以及將學校發展為一個關懷的社區等等。

在採取教育改革時，另一項值得我們特別關注的關鍵要素就是Jim Cummins（1994）所指稱的學校裡的「權力關係」（relations of power）。在建議我們從一個獨裁高壓的權力關係，轉型到一個協同合作的的權力關係上時，Cummins認為傳統那種教師主導的灌輸模式，將會限制老師與學生的批判思考潛能，特別是那些被支配的學生族群，他們的文化與語文被這個主流的社會文化所忽略。[3]當我們鼓勵學校採用協同合作的權力關係時，學校和老師將可以辨認出長久以來被忽略的一些合法的知識來源，那些知識的來源長久以來並不被學校歸類為學校的主流文化。

當我們關懷的焦點聚焦於學校改革的侷限，而沒有同步改變教育夥伴對於學生與學生家庭的態度，以及學校文化裡權力對等關係所扮演的角色，可能可以協助我們將目前改革的努力從一個簡化的技術面回應，轉換為一個實質上是道德與政治的兩難困境。也就是說有些技術面的變革，例如改變學校上課的總時數，用某一種教科書取代另一種教科書，或是增添一些課程上的要求，對於學生學習的成果可能沒有多大的效果，除非這樣的變革是一個從根本作大幅度，概念上的變革當中的一部分。當這樣的議題被學校考慮當作學校變革的一項基礎工程，那麼我們就可以說這是學校轉型，而不再單純是一件學校改革的工程了。不過如果要進行學校轉型的巨大工程，我們就必須包含學生的聲音在我們的對話當中，當然還有其他的聲音也要加以考慮。

為何要傾聽學生的聲音呢？

改變學校政策與實踐的一種啟動方式，就是讓老師和行政人員去聆聽學生的觀點，可是關注學生聲音的研究到最近幾年才逐漸浮現出來，而且數量也不見得有多少。例如，在大多數遭遇教育問題的相關策略討論時，學生的觀點都給遺漏了。此外，學生的聲音在我們討論學生經營失敗或成功亮麗的辯論當中，也鮮少被教育界的夥伴所重視，更嚴重的應該就是那些對於學校感覺全然無力的學生，或是被支配的學生的觀點，幾乎就像隱形人一樣的消失在教育界的辯論當中。在這篇文章當中，我主要是從前一個研究進行訪談

時，從學生所發表的言論整理出來的觀點（Nieto, 1992）。我使用訪談的研究法來發展個案研究的主題，我訪談了來自於各式各樣的族群、種族、語文背景與社會階層的年輕學子，他們來自許多國中或高中的校園。這十位年輕學子居住的社區從大都會社區，到偏遠的小鄉村都有，他們的家庭也從單親家庭，到大家庭的模式都有。他們所有經驗當中，唯一讓我們這些研究者沒有預期，也沒有預先規劃要訪問的共同點，就是他們都是在學業上獲得成功經驗的學生。[4]

我們以許多條件來挑選這些接受訪問的學生，不過主要是透過社區的聯繫。大多數的訪問在學生居住的家庭進行的，或在他們挑選，學校以外的地點進行訪談。我的同事和我唯一的要求，就是要確認他們在族群和種族背景上能夠代表各個族群和種族，這樣我們的研究才能夠具有多樣化的代表性。這些學生在訪談的時候，他們將自己的種族認同歸類為黑人、非裔美人、墨西哥裔、美洲原住民、黑白混血兒（兩種人種間的人口）、越南籍裔、猶太裔、黎巴嫩裔、波多黎各人、以及維德角裔（審訂者註：非洲西邊的一個半島國家）。唯一一位歐洲裔美國人反而在確認自己的血統來源時有相當的困難，她只能夠告訴我們她是一位「美國人」（讀者如果想要進一步看這一議題的分析，請參見 Nieto, 1992）。這些特定的學生在學業方面獲得成功的亮麗表現是我們這個研究意外發現的結果。我們將他們定位為成功的學生，主要是因為：他們仍在學校繼續求學，或者剛剛畢業；他們都計畫至少要完成高中學業，多數還想要進一步到大學求學；他們的成績都不賴，即使他們不見得是班上最頂尖的高手；他們都已經想到自己的未來，也針對未來做了一些生涯規劃；他們通常相當喜歡學校求學的氛圍，也都相當能夠投入學校的運作，不過他們對於自己和同儕在學校所經歷過的體驗也都具有相當的批判性；以及我們隨後就會看到的，他們大多數都認為自己獲得成功的成就。雖然我們原先的企圖不是要專門強調學業成功的學生，不過當我們有機會進行進一步的反思時，一個合乎邏輯的觀點，就是認為這樣的學生比那些沒有獲得學業成就的學生更想要和我們討論他們的成功經驗。也就是在那個關鍵

點，我決定要深入探究這群學生特別的經驗到底是哪些，為何他們能夠在學校獲得成功的學業成就表現。

因此，這些學生將他們自己視為成功的人物進一步為這個研究做了最佳的見證，原本我們這個研究是要探討多元文化教育對於不同文化背景的學生可以帶來哪樣的好處。我特別感到興趣的就是想要發展一套方式來觀察多元文化教育在超越傳統上所謂的「假日與英雄」的方式，那種方式對我來說太膚淺了，以致於無法有長遠的效果可以影響學校的運作（Banks, 1991; Sleeter, 1991）。[5]當我在探索種族歧視，老師對於某些學生低落的期望，以及學校運作的政策和實務面，例如，學校使用的課程、教學法、測驗與能力分班等等措施，我開始著手發展我個人對於多元文化教育當作一種深藏在社會正義當中那種種族主義者，有了更深層的理解。我們訪談學生的目的是要了解從他們的角度來看，到底他們來自於某個特定的文化、種族背景對他們有何意義，那樣的意義對於他們在學校的經驗又有哪些實質上的影響，以及如果他們能夠改變那樣的經驗，他們又想怎麼改變等等。雖然在訪談過程當中，我們沒有刻意和他們討論在他們學校所推動的政策和教學實踐，不過從他們所辨識出來最喜歡的科目，到教育對他們的重要性等等議題，他們在接受訪談的時候，都會提到這些相關的議題。在這篇文章當中，我將重訪這些訪談的資料，以便將學生接受訪談的思考聚焦於幾項學校的政策與實踐，以及種族歧視與其他種類的偏見對於他們的教育有哪樣的影響。

學生在接受訪談時所提出來的洞見遠遠超過我們原先預期的範圍。雖然我們原先預期許多學生會針對學校進行批評，以及提出一些具體的建議，我們更驚訝的發現，學生對於學校運作的深度理解以及他們對這些運作模式的分析能力。對於他們喜歡與討厭的老師，他們都有許多值得分享的項目，他們也能夠在喜歡與討厭的老師之間提出他們個人的解釋，他們也提到在學校的成績，以及那些成績在學校被大人過分的強調，以致於早就已經變相的決定了學校的課程與教學法，他們也提到家長在大多數的情況下，很少參與學校的運作，特別像是一些學校傳統上會提供的親師會成員資格與烤麵包義賣

等等活動，不過他們認為家長在其他方面的熱誠支持才得以讓他們在學業方面獲得成功經驗；對於學校還可以怎樣鼓勵更多的學生獲得學習的機會方面，他們也相當費心的思考；對於他們的文化、語文與社區的訪談內容，他們則是充滿情感的提出自己的觀點，甚至提出學校可以如何善用這些因素來啟發學生的學習；最後，他們對於學校可以如何改善才可以讓每一個不同背景的學生都獲得具體的學習，則提供非常具體的建議給我們。這樣的經驗證實了我的信念，也就是認為教育界的夥伴可以從聆聽學生的批判觀點獲得改善教育體質的建議，這樣我們才得以在課程、教學與其他學校相關事務上加以修正，以符合更多學生的學習。自從我做了這個研究以後，我也參考了許多針對年輕人觀點所進行的研究，我從那裡也找尋到許多可以讓我們學習的具體教訓。這篇文章也因此以「從學生身上學到的課題」（lessons from students）當作標題，這是我從 Paulo Freire 所提倡的觀點來學習的一種方式，他認為老師需要偶爾變換角色，當作學生；就像是學生偶爾也要轉換身分，成為老師，才能夠讓我們的教育成為一種「教學相長」，以及可以為師生同步給予賦權增能的功能（Freire, 1970）。

當我在這裡提到我們要將關心的焦點集中在學生身上，並不是說他們所提出來的構想就會成為學校改革的最後關鍵與決定性的文字。我不相信有誰對於教育改革有每一個答案，當然如果建議全盤採納學生的觀點來經營學校，那就是一個非常浪漫虛偽的作法，也是一種降低身分的作法，其實這樣的作法和完全排除他們的觀點是一種異曲同工的作為。相對的，我的建議是如果我們認為學校必須提供一個均等、高品質的教育機會給每位學生，那麼我們就需要將學生也納入我們對話的體制內。而且他們的觀點，就像是其他人所提出來的觀點一樣，應該被我們視為重要的問題來討論，這樣才能夠以批判反思的方式來進行學校的改革。

一些教育政策和實務工作,與學生對這些項目的觀點

學校政策與實踐需要在我們這個社會普遍存在的社會政治情境下來考量,而不是單純從一位教師或一所學校的態度和實踐作為來考量。我們有好幾個理由必須這樣考量。首先,雖然「毒打(責難)老師」對於複雜的問題提供了一個簡單的標的物,不過卻忽略了其實老師是在一個特定的社會與體制結構下運作的。此外,這種作為是過度的將許多責難集中在那些和學生最親密的人身上,其實他們每一天都在想盡辦法協助學生學習。當然我們都知道有些老師是種族主義的支持者,或是階級主義者,也有一些是心胸狹隘的老師,還有一些老師早就已經喪失任何一個可能的創意,或關懷學生的觀念,不過我的基本假設認為絕大多數的老師不是這樣的理念支持者。然而,我真心誠意的建議,雖然有許多老師確實相當認真的工作著,也願意支持他們學生的學習,更是具有天分的教育夥伴,不過這些夥伴當中也有許多老師的熱情已經不在,感到嚴重挫折,也因為他們所教導的學生而受到社會大眾負面的印象。老師確實可以因為了解學生的家庭與他們的個人經驗,以及學生對於學校經營的觀點,與如何改善的措施而獲得教學相長的好處。

學生對於自己應該學習的課程有哪樣的感受呢?對於老師所使用的教學策略,他們又有哪樣的感想呢?學生在學校的學習是否像是參與一項他們認為有意義的議題呢?在他們對於學校的觀點當中,他們對於自我的認同是否是重要的考量因素呢?當老師和學校想要從學生身上獲得學習時,這些都是值得我們考慮的關鍵問題,不過坦白說,我們對於學生的回應真的了解不多。在訪談的過程當中,當我們詢問學生這些問題時,學生是那麼的受寵若驚,他們對於能夠將他們的觀點放進對話當中感到相當的驚訝。我們也發現他們的觀點是那麼的令人信服,也具有相當的說服力。實際上,Patricia Phelan、Ann Locke Davidson 與 Hanh Thanh Cao(1992)在他們所進行的兩年期間的研究,就是要確認學生對於學校的想法,他們所發現的結果,對於學校

裡面所進行的教與學，和目前哪些理論家所提出來的觀點那麼貼近，不管是在學習理論、認知科學，以及社會學的理論都和他們的研究結果前後呼應著。除了學校的老師以外，學生每一天花在學校的時間比一般人都還要多，所以這樣的結果一點都不令人意外（當然，在大多數針對學校改革的討論當中，老師的觀點也經常被忽略，不過那可是另一篇文章的主題）。在接下來的章節裡，我將把焦點集中在學生對於課程、教學法、能力分班與他們在學校的成績到底抱持怎樣的觀點。我也將討論他們對於種族歧視與其他偏見的態度，以及這些態度如何形塑他們在學校與教室裡的行為，最後還要討論這些林林總總的現象對於學生的學習，以及他們參與學校活動的影響。

課程

學校所進行的課程與許多學生的經驗、背景、期許和願望都相當不一致。對於看得見、有形的課程，例如，教科書、其他教材，以及真實的教學指引；或是比較無形，或稱為「潛在」課程的部分，例如在布告欄上面張貼的資料、課外活動，以及老師在回饋給學生時所提供的訊息，大致上都真實的讓學生了解老師對於他們能力與天賦等方面的理解。例如，Christine Sleeter 與 Carl Grant（1991）針對一個廢除種族隔離政策的國中進行研究，他們發現三分之一的學生認為教室所傳達的課程內容和他們在學校以外的生活一點關聯都沒有。至於那些認為學校課程和他們校外生活還有某些關聯的學生則指出只有當前的時事、口頭歷史、金錢與銀行業，以及多元文化的內容（因為這和偏見有關聯）和他們校外的生活有關。同樣的研究結果也可以從 Mary Poplin 與 Joseph Weeres（1992）的研究找出端倪。他們發現經常抱怨學校的課程無聊，他們也無法看到學校所教導的課程與他們的生活或未來有任何關聯性。這兩位作者的結論認為一但學校的課程、教科書、指定作業愈來愈標準化，學生就會和這些正式的課程漸行漸遠。因此，這樣的觀點和 Ira Shor（1992）的論點，也就是「學生帶進教室的知識與技能是他們開啟學習的起點。學習確實從那裡發展出來，不過卻轉向到其他地點」相衝突（p. 44）。所以我們可以這麼說吧！學生的文化與學校運作的文化之間有巨大的

鴻溝。在許多學校裡，學習的開始並不是由學生帶進學校的文化發展的，而是從一個所謂的高姿態知識；也就是說那種「教規」（Canon），通常強調歐洲人與歐洲裔美人的歷史、藝術及價值觀當作主要的考量項目。這樣的作為很少包含美國境內大多數學生的背景、經驗及天賦為主要考量。與其帶領學生在學習時，發展到某個地方去，學生的學習通常根本就沒有發展出來。

事實上，學生的背景和經驗在許多學校都是缺漏的一角，特別是在一些母語不是英文的學生身上，這樣的現象更顯著。在這樣的情境下，我們通常不會見到代表那些學生使用的語文在他們的課程上。事實上，在這些學校裡，師長通常堅持學生「只能夠使用英文當作溝通的語文」，那是一個強烈的訊息，讓那些想要保留個人認同的學生在與壓倒式的社會主流文化掙扎時，得到一個訊息，那就是他們必須將主流文化加以吸收。對於一個叫做瑪麗莎爾的波多黎各人而言，就真的是那麼貼切的描述她的情況。這是一位十六歲的女生，參與了我的研究計畫，她這麼說著：

> 以前我和一位老師之間有許多問題存在，主要是因為她不希望我們使用西班牙語交談，而對我來說，那就是對我們的一種侮辱，你知道嗎？她只告訴我們不可以用西班牙語交談，以往我們想要怎麼講話都有自由的，……我根本就無法安靜的只使用英文和別人溝通，這應該是相當容易了解的……有時候西班牙語就會那麼莫名其妙的冒出來。我真希望他們能夠了解這樣的情況。

像這種不允許學生使用他們的母語來發表意見和溝通的實務工作，毫無疑問的就會負面的影響學生的認同感，以及他們對於哪些項目才可以構成重要知識的觀點有負面影響。例如，當我們問她是否有興趣想要選修一門波多黎各歷史的課程，瑪麗莎爾非常快速的回答：「我不認為（它）很重要……我為我自己和我的文化而驕傲，不過我認為我早就已經對於自己的文化相當了解了；所以我不想要選修這門課程。」諷刺的是，在我和她進行訪談了一段時間，也講到許多和波多黎各有關的事項時，我發現她對於自己的歷史幾

乎一點認識都沒有。然而，她在學校早就已經學會另外一個教訓：即使給她選課的自由，她也讓我們清楚的了解到，在學校裡，美國歷史才是重要的項目，偏偏這樣的歷史很少包含任何有關波多黎各的歷史和文化。

我們甚至可以說，對於文化和語文的訊息，也就是哪些文化和語文是重要的，哪些是不必那麼認真學習的，不僅在學校裡透過各種管道傳遞給學生，而且媒體和整個社會也扮演了重要的角色。瑪麗莎爾居住的城市所擁有的社會政治情境，以及相關的學校體制，也都需要納入考量的項目當中。在她所居住的城市裡，市民想要通過一項條例，希望能夠限制波多黎各後裔湧入城市的人數，主要的考量是認為這個族群的民眾會讓那個城市的社會福利，以及其他的社會服務增加負擔。此外，「只准講英文」的辯論也成為一項熱門議題，這是因為市長要求所有在市政府單位工作的夥伴，在上班期間只准講英文。而且雖然這個城市的學校體制有65%的學生屬於波多黎各籍，學校也只提供一個學期的課程是和波多黎各的歷史有關聯，這和教育主管單位剛通過一項雙語計畫有一些關聯性。相對於此，有兩門課程被學校大力推廣，雖然很少開得成的課程，卻和南非的種族隔離，與二次世界大戰時納粹對猶太人的大屠殺有關。這一點顯得相當諷刺的主要原因是非洲裔和猶太社區在那個城鎮的人口相對的非常稀少。類似這樣的課程是否該成為一個多元文化課程的一部分就很少被提出來質疑；不過諷刺的是該城鎮裡最大族群的人口所關心的卻在一般的課程當中被嚴重忽略了。

依循相同的脈絡，Nancy Commins（1989）曾經針對四位第一代的墨西哥裔美國人，五年級的學生進行研究。他們研究的焦點是想要了解這些學生對於他們的教育是如何決定的，不管是否是在有意識的情況下。她的研究指出教室環境與課程可以支持或妨礙學生對於他們自己當作學生的觀點，主要是依據他們所使用的語文和他們的文化背景。她發現到雖然這四位學生的家庭提供許多語文和文學方面的支持，讓他們的孩童有豐富的學習環境，不過學校卻沒有針對這些優勢加以發揮。例如，在他們的教室裡，這些學童很少使用西班牙語，他們給西班牙語的註解是認為那是一種給「愚蠢的學生」的

語文。因此，Commins 這麼說到：「在一個學術的情境下，他們不情願使用西班牙語也同時限制了他們練習講出抽象觀點的機會，以及使用更高認知技能的機會，這些都可以透過西班牙語的練習來強化」（p. 35）。她也發現學校使用的課程內容幾乎和這些年輕學子的經驗完全脫節，這是因為他們生活上相當顯眼的一些問題，例如，貧窮、種族歧視與偏見都沒有出現在他們所學的課程當中。

儘管老師不願意強調這樣的關懷，他們仍然需要特別注意一些學生，特別是那些在課程當中像是隱形人一樣的學生。文敏是一位十八歲的越南籍學生，在一所異質文化的城鎮裡的高中就讀，他和他的叔叔與幾位弟妹住在一起。雖然他對於所能夠接受的教育感到相當高興，不過他也表達他所觀察到的現象讓他感到困惑。這現象就是他的一些老師對於他在適應一個新的文化與學習英文的過程當中，幾乎是那麼的感覺遲鈍。他這麼說：

（老師）必須要知道我們的文化……如果要從第二種語文來學習我們的文化，對我和許多其他人來說都是非常困難的事情。

文敏的這項關懷也可以從曼紐爾那兒獲得迴響。這是一位十九歲的男生，從非洲西部來的移民，在訪談的時候他正準備要畢業。也是他們家庭十一個小孩當中第一個達到這個目標的人。他這麼回應著：

其實我有點害怕學校，這是你知道的事。當你在學習語文的時候是不一樣的情況，──剛開始真的讓我提心吊膽的，特別是當你還不認識這個語文，而且你也還沒有自己的朋友在這間教室一起學習，那種恐怖的感受更強烈。

在曼紐爾的個案當中，他以前在非洲西部國家所提供的雙語教育就變成了一個語言和文化的傳遞者，讓他在學校面對艱困的經驗時可以有協商的可能性，所以當他進入高中的時刻，已經學習足夠的英文讓他可以大膽的「講英文」。另外一個正向的課程經驗就是他在高一（審訂者註：美國的高二，

Sophomore 相當於國內的高一，這是體制上的差異，他們的國小到高中的年制通常是5、3、4，而不像是國內的6、3、3體制）的時候選修了戲劇工作坊。在那門課程當中，學生需要創造一個針對他們生活經驗的諷刺短劇，更要以戲劇的方式呈現他們的學習成效。例如，在訪問的過程當中，他充滿熱誠的回憶一段短劇當中的獨白，那段獨白說明一個學生進入一所新學校的體驗，也正好反應著他個人的體驗。

還有一些時候，一所學校的課程可能在無意識的情況下，對於學生的文化和經驗有失敬的地方。舉例來說，一位叫做詹母斯的學生相當以他那個黎巴嫩裔美國人的身分而感到驕傲，不過卻發現在整體的課程當中，像極了隱形人一樣，即使在他選修多元文化的課程和課外活動的進行當中，都沒有任何關聯到黎巴嫩的文化。他提到一個語文展覽會、一個多元文化嘉年華會，以及一本學校的食譜都省略了對於阿拉伯語文和黎巴嫩民眾的基本尊重。關於學校的食譜，他這麼說到：

他們從世界各地蒐集了各國的食譜而整合為這本學校的食譜。如果有人讓我知道有這麼一本食譜，我就不會帶著一些黎巴嫩的食譜來。在他們開始販賣這本食譜之前，我壓根兒都沒有聽過這本食譜的存在……我問了一位老師，在那本食譜當中是否有任何黎巴嫩的菜色。可惜裡面都沒有我想要看的食譜。

詹母斯試著想要拋開學校所犯的這個疏忽，然後假裝一點關係也沒有，不過他的內心反而愈來愈不甘心這樣的現象存在於學校的體制上。

我也不太清楚，我想或許是因為我們這裡沒有太多黎巴嫩來的人口……說真的，我真的不知道該怎麼處理。你真的很少聽到太多關於我們的文化……或許你會在新聞報導的時候聽到一些，不過我的意思是說，我不太清楚，好像因為我們學校很少有黎巴嫩的學生……我不在乎，或許是說我不知道，也可以說我對這樣的現象已經不在乎了……它並不是那麼

重要的事情，但對我來說它卻相當重要。或許如果我可以看到一面黎巴嫩的國旗就好了。

黎巴嫩的人民確實出現在媒體的報導，不過通常是以一種負面的報導呈現，偏偏這就是學校的師生對於詹母斯的種族唯一印象。例如，他也提到他的同學怎麼看待黎巴嫩人民的特質：

> 有些人會以相當難聽的綽號叫我，就因為我的祖籍來自於黎巴嫩，所以好多人都會在我面前這麼說著：「小心那些恐怖份子，不要和他瞎攪，否則他就會把你們家給轟掉！」或是類似那樣的髒話……不過我確實知道他們只是愛開玩笑而已。……我很清楚自己不會把任何人的房子給轟掉，所以我知道他們當中沒有誰真的認為我會那麼瘋狂——他們也相當清楚這一點……所以我也學習不在乎他們的言語。對我來說，人們怎麼說我已經不是那麼重要的事情了……我只想讓每一個人都知道，那樣的觀點根本就是錯誤的形象。

不管是驕傲或羞恥的文化矛盾心理都在許多學生接受訪問時清楚的表達出來。雖然大多數學生都了解到他們的文化對他們來說是那麼的重要，不過從社會大眾那裡所接受到的訊息卻又讓他們感受到相當的無力感。如何理解這樣的矛盾現象對許多年輕學子而言確實變成了一項兩難的困境。

佛恩自認為是一位美洲原住民的學生，她只有十三歲，是所有接受訪問的學生當中最年輕的一位。她在接受訪問時提到在她國中的歷史課程必須面對那種持續發生的挑戰。她的父親在她的學校和社區相當的活躍，也盡可能用各種方式來捍衛女兒在學校所面對的各種挑戰，不過在那個愛荷華州的中型都會區學校裡面，她可是全校唯一的美洲原住民學生。所以她在訪問時這麼說：

> 如果在歷史課本裡面有錯誤的概念，我的父親總會教導我那些錯誤的概念該怎麼修正，也要我回到學校去告訴同學和老師該如何修正錯誤的教

科書。我唯一這麼處理的一次就是我必須確實了解課文內容根本就錯得
離譜的時候。就像我們在閱讀美國原住民的歷史時，提到我的祖先會將
別人的頭皮給剝下來。事實上，是法國人強迫他們這麼做，才給他們金
錢。可是我的老師一點都不相信我說的話。最後我只好閉嘴，我了解到
他壓根兒也不會相信我說的是真實的。

佛恩也提到她的姊姊有一天怒氣沖沖的回家，那是因為學校裡有人這麼
說：「Geronimo是一位愚蠢的酋長，騎在一匹愚蠢的馬身上。」在一個反應
遲鈍的課程與學生中輟的行為之間的連結還好沒有發生在佛恩的身上，不過
她倒是提到其他學校裡面原住民學生中輟的可能原因。類似的心情也出現在
Virginia Vogel Zanger（1994）的研究對象當中。在那份研究裡他們研究了在
波士頓地區高中求學的二十位拉丁裔學生，他們參與了一項座談會，在座談
會裡面他們可以暢所欲言的反應他們在學校所體驗的經歷。當中有些學生不
想要中輟，想要繼續留在學校當學生。不過他們提到那些中輟生時，幾乎都
認為是學校想要對他們進行「單一文化」作為，才會讓那些學生想要中輟
的。

雖然年紀還相當小，不過佛恩卻相當有自信，也擅於將她的觀點妥當的
表達出來。不過在面對學校的課程呈現時，她也不得不在課程面前消音。這
樣的現象會出現，主要是因為學校的課程通常會避開困難的、有爭論的，或
是衝突性的議題，特別是當這些議題和課程標準產生矛盾現象的時候，就會
導致Fine所指稱的「消音現象」。根據Fine的研究指出：「消音的現象是關
於在學校裡面，誰才有資格發表意見，哪些議題才可以在課堂上公開討論，
以及誰的觀點應該受到控制」等等（1991, p. 33）。不管學生的背景為何，有
兩個主題對於許多學生而言顯得特別的突出，他們就是偏見和歧視，然而這
兩個主題又是教室裡最可能避開的主題。或許這是因為絕大多數的老師都是
歐洲裔，所以他們相當不習慣、害怕，或是在討論這些議題時覺得不舒適的
關係所造成的吧（Sleeter, 1994）。另外一種可能性就是老師感受到「教學進

度」（cover the material）的壓力；當然也可能是因為學校的傳統就是呈現一些不具有爭議性或矛盾的課程內容所造成的後果（Kohl, 1993）。還有最後一種可能性，就是以上這些觀點的總和。不管如何，學校的師生很快就了解到種族歧視、偏見與其他危險的議題都盡可能不要在課堂上討論。我們必須了解的就是這些議題對於不同背景的學生可能會產生截然不同的意義，通常會被那些主流文化和族群的群體視為一種威脅的象徵。有一位相當年輕的非洲裔學生，叫做蒂德的女生出現在 Fine 的研究裡，她在一個都會型的高中就學，她是這麼說的：「白人或許認為每一件事情都會事過境遷，也都還可以繼續維持下去，不過我們還是會把它記得牢牢的」（p. 33）。

老師在課堂當中避開爭論性議題的另一個原因，是他們的感受。他們認為這樣做可能會創造或加深學生之間原本存在的仇恨和敵對關係。他們甚至會認為，就像是 Jonathan Kozol 在一九六七年所出版的經典之作，描述波士頓地區公立學校的著作《英年早逝》（Death at an Early Age）中的內容一樣，在課堂上討論美國歷史曾經發生過的奴隸制度對學童來說太複雜了，根本就不是學童可以理解的範圍。所以不要提到這些內容可以避免老師在講課時的尷尬。Kozol 這麼描述閱讀課時，老師的作為：

當她在接受訪談時，是以一種非常善意的態度，甚至應該說是充滿敬意和真誠的情意提到對於她的教室裡面那些學童：「我不想要這些孩子在事情已經過了那麼久之後，還要他們回憶起這樣的陳年往事，我真的不希望在多年之後，他們還記得是我們親口告訴他們，他們以前曾經是黑奴的悲慘記憶。」（p. 68）

在超過四分之一個世紀之後的今天，相同的信念仍然讓我們沒有在課程裡涵蓋一些會讓學生完全投入學習的議題。Fine（1991）指出，雖然她所訪問過的都會型高中學生有超過半數曾經體驗過種族歧視的經驗，不過老師們都不情願在課堂上討論種族歧視的議題，所以她是這麼說明老師的信念的：「這樣的作為只會讓學生的道德更加敗壞，我認為他們需要正面的感受和保

持樂觀的學習態度——就像是給他們一個機會一樣。種族歧視的議題對學生來說只會成為一個不肯認真學習的藉口罷了」（p. 37）。抱持這種觀點的老師當中，有些人真心的想要保護學生的學習，不過其他的老師只是一種自私的觀點，只是不想要在課堂上因為討論種族歧視的議題，在學生面前感受到不安的感覺而已。

在我的研究中有少數幾個切題的個案當中，我發現他們將種族歧視與偏見的議題涵蓋在課程，並且引導學生進行深入的討論可以是極有建設性的課程，只要老師在進行這類的討論時具有同理心和敏感度就可以了。這和Melinda Fine 在說明「面對歷史與我們自己本身」（Facing History and Ourselves, FHAO）的課程相互呼應，那是一個在二十多年前在波士頓的布魯克林區開始啟動的一項改革計畫（Fine, 1993。審訂者註：在美國都會區，波士頓的布魯克林區是相當具有代表性的黑人集中的地區，也是地方首長管理地方的死角）。FHAO 提供老師教導歷史的一個楷模，在教案當中，鼓勵學生以批判的方式反思許多當下的社會、道德與政治議題。他們使用二次世界大戰的大屠殺當作一個個案研究，學生從中學習針對代罪羔羊、種族歧視，與個人和集體的責任等議題進行批判的反思。Fine 建議一件事情，那就是道德的兩難困境不會因為老師拒絕在教室裡面進行相關的課程討論而消逝。相對的，一旦這些現實的生活層面與學校的課程脫節，那麼年輕的學子就了解到學校所教導的知識和他們的生活沒有關聯，那麼他們就會再一次的在面對社會上的各種挑戰時，顯得根本沒有準備就已經從學校畢業了。

這裡有一位叫做凡倪莎的年輕歐洲裔女學生，在我的研究當中，被「差異」所迷住，卻不肯、也不樂意討論那樣的現實生活問題。雖然在同儕教育小組，她是一位相當活躍的學生，針對同儕的壓力、偏見與受到排斥等議題表達相當的關懷，不過通常在正規的課程當中，都鮮少有老師帶領他們進行相關的討論。因此，在面對這些議題的時刻，凡倪莎就沒有什麼可以發表的意見了。在討論到美國歷史的課堂，對於那些很少在學校裡面討論的矛盾議題，她相當費心的沈思了一段時間之後這麼認為：

看起來相當的詭異……從歐洲來的移民就是想要逃離開歐洲那些國家原先對於他們的種種稅制。結果當他們來到這裡之後，卻又設置了奴隸的制度，我真的不太清楚，好像他們說的和做的是截然不同的兩件事情。

所以我們可以說，課程可以在學生的學習面向上扮演促進的角色，也可以扮演毀壞的角色。如果我們可以針對學生的經驗設計課程，讓他們的學習活化起來，那麼他們就會因為那些課程對於他們的生活是那麼重要，而在我們的學校裡面或沈或浮的進行學習。課程可以提供 María Torres-Cuzmán（1992）所指稱的「認知上的賦權增能」的功能，鼓勵學生獲取信心，也變為更主動積極的批判思考者，進一步了解到他們原先的背景經驗是更高層次學習的一項重要工具。在接受訪談的許多學生當中，許多人提到課程與真實生活和他們未來生活之間的連結，對於他們的學習是那麼的重要，卻很少出現在課程上。一位十六歲的猶太男孩，叫做阿文，就認為在他的學校生活與家庭生活之間經常存在一種分裂的現象，他這麼認為學校的重要性：「如果你沒有上學，就不會學習那些生活層面的知識和技能，或者你就沒有機會學習你的生活可以怎麼進展的知識和技能。」另一方面，凡倪莎則是非常盼望學校裡面提供一個和社會現實面更有互動的課程，她對於教育的重要性做了這麼一個總結：「一個優質的教育就像是當你一個人單獨的學會了某些事情……就像是身體的成長一樣，也可以拓展你的心智和你的視野。」

教學法

如果我們將課程比喻為教育的內容，那麼教學法所牽涉到的就是教育的原因和方法了（審訂者註：原文為 If curriculum is primarily the what of education, then pedagogy concerns the why and how. 這裡稍加改變，希望有更高竿的翻譯者幫忙將之修改得更符合國人熟悉的文字）。不管課程是多麼有趣和切題，呈現課程的方式將會決定學生對於課程的態度，認為是迷人的課程或是痛苦的課程。接受訪問的學生所表達的觀點呼應了教育研究人員早期的發現，特別是在國中以上的絕大多數教室課堂，幾乎就是傳統那種「粉筆加上

「講述」的直接教學法的延續。教科書成了統治整個課堂學習的權威,例行的作業練習遠比那些具有創意和批判思考的教學更受到老師的青睞。而且多數教室都採用老師為主的灌輸模式(Cummins, 1994; Goodlad, 1984; McNeil, 1986)。Martin Haberman還針對他所指稱的「貧困的教學法」特別加以批判。這種方法基本上就是存在於都會型學校,專門提供給貧窮學生的那種講述方法,由老師講解,提出問題,給予指令,指派作業,以及監控學生在座位上的表現等等。這種教學法是基於一項基本的假設,認為在學生可以參與創意或批判的學習之前,他們必須熟練一套「基礎課程」。然而,Haberman聲稱這種教學法並沒有發揮效用,更壞的情況就是它還會阻礙真實的教與學的產生。他建議我們倒不如在都會型學校找尋優異的教學法,也就是那些可以主動引導學生參與真實生活的情境,也讓學生可以針對他們自己的生活進行反思的教學法。他指出優異的教學只有在老師張開雙手擁抱艱難的議題和事件,並且善用人們的差異來當作課程的基礎時,才有可能產生的。他也認為老師應該設計協同合作的學習活動,讓異質的學生群體可以同步學習;更要協助學生將他們對於公平、公正與正義的理想運用到他們的真實世界(Haberman, 1991)。

在我的研究當中,學生對於教學法的意見遠比他們對於其他方面的意見都還要多,他們對於課堂上欠缺想像空間,導致他們認為課堂永遠是無趣的學習的現象,具有相當的批判。琳達是一位剛從一所都會型高中畢業的學生,還代表畢業生上台致詞,她就是這樣的一個典型代表。她在學業方面的經驗並不見得是那麼的一帆風順。例如在七、八兩個年級的求學期間,她各被當了兩次。會留級兩次當然有許多原因錯綜複雜的混在一起,包含了學業與醫療方面的問題。也因為這樣,所以她在教育方面的體驗是兩極化的包含了令人振奮的經驗與令人喪氣的經驗。對於老師所使用的教學法,琳達是這麼說著的:

我認為擔任一位老師就必須具有創意。你必須讓你的課程鮮活的呈現給

學生。你不可以只是單純的走進教室，然後告訴學生：「我就是要教導學生這些知識與技能；我要做的就是教導學生認識教科書的內容；別無他法，不要再問我任何問題了。」在許多課堂上，我完全喪失學習的興趣。不過那些課堂會讓我感到無趣，是因為老師就是這麼說的：「翻開書本第 X 頁，」在他們的腦海裡似乎從來都不曾想過任何問題。他們上課的所有內容都來自於教科書的內容。你不可以在課堂上提出任何問題。如果你膽敢提出問題，老師就會告訴你：「答案都在課本裡面。」而且如果你提出來的問題無法在課本裡面找得到答案，那麼你根本就不該提出那樣的問題！

理查是一位年輕的黑人學生，他想要在畢業之後進入藥學系，主要是因為他在化學方面已經發展出濃厚的興趣了。在訪談當中，他也提到學習興趣的重要性，以及讓課堂活動變得活潑生動的重要性：

我相信一位老師在介紹不同的知識與技能給你的時候，可以讓班上的同學感到興趣。不像一般標準的老師一樣，走進教室，站在講台上講課，或是像另外一些老師一樣，只是走進教室，發講義，然後讓學生忙碌的抄寫講義，然後在同學之間交換批改，每個人都有成績之後就掉頭走人！

學生對於老師過度依賴教科書和黑板都相當具有批判性，偏偏這樣的教學現場其實就是引發學生被動學習的一個主要誘因。例如，阿文就覺得老師如果能夠從學生的觀點進行教學的活動，就可能和學生和睦相處：「他們不該走進教室，然後就像皇帝一般的指使學生做這、做那……他們不該是那種『一言堂』的作法。」尤藍德則認為她的英文老師和學生並沒有和平相處。她是這麼說的：「她會把課本內容講完，然後就坐在那裡等候我們完成習作。」詹母斯也提到某些老師甚至連關心都不會：「他們就只會把課本內容講解一次。所以他們只會說，『好！同學們，注意到這裡來』，然後就在黑

板上寫了些東西，然後告訴我們那些就是我們在課堂上該做的事情。然後要我們將課本翻到第二十五頁。」最後，文敏在那些學生所表達的觀點上再增添了一些他的觀點。他很清楚的了解到存在於教學法與關懷學生之間的關聯性。他這麼說：「有些老師就只會走進教室，直接走上講台……他們一點都不關心我們的學習。」

學生不只是批評老師的教學法，他們還會誇獎那些有趣、具有創意，也關懷學生的老師。琳達還以一種特別感人的證詞感謝一年級的老師。她認為那位老師是她的良師益友，所以她也想要「追隨那位老師的腳步」，攻讀初等教育。她還提到：

> 對我來說，她總是在那裡安安靜靜的等著我。在我一年級或二年級以後，如果我遇到任何一個問題，我可以回去問她。在我生命的剩餘時刻，我想我還是會想要回去問她一些問題的……她是一位金蘋果獎的得主，對於任何一位小學老師而言，那是一項非常崇高的獎項……她讓我隨時保持我的身分……當我開始走下坡的時候，她總會想辦法讓我再回到精力充沛的時刻，讓我可以穩穩的站起來。

文敏也提到那些允許他在課堂上使用越南話交談的老師時的感受。文敏喜歡小組的合作學習模式。他特別記得有一位老師總是要求學生討論重要的議題，而不是將學習的重點集中在他所指稱的「單字的意義」，也就是單純書寫老師所條列的單字，並且要熟練的背下來的那種學習模式。重要的議題牽涉到美國的歷史、學生的歷史和文化，以及和學生的生活核心有關聯的一級。其他的教育夥伴也早就指出學生通常偏愛小組合作的方式進行學習。Phelan等人（1992）在他們研究學生對於學校的觀點時，發現高成就或低成就的學生，不管他們的背景為何，都偏愛小組合作的方式，那樣的模式協助他們產生想法，並且能夠更主動積極的參與課堂活動。

另外，詹母斯也喜歡老師可以解釋課文，並且允許班上每一位同學都可以提出問題來討論，他是這麼說的：「或許坐在教室後面的某個同學和你有

相同的問題，然後他突然間提出那個問題來。」佛恩對照兩種不同的班級，在一種班級裡面，全班同學幾乎只在聊天或睡覺而讓整班的氣圍顯得昏沈；另外一種班級裡，老師使用繞舌歌曲來教導歷史，並且讓每一個同學參與課堂活動，她稱後面這種班級氣圍就像是在合唱一樣的美妙。還有，阿文對於大多數的老師都相當喜歡，不過特別提到他在九年級的一位數學老師時這麼說著：

> 在我遇到他之前，我真的從來都不是數學課堂上會參與的人。他讓我知道其實數學不是那麼壞的一門科目。自從我遇到他之後，我的數學成績就一直相當亮麗，而且我也相當喜歡數學課程了。

尤藍德則是另外一種個案情況，她相當幸運的遇到許多能夠理解她，也支持她的老師，有些老師針對她的雙語能力給予肯定，或是在課堂上提到她是一個墨西哥舞蹈團體的成員，或者只是單純的和她與其他同學閒聊他們的生活情況。她這樣說：

> 我和許多老師都相處的很好……說真的，我好喜歡有些老師，他們經常打電話給我的媽媽，就好像我做了一件好人好事一樣的認真。或者他們會和我閒聊，他們某種程度喜歡把我的成績往上拉一點，或將我調到另一個班級，或帶我到某些地方去參觀。他們總會在那裡恭賀我的表現。

然而，這樣的支持很少是因為某些老師個人的努力所能夠呈現出來的一團和氣，相對的應該是透過學校整體的運作所得到的結果。也就是說，這是完整的學校實踐與政策一部分。例如，尤藍德最近被學校挑選為「本月之星」的學生代表，而且學校將她的相片張貼在學校川堂，讓全校師生都可以有機會認識本月之星。此外，她也收到一份正式的證書，並且受到校長的邀請參加一頓正規的晚餐。雖然琳達的一年級老師是她最喜歡的那位老師，她還曾遇過許多其他的老師也都能夠創造一個讓每一位學生感受到熱烈歡迎的教育情境。對於琳達而言，整個學校是那麼的特殊，因此學校的情境，包含

學校的領導統御階層，與學校對每一位學生的承諾，都已經在無形中成為學校經營成功的主要成分了：

> 我的每一位老師都超棒的。我不認為整個學校裡面有哪一位老師是我不喜歡的老師……那就是一種特殊的感覺。你就是知道他們關心你。你就是知道這樣的事情，而且你可以清楚說明他們關心你的項目。那些從來沒有教導過你的老師，或者從沒有聽過你姓名的老師，他們仍然知道你是誰……這整間學校就像是一個社區一樣……
>
> 我喜歡那所學校！我也想要在那所學校擔任老師的工作。

凡倪莎則提到她的老師通常用自己學生時代的生活和經驗當作教學時和學生互動的介面。對她而言，這樣的作為讓她覺得他們是超級棒的老師。

> （大多數老師）都真實的關心和支持我，也樂意分享他們的生活，更願意傾聽我的意見。他們並不是那種只想教導你課文內容的老師。他們更想要認識你。

除了給老師批評的意見與獎勵以外，參與這個研究的學生也給他們的老師許多深思熟慮的建議，以便讓他們的教室成為更受學生歡迎的地點。理查就是當中的一個例子。他說他想要「在每一天的課堂上提供更多的活動，讓課堂顯得更加有趣」。至於佛恩則建議老師鼓勵學生能夠更積極主動的參與學習的活動：「老師可以提供比較多的機會讓全班都參與學習，而不是讓班上最優秀的那一兩位同學站在這裡幫忙全班將課堂活動給占滿了。」凡倪莎接著說：「老師可以在課堂上進行一些遊戲來取代他們原先想要傳達的筆記或講述的內容。」她建議在學習西班牙語的時候，或許學生可以在學習某些單字時以肢體表達的方式來呈現他們的學習，讓學生更加容易記得單字的意義。她同時也想到：老師或許也可以使用教科書以外的教材，「來展現某個觀點或想法」，這樣的一個回應毫無懷疑的可以針對許多學校正在使用的教科書和教材提供一些尖銳的觀點。阿文認為老師讓學生隨時可以找得到就是

最有幫助的老師了（「你知道的，放學之後我還留在學校裡，這樣我就可以找到老師來尋求他們的幫忙」）。

　　文敏在建議的時候就非常的具體、明確，他探觸到重要的文化議題。由於他在十五歲的時候從越南來到美國，學習英語對他來說不是一件簡單的事情，而且他的自我要求相當高，所以在我們訪問他做簡單的自我介紹時，這麼說著：「我不太會講英文，不過我認真的學習當中。」雖然在越南的時代，他自認為是一位還算聰明的學生，不過由於他的英文不是那麼完美，所以他不再認為是一個聰明的人了。他的老師經常在他努力之後給予他獎勵，不過他對於這樣的師生互動關係這麼批評著：

> 有些時候，英文老師不太了解我們。有些時候，我們做得還不夠好，就像我的英文不怎麼好。她總是會說：「哇！你的英文相當棒！」不過那只是美國文化的一個部分。在我的文化裡，我們不是這麼說的。在我們的文化裡，如果你的英文真的不好，她會這麼說：「你的英文不好，你回家以後要認真學習英文。」然後我們以前的老師會告訴我要複習或預習哪些部分，也會告訴我怎麼練習才會得到比較好的效果。不過有些美國人就像你知道的那樣，他們不了解我這個人。所以他們就只會說：「哇！你真的很棒！你幹得好！每一件事情都是那麼美好一樣。」這裡的老師都以這種方式教導我，不過我的文化不太一樣。他們會說：「你還有進步的空間。」

　　這是一個重要的教訓，不僅因為它挑戰了老師過度使用讚美的時機，也就是María de la Luz Reyes（1992）所指稱的「莊嚴的假設」（venerable assumptions），同時也因為它告誡老師在課堂上必須兼顧文化差異與個別差異。在這個範例當中，從文敏的角度來看讚美是一種空洞的感受，因此就顯得相當虛偽、沒有誠意。琳達回想起她兩度在七年級與八年級各被當了一次的經驗所得到的教訓，好像也「虛度了兩年的時光」：

我從那裡學到好多。實際上，我在大學所寫的小論文當中有一篇文章就是從那些教訓所寫出來的心得，我學到我根本就不必靠著別人的讚美來過關……我所需要知道的都在這裡（指著她的心臟），不管我有沒有試著做到最好都一樣。

對於班級裡到底哪些事情可以行得通，哪些行不通，或許學生都有重要的訊息可以提供給老師參考。然而，我們也要清楚記得，可不要陷入 Lilia Bartolomé（1994）所說的「方法論的迷戀」，也就是說以一種簡化的信念認為某些特定的教學法，就可以自動的為那些低成就的學生解決複雜的學習問題。根據 Bartolomé 的觀點，這樣一種短視的作為將會讓老師有藉口可以避免核心的議題，而無法了解為何有些學生會成功，而另外一些學生再怎麼努力還是會失敗的原因，以及政治上的不均等對於這樣的一個兩難困境所扮演的核心角色。與其使用這種教學法，或那種教學法，Bartolomé 建議老師發展她所說的「人性化的教學法」，讓學生使用的語文和文化都變成學習的核心。還有一個 Reyes（1992）所說的「一體適用」（one-size-fits all）的教學法的大問題，在那種教學法裡，學生的文化和其他的差異都可能被老師所否定，即使老師秉持著善意，也根據進步主義的教學法來進行教學上的引導。這裡要提出來的觀點是認為沒有任何一種教學法可以像是聖牛一樣的，在毫無批判的情況下被老師所接受，更因為某種教學法正好跟得上時代潮流而堅持使用那種方式。或許我們可以比較公平的說，那些比較偏向傳統教學法、關心學生學習、深信他們還有機會可以夢想學生獲得成就的機會的那些老師，可能比另外一些知道最新的教學法卻不願意分享這些信念的老師還更容易對學生產生正面的影響。學生需要的遠超過像是異質分組、同儕家教、合作學習等創新的構想。雖然他們可能在實際上比較傑出，以及有效率的教學法，不過除非老師的態度和行為也跟著改變，否則對於學生的學習成效是沒有多少用處的。

上面所提到的學生並沒有想要找尋一個神奇的解決方案或教學法。實際

上，他們對於教學法有許多建議，有些建議還會相互衝突。即使他們並不是以一言堂的方式發表他們的觀點，不過他們的確有一個共通的關懷層面，那就是在學校的每一間教室通常都相當無趣的進行著所謂教學的活動，那些教學也和學生的經驗相當疏遠，更不用說那樣的學習讓學生覺得渾身無勁。在教育政策、教育實踐與老師的態度之間有一個複雜的交互作用讓這樣的教學法持續出現在每一間教室裡。能力分組與測驗是這個交互作用下兩個強而有力的交互力量。

分流／能力分組／成績等第與對學生學習成就的期望

> 低落的身分地位才是緊要的項目，而不是低收入這樣的問題。而且低落的身分地位總是由那些高高在上的人所創造出來壓迫其他人的工具。
> （Stein, 1971, p. 158）

在她那篇一九七一年發表的著名文章裡，Annie Stein 提到一個在紐約市進行的研究。那項研究詢問幼稚園的老師一個重要的問題，就是他們認為學生在進入一年級以前該學習哪些項目，才不會跟不上進度。問卷回收之後，研究者根據老師填寫的項目是屬於社會化的項目或是教育目標而加以編碼。在擁有大量波多黎各裔與非洲裔學生的學校，社會化目標總是那麼的顯著；相對的，在混和均勻的學校裡，教育目標則是列在排行榜的第一名。Stein 這麼做出結論：「實際上，在六到七項目標的清單當中，有許多來自於少數民族的幼稚園老師壓根都沒有提到任何一項教育目標」（p. 167）。就像是一種慣例一般，學生的教育目標已經被社會化的目標所取代，所以在這些學校所發生的，應該說這些分流的現象早在學生還在幼稚園階段就已經產生了他們的效應。

近年來針對分流學習的多數研究都發現那是一個有問題的策略，特別是針對中低階層成就的學生而言顯得相當醒目；也因此近年來愈來愈多提議廢除分流學習的教育也獲得比較多的支持（Oakes, 1992; Wheelock, 1992）。雖然許多關於分流教學的決定沒有紮實的基礎可以支持，不過它們仍然受到我

們這個社會對於智慧的本質與能力分布的意識型態規範所支持著。長期進行能力分班對於年輕人而言可能會對他們的生命機會有極大的破壞性。John Goodlad（1984）發現那些在一年級或二年級就被老師的判斷，或是測驗評量的結果歸類成閱讀和數學比較弱的學生，很可能在升上中年級，乃至於在他們剩餘的求學階段，都會繼續被分配到那樣的班級就讀。此外，他發現貧窮的孩子與有色人種的孩子比其他的年輕學童更有可能面對能力分班的負面影響。例如，最近有一項由 Hugh Mehan 與 Irene Villanueva（1993）共同執行的研究，發現當低成就的高中生在解除能力分班的行政命令之後，就很可能在學業方面有所成就。這研究著重在聖地牙哥都會區低成就的學生的探究。當這些學生，多數是拉丁裔與非洲裔學生，從後段班轉移出來，到前段班就讀，並且與那些高成就的學生共同選修大專預備課程，他們就可以從許多方面學習得更紮實，包含最基本的就是比較多這類型的學生會到大專就學。這兩位研究者的結論認為對於這類型的學生而言，嚴格的課表要求會比補救教學與治療矯正的課程更能夠發揮他們在教育與社會化的目標。

　　參與我的研究計畫的多數年輕人並沒有提到分流教學或者能力分班的名詞，不過他們大多數以迂迴的方式提到這樣的現象，並且通常以負面的方式提到這種現象對於他們的影響。雖然整體來說，他們在學業方面都還算得上優秀的學生，不過他們很快就可以指出，老師對於學生的期望通常讓他們的同儕注定要失敗。例如，尤藍德在我們問她對於老師有哪樣的建議時，這麼說：「我會對老師說：『和那些在教室裡面神遊的學生好好相處吧……和他們有多一點的溝通管道也是好的開始。』」當我們繼續追問，老師對於墨西哥裔的學生應該有哪樣的認識時，她非常快的指出：「他們哭得很凶，這是我可以確定的一點。」老師對於學生抱持低落的期望也是她批評的焦點，她聲稱老師在教室使用的教材太「低階」了。她繼續說：「我們在教室應該做一些比較高階層的事情。不過他們就是這麼緩慢的帶領我們，按部就班的一步一步來。那是為何每一位學生都將上課視為一個笑話的原因。」雖然佛恩喜歡那種在班上高高在上的感覺，不過她可不喜歡老師以不一樣的方式對待

她。她提到以前就讀過的一所學校，在那裡：「每一個學生都被學校催促著同樣的要求，也都獲得相同的協助。在我們這所學校，我注意到一點，那就是他們只教導了25%，卻忽略了75%的課程內容。」她也提到，如果學生的成績表現不好，老師就不太願意幫助學生的學習：「在這所學校裡，我發現如果有學生的成績落在D或F之間，師長就不會尊重你；他們會瞧不起你。不過你也知道，你總在某些特定的活動裡面吊車尾。」

這些年輕的學生也提到老師會依據學生的文化或階層上的差異而調整他們對於學生的期望。凡倪莎也提到某些老師根據學生不良的聲望來期望學生的表現，她也發現那些「只是想要盡快趕課，想要將他們要教導給你的內容快速印刷到你腦海的老師對學生一點幫助都沒有。他們不願意緩和下來，因為他們腦海裡有些知識和技能就是要傳輸給你一樣。」理查是一位就讀於黑人學生為主體的學校，他感受到那所學校的某些老師不會期望黑人學生在學業上會有所表現：「那所學校的許多白人老師不會催促學生學習⋯⋯他們對於學生的期望並不像他們原本對學生應該抱持的高度期望⋯⋯我認識一些黑人老師遠比白人老師對學生抱持比較高的期望⋯⋯他們就會那樣做，這是因為他們還在當學生的時候有那種感受⋯⋯說真的，我想說的是你必須以黑人的身分來思考，才能夠了解黑人學生的感受。」理查可能不知道他的結論和一個重要的研究幾乎一模一樣，那個研究主要在探討如何培養高成就的非洲裔學生。在這研究裡，Janine Bempechat 的結論是這樣的：「在所有的學校裡，高成就是透過高度的期望和標準而培養出來的」（Bempechat, 1992, p. 43）。

Virginia Vogel Zanger 曾經針對波士頓地區高中拉丁美洲裔學生的研究，著重在我們稱之為「社會化分流」的概念上。即使接受她訪問的學生都屬於高成就的學生，也被分配到大學預修課程裡，不過他們仍然可以感受到被同學疏遠的刺痛感。在分析他們的建議所使用的語文模式之後，她發現學生傳遞給她一個強烈的邊緣化感受，他們會使用「遺漏掉」、「次級的」、「在底下的」與「沒有參與」等詞彙來反應他們對於學校的感受（Zanger,

1994）。雖然在學校裡面他們都是成績優秀的學生，不過他們感受到學校依據他們的文化背景與學校所建立起來的種族歧視氛圍而將他們原先的地位指派到次級的身分地位。同樣的，在一個研究波多黎各裔學生中輟的探究中，我的同事曼紐爾與我發現到某些類似的語言。一位在十一年級中輟的學生叫做荷西，他這麼解釋中輟的原因：「我根本就是孤單一個人……我是一位局外者」（Frau-Ramos & Nieto, 1993, p. 156）。另外一位已經畢業，叫做 Puerto 的學生也有同樣被同學疏遠的感受。當我們在訪談時間他學校可以怎麼做才能協助更多波多黎各裔的學生時，他以母語這麼回答著：「如果學校能夠做些事情，讓波多黎各裔的學生不會感受到被同學排擠就好了」（p. 157）。

在訪談當中，評分的政策也被學生提到是和分流教學與老師對學生的期望有關聯的項目。有一項研究就指出不再強調成績等第與標準化測驗的實施之後，他們那些非洲裔的學生與白人學生之間的身分地位就趨於一致，而且白人學生也比較可能跨越膚色找尋他們的友誼關係（Hallinan & Teixeira, 1987）。在我自己的研究當中，我發現了一個出乎我意料之外的結果：雖然學生在學校的學業成就優秀，不過他們通常不認為成績等第對他們有什麼實質上的幫助。當然，大多數時刻，他們享受優秀的成績等第，不過有時候並不是因為我們所期望的原因。例如，佛恩想要獲得好成績的主要原因是這樣老師才會關注到她。至於瑪麗莎爾則認為她和他們家八位兄弟姊妹所獲得的「優秀成績單」通常是：「為了我媽媽。我們喜歡看到媽媽想要的樣子，你知道的，就是看她開心就好了。」

不過他們很快就以輕描淡寫的方式討論成績等第的重要性。例如，琳達就舉出一個例子說明她在高中時代，一位電腦老師對於她最沒有實質上的幫助：

> 我對於電腦素養一點概念都沒有。我那門課的成績還是 A 呢！就因為他在校園裡的每一個角落看到我做了一些很棒的事情，也在其他科目都獲得 A 的成績等第，所以他自動假設我應該獲得這個成績，不過他在上課

時，根本就沒有注意到我的存在。在那堂課上，我自認應該得到的分數比較接近 C 的等第，不過就因為每一位老師都給我 A 的成績，所以我也因此獲得同樣的成績。對我而言，他一點幫助都沒有，他也沒有想要提升我在這方面的能力。

她接著說：

對我而言，它們就只是一張紙上面的某些東西而已。……（我的父母）也這麼認為。如果他們真的問我：「親愛的，你是否已經盡力而為了？」只要我給他們的答案是正面的，他們會看一下成績單，然後點頭稱讚就過去了。

理查提到雖然成績等第對他的母親來說是重要的項目，不過「我是一位可以為自己設定學習目標與標準的人。」詹姆斯以一種相當謙卑的態度說著：「我或許是班上最聰明的學生。」和其他學生不太一樣的地方就是別的學生還會做老師指派的作業，但是他喜歡「真實的捲起袖子好好的做些事情。」他還接著說：

如果你並沒有真實的操作過，即使你獲得滿分之類的成績……那還是和真實的沈浸在學習是不一樣的……你可以將課文內容背下來，你知道的，這樣就可以混過一場考試了……不過你知道如果只是單純的背下來，那麼學習對你就沒有任何好處了。你必須真實的去學習那些課文內容，就這樣。

多數學生也做了類似的評論，他們的觀點是要挑戰學校更深層的思考教育的真實意義。琳達在回答我們的問題時並不孤單，她是這麼說著：「上學是要讓你自己成為更優秀的人才。」她喜歡學習，並且這麼評論學習的種種：「我只是想要保持繼續學習的機會吧！當你停止學習，那麼你就開始接近死亡了。」尤藍德使用營養的譬喻來說明學習：「（教育）對你是好的

……就像你在吃東西的時候一樣。如果你一整天都沒有進食,你就會覺得怪怪的。對我來說,教育也有這樣的效果。」凡倪莎也是一位熱心學習的學生,以一種沈思的語調說明成功和高興的經驗:「我很高興。成功對我來說就是一件值得高興的事情。它並不是一件可以給你成千上萬的金錢的工作。那是一種自我感受到快樂的事情。」(審訂者註:看到美國有色人種的學生對於學習有這樣的態度,反觀國內學生通常只為了通過一關一關的考試而學習,那麼未來國家的競爭力就不言可喻了)

最後,文敏廣泛的提到教育的意義,特別針對他在美國的學校以及他家鄉文化下所感受到的差異進行比對:

在越南,我們上學的目的是想要成為有教養的民眾。不過在美國境內,多數人會說:「喔!上學的目的是想要找到一份好工作。」不過我的觀點認為,我不這麼認為,我會說,上學是想要找到一份好的工作,同時也是想要成為有教養的民眾啦!」

(成績)對我來說並不重要。重要的是接受教育……我並不太在乎「測驗成績」的結果……我只知道我會好好的考一場試。不過我不需要知道到底得到的成績是 A 還是 B。我還要學習更多的知識和技能。

有些人獲得良好的教育。他們上學接受教育,獲得碩士學位、博士學位,不過他們只是在幫助自己而已。所以那不是真的良好的教育。我不在乎可以賺多少錢。所以我只是想要獲得一份正常的工作讓我可以照顧自己和我的家庭。對我來說,那就夠了。我不想要一路攀爬上去和其他人相比。

種族歧視與偏見

事實就那麼清晰的擺在眼前，不過種族歧視的謊言雖然可以瞞天過海的欺騙所有的人，不過它的受害者卻相當清晰的感受到歧視所帶來的迫害。（Stein, 1971, p. 179）

有愈來愈多的正式研究報告，以及非正式的報導和蛛絲馬跡證明在我們的學校體制上有許多根據種族、膚色、宗教、性別、社會階層、語文與性傾向所產生的歧視和偏見上的傳統。即使如此，就誠如 Annie Stein 在一九七一年的文章所指出的，這些歧視和偏見很少透過面對面的直接衝突討論來闡釋。人們不敢直接挑戰這些議題的主要原因，可能是因為體制上的偏見公然違抗我們對於社會正義與公平遊戲的理想，也衝撞到個人的努力工作是成功唯一保證的哲理。在討論到菁英教育（meritocracy）的神話時，Beverly Daniel Taium 解釋為何種族歧視通常會被否定、輕描淡寫，或根本就離題討論，他是這麼說的：「了解到種族主義對於一個既得利益體制將會呈現一個嚴肅的挑戰，它公開挑戰、對抗美國自認為是一個公平、公正的社會理念；在我們原先的理念中，唯有靠自己努力才得以獲得獎賞的。」（Tatum, 1992, p. 6）

近年來的研究指出種族歧視與其他偏見的模式正以各種方式影響學生和他們的學習。例如 Angela Taylor 發現到在教學時，老師在某些程度上會刻意隱藏他們對於種族歧視的負面刻板印象，不過單就因為學生是非洲裔的這種身分就已經足夠讓老師將他或她列在學業成就偏向邊緣學生的名單當中（Taylor, 1991。審訂者註：國內許多老師，從國小到大專都一樣，通常當班上有同學屬於少數民族的學生，也通常會「自然而然」的認為那些學生屬於邊緣學生，成績不會好到哪裡去。這一點觀點似乎和美國教育界相互呼應，值得改善）。當然有許多老師以不同的觀點處理這類事情，他們傾向於認為學生

欠缺學業成就與動機，完全是因為他們的家庭或社區的生活環境所造成的。不過在校園裡發生歧視的行為和行動，不管是其他同學或老師、教職員的行為，都已經廣泛的被研究過了。有一份在一九九○年，針對波士頓地區的高中學生所進行的研究發現，雖然有57%的學生曾經目睹一次種族歧視的侵犯，而且有47%的學生可能參與或感覺到被侵犯的對象是自食惡果，不過接受訪問的學生當中只有四分之一的人會向學校報告這樣的種族歧視的事件（Ribadeneira, 1990）。這應該是一項令人驚訝的發現，不過在一個針對加州地區移民後裔的學生所進行的研究指出，美國人對他們有負面的感受，他們更能夠感受到那種不受歡迎的感覺。實際上，幾乎每一位接受訪問的移民學生都提到，只因為他們的膚色、腔調，與他們所穿著的服飾與人不同，就讓他們不僅一次的被同學吐口水、詐騙、戲弄與恥笑。超過一半的學生指出他們曾經是老師偏見下的犧牲者，他們提到的例子包含他們被老師處罰，或在公眾面前遭受羞辱，或是因為他們不適當的使用英文而讓他人取笑。他們也提到他們的老師曾經在全班同學面前公然的貶低移民族群的身分，或是因為某些特定的學生在使用語文時會遭遇到困擾，而避免讓那些學生參與課堂活動（Olsen, 1988）。大多數國中和高中學生在接受 Mary Poplin 與 Joseph Weeres（1992）的訪談時提到，他們也曾目睹校園裡的種族歧視事件。另外，Karen Donaldson 研究都會高中學生使用他們所曾經歷過的種族歧視當作同儕教育活動的內容時，超過80%的學生提到他們確實察覺到校園內存在著種族歧視的個案（Donaldson, 1994）。

　　Marietta Saravia-Shore 與 Herminio Martínez 在他們以人種誌的研究法，針對中輟的波多黎各裔學生，目前在替代高中求學的學生所進行的研究，也有類似的發現。這些青少年覺得他們以前的老師，若以他們的語文來說明，「對波多黎各裔與黑人學生都不利」的態度，甚至會公然歧視他們的學習。有一位學生指出，一位老師曾經這麼說：「你是否想要和其他波多黎各女人一樣沒有受過教育呢？你是否想要和你家裡的其他成員一樣都沒有上過學呢？」（Saravia-Shore & Martínez, 1992, p. 242）Zanger 則針對波士頓地區高

中求學中獲得高成就的拉丁裔學生進行研究，有位年輕男生提到，當他的老師在全班同學面前公然的以一種貶低西班牙裔的方式稱呼他；雖然後來這位老師被停職了，不過這樣的事件在他的內心已經留下一道傷痕（Zanger, 1994）。不幸的，類似的事件遠比學校肯承諾或承認的次數還要更加頻繁。雖然學生似乎相當渴望有機會可以討論這些議題，不過學校通常不太願意讓學生有這樣的機會可以討論這些議題。

對於那些發生在他們周遭與他們親身經歷過的種族歧視經驗，學生到底抱持哪樣的感受呢？這樣的感受對於學生有哪些影響呢？在訪問學生的時候，Karen Donaldson 發現這樣的事件對於學生有三方面的影響：當白人學生察覺到他們的同伴所遭遇到的種族歧視時覺得相當有罪惡感，也相當難堪；至於有色人種的學生則認為他們有時候需要過度認真與過度的成就來證明他們確實和白人同學在學習方面有相同能力；以及有色人種的學生也提到偏見與歧視對於他們的自尊有負面的影響（Donaldson, 1994）。自尊層面的議題是一個相當複雜的議題，可能包含了許多變因在內。孩子們的自尊並不全然是意外形成的（does not come fully formed out of the blue），他們其實是在一個特定的情境下所產生的，也會因為情境的不同而有不同的回應情況，所以當老師與學校串通起來創造了負面自尊的情境，確實是一件不可以打折扣的關鍵。對於莉莉安而言，這是可以理解的現象，她是一位參與 Nitza Hidalgo 研究計畫的年輕女孩，來自於一個都會型的高中，她這麼說著：「那是我另外一個問題，老師他們總是認為我們這群學生就是沒有自尊的一群，或是類似的話來刺傷我們。不過我要坦白說明的就是他們就是貶低我們自尊的那群人。那也是為何我們這群學生的自尊都那麼低的主要原因吧」（Hidalgo, 1991, p. 95）。

參與我的研究的學生也依據他們的種族、血緣、文化、宗教和語文的經驗所曾經經歷過的歧視範例。有些學生，就像曼紐爾是從同學那裡感受到這樣的歧視。以一個在十一歲的時候，從非洲西岸移民到美國的學生而言，他發現那種文化的調適相當的艱辛：

當美國的學生盯著你看的時候，那種感覺非常奇怪；當你有一個截然不同的文化時，想要融入他們的生活真的很困難。想想看，甚至連穿著的服飾與其他相關的事項都和他們不一樣。所以這些孩子在剛開始的時候，還真的把你當成了猴子一樣的看待，一邊看，一邊笑你呢！

阿文則提到他的學校發生的反猶太主義。他所居住的城鎮主要的居民都是歐洲裔與基督徒。猶太裔所組成的社區在最近幾年有愈來愈縮小的情形，所以在他的學校裡，已經沒有多少位猶太裔的學生了。有一次，有一位學生走向他，並且告訴他：「你是否已經準備好面對第二次大屠殺了呢？」他也詳細的說明了另一事件的過程：

那是一堂在森林裡的課程，有另外一位和我同年齡的男孩也參與，他和我同一年級。他也是一位猶太裔的學生，以往會到寺廟來，也到希伯來的學校求學。不過後來他和一些不該在一起的人相處在一起，偏偏那群人當中有些也是我的同班同學。我猜他們後來就開始取笑他。在取笑的過程當中，有些同學開始用木頭做成納粹黨的黨徽，……我看到當中的一個黨徽，就好奇的問當中的一位男孩：「你們到底在幹什麼？」那位男孩這麼回應：「放心，這不是做給你的啦，這是要給他的。」我接著再問：「什麼？」

另外一些學生提到老師方面的歧視和偏見。特別是瑪麗莎爾和文敏都提到語文方面的歧視對他們確實構成困惑。對瑪麗莎爾而言，當某個特定的老師不允許學生使用西班牙語在課堂上發表意見時，就是一種歧視的態度。對文敏而言，他倒是比較關心老師對於他的語文能力方面的態度：「有些老師並不怎麼了解語文。有時候他們會認為我的語文很好笑。」理查則提到白人老師和黑人老師對於學生期望之間的差別，並且認為所有的老師都應該假想他們在教導一個全是白人的學校一般的態度來教導課程，意味著在那種情況下老師對學生的期望會比較高一點。還有一些學生則成了取笑的對象，不過

包含詹母斯在內的同學還相當歡迎這樣的一種取笑，或許是因為這樣的取笑讓他還可以感受到他的文化的存在。他提到米樂先生，一位他特別喜好的國小老師時，說米樂先生會稱他為「誇大其詞」的人，這是因為他有一個大鼻子，而且他的姓氏正好是 *M.A.S.H.* 電影裡面一位黎巴嫩角色那位演員的姓名（審訂者註：*M.A.S.H.* 在美國電視界算是一個受到熱烈迴響的影集，播放韓戰期間美軍的一些糗事和認真的事情）。詹母斯說：「從那次以後，我的每一位同學就叫我那個名字了……我有點喜歡那個名字，這麼說吧，那種感受讓我了解到每個人都在笑我。」

琳達是受訪學生當中對於種族歧視最有意見的一位。由於她的母親是白人，父親是黑人，所以她自認為是一位黑白混血的人，所以她同時得面對老師與同學對她的歧視或混淆。例如，當老師們要她確認自己的種族來源時，通常根本沒有和她打招呼就直接給她指定了種族來源，這一點讓她非常的憤怒。她這麼說明那時候的感受：

> （老師不應該）試著要我們在一些選項當中挑選我們的種族來源。而且上帝禁止你將我們歸類為一些我們根本就不歸屬的種族來源……當我不是西班牙裔時，請不要將我寫成西班牙裔。有些人還說當我笑起來的時候看起來很像是中國人……請確實找出來，不要只是運用你的判斷……如果你正在填寫某些人的成績單，而你不知道他們的種族來源時，最好的方法就是直接去問他們就好了。

她繼續說到：

> 有些人這麼指著我說：「哈！你是黑人。」我不是黑人；我是黑白混血的人。我是一個黑白混血的美國人。「好啦，你就是黑人啦！」不，我絕對不是黑人，我既是黑人也是白人……我的意思是說，我並不以身為一個黑人而覺得可恥，不過我也不會因為我是白人而覺得可恥，我是兩者都是的人種，我想要同時屬於這兩種人種。我想老師對於這種學生的

感受要多一點的敏銳度。

琳達並沒有將她批評的矛頭單純指向白人老師，她也提到一些在高中所遭遇過的黑人老師。除了班森先生是她最喜愛的一位老師以外，學校還有一位黑人老師：

其他的黑人老師當中，他是一位具有種族歧視的老師，我並不喜歡他。我是黑人學生社團的一員，他擔任社團指導老師。他是那麼明顯的表達他的信念：黑人至上的觀點……許多時候，當他的班上有白人學生原本可以獲得 A 的成績，他就給他們 B 的成績；相對的，班上每一位黑人學生都及格了……他是那麼的堅持只有西班牙裔與黑人學生才可以進入我們的社團。當我想要成為社員的一份子之前，因為我不全然是黑人的身分讓他經常挑剔我……在社團裡，我並不受歡迎……他從來都沒有想要知道我幹嘛要變為社員。他就只會在遠處觀察我們，然後做最後的判斷。

對於琳達而言，種族歧視很清楚的是一件值得我們深思的議題，她在接受我們訪問的時候想了很多這方面的問題，更不吝嗇和我們分享。當她提到：「真的很痛苦。當我讀到那一段歷史的時候，我為我的一些祖先曾經對另外一些祖先所做的事情感到相當難過。除非你是一位混血兒，否則你真的無法體會混血兒的心情。」我們就可以了解到種族歧視在她的心上占有多高的比例。她甚至寫了一段詩詞來說明這樣的觀點：

不過我好奇想要知道
告訴我到底誰給予他們權力
我可以做哪些事情，不可以做哪些事情呢
我到底可以算是哪一種人，又不是哪一種人呢
上帝創造了我們每一個人
就像其他人一般

唯一的差別就是，

我的膚色稍微黑了點。

學生的觀點對於學校轉型的意涵

上面所記錄的敘事文字給我們很多教訓。不過這些教訓對於學校使用的課程、教學法與分流教學有哪樣的意涵呢？我們該如何使用學生教導我們關於種族歧視與偏見的想法呢？學校的政策與實踐可以因為我們和學生透過對話了解哪些政策、實踐是有用的，哪些根本無濟於事而調整學校的政策和實踐呢？雖然參與我這份研究的學生都沒有正式的提到多元文化教育的名稱，不過他們都深度的關心他們和他們的家庭成員與社群在他們的學校是否受到基本的尊重與代表性。在我的腦海裡浮現兩個多元文化有關聯的意涵，而且我絕對相信這兩個意涵對於學校的政策與實踐都有重大的影響。不過在我繼續說明之前，我認為有必要先清楚的說明我個人對於多元文化教育的觀點：對我來說，多元文化教育應該是每一個學生的基本權力，應該普遍存在於課程與教學法裡，更要以社會正義當作基石，也要以批判教學法為依據（Nieto, 1992）。在認識了我對於多元文化教育的詮釋之後，我們清楚的了解到它的定義遠遠超越許多針對多樣化的宣言所宣稱的「容忍」（tolerance）。同時它也和許多針對多元文化專業發展所設計的工作坊裡面倡導的「文化敏感度」有相當的距離（Nieto, 1994）。實際上，「文化敏感度」在面對多樣化社會要求時，頂多只是降低身分，類似「繃帶」的一個委曲求全的作法。這是因為通常他對於社會不公義的深層社會問題根本就束手無策。因此，如果是以文化的敏感度當作推動的重點，那麼它本身就可能因為無法考量到學校結構與體制上的障礙而顯得相當膚淺，偏偏那樣的結構與體制反應了，也複製了這個社會原先的權力階層關係。與其倡導文化敏感度，我建議我們以一種「降低傲慢自大」（arrogance reduction）的方式來推動多元文化教育。換

句話說，這種作法同時包含了個人與體制上的變革，非常明確的要求老師正式面對他們個人的偏見、態度與行為，以及反應這些偏見而呈現在學校運作的政策和實踐上面。

忠於學生的語文、文化與經驗

在二十多年前，Annie Stein 進行一項研究，詢問一位幼稚園的老師，為何她將班上四位學生歸類為班上最差的四位，還標示他們為「啞巴」。她這麼回答：「是的，在過去六個月當中，他們沒有說出任何一個字，而且他們似乎聽不到我所說的任何事情。」「那麼他們是否曾經和其他孩子講過話呢？」我們好奇的問著。「那當然！」居然是她的回答。「他們整天咯咯的以西班牙語交談著」（Stein, 1971, p. 161）。這些年輕的孩童，雖然在使用他們自己的語文時相當愛講話，不過由於他們的語文在學校裡沒有顯著的地位，而讓他們的老師將他們視為啞巴。不過這些孩子在走進學校的時候並不是一張白紙，相對的，他們擁有一套語言系統、文化與經驗，這些項目對於他們的學習是非常重要的。因此，我們不僅需要檢視個別學生的優缺點，也要檢視整個學校對於某個學生群體的身分地位是否因為他們的社會政治與語文情境的區別而有所不同。當 Jim Cummins 在考慮那些人們經常建議用來解決學生因為文化與經濟優勢族群所帶來的機能性文盲，可能使用的膚淺對策時，提出這項關懷：「在面對機能性文盲時如果只將焦點集中在技術層面是不夠的，因為在後半段班級族群的學生所遭遇到的低成就教育與文盲，其實是根基於我們這個社會的優勢族群，採用一種系統化的方式來否定那些學生族群在文化方面失去原先的價值觀，以及拒絕讓那群學生使用優勢族群學生可以享用的權勢」（Cummins, 1994, pp. 307-308）。就誠如我們在這整篇文章看到的許多範例，當學校公開認同學生的文化與語文時，學生就有可能利用他們在學校可以發表的意見來繼續他們成功的教育機會。

然而這樣的努力又被學生從他們所就讀的學校與整個社會所傳遞的訊息干擾，而讓整件事情顯得更加複雜。我所回顧的研究就清楚的指出雖然學生的文化對於他們個人與家庭而言相當重要，不過由於學校很少會重視或認同

他們的文化，而讓學生不太能夠確認自己的文化是一項值得投入的項目。年輕人對於自己的認同，經常因為這個社會所呈現的矛盾現象，而陷於反應這個社會的張力與掙扎而不自覺。學校當然無法豁免於這樣的辯論。其實學校如果要將學生的文化和語文排斥在外，好多的可能性就會存在：對於詹母斯而言，他的文化簡直就像隱形人一樣；對於瑪麗莎爾而言，她所代表的文化被詆毀了；或者像是文敏的情況，學校根本就不知道有那樣的文化存在過。所以當這些年輕學子對於他們的文化背景有相互衝突的感受，就不是一件令人意外的發現了。儘管必須面對這些惡劣的學習環境，他們都提到他們從家庭與文化所得到的優勢，以及他們想要維護這些優勢的步驟。詹母斯與瑪麗莎爾提到他們在家裡面持續使用他們的母語交談；佛恩則提到她的父親為了維護他們那些美洲原住民的文化遺產所作的努力；曼紐爾清楚的表達他永遠會將他自己視為一位非洲西岸的民眾；文敏則是動人的說到他的文化，以及那樣文化對他的意義，並且說他們在家裡只會使用越南話交談，他的兄弟姊妹每一個星期也會以越南文和他的父母親聯繫。這些年輕學子多數也和他們的宗教信仰與崇拜的地點保持相當密切的連結，透過這種模式來當作他們與他們的文化遺產的一個重要的連結。

　　近年來多數關於教育多元文化學生的文獻都是想要提供一種徹底不同的教學典範，想要和傳統那種「教育等同於同化、吸收」的作為相互抗衡（Trueba, 1989）。我們這項研究挑戰一項老舊的假設，就是那種認為學校的角色主要是當作一個同化、吸收的代言者，我們也提供了研究的基礎，希望可以給政策制訂者一些建議，希望能夠重視學生的文化背景，以便透過學生的文化背景來提升學生的學習成就。在亞太地區後裔的美國年輕學子方面，Peter Kiang 與 Vivian Wai-Fun Lee 這麼寫著：

　　非常諷刺的是家庭支持的優勢文化價值，雖然是許多文獻公認為是那些讓亞太地區後裔的美國學生在學業方面獲得高成就的主要原因，卻受到嚴重的暗中破壞，主要是因為我們的學校體制沒有一套基礎深厚的雙語

教學與母語發展的計畫與政策支持，特別是在幼兒教育方面更是嚴重。
（Kiang & Lee, 1993, p. 39）

一項由 Jeannette Abi-Nader 所執行的研究，探討一套提供給西班牙裔學生的學習活動，可能可以說明這樣的努力可以如何達成目的。在她所研究的一所大型都會型高中，學生的文化價值，特別是關於家庭的價值，都是每一天班級裡面師生互動的基礎。和其他那些西班牙社區裡的高中很不一樣的一點，就是那些學校都要為學生高比例的中輟率感到憂慮，這所學校有高達65%的學生畢業之後繼續到大學求學。此外，這些年輕學生將他們在學業方面的成就歸功於學校所提供的課程活動，並且熱情的說明這些課程活動，其中有位學生在問卷上這麼寫著：「我最喜歡這堂課的原因是我們全都在一起學習，我們都是全體參與活動的，在活動當中，我們也需要彼此幫忙。我們就像是一個家庭似的！」（Abi-Nader, 1993, p. 213）

參與我研究的學生也慷慨激昂的提供一些因為學校肯聆聽、尊重他們語文和文化所帶給他們的影響例子，以及學校忽略他們的語文和文化所帶給他們的負面影響。舉例來說，在尤藍德所就讀的學校裡的老師確實執行學校政策，也就是要欣賞學生多樣化文化的特色，所以他們的態度和行為也就不一樣。由於老師對她的支持，以及他們對於她所使用的語文和文化方面的尊重，尤藍德在結論的時候這麼說：「說真的，如果你能夠真實的投入學習，那麼在這所學校的感覺是很愉快的……我喜歡學習。我真的喜歡讓腦袋動一動。」曼紐爾也提到老師能夠發覺學生的文化價值與背景是多麼的重要。對於他而言，這顯得特別重要，由於他的雙親是那種對於美國教育與社會相當陌生的移民，所以即使他們給他重要的精神支持，不過他們卻無法協助他在學校裡的任何事情。他這麼說他的老師：

如果你沒有清楚認識一位學生，那麼你就沒有任何管道可以影響他。如果你不了解他的背景，你就無法和他有什麼樣的接觸。如果你對於他以往所經歷過的事件沒有任何了解，那麼就沒有方法可以影響他了。

　　另一方面，佛恩是她的學校裡唯一的一位美洲原住民學生，所以當她想要和代表多數族群的學生討論價值觀的時候就顯得困難重重。她特別提到在班上討論墮胎議題的時候，她想要嘗試與班上同學分享在他們美洲原住民的文化裡，胎兒是有生命的概念：「所以呢，當我想要告訴他們這項概念時，他們就說：『喔！看來我們已經跟不上時代了。』他們就是這樣中斷我的意見，偏偏我們討論的時間還有半個多小時呢！」對於阿文而言，他感受到老師想要試著了解他的宗教信仰，也渴望老師能夠多肯定他的文化。例如，在他的學校裡有一位想要掩藏他猶太裔身分的老師，如果能夠多多支持他的學習就會更好。

　　相對於此，在琳達的個案當中，她的英文老師班森先生，也是她最喜歡的老師，就提供了那樣的肯定和認同。由於他和琳達一樣也都是混血兒，所以她感受到他也能夠將她所遭遇到的困擾以感同身受的方式和她互動。以 Esteban Díaz 與他的同事所使用的語文來說，他就變成了琳達在「社會文化的協商者」，指派琳達在學習環境下的身分、語文與文化方面重要的角色（Díaz, Flores, Cousin, & Soo Hoo, 1992）。雖然琳達將英文視為她的母語，不過她也提到班森老師也鼓勵她盡可能成為「雙語」的人，也就是鼓勵她使用所謂的「街角的講話方式」（street talk）。底下的摘錄就是她描述班森老師的文字，以及他在她的教育所扮演的角色：

　　在傑佛遜學校裡，我喜歡我每一位英文老師。不過，我那位資優的英文老師，班森先生，他讓我整個人動了起來！在遇到他之前，我壓根也沒有想過要進入大學求學……他是少數幾位我會主動找他們聊天的老師……他曾經告訴我，我可以進入哈佛大學，和那些人交談，我也可以走到街角的地方，並且和「你們大家一起閒聊」。就是那樣的事情。我喜歡那種感覺。我試著依據他的說法，讓我盡量成為那樣的人。我仍然保有我在街上閒聊的語文能力。我會走到街上，然後和人們說著「是這樣嗎？」與「是那樣嗎？」，以及「你的媽咪」或「幹什麼？」等等比較

粗俗的話語（審訂者註：原文為"ain't" this and "ain't" that and "your mo-mma" or "wha's up?"，是一般美國小孩在還沒有學習正式英文之前或少數民族會使用的英文，比較粗俗一點。有點像是國語當中，「尿尿」其實是「小便」的粗俗語文）。不過當我在另外一些場合，我知道那些人對於那種語文並不熟悉，或無法接受那樣的語文用法，那麼我就會比較妥當的使用他們的語文……所以我現在的作法就是先混到人群裡面，看看他們怎麼使用語文，我就會自然而然的使用他們慣用的語文。

在課程的安排上提供時間讓師生可以參與一些議題，討論那些和優勢學生族群所使用的語文不相同的學生到底受到哪些歧視，必定是一條遙遠的旅程，特別是針對所有的學生所使用的語文在正規教育當中給予合法的認同，就是一條漫漫長路（Delpit, 1992）。根據 Margaret Gibson（1991）的研究指出，近年來有許多研究都證實了學校可能在無意中對於那些來自於文化優勢的學生族群施加一些壓力，期望他們能夠吸收一些和他們願望相牴觸的事情，而增添了教育上的許多問題。一般人認為同化、吸收是那些低成就學生所遭遇的問題，就因此受到強烈的挑戰。這就意味著如果有比較多的學生參與抗拒同化、吸收的學習活動，而想要繼續保存他們的文化和語文，那麼就會有比較多的學生可以在學校獲得優秀的成績表現。也就是說，保留文化與語文，即使是一項相衝突的決定，可能對於學生在學業上的成就會有正面的影響力。不管如何，這樣的觀點將會遠比採用一個反對的立場還要具有建設性，至少它不會限制學生獲得學業成就的可能性（Fordham & Ogbu, 1986; Skutnabb-Kangas, 1988）。雖然現在還不適合就此蓋棺論定的總結這樣的結論，不過她確實是一個真實可能發生的事情，一個測試持續在美國多數學校和社會所抱持的「大熔爐」的意識型態。

當然我們也知道，文化的維護與保留並不是所有學業成績亮麗的唯一條件，每一個人都隨時可以舉出些範例說明有些學生認為他們在學習的時候，需要同化、吸收才能夠在學校獲得亮麗的成績表現。不過問題仍然存在，那

就是到底這樣的一種同化、吸收的學習是否是一個健全的想法，或是必要的措施。例如在一個大規模的研究，針對移民學生所做的研究就發現，這些學生清晰的表達一種強烈的慾望，想要保存他們的母語和文化，還想要將這樣的母語和文化傳給他們的子女（Olsen, 1988）。其他的研究也指出，雙語的學生特別喜歡在學校裡面聽到他們的母語，也希望有機會可以在學校的情境下學習他們的母語（Poplin & Weeres, 1992）。此外，有一項由大都會印度芝那學童與青少年服務中心（Metropolitan Indochinese Children and Adolescent Service）針對柬埔寨難民學童所進行的研究，發現如果這些難民學生愈想要模仿美國學童的行為，那麼他們的情緒在調適方面就愈加困難（National Co-alition, 1988）。還有一項針對那些來自東南亞移民的學生所進行的研究，發現在成績表現與文化之間有一個顯著的連結：在這項研究當中，比較高的平均成績和學生保留他們的傳統價值、種族的自尊心，以及他們和同一種族的族群成員之間親密的社會與文化的連結相互關聯（Rumbaut & Ima, 1987）。

上面所提到的各種現象，都告訴我們現在該是我們嚴格的檢視那些鼓勵學生將他們的文化與語文在校門口就停頓下來的政策與實務工作的時機了。它同時也建議學校和老師需要肯定、維護與重視學生帶進學校的差異，當作他們學習時的基石。我們太常聽到老師極力主張家長「只用英文交談」，就誠如當年我的父母親也被我的老師鼓勵在和我的妹妹與我的交談時，只准使用英文當作交談的唯一語文一般（幸運的是，我的父母親根本就不理老師的建議）。這篇文章從頭到尾所引述的這麼龐大的文獻，都提到面對多樣的學生族群時，這樣的教學實務工作該是值得我們質疑的時刻了。我們從這麼多的文獻所學到的反而是老師應該鼓勵家長在家庭裡和孩童交談時，應該使用他們的母語，而不是英文。我們也學到他們應該強調家庭價值的重要性，而不是去委曲求全的負荷過去這段時間所提倡的模式，也就是要他們的子女盡量模仿那些在文化方面占有優勢的家庭模式，而是要接受一個強烈的倫理價值觀，認同每一個文化族群，以及每一種家庭形式都是值得家長和他們的子女珍惜的對象。然而，要破除這個迷思的第一個步驟，老師和學校就必須先

學習認識他們的學生。文敏強而有力的表達了他是多麼渴望老師能夠認識他這樣的一位學生,這是因為他所看到的老師對於越南的知識是那麼的膚淺:

> 他們了解一些事情,不過不是越南文化的每一個層面。就像他們了解一些事情的外觀……不過他們就是無法了解我們內心的觀點就是了。

傾聽學生的聲音

雖然學校是一個許多談話進行的地點,不過通常不是學生所提出來的話會被學校重視。當學校對於學生的聲音沒有反應,是一個冰冷的地點時,學生的聲音有時候可以揭露重大的挑戰,甚至是深藏在年輕學子內心深處的苦悶。有一位參與一項著重在「學校內部」,也就是牽涉到學生、老師、教員與家長的計畫時說到:「這個地方傷了我的心靈」(Poplin & Weeres, 1992, p. 11)。諷刺的是,那些在學校與教室裡面付出最多時間的人,通常沒有任何機會可以發表他們的言論。然而,當我們看到上面所提出來的許多範例之後,學生確實有許多可以教導師長的課程,所以我們需要開始以更謹慎的態度聆聽學生的聲音。Suzanne Soo Hoo 在執行一項研究計畫時,讓學生擔任共同研究者,並且設計訪問的問題時,掌握了一個關鍵的事實,那就是學校的師長正在快速失去向學生學習的大好良機。根據 Soo Hoo 的說法,在他們的研究中,有一個問題是:「學習的障礙有哪些?」真的「電到了整個研究族群」(1993, p. 386)。在討論這些議題時,將學生涵蓋在討論群體當中,就可以將研究的焦點集中在它原本就該屬於的地點,Soo Hoo 這麼說著:「某種程度上,學校的師長已經遺忘了存在於師生之間的重要連結。我們寧可去聽外界的專家告訴我們該如何進行,因此我們通常忽略了自己後院所藏的寶藏:也就是我們的學生」(p. 390)。誠如她的研究計畫的一位共同研究者,麥可所說的:「就因為他們認為我們只是一群孩子,所以我們什麼東西都不知道似的」(p. 391)。

如果我們肯承認他們確實知道一些事情,並且以那種信念對待他們,那麼這群學生就會變得精力充沛,也更有學習的動機。針對我研究的十個年輕

學子而言，讓他們發表他們在學校的經驗看起來就像是一個可以針對他們自己激發更多批判思考的催化劑。例如，當我遇到瑪麗莎爾的母親時，我相當驚訝的了解到瑪麗莎爾在接受訪談之後，幾乎整天都在回味著訪談的內容和過程。多數參與這項研究的學生也感受到這樣的熱情，而且在類似的研究計畫裡，這類型的感受是年輕學子的典型表現。就像是 Laurie Olsen（1988）的結論所指出的一樣，多數的年輕學生只因為有機會可以發表他們的經驗而興奮不已。他的研究是針對加州境內好幾百名移民的學生進行訪問。這些研究發現對實務工作有許多意涵可以參考，包含使用口頭歷史、同儕訪問、互動式的日誌，與其他類似的策略等等。只提供學生時間彼此聊天，包含小組合作，看起來都是那麼的有用呢。

在過去幾年當中，許多年輕人也都反應了成年人不肯聆聽他們觀點的感受。不過單純聆聽他們的聲音，而沒有伴隨著我們期望學生在學校獲得成就的深遠改變就不足以成事。比單純聆聽還要重要的應該就是協助學生成為他們學習的代言人，並且使用他們所學到的知識和技能，以一種有成效也具有批判性的方式來進行。這也是社會行動開始流行的契機，而目前已有許多具有說服力的批判教學法已經付諸行動了（Peterson, 1991; Torres-Guzmán, 1992）。我將詳細的引述兩個這類型的範例來說明，他們提供了激勵人心的故事，讓我們了解到傾聽學生真的可以幫助我們超越教科書死板的內容。

Iris Santos Rivera 寫了一個感人的報導，說明他們在聖地牙哥都會型學校使用一種「問題提問」的方式，在一九七五年一個夏令營與一群幼稚園到六年級的學生在一起的學習經驗（Santos Rivera, 1983-1984）。這個營隊的經營模式是先讓學生玩一個她稱為「訴苦、呻吟與抱怨的遊戲」，來開啟整個營隊的運作。在這個活動當中，學生彼此間對話，發現一些學校和社區的問題，然後這群年輕人就接著確認他們想要在夏令營研究哪些比較重要的問題。有一組學生挑選了學校午餐的相關活動。對老師而言，這看起來似乎不應該是一個「真實值得討論」的問題，所以就試著想要引導學生朝向另外一個問題發展。Santos Rivera 這麼寫著：「老師很難理解這樣的一個問題怎麼

可以當作一個議題來討論，更不用說是一個可以採取行動改善某些事情的基石，或是當作教育功能的一項統整主題」（p. 5）。不過她還是讓孩子們針對午餐的議題討論了一會兒，目的是希望他們能夠逐漸了解這樣的問題根本不是一個嚴肅的問題，看看是否能夠改變孩童的想法。然而，當她回到學生群體的時候，他們告訴她：「誰應該為我們享用的午餐擔負起責任呢？」（p. 6）就這樣開啟了一個暑假漫長的探索過程，學生書寫信件、打電話詢問和接洽、追蹤他們的午餐從飲食服務車到學校合約中心、試著確定每一頓午餐花了納稅人多少經費、登記從轉包商所得到的真實服務次數和數量、計算三明治與測試牛奶的溫度，以及最後比較他們所發現的結果和合約上的規格是否相同，並且挖掘出這兩者之間確實存在一個顯著的差異。「我們想要找媒體來報導這件事情。」他們這樣告訴老師（p. 6）。地方電視台與全國性的電視台都回應了由學生製作的媒體邀請函，並且真實的進行了一次記者說明會，呈現他們找到的結果，也回答記者所提出來的問題等等。當一位記者詢問學生到底是誰要求他們做這件事情時，一位九歲的小女孩這麼回應著：「我們自己找到這些事情的。根本沒有誰告訴我們該怎麼作。你知道的，你們這些成年人最臭美了，總是希望這些事情是你們發起的」（p. 7）。這個故事的後續發展是州政府與聯邦政府的法規修訂之後，要求改變加州地區學生所享用的午餐種類，而且發起這項活動的學生所發表的意見錄音帶，還當作州政府與聯邦政府公聽會的證物呢！

有一個更貼近現在的例子，則是一位在麻州大學教育學院攻讀博士班，叫做瑪麗・金麗的學生，也是一位在麻州 Longmeadow 公立學校擔任資優教師的人，想要透過每一天提出一些問題來刺激、協助她二年級的學生發展批判思考的能力。他們的反應在稍後的課堂時間進行討論。這些問題當中有些相當直接了當（「你週末愉快嗎？」），不過有些問題鼓勵學生進行深層的思考。在哥倫布日提出來的問題是：「哥倫布是一位英雄嗎？」這是一個長期閱讀與對話之後的討論高潮。她所進行的另一個活動是登記每一天日出與日落的時間。學生驚訝的發現十二月二十一日並不是一整年當中最短的一

天。學生使用地方報紙一整年的年曆，確認他們的發現，並且寫信給當地的報紙主編。當中有一段是由 Kaolin 簽名給主編的段落如下：

親愛的主編：

根據我們的圖表顯示，十二月二十一日並不是一整年當中最短的一日。不過根據您的報紙報導，那一天確實是一整年當中最短的一日。我們的老師告訴我們這是每一年都會發生的事情。請問到底哪裡出了問題呢？

由於這封信的問題，報社邀請了來自於國家氣象台的專家與一位當地的天文館專家一起討論。他們當中有一位說：「學生所提出來的，真的是一個令人著迷的問題……很可惜我們也沒有足夠的資料可以回應這些學生的問題」（Kelly, 1994, p. 12）。瑪麗老師的班級有一位叫做凱蒂的學生，在她的同學與伽利略之間作了比較。眾所皆知的就是伽利略在很早以前顛覆了科學社群的信念，在他之前，科學社群認為地球是宇宙的中心，伽利略卻以證據說明太陽才是宇宙的中心（審訂者註：這是科學史發展當中一個特別膾炙人口的突破。也是目前許多科學教育專家想要了解科學史與科學學習之間的關係該如何建立的一個管道。對這有興趣的讀者，建議購買天文發展史的相關書籍）。另一位叫做班的學生則說：「你不該總是相信你耳朵聽到的訊息。」而露西更聲稱：「即使你已經是一位成年人，你仍可以從一位二年級的學生身上學到一些知識與技能的！」

在這篇文章的第一部分，我提出這樣的問題：「為何要傾聽學生的聲音？」我嘗試使用許多刺激年輕學子的訪談問題所獲得的建議來回應這個問題。不管是我的研究，或是他人的研究結果，都指出學生相當關心他們自己所能夠接受的教育。在最後的分析當中，這個問題自然而然的建議我們需要先從聆聽學生的意見出發，這樣我們才學會怎麼樣的師生互動才能夠聆聽到他們真實內心的話。如果我們真實的相信教育有一項重要的基石，就是針對經驗進行對話與反思，那麼這應該很明顯的是第一個要採取的步驟。尤藍德在回應的時候提出：「你可以從學生身上學到好多事情。那也是許多老師告

訴我的事實。他們說他們從學生身上學到的遠比他們去進修所學到的還要多好多。」這或許是最佳的寫照吧！

結論

我經常因為了解到年輕人認為他們並不值得什麼實質上的肯定而感到驚訝，特別是那些不是來自於社經地位享有特權的學生族群。雖然他們可能認真學習，不過在某種程度上，他們認為他們沒有夢想的機會。這篇文章是依據一個概念發展出來的，就是認為我們的每一位學生都有夢想的機會，而且老師和學校正好處於「創造這種機會」的最佳位置，就誠如這篇文章的標題所標示的一樣。這意味著在學校發展一些學習的情境，讓學生了解到他們有權力可以超越傳統上針對種族、性別與社會階層所給予的限制，去想像他們所能夠想像的夢想。更重要的是它意味著那些傳統上的障礙，不能夠再被學校體制視為學生學習上的阻礙。

參與我這項研究的學生也清楚的說明，課外活動在提供他們宣洩精力方面提供一個管道，以及教導他們重要的領導統御技能方面是多麼的關鍵與重要。對某些受訪的學生而言，那是他們崇敬的地點（對於阿文、曼紐爾與理查而言，這更顯得貼切）；對其他人而言，那是他們的嗜好（琳達喜歡唱歌）；還有另外一些學生則認為運動是一項主要的支柱（佛恩提到當她面對嶄新的問題時，她通常將那些問題與她所擅長的運動之間做一個比對：「我將它與一些事情做比照，例如當我無法理解自然科學，或是縫紉之類的學習時，我會盯著那台機器看，然後這麼想著，『這是一個籃球，我無法克服它』」）。對於類似瑪麗莎爾之類的學生而言，學校最關鍵的責任就是提供這些課外活動，她參與了一個「青少年門診」的課外活動，簡直就是她面對同儕負面的壓力時的一個緩衝空間。

我們可以將這些學生歸類為那種具有不屈不撓的彈性特質，與鋼鐵般的決心想要獲得成功的成就。然而，期望所有的學生，特別是那些來自於後半

段班社群的學生，也要具有不屈不撓的彈性，就成了一個不公平的負擔；會形成不公平的現象，主要是因為學校裡面享有特權的學生族群不需要這樣的特質，學校的整體運作早就已經反應了優勢族群學生的背景、經驗、語文和文化等方面的特質。占有優勢的學生群體所了解的就是他們才是學校裡的「基準」，所以即使他們可能認為這樣的觀點基本上是不公平的現象（就像是凡倪莎的個案一樣），他們仍然因此而享有優勢的學習機會。

　　不過，參與這項研究的學生提供了另外一項重要的訊息，是關於我們面對多樣化學生族群時人類本質的優勢。雖然他們代表了各種類型的家庭、經濟與社會情況，不過在提到他們對於他們的未來與他們的生命時，幾乎每一位學生都一致性的抱持著樂觀進取的態度，即使他們成功的機會有時候看起來是那麼的渺茫。這是因為那些對於他們在學業成就上有影響的正向特徵，例如，那些關懷他們的老師、肯定他們文化的學校氛圍，與鍾愛他們的家人，都協助他們面對這樣的困境。「我不認為有什麼事情可以阻擋我的決心。」瑪麗莎爾這麼說著，她的雙親都是肢體殘障者，所以整個大家庭都依賴公家的協助（審訂者註：美國境內，對於肢體殘障的家庭提供的社會服務，以及經濟誘因都相當優渥）。她接著說：「我知道我就是做得到，我應該不斷的嘗試。」抱持決心想要不斷嘗試的人也可以在佛恩身上看得出來，他有兩位姊姊都正在接受酒精與毒品濫用後的治療過程，不過他相當堅持的認為：「只要我想要學習，我就可以在每一件事情上成功立業。如果我第一次嘗試沒有成功，我總會回頭再檢視一次，然後再嘗試一次，我從出生就想要成為美國總統！」曼紐爾的情況也相當清楚，雖然他的父親是一位波士頓地區的清潔工，母親在家扶養其他的孩子，他是家裡十一個孩子當中第一個從高中畢業的人，他這麼說：「在我的生命當中，我想要做的事情，我都可以做得到。不管我想做哪件事情，我都知道我可以做得到。我堅定的抱持這樣的信念。」最後，在理查的個案當中也相當清楚的看得出來。他的母親是一位單親媽媽，她同時讓家裡面的三個孩子進入大學求學。理查從他的母親身上清楚的學到一門珍貴的課程，就是要靠自己的能力養活自己，就像我們

從底下這句話的描述就可以看到他的決心：「讓我們不要將生命視為一塊蛋糕，這是因為蛋糕最後還是會乾枯，它還是會爛掉、垮掉、裂開，或許有些人還會上前折磨那塊已經乾掉的蛋糕。」他隨後接著說：「就像他們所說的，對於自我的尊重是你可以給你自己的一項禮物。」

　　對於學校所使用的教學法、課程、能力分班，以及對學生的期望等方面，我們的學生都有許多智慧可以告訴我們，怎樣進行學校的轉型工程，才可以讓更多的年輕學子獲得成功學習的機會。在一九七一年的時候，Annie Stein 呈現了她所訪問過的學生所提出來的期許和盼望，這些和我們今日所訪談的年輕學生所提出來的觀點沒有多大的差異：「我們這些高中生所提出來的要求對老師而言，是一種需要費力才能夠達到的合理要求。他們要求更好的教育，一個更「切題」的課程，以及在選修的科目與學校的運作層面上希望能夠表達他們的觀點，對於憲法提供給他們的保障與基本人權方面，也希望學校給予尊重」（1971, p. 177）。雖然我在這篇文章所呈現的故事與聲音基本上都是那些個別學生所發表的觀點，不過他們卻可以協助我們想像整個學校轉型過程中所需要採取的行動。這項轉型的重責大任不能夠完全推卸給個別老師去扛起來，即使我們承認他們對於某些學生的學習生活有深遠的影響力，不過更重要的應該是整體的學校體制對於太多年輕學子的要求仍然抱持不理不睬的態度，才是最糟糕的。在最後的分析當中，學生要求我們不僅要以批判的方式檢視學校體制的情況，還要檢視個別師長的態度和行為。這意味著我們需要採取一種全然的轉型工程，不僅要從我們的學校出發，也要從我們的腦袋和心海重新出發。

註解

1. 我了解到一些包羅萬象的詞彙，像是「歐洲裔美國人」、「非洲裔美國人」、「拉丁裔」等都讓人有不確定感。不過，在這裡，在描述文化和種族淵源時，「歐洲裔美國人」會比「白人」來得更貼切，因此我同時也想

要挑戰白人要去思考他們的種族淵源，這樣他們才不會想要在自己的種族淵源上打混摸魚（例如，他們通常說那些有色人種來說明和他們不同膚色的人們）。在我所寫的《尊重多元化》（*Affirming Diversity*）（1992）書中第二章有更深入的報導。

2. 早年對於文化方面受到剝奪的群體可以在底下幾位作者的文章找尋出端倪：Carl Bereiter 與 Siegfried Englemann（1966）及 Frank Reissman（1962）。如果讀者想要進一步了解文化受到剝奪群體的「缺陷理論」，請參見 Herbert Ginsburg（1986）。

3. 這裡所使用的「批判思考」並不是說我們一般熟悉的那種用法，例如，在數理方面進行高層次思考的技能，而不去思考他和政治運作的連結性。相對的，就像是 Freirian（1970）所提倡的觀點，主要說明一個人對於學習以及將自我實體進行轉型時的一種覺醒。

4. 在訪談方面我有一群非常優秀的同仁，大多數的訪談是透過他們的安排進行的，讓我有足夠的背景資料可以書寫這些個案研究。我特別要感謝底下幾位同仁的獨到眼光以及協助：Carlie Collins Tartakov、Paula Elliott、Haydée Font、Maya Gillingham、Mac Lee Morante、Diane Sweet 與 Carol Shea。

5. 「假日與英雄」指的是一種多元文化教育受到民眾的了解，主要包含了種族的慶祝以及接受某些特定文化的歷史巨人的貢獻。在文化方面比較深入的結構，包含價值觀與生活型態上的差異，以及一個會深刻影響文化族群的權力上的強調，都不在這種方式上討論。因此，當一個人傾向於將文化加以浪漫的情節，並且賦予一些造假的神話時，就會被人們完全接受。相對的，多元文化的教育是要給教學法賦予賦權增能的功能，以及釋放老師的教學法，以便老師可以和體制上的結構題與權力對等關係做面對面的衝撞。

參考文獻

Abi-Nader, J. (1993). Meeting the needs of multicultural classrooms: Family values and the motivation of minority students. In M. J. O'Hair & S. Odell (Eds), *Diversity and teaching: Teacher education yearbook 1* (pp. 212–236). Fort Worth, TX: Harcourt Brace Jovanovich.

Banks, J. A. (1991). *Teaching strategies for ethnic studies* (6th ed.). Boston: Allyn & Bacon.

Bartolomé, L. (1994). Beyond the methods fetish: Toward a humanizing pedagogy. *Harvard Educational Review, 64*, 173–194.

Bempechat, J. (1992). *Fostering high achievement in African American children: Home, school, and public policy influences.* New York: ERIC Clearinghouse on Urban Education, Teachers College, Columbia University.

Bereiter, C., & Englemann, S. (1966). *Teaching disadvantaged children in the preschool.* Englewood Cliffs, NJ: Prentice Hall.

Clark, R. M. (1983). *Family life and school achievement: Why poor Black children succeed or fail.* Chicago: University of Chicago Press.

Commins, N. L. (1989). Language and affect: Bilingual students at home and at school. *Language Arts, 66*, 29–43.

Cummins, J. (1994). From coercive to collaborative relations of power in the teaching of literacy. In B. M. Ferdman, R-M. Weber, & A. G. Ramírez (Eds.), *Literacy across languages and cultures* (pp. 295–331). Albany: State University of New York Press.

Delpit, L. (1992). The politics of teaching literate discourse. *Theory into Practice, 31*, 285–295.

Díaz, E., Flores, B., Cousin, P. T., & Soo Hoo, S. (1992, April). *Teacher as sociocultural mediator.* Paper presented at the Annual Meeting of the AERA, San Francisco.

Donaldson, K. (1994). Through students' eyes. *Multicultural Education, 2(2)*, 26–28.

Fine, M. (1991). *Framing dropouts: Notes on the politics of an urban public high school.* Albany: State University of New York Press.

Fine, M. (1993). "You can't just say that the only ones who can speak are those who agree with your position": Political discourse in the classroom. *Harvard Educational Review, 63*, 412–433.

Fordham, S., & Ogbu, J. (1986) Black students' school success: Coping with the "burden of acting White." *Urban Review, 18*, 176–206.

Frau-Ramos, M., & Nieto, S. (1993). "I was an outsider": Dropping out among Puerto Rican youths in Holyoke, Massachusetts. In R. Rivera & S. Nieto (Eds.), *The education of Latino students in Massachusetts: Research and policy considerations* (pp. 143–166). Boston: Gastón Institute.

Freire, P. (1970). *Pedagogy of the oppressed.* New York: Seabury Press.

Gibson, M. (1991). Minorities and schooling: Some implications. In M. A. Gibson & J. U. Ogbu (Eds.), *Minority status and schooling: A comparative study of immigrant and involuntary minorities* (pp. 357–381). New York: Garland.

Ginsburg, H. (1986). The myth of the deprived child: New thoughts on poor children. In U. Neisser (Ed.), *The school achievement of minority children: New perspectives*. Hillsdale, NJ: Lawrence Erlbaum.

Goodlad, J. I. (1984). *A place called school*. New York: McGraw-Hill.

Haberman, M. (1991). The pedagogy of poverty versus good teaching. *Phi Delta Kappan, 73*, 290–294.

Hallinan, M., & Teixeira, R. (1987). Opportunities and constraints: Black-White differences in the formation of interracial friendships. *Child Development, 58*, 1358–1371.

Hidalgo, N. M. (1991). *"Free time, school is like a free time": Social relations in City High School classes*. Unpublished doctoral dissertation, Harvard University.

Hollins, E. R., King, J. E., & Hayman, W. C. (Eds.). (1994). *Teaching diverse populations: Formulating a knowledge base*. Albany: State University of New York Press.

Kelly, R. (1994, January 11). Class searches for solstice. *Union News*, p. 12.

Kiang, P. N., & Lee, V. W-F. (1993). Exclusion or contribution? Education K–12 policy. In *The State of Asian Pacific America: Policy Issues to the Year 2020* (pp. 25–48). Los Angeles: LEAP Asian Pacific American Public Policy Institute and UCLA Asian American Studies Center.

Kohl, H. (1993). The myth of "Rosa Parks, the tired." *Multicultural Education, 1*(2), 6–10.

Kozol, J. (1967). *Death at an early age: The destruction of the hearts and minds of Negro children in the Boston Public Schools*. New York: Houghton Mifflin.

Lee, V. E., Winfield, L. F., & Wilson, T. C. (1991). Academic behaviors among high-achieving African-American students. *Education and Urban Society, 24*(1), 65–86.

Lucas, T., Henze, R., & Donato, R. (1990). Promoting the success of Latino language-minority students: An exploratory study of six high schools. *Harvard Educational Review, 60*, 315–340.

McNeil, L. M. (1986). *Contradictions of control: School structure and school knowledge*. New York: Routledge & Kegan Paul.

Mehan, H., & Villanueva, I. (1993). Untracking low achieving students: Academic and social consequences. In *Focus on Diversity* (Newsletter available from the National Center for Research on Cultural Diversity and Second Language Learning, 399 Kerr Hall, University of California, Santa Cruz, CA 95064).

Moll, L. (1992). Bilingual classroom studies and community analysis: Some recent trends. *Educational Researcher, 21*(2), 20–24.

Moll, L., & Díaz, S. (1993). Change as the goal of educational research. In E. Jacob & C. Jordan (Eds.), *Minority education: Anthropological perspectives* (pp. 67–79). Norwood, NJ: Ablex.

National Coalition of Advocates for Students. (1988). *New voices: Immigrant students in U.S. public schools*. Boston: Author.

Newmann, F. M. (1993). Beyond common sense in educational restructuring: The issues of content and linkage. *Educational Researcher, 22*(2), 4–13, 22.

Nieto, S. (1992). *Affirming diversity: The sociopolitical context of multicultural education*. White Plains, NY: Longman.

Nieto, S. (1994). Affirmation, solidarity, and critique: Moving beyond tolerance in multicultural education. *Multicultural Education, 1*(4), 9–12, 35–38.

Oakes, J. (1992). Can tracking research inform practice? *Educational Researcher, 21*(4), 12–21.

Olsen, L. (1988). *Crossing the schoolhouse border: Immigrant students and the California public schools.* San Francisco: California Tomorrow.

Peterson, R. E. (1991). Teaching how to read the world and change it: Critical pedagogy in the intermediate grades. In C. E. Walsh (Ed.), *Literacy as praxis: Culture, language, and pedagogy* (pp. 156–182). Norwood, NJ: Ablex.

Phelan, P., Davidson, A. L., & Cao, H. T. (1992). Speaking up: Students' perspectives on school. *Phi Delta Kappan, 73,* 695–704.

Poplin, M., & Weeres, J. (1992). *Voices from the inside: A report on schooling from inside the classroom.* Claremont, CA: Claremont Graduate School, Institute for Education in Transformation.

Reissman, F. (1962). *The culturally deprived child.* New York: Harper & Row.

Reyes, M. de la Luz (1992). Challenging venerable assumptions: Literacy instruction for linguistically different students. *Harvard Educational Review, 62,* 427–446.

Ribadeneira, D. (1990, October 18). Study says teen-agers' racism rampant. *Boston Globe,* p. 31.

Rumbaut, R. G., & Ima, K. (1987). *The adaptation of Southeast Asian refugee youth: A comparative study.* San Diego: Office of Refugee Resettlement.

Santos Rivera, I. (1983–1984, October-January). Liberating education for little children. In *Alternativas* (Freirian newsletter from Río Piedras, Puerto Rico, no longer published).

Saravia-Shore, M., & Martínez, H. (1992). An ethnographic study of home/school role conflicts of second generation Puerto Rican adolescents. In M. Saravia-Shore & S. F. Arvizu (Eds.), *Cross-cultural literacy: Ethnographies of communication in multi-ethnic classrooms* (pp. 227–251). New York: Garland.

Shor, I. (1992). *Empowering education: Critical teaching for social change.* Chicago: University of Chicago Press.

Skutnabb-Kangas, T. (1988). Resource power and autonomy through discourse in conflict: A Finnish migrant school strike in Sweden. In T. Skutnabb-Kangas & J. Cummins (Eds.), *Minority education: From shame to struggle* (pp. 251–277). Clevedon, Eng.: Multilingual Matters.

Sleeter, C. E. (1991). *Empowerment through multicultural education.* Albany: State University of New York Press.

Sleeter, C. E. (1994). White racism. *Multicultural Education, 1*(4), 5–8, 39.

Sleeter, C. E., & Grant, C. A. (1991). Mapping terrains of power: Student cultural knowledge vs. classroom knowledge. In C. E. Sleeter (Ed.), *Empowerment through multicultural education* (pp. 49–67). Albany: State University of New York Press.

Soo Hoo, S. (1993). Students as partners in research and restructuring schools. *Educational Forum, 57,* 386–393.

Stein, A. (1971). Strategies for failure. *Harvard Educational Review, 41,* 133–179.

Tatum, B. D. (1992). Talking about race, learning about racism: The application of racial identity development theory in the classroom. *Harvard Educational Review, 62,* 1–24.

Taylor, A. R. (1991). Social competence and the early school transition: Risk and protective factors for African-American children. *Education and Urban Society, 24*(1), 15–26.

Taylor, D., & Dorsey-Gaines, C. (1988). *Growing up literate: Learning from inner-city families*. Portsmouth, NH: Heinemann.

Torres-Guzmán, M. (1992). Stories of hope in the midst of despair: Culturally responsive education for Latino students in an alternative high school in New York City. In M. Saravia-Shore & S. F. Arvizu (Eds.), *Cross-cultural literacy: Ethnographies of communication in multiethnic classrooms* (pp. 477–490). New York: Garland.

Trueba, H. T. (1989). *Raising silent voices: Educating the linguistic minorities for the twenty-first century*. Cambridge, MA: Newbury House.

Wheelock, A. (1992). *Crossing the tracks: How "untracking" can save America's schools*. New York: New Press.

Zanger, V. V. (1994). Academic costs of social marginalization: An analysis of Latino students' perceptions at a Boston high school. In R. Rivera & S. Nieto (Eds.), *The education of Latino students in Massachusetts: Research and policy considerations* (pp. 167–187). Boston: Gastón Institute.

國家圖書館出版品預行編目資料

錯綜複雜的教學世界（下）糾纏不清的內外世界/Ethan Mintz &
　John T. Yun 著；陳佩正等譯. -- 初版. --
　臺北市：心理，2005（民 94）
　冊；　公分. --（課程教學；3）
　譯自：The Complex World of Teaching: Perspectives from
　Theory and Practice
　ISBN　957-702-858-6（平裝）
　1.教學法　　2.學習方法　　3.師生關係

　521.4　　　　　　　　　　　　　　　　　　94024872

課程教學 3　　**錯綜複雜的教學世界(下)糾纏不清的內外世界**

作　　者：Ethan Mintz & John T. Yun
審 訂 者：陳佩正
譯　　者：李婉慈、林珊吟、林玲鳳、陳佩正、黃秀玉
執行編輯：高碧嶸
總 編 輯：林敬堯
出 版 者：心理出版社股份有限公司
社　　址：台北市和平東路一段 180 號 7 樓
總　　機：(02) 23671490　　傳　　真：(02) 23671457
郵　　撥：19293172　　心理出版社股份有限公司
電子信箱：psychoco@ms15.hinet.net
網　　址：www.psy.com.tw
駐美代表：Lisa Wu　　tel: 973 546-5845　　fax: 973 546-7651
登 記 證：局版北市業字第 1372 號
電腦排版：辰皓國際出版製作有限公司
印 刷 者：辰皓國際出版製作有限公司
初版一刷：2005 年 12 月

讀者意見回函卡

No._____　　　　　　　　　　填寫日期：　年　月　日

感謝您購買本公司出版品。為提升我們的服務品質，請惠填以下資料寄回本社【或傳真(02)2367-1457】提供我們出書、修訂及辦活動之參考。您將不定期收到本公司最新出版及活動訊息。謝謝您！

姓名：_____　　性別：1□男　2□女

職業：1□教師 2□學生 3□上班族 4□家庭主婦 5□自由業 6□其他____

學歷：1□博士 2□碩士 3□大學 4□專科 5□高中 6□國中 7□國中以下

服務單位：_____　部門：_____　職稱：_____

服務地址：_____　電話：_____　傳真：_____

住家地址：_____　電話：_____　傳真：_____

電子郵件地址：_____

書名：_____

一、您認為本書的優點：（可複選）

　❶□內容 ❷□文筆 ❸□校對 ❹□編排 ❺□封面 ❻□其他____

二、您認為本書需再加強的地方：（可複選）

　❶□內容 ❷□文筆 ❸□校對 ❹□編排 ❺□封面 ❻□其他____

三、您購買本書的消息來源：（請單選）

　❶□本公司 ❷□逛書局⇨_____書局 ❸□老師或親友介紹

　❹□書展⇨____書展 ❺□心理心雜誌 ❻□書評 ❼其他_____

四、您希望我們舉辦何種活動：（可複選）

　❶□作者演講 ❷□研習會 ❸□研討會 ❹□書展 ❺□其他____

五、您購買本書的原因：（可複選）

　❶□對主題感興趣 ❷□上課教材⇨課程名稱_____

　❸□舉辦活動 ❹□其他_____　　　（請翻頁繼續）

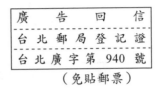

| 廣 告 回 信 |
| 台 北 郵 局 登 記 證 |
| 台 北 廣 字 第 940 號 |

（免貼郵票）

心理出版社 股份有限公司

台北市 106 和平東路一段 180 號 7 樓

TEL: (02) 2367-1490
FAX: (02) 2367-1457
EMAIL:psychoco@ms15.hinet.net

沿線對折訂好後寄回

六、您希望我們多出版何種類型的書籍

❶□心理 ❷□輔導 ❸□教育 ❹□社工 ❺□測驗 ❻□其他

七、如果您是老師，是否有撰寫教科書的計劃：□有□無

書名／課程：＿＿＿＿＿＿＿＿＿＿＿＿＿＿＿＿＿＿＿

八、您教授／修習的課程：

上學期：＿＿＿＿＿＿＿＿＿＿＿＿＿＿＿＿＿＿＿

下學期：＿＿＿＿＿＿＿＿＿＿＿＿＿＿＿＿＿＿＿

進修班：＿＿＿＿＿＿＿＿＿＿＿＿＿＿＿＿＿＿＿

暑　假：＿＿＿＿＿＿＿＿＿＿＿＿＿＿＿＿＿＿＿

寒　假：＿＿＿＿＿＿＿＿＿＿＿＿＿＿＿＿＿＿＿

學分班：＿＿＿＿＿＿＿＿＿＿＿＿＿＿＿＿＿＿＿

九、您的其他意見

＿＿＿＿＿＿＿＿＿＿＿＿＿＿＿＿＿＿＿＿＿＿＿

謝謝您的指教！　　　　　　　　　　　41303